3rd edition

Organizational
Behavior

组织行为学（第三版）

严 进 编著

图书在版编目(CIP)数据

组织行为学/严进编著. —3 版. —北京:北京大学出版社,2020.6
21 世纪经济与管理规划教材·工商管理系列
ISBN 978-7-301-22574-5

Ⅰ. ①组… Ⅱ. ①严… Ⅲ. ①组织行为学—高等学校—教材 Ⅳ. ①C936

中国版本图书馆 CIP 数据核字(2020)第 071034 号

书　　　　名	组织行为学（第三版）
	ZUZHI XINGWEIXUE（DI-SAN BAN）
著作责任者	严　进　编著
责 任 编 辑	赵学秀
标 准 书 号	ISBN 978-7-301-22574-5
出 版 发 行	北京大学出版社
地　　　　址	北京市海淀区成府路 205 号　100871
网　　　　址	http://www.pup.cn
微信公众号	北京大学经管书苑（pupembook）
电 子 信 箱	em@pup.cn
电　　　　话	邮购部 010-62752015　发行部 010-62750672　编辑部 010-62752926
印 　刷 　者	北京鑫海金澳胶印有限公司
经 　销 　者	新华书店
	787 毫米×1092 毫米　16 开本　20.25 印张　468 千字
	2009 年 4 月第 1 版　2012 年 9 月第 2 版
	2020 年 6 月第 3 版　2021 年 10 月第 2 次印刷
印　　　　数	4001—6000 册
定　　　　价	59.00 元

未经许可，不得以任何方式复制或抄袭本书之部分或全部内容。
版权所有，侵权必究
举报电话：010-62752024　电子信箱：fd@pup.pku.edu.cn
图书如有印装质量问题，请与出版部联系，电话：010-62756370

21世纪经济与管理规划教材

工商管理系列

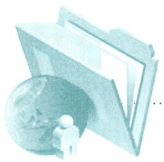

第三版前言

第三版修订完稿的时候,刚好是阿里巴巴20周年庆典。望着余杭塘河对岸的湖畔花园,不禁想到这个问题:20年前,马云在这个小区一套普通的商品房内创办了这家十几个人的小公司。到底是什么使得它在经历了风风雨雨之后,成为这座城市最有影响力的公司?更早些时候,在深圳的一间厂房里,任正非创办了华为公司,经过了30多年的成长,成为中国最具有代表性的科技企业。这两家公司在组织建设上,多多少少采取了和军队管理相类似的做法。华为强调"以奋斗者为本",不允许做"办公室将军",让"听到炮声的人指挥战争",要做到"全营一杆枪";阿里巴巴成立了"组织部",强调"支部建在连队上",设置了"政委"职务,推动"六脉神剑"文化价值观在业务中考核落地。

这两家在中国具有代表性的企业都非常重视人力资源,注重如何激发员工的工作动力,通过组织建设提高企业效率。在这个高度动态、变化的互联网时代,作为管理核心要素的"人"是系统中最为重要的影响因素,也是领导者考虑的重中之重。实践是检验真理的唯一标准,流行的企业现象一定会有背后的原理。两个相隔千里的领头企业对于"支部建在连队上""政委制"的推崇,一方面,说明中国企业的员工、团队的行为有着共同特点,可以找到共同有效的管理策略;另一方面,也说明对"人"的管理一定是扎根于中国组织,落地于本土化的中国员工。

工商管理硕士(MBA)项目源自西方,特别是学习了美国企业管理者的培养模式。早在1989年,中国开始尝试MBA课程教学;1991年,国务院学位办批准9所国内高校开展MBA学位项目。此后十多年内,国务院学位办陆续批准了更多的MBA培养院校。组织行为学是MBA的核心课程,其基本理论体系是参照美国体系引进的。经历近30年的快速发展,中国MBA项目实践与美国的有着明显的差异。首先,中国与美国的组织情境有很大差别,企业实践中的有效做法很不一样。比如,华为、阿里巴巴的组织设计、组织发展、管理实践非常具有中国特色。另外,中国的MBA学生以周末在职学习为主,而美国的

MBA 学生以脱产学习为主。

在改编本版教材之前,笔者一直在想,国内的工商管理硕士应该如何来教学组织行为学课程?中国的 MBA 学生应该有怎样的一本教材?一本适合中国 MBA 学生的《组织行为学》教材应该易于阅读自学,能够激发学生联想到中国企业的实践,解读组织现象背后的原理规律。所以,在编写第三版教材的时候,笔者着重突出了下面三个方面特点:

1. 解读中国组织现象,激发对独特概念的思考

2019 年 11 月,笔者参加了教育部在北京昌平举办的《组织行为学》"马工程"教材会议。会议期间,孙健敏、张德等几位在领域内很有影响的教授都不约而同地讲述了这个观点:组织行为学是扎根于组织现象的学科,只有走到企业中去,直接面对第一手现象,才会有更加贴近于现实、更有价值的理论发现。新一版的"马工程"教材接轨理论前沿,采用辩证唯物主义、历史唯物主义的观点指引贯穿全书内容,结合中国管理实践,综合梳理了中国特色的理论内容。

"马工程"教材强调对理论体系的准确定义,但限于篇幅,没有结合中国企业案例,展开理论探讨。在北京会议期间,教育部领导、专家也提到中国各个地方的企业实践丰富多彩,各有特色,需要结合地方实践,丰富教学内容,落地理论思考。在本版教材中,笔者特别注重了结合中国本土案例梳理,关注如何把理论概念与 MBA 学员们能够接触到的实践、现象联系起来,安排了"开篇案例""案例"等多个解释性栏目。组织行为学是在西方文化中成长起来的学科,理论概念的描述方式是扎根于国外研究的。笔者在编写本教材概念定义的时候,尝试着结合中国人的思维习惯,对概念进行描述,对中国组织的典型行为着重介绍。案例的选择也特别关注了新近事例,特别是在互联网行业、IT 产业领域的企业实践。同时,尽量结合国内读者熟悉的现象对概念进行诠释,希望让国外的理论花朵嫁接上中国管理实践的根茎与枝叶。

2. 引导学生从企业现象中提炼组织行为概念

在管理类课程中,学生通常会有的两种抱怨:第一种是"什么都没有学到!",第二种是"学到的都没有用!"。有第一种感受的学员通常觉得听了很多商业故事,也知道了很多轶事,但是听过也就算过了,似乎没有什么东西留下来。很多 MBA 同学把哈佛商学院的案例教学法等同于讲企业故事、学商业经验。寓教于乐,一边享受着商业故事的乐趣,一边学习着管理知识,自然是再好不过的事情。但是,"学习"总是和"努力"联系在一起,没有努力的思考付出,是不会有学习效果的。把案例教学理解成为商业故事讲述,把管理学习理解成听章回小说,其实是一个误区。

每一个故事都有丰富的情节,但是如果缺少对故事的理论提升,没有对现象背后的逻辑分析,那么对故事的认识也就停留在表层,缺乏对深层共性的提炼。对于疾病治疗,中国古代有很多"独门秘方"。尽管可能有效,但由于缺乏对"秘方"为什么会起作用的理论解读,"秘方"的疗效只能局限在小范围内。一个学习管理的同学,首先应该认识到只有经过反复验证的科学原理,才能在不同问题场景中有稳定解释,才能被学习、被掌握运用。科学理论是对现象的提升,理论的价值在于揭示了故事背后的本质逻辑。

组织行为学是一门在实证观察中得出科学规律的学科,实证科学的研究方法是核心,

概念和理论是现象背后的逻辑推断元素。在本版《组织行为学》的编写中,笔者梳理了理论概念。在每一章开篇明确了理论学习的要求。从复杂多元的组织现象中找到合适的理论视角、认清本质是学习的基本目标。

3. 关注如何把理论概念运用到企业实践中

学生的第二种感受是,虽然在课上听到了很多新概念、新理论、新观点,但是在实际的管理情境中,很难把这些概念运用起来。学习到的内容就是一些新名词,但却不知道如何使用,久而久之,这些新名词也就随着时间淡化了。同学们都记得小时候在学习文科课程的时候,总是有大量的名词、理论观点需要背诵,背到一字不差就能得到高分,至于理论名词本身的含义是什么、如何使用它,考试结束基本上也就忘了。很多人学习管理类课程的感受也类似。

概念的生命在于准确地抓住了现象的本质,能够更好地表达现象。学习管理,如果只关注理论名词,不把概念与组织现象联系起来,就好比只希望得到漂亮的花朵,而忽视了植物的根茎与枝叶。单纯记忆名词的速成学习,在头脑中的效果也是短暂的,不久就会遗忘。只有把理论用于组织现象的分析,才能领会理论的真谛。

另外,任何理论在用于分析管理实践的时候,都只能解释其中部分现象。理论不是管理问题的解决方案,通过实际案例演练,笔者希望帮助学生认识到概念是如何被用于解释管理现象的。具体的管理问题都会有情境条件,管理问题的解决方案是结合问题情境与理论分析,形成针对性的解决方案。

教材的编著是站在巨人的肩膀上回顾历史,远眺未来。2009年,这本教材的第一版在北京三里河北街的一个小院子里面成稿,到现在的第三版为止,历经了前后十年的时间。以往的科研项目、教学探讨都对本教材的编写有重要的帮助。在从事组织行为学教学研究的20年时间内,国家自然科学基金(70301011、70871102、71072114、71572175)的资助对笔者的研究给予了很大的支持。2018年年底,浙江省高校"十三五"新形态教材建设把本教材列为建设项目。2019年,浙江大学也把本版教材列为重点支持建设项目。在浙江大学研究生院、本科生院的慕课建设项目的支持下,笔者拍摄了组织行为学慕课,于2019年9月在"中国大学慕课""智慧树"平台正式上线,对纸质版教材形成了很好的补充,形成了线上线下的互动体系。2019年的浙江省"一流本科课程""研究生优秀课程"等课程项目的实践也对本版教材的更新提供了动力与支撑。本着开放共享的理念,在全国MBA教育指导委员会的指导下,每年在浙江大学、上海交通大学、电子科技大学等地举办的教学科研研讨会上,以及2019年在北京昌平举办的"马工程"教材研讨会上,笔者都感到同行的赐教、交流对本版教材的编写有巨大的帮助。

教材成稿需要不断地更新对话,在本书第三版成稿过程中,每改编完一章,笔者都会让夫人高芳女士阅读,并对书稿提出意见。她每次都是仔仔细细地把文稿校对一遍,然后从一个读者的角度,给我提供了完全不同的解读思路,也细细地校对了文稿中的错别字。在第一版、第二版的书稿编写过程中,浙江大学管理学院的硕士研究生参与了前两版的编写工作,她们是楼春华、杨珊珊、杨洁、姜琦、侯松卉、汪萍(第二版)和陈兀立、胡敏、付琛、刘湘秦、戚智琳、章莹、朱金燕、张娓(第一版)。没有她们的支持参与,本教材也不可能顺利做到目前的第三版。北京大学出版社的林君秀老师与赵学秀老师在本教材的出版过程中,一直给予了大力的支持与指导,鼓励本版教材建设成为"立体化教材",以更丰富的形态促进老师、同学们更好地使用本教材。感谢所有同人的帮助,也希望各位读者如有更多建议,请大家不吝赐教至 yanjin@zju.edu.cn。

严进

2019年冬于余杭塘河北岸

21世纪经济与管理规划教材

工商管理系列

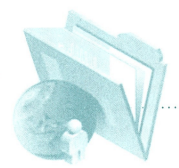

序 言

在经济全球化、企业变革转型和组织创新发展的新形势下,管理学研究与应用越来越面临不确定性、风险性和模糊性的管理情境,组织行为学也日益成为具有重要影响力的学科。组织行为学不但是工商管理学科的重要理论基础,而且是商务领域的关键知识基础。除了密切相关的人力资源管理和领导科学等学科,市场营销、运营管理、战略管理、消费科学、国际管理、国际商务、电子商务和创业管理等各学科以及行为金融、行为会计、行为经济学、行为环境学等新兴学科,都把组织行为学作为各自学科的理论基础和行为策略指导,融入学科的新方向和新方法,为变革管理、商务开拓、国际管理和创业创新管理提供理论框架和思路方法。因此,组织行为学日益成为管理学、经济学等学科的核心基础,也成为MBA等专业学位课程体系的必修课程。

严进博士的新版教材《组织行为学》(第三版)三要面向管理类专业的本科生、MBA学生和其他各类学生。在第二版的基础上,新版教材结合中国管理的新挑战和新实践,系统地论述和讲解了组织行为学的基本概念、理论原理、应用途径和最新进展。全书具有以下显著的新特点:

1. 系统运用中国案例素材,深入浅出讲述理论概念

本版《组织行为学》教材进一步加强了基于中国组织背景、变革创新实践与工作生活案例,并依据中国案例素材来系统讲述组织行为学的基本理论概念和应用途径。在中国案例素材的运用上,严进博士综合利用多种案例材料,既有广泛采集的实践事例、新闻亮点、历史故事,又有研究性的深度案例和示范实例,从而深入浅出地解读了组织行为学的重要概念、理论模型和应用策略,并结合日常工作素材,论述了组织行为学的重要理论与应用方法,从而使那些对组织行为学实证研究不很熟悉的学生得以拓宽视野、增强体验、加深理解。新版教材通过多重案例及其讲解,引起学生的共鸣,提升解决实际问题的能力。这是新版《组织行为学》教材突出的新特色。

2. 注重分析中国情境问题，贴近实践理解关键特征

本版《组织行为学》教材特别关注在中国管理新实践中面临的重要问题，特别是结合全球化、信息化和数字化的最新进展，提出关键问题，提供解决思路。在每个章节的开头，通过开篇案例提出问题，并分步引发师生对中国企业所面临的最新实际问题与重要挑战的思考和讨论。然后，通过中国案例的实际素材透视问题，讲解概念，评价应用。最后，通过小例子诠释行为科学的关键理论要素。在每个章节的结尾，提供了与本章理论内容密切相关的本土案例，有利于激发学生对理论问题和应用方法的深层思考与运用尝试。

3. 整合精简教材内容篇幅，把握要点强调效果标准

针对国内高校组织行为学教学普遍 32 学时的课程设置，本版教材整合并精简了内容体系，分成 10 章，从个体、团队、领导、组织的多层次角度，结合组织行为学研究的最近进展，安排设计相关的教学内容，并强调教学的有效性。同时，结合各项国际认证的教学要求，对章节的学习考核要求、概念要点等进行重新梳理，以便老师和学生能够更有效地把握学习效果标准。在版式编排上，也强调了可读性，突出重要概念，聚焦关键理论。

4. 突出展示组织层次分析，注重体系化的解决方案

本版教材强调从组织层面看待行为问题，把个体、群体的行为问题放在组织背景中分析其变化规律。在案例挑选、内容组织、理论分析的过程中，突出组织环境的背景特征，开展动态分析和体系策划，联系不同层面的组织行为学研究概念。通过这样的编排，期待学生在把握研究概念时，注重学习提出整体解决方案，体验组织行为学理论在组织情境中的重要整合作用。

5. 重点强化课外支持网络，建设平台提升教学效果

本次组织行为学的课程设计注重线上线下互动，除了建设慕课平台，还建设教材配套的教学辅助材料系统。除了拍摄了慕课视频并线上发布，还开发了相应的教学辅助材料，包括教学课件、教学案例库、考试题库等。同时，通过慕课教学网站等互动平台建设，加强教师、课程组和学生之间的互动，以期显著提升教学的综合效果。

使用本版《组织行为学》教材开展教学，可以通过教师的讲解、案例剖析、师生互动的研讨、管理实践的参访、专题报告的交流、实践案例的分析、转型计划的撰写等多种教学环节，使学生从个体、群体、组织等三个层面充分理解组织行为学的关键知识点、重要原理、常用方法和中国组织行为问题解决策略或研究方案，并且系统掌握有关职业发展、组织动态能力和核心竞争力的理论框架与提升策略。为达到上述教学目的与要求，严进博士的本版最新教材成为全国管理学系列教材中的新亮点，必将显著推进我国组织行为学教学应用与创新人才培养。

王重鸣

浙江大学管理学院

21世纪经济与管理规划教材
工商管理系列

目　录

第1章　工作场景中的行为 ………………………………………………………… 1
　　1.1　观察组织情境中的行为 ……………………………………………………… 3
　　1.2　组织行为学的学科范式 ……………………………………………………… 10
　　1.3　组织行为学的历史发展 ……………………………………………………… 18

第2章　辨别个体差异 ……………………………………………………………… 28
　　2.1　人口统计变量 ………………………………………………………………… 30
　　2.2　个性模型 ……………………………………………………………………… 34
　　2.3　能力理论 ……………………………………………………………………… 41
　　2.4　人职匹配 ……………………………………………………………………… 51

第3章　组织中的知觉与决策 ……………………………………………………… 59
　　3.1　组织中的知觉判断 …………………………………………………………… 61
　　3.2　行为决策的理论模型 ………………………………………………………… 72
　　3.3　行为决策的理论与现象 ……………………………………………………… 78

第4章　动机产生与持续激励 ……………………………………………………… 96
　　4.1　动机的基本概念 ……………………………………………………………… 98
　　4.2　外源动机视角的激励理论 …………………………………………………… 99
　　4.3　内源需求视角的激励理论 …………………………………………………… 109
　　4.4　社会认知过程视角的理论 …………………………………………………… 122
　　4.5　强化过程视角的激励理论 …………………………………………………… 127
　　4.6　激励理论的综合模型 ………………………………………………………… 130

第 5 章 沟通与人际行为 … 134
- 5.1 管理者的沟通与协调 … 136
- 5.2 沟通过程 … 141
- 5.3 有效沟通的要点：换位思考 … 152
- 5.4 互动式沟通分析 … 158

第 6 章 群体和团队管理 … 167
- 6.1 群体和团队 … 169
- 6.2 团队的发展阶段 … 185
- 6.3 群体角色、规范与动力 … 190

第 7 章 冲突与协商 … 211
- 7.1 认识冲突 … 213
- 7.2 冲突解决的策略 … 217
- 7.3 冲突发展的五阶段模式 … 221
- 7.4 协商与谈判 … 223
- 7.5 中国人谈判的文化特征 … 229

第 8 章 领导行为 … 235
- 8.1 领导概述 … 237
- 8.2 经典的领导理论 … 238
- 8.3 领导的现代理论进展 … 244
- 8.4 东方文化背景下的领导理论 … 248

第 9 章 组织结构与组织变革 … 260
- 9.1 无处不在的组织 … 261
- 9.2 组织结构要素 … 263
- 9.3 组织结构的影响因素 … 270
- 9.4 组织变革 … 278

第 10 章 组织文化 … 288
- 10.1 组织文化 … 291
- 10.2 麦肯锡 7S 企业文化模型 … 297
- 10.3 企业核心价值观的落地 … 301
- 10.4 组织文化建设 … 305

参考文献 … 314

21世纪经济与管理规划教材
工商管理系列

第 1 章

工作场景中的行为

【学习目标】

(1) 掌握工作场景中的行为概念
(2) 了解组织行为学的学科范围
(3) 熟悉组织行为的学科发展史
(4) 基本掌握组织行为研究方法

开篇案例

桐庐人的快递公司

快递是许多人常用的服务。浙江桐庐是名副其实的快递之乡,你所知的大部分快递品牌的创始人都出自这里。据资料统计,截至2019年,桐庐籍民营企业家创办和管理的快递企业已达2500余家。除了源自广东的顺丰快递,桐庐人创办的上市快递公司占到4席,从事快递行业的人数以万计。

1993年,在杭州一家印染厂打工的桐庐钟山乡夏塘村年轻人聂腾飞发现了一门好差事,和工友詹际盛做起了"代人出差"的生意。当时需要往来于沪杭的外贸公司遇到一个难题:报关单必须次日抵达港口,而EMS需要三天。于是,聂腾飞每日凌晨坐火车从杭州去上海,詹际盛在火车站接货后送往市区各地。跑一单100元,除去来回车票30元,能赚70元。聂腾飞与詹际盛的"生意"成为后来快递业务的雏形。他们在上海成立"盛彤"公司,聂腾飞任总经理,后改名"申通快递"。

仅仅一年,申通就赚了近2万元,聂腾飞也成了那个年代的万元户。与此同时,在广东顺德,比聂腾飞小一岁的王卫也发现了"时间差"的生意,在深港间开展了相同的业务,公司起名"顺丰"。当然,那时候民营快递是不合法的,申通早期就像打游击战一样,没招牌,躲邮政,每次接单就像特务对暗号。王卫的顺丰在深圳开始营业的时候,被称作"老鼠会",也是因为如此。通常的公司场景是办公室藏在小卖部后面,仓库的窗户用砖头封死,照明灯终日亮着。但这些公司在多年后,构成了中国民营快递的版图。

申通成立一年后,聂腾飞安排妻子陈小英的哥哥陈德军接替詹际盛的上海业务。詹际盛离开申通,创办天天快递。5年后,聂腾飞因车祸去世,弟弟聂腾云离开申通,成立韵达快递。申通由陈小英兄妹接手。2000年,陈德军的初中同学张小娟,劝做木材生意亏损的丈夫喻渭蛟创办圆通快递。2002年,申通老员工、同样是桐庐钟山乡人的赖梅松成立了中通快递。2012年,申通收购了天天快递,由陈小英的第二任丈夫奚春阳任董事长。自1993年开始,经过近二十年的艰苦创业,"三通一达"成为桐庐人书写的快递创业传奇。

并不是每一个创业者都那么顺利。吴传龙和聂腾飞、聂腾云兄弟同是桐庐钟山乡夏塘村人,曾经与陈德军一同创业,而后又加入中通速递担任常务副总裁,负责整个申通广东地区的业务。2012年,吴传龙收购快捷快递,创业时信心满满,但在2018年快捷快递破产。这在桐庐不是少数,辗转几家快递公司,积蓄能量后,自己创业,只是能得善终者少之又少。

快递业务自聂腾飞起,在钟山乡、桐庐县的打工创业者中迅速蔓延。这其中的关系乍一看有些复杂,但其实也非常简单,说白了就是"三通一达"连同天天快递之间有着千丝万缕的联系,他们的创始人、资深员工或者是亲戚朋友,或者是同乡同学。韵达快递的一位资深管理者说:"可能一开始申通、圆通、中通的老板互相并不直接认识,但是桐庐人在上海的圈子并不大,生意上的消息也传得很快,先吃螃蟹的人确实产生了影响和带动作用。"

钟山乡村里人互相认识,你只要想做,我就让你来。村里宾馆老板荣叔前几年也动了做快递的念头,他与一位快递老板是旧相识,联系上后,他去了趟深圳。"人家平时都有保镖跟着,很气派,但他还是会陪着我去看,我要做,他就把一个点让给我做。"荣叔得意一笑,

"但我实地去看了后就不想干了。"荣叔说,太苦了,雇人、记账、送件,每个环节都要操心。而且,干这行要趁早,现在已经赚不到什么钱。"赚一毛两毛,还要转来转去,太累了。"整个快递行业已不复从前,资本和竞争完全改变了这个过去单纯以劳动力立身的传统行业。

资料来源:https://www.sohu.com/a/147173235_450537;https://zj.qq.com/a/20150717/013039.htm

思考题:
1. 哪些宏观因素推动了中国快递公司的创办与成长?
2. 同年代起步的申通、顺丰快递在创业初期有哪些类似之处?
3. 哪些因素促使桐庐人扎堆创办、经营快递公司?
4. 密切的社会关系对"三通一达"创业者的经营选择有什么影响?

1.1 观察组织情境中的行为

1.1.1 行为是这门课程关注的对象

人们会感慨二十多年来快递行业在国内的飞速发展,毕竟,这个行业伴随着大多数读者的成长而迅速发展。阅读前面开篇案例的时候,人们也不禁会感到惊讶和好奇:为什么一个地处浙西山区的乡镇孕育了这么多的快递行业创业公司,几乎主导了中国快递行业的发展?

针对这个问题,人们会有不同的解释,但值得思考的是工作场景中人的行为规律。首先,什么是行为?工作场景中的行为受到哪些因素的影响?人们不是生活在真空当中,社会、组织、群体的因素会影响人们的工作行为。管理者在"管人"的过程中,要考虑的核心问题就是工作场景中的行为规律。

组织行为学从行为科学的角度出发关注工作场景中的行为规律,这与微观经济学有很大的差异。微观经济学是一门通过理性推断来预测市场中人们行为的学科。在微观经济学中,对于人们行为的解释基于两个基本的前提假设:① 资源是稀缺的。由于资源的稀缺性,市场中的要素需要进行优化和配置,效率才得以提高。② 人是理性的。由于人是理性的,人们的行为可以用完全信息和固定偏好曲线去分析,这样最优化的结论才能够均衡。但是在现实的生活中,这种理性难以得到满足,因此经济学对人们行为的预测存在很多缺陷。组织行为学弥补了经济学对行为解释的不足。组织行为学关注管理中人性的方面,但其关注的核心仍然是人的行为因素。

概念

行为(Behavior):指人们在工作过程中外显的运动、动作、活动或者反应。

在组织行为学的讨论中,行为指人们在工作活动中外显的运动、动作、活动或者反应。组织行为学关注的研究对象并没有包含管理的全部内容,其他的管理研究包括管理过程、组织理论、人力资源管理等多种知识。简言之,组织行为学并不是要关注所有的管理活动,而只是关注工作场景中的行为问题,关注工作行为的影响因素,以及行为产生的机制、机理。工作场景中的行为有这样一些特点:

1. 行为是外显的、可以观察的

组织行为学与心理学的发展有着千丝万缕的联系,心理学研究的是人们心理活动的规律,组织行为学研究的则是针对组织工作中产生的心理活动。虽然行为的具体情境和心理学研究的不一样,但是基本规律和研究方法还是有很多类似之处。心理学的发展经历了几个不同的阶段,行为主义以前的心理学研究以"内省"办法为主,主要通过研究者对自身心理活动的反思,或者被试者对心理活动的反思展开研究。最典型的方式有艾宾浩斯的记忆曲线研究,基于记忆无意义音节的结果,分析记忆的规律。但是当行为主义出现后,华生的观点是"内省"的心理活动是不可以被观察的,只有"外显"的行为才可以被观察。内省的活动不可能成为科学研究的对象,不可能在同种环境条件下被重复操作和验证;而行为是外显的,可以通过多种手段进行观测,并且在类似环境和同类型条件下重复诱发。这也是行为主义在20世纪中叶短短几年内成为主流研究思潮的主要原因。

在"桐庐人的快递公司"案例中,可以观察到的是桐庐人创办快递公司的行为。行为的产生有具体的时间、地点、场景、环境等因素。包括顺丰、"三通一达"等快递公司都有具体的经营行为,既包括组织层面的业务模式、办公场所、经营时间、组织结构、组织方式等,又包括个人层面的人员组成、工作状态、业务行为、互动方式、合作模式等。行为具有信息的丰富性,工作场景中的行为包含业务、组织、过程、结果等多个维度的信息,行为的含义必须要放在具体组织情境中才能得到有效解读。

资料

华生与行为主义

行为主义创始人华生认为,心理科学的研究对象应该是人和动物的行为,而不是心理或者意识。他将有机体应对环境的所有活动统称为行为,而行为最基本的成分是肌肉收缩与腺体分泌,两者均是机体对内外部刺激的反应。

华生根据反应是内隐的还是外显的、是习得的还是遗传的把反应分成四类:① 外显的遗传反应,如抓握;② 内隐的遗传反应,如神经冲动、器官运动;③ 外显的习得反应,如游泳、打球;④ 内隐的习得反应,如思维活动、言语活动。

华生是极端的环境决定论、教育万能论者。他夸口说:"给我一打健康且没有缺陷的婴儿,并在我自己设定的特殊环境中教育他们,那么我担保随便挑选其中一个婴儿,就能把他训练成我选定的任何一种专家,如医生、律师、艺术家、商界领袖乃至乞丐和盗贼,而无论他的才能、嗜好、趋向、能力、天资和种族如何。"

2. 工作行为是有目标指向的

组织行为学研究的行为特指在工作场所中的行为,这是一种"有意识"的行为。在西蒙（Simon）的经典巨著《管理行为》一书中，行为指的是一种有目标指向的活动，也就是行为的主体有意识或者无意识地希望发生某种结果。这些目标可能是行为主体之外的任何一个事物，比如人们在工作中追求金钱、住房、职位、名誉等；也可能是人们自己预期的结果，比如追求受到他人的认可、尊重、社会地位；还有可能是自身对成就的界定和追求。

工作场景与普通的社会场景有着根本区别。在任何组织中，绩效系统与报酬系统对工作行为起到了重要的目标导向作用。绩效系统和报酬系统覆盖了组织行为问题场景中的主要变化，限定并规范了工作者有意识行为的目标导向。组织通过设定其他的场景因素，比如组织结构、组织文化、群体规范等，从潜意识上影响工作者的目标行为。

目标导向也使得坚持与投入成为工作行为的重要特征。目标行为是有时间过程的，无论目标是来自自我设定，还是来自外部设置。比如，创业开办快递公司这个目标，"三通一达"创业者经过了二十多年的努力才迎来企业上市这一刻。在这期间，快递业务从无到有，从原始的业务跑马圈地到激烈的同业竞争，快递行业、快递公司都发生了极大的变革。创业者对快递公司的业务目标有着极大的坚持与投入，在快递公司从业的经营者、业务员对于自己每天的工作目标也有着坚持。对目标的认同是影响行为坚持的重要因素，案例中提到的"荣叔"，看到快递业务的状况以后，心态起了很大的变化，对目标的认同就不一样了，也知道自己无法在快递行业坚持下去。

3. 社会、组织与群体的影响是工作行为的重要背景因素

工作行为是在具体的社会、组织情境中发生的。组织行为的研究对象是人们在具体组织情境中的行为，组织情境与群体行为是工作行为不可缺少的因素。在分析工作行为的时候必须考虑社会因素、群体因素对工作行为的巨大影响。

工作行为的选择首先会受到社会因素的影响，快递公司的经营决策就是如此。"三通一达"与顺丰都起步于20世纪90年代，尽管在当时，创业者之间没有相互商量过，也没有交流过，但是他们都选择了相似的业务模式，类似的发展路径。这些快递公司的组织模式、业务开拓方式也有所类似。这是因为中国的社会发展需要快递业务，市场存在极大的需求，快递公司才得以快速发展。同样因为快递业务有着类似的业务特征，也使得快递公司产生了类似的组织结构、业务模式、绩效薪酬模式。整体的社会背景因素影响着工作行为。

人们的工作行为会受到周围人的影响，特别是受到与自身有着类似特征的人群的影响。"三通一达"创业者们有着非常紧密的关系，他们的创业决策、业务模式、管理行为也有着很多类似之处。人们的行为是会相互影响的，特别是在同为"桐庐人"这个身份标签下，身份认同对于人们之间的相互影响有着很大的调节作用。在"桐庐人的快递公司"案例中，这些"先吃螃蟹的人"对于后来者的创业、工作选择起到带头引领的作用，同在上海打工的桐庐人也会自发地模仿学习老乡的成功经历。在这种学习效应的带动下，桐庐这个浙西山区的小县城在全国从事快递行业的人数上万，桐庐籍的快递创业公司达到2500余家，也就不足为奇了。

1.1.2 发掘行为现象背后的规律

作为一门学科,组织行为学关注千变万化的工作行为背后的共同规律。尽管工作行为千差万别,组织情境也很少有完全相像的,但是人们的行为还是有着共同的规律。作为一门学科,组织行为学的目标是要用准确的语言去描述组织情境中的行为规律,并以此预测其他类似组织情境中的行为。

"桐庐人的快递公司"案例说明了人们的创业决策相互影响,所以快递公司会扎堆产生,创业者之间的关系也会出人意料的密切。从众行为(Conformity)可以有效地描述这种现象背后的规律。研究表明,从众行为对人们的行为选择有着很大的影响。阿希(Asch)曾经将有关一些简单的线条长短判断用于群体情境中,结果表明,尽管是一些极为简单的判断,群体中其他成员的判断仍会给个人判断带来极大的压力。人们通常倾向于放弃自己原本正确的判断而屈从于群体大多数成员的集体判断。

类似的现象会出现在市场的群体效应中,羊群效应(Herd Effect)是股市中典型的市场行为。我们可以回忆一下 2005 年年底的股市,股市行情从开始的一直在上证指数 1 000 点左右徘徊,到突然受牛市行情和膨胀的市场信心的影响,上冲到 2007 年 10 月 18 日的 6 124 点,"羊群效应"的表现很明显。同样,下跌时创造的单日 300 多点的跌幅也是群体羊群效应的典型表现。

在市场营销中,典型的例子是"送礼只送脑白金"口号的效应。尽管这个广告被认为是低俗的,观众也对之非常反感,但是由于观众对脑白金的品牌形成了深刻的印象,在铺天盖地的广告轰炸下,很容易在观众中造成大家都在买脑白金送礼的主观印象,从众行为由此产生,同时也造成群体活动中的互动与相互影响。

资料

从众行为与羊群效应

从众行为是指在群体情境下,人们会体验到群体的压力,个人会因为群体共同的态度而改变自己的态度,放弃自己原先的意见,而产生和大多数人一致的行为。

谢里夫早期利用"游动视觉现象"对从众行为进行研究。在一个没有其他参照物的完全黑暗的背景中,在被试者面前呈现一个光点,由于错觉现象,参加实验的被试者会看到光点向某些方向游动。这是错觉造成的,每个人看到的游动方向应该是不一致的。但是当谢里夫让被试者在同一个房间中判断光点移动方向时,被试者的判断会越来越趋于一致,而且他们会越来越坚定地确定光点的移动方向。

20 世纪 50 年代,阿希对从众现象进行了一系列经典研究,利用多组线段长短判断任务,研究人们在多大程度上会因群体压力而放弃自己的观点。在阿希的实验中,除了少数成员是真正的被试者,实验群体中的其他成员是阿希事先安排好的实验助手,他们事先设计好,故意在被试者面前做出错误判断,进而观察真正的被试者如何反映。真正的被试者就需要在自己真实的判断与群体其他成员的错误判断之间进行权衡。实验结果令人震惊,即使群体的错误判断很明显,也有 37% 的被试者遵从群体压力,而在多次判断中,75% 的被试者至少会遵从一次。当群体规模为 16 人时,只要有 3—4 个实验助手混在其中,就会使得整个群体有效地产生从众行为。

经济学经常用羊群效应来描述经济个体的从众跟风心理。羊群是一种很散乱的组织,平时在一起也是盲目地左冲右撞,但一旦有一只头羊动起来,其他的羊也会不假思索地一哄而上,全然不顾前面可能有狼或者不远处有更好的草。因此,羊群效应就是比喻人都有的一种从众心理,从众心理很容易导致盲从,而盲从往往又会使人陷入骗局或遭到失败。

在资本市场上,羊群效应是指在一个投资群体中,单个投资者总是根据其他同类投资者的行动而行动,在他人买入时买入,在他人卖出时卖出。导致出现羊群效应还有其他一些因素,比如,一些投资者可能会认为同一群体中的其他人更具有信息优势。在投资股票积极性大增的情况下,个人投资者能量迅速积聚,极易形成趋同性的羊群效应,追涨时信心百倍地蜂拥而至;大盘跳水时,恐慌心理引致连锁反应,投资者纷纷恐慌出逃。

从众行为的相关科学知识在 20 世纪 50 年代已经得到稳定的结论,把这些社会心理学的理论规律延伸到组织情境中,还需要进行理论概念、情境条件的细化。与市场中的从众行为不一样,组织行为学关注的行为规律嵌套在一定的组织情境中,组织所带来的组织结构、组织边界、身份认同等会对工作行为产生深刻的影响。

作为一门科学,组织行为学在分析总结行为规律的时候,首先需要思考不同的组织现象背后的共同规律,考虑已有的理论概念是否能够有效地解释现有的组织现象,考虑这些理论概念是不是现象背后的共同规律;其次需要思考在解释具体组织情境中的工作行为时,原本带有普遍性的理论规律是不是需要修正,是不是需要根据组织情境加入限制性的边界条件,以便能够更加有效地解释组织现象。

下面来看一个同样可以用从众行为解释的行为案例:

案例　　　　　　　　　　富士康员工跳楼事件

2010 年,富士康科技集团连续发生的"连环十三跳"事件引起了国内社会甚至境外舆论的广泛关注和讨论。相隔几日,各种媒体上就会出现关于富士康员工跳楼的报道,跳楼事件此起彼伏,一桩接着一桩。关注背后,更多的是疑问,是 80、90 后身心软弱、不堪重负?富士康工厂工作压力巨大、精神生活贫乏?到最后,大家还是没有得到一个满意的答案。"连环跳"事件也就不了了之。

像前人那样死去

资料显示,2010 年富士康发生 13 起员工跳楼事件:

2010 年 1 月 23 日,19 岁的员工马向前在富士康华南培训处的宿舍楼梯口被发现死亡。

2010 年 3 月 11 日,富士康龙华基地一名 20 多岁的李姓男工在生活区 C2 宿舍楼 5 楼坠亡。

2010年3月17日，富士康龙华园区一名田姓女子从宿舍楼跳下摔伤。

2010年3月29日，富士康龙华园区一名从湘潭大学毕业的23岁湖南籍男工，被发现死在宿舍楼J1楼一楼过道，后被警方认定为"生前高坠死亡"。

2010年4月6日，富士康观澜工厂C8栋宿舍一名未满19岁的江西籍饶姓女工从宿舍楼7楼坠楼。

2010年4月7日，富士康观澜工厂一名18岁云南籍宁姓女工从厂外宿舍楼坠亡。

2010年5月6日，富士康再现跳楼悲剧。一名年仅24岁入职不到一年的男性员工从富士康龙华总部招待所6楼房间阳台纵身跳下，结束了年轻的生命。

2010年5月11日，在深圳宝安区龙华街道水斗富豪新村11巷某栋住宅楼，一名租住在该楼的女子从8楼楼顶往下跳，死亡。

2010年5月14日，在深圳富士康龙华厂区北大门附近的福华宿舍，晚间富士康一名21岁安徽籍梁姓员工坠楼身亡。

2010年5月21日，富士康发生当年"第10跳"，死者为21岁男性员工。

2010年5月25日，富士康科技集团观澜园区华南培训中心一名员工坠楼死亡。

2010年5月26日，富士康深圳龙华厂区大润发商场前发生第12起员工跳楼事件，死者是C2宿舍一名男性。

2010年5月27日，又有一名员工割腕自杀。这名职工经送龙华人民医院紧急抢救后，脱离生命危险。

舆论谴责泛滥

虽然大家对引发事件的原因猜测不一，但死者家属、媒体等绝大多数人纷纷将矛头直指富士康，在全社会舆论一番狂轰滥炸式的指责之下，"精神血汗工厂"的称号被牢牢冠在富士康集团头上。香港《明报》发表文章表示，在物质层面，富士康是待遇优厚的公司，吸引了很多人的进入；但在精神层面，富士康是"血汗工厂"。

富士康公司企业集团董事长兼总裁郭台铭也受到舆论的深刻指责。为此，他曾经屡次公开向死者家属道歉，表示"大家产生冷漠才造成这些心理因素，而这些呢，我们是没有做得很好，我们也没有在这方面有效地去防止"。很多评论也倾向于将富士康人员流失居高不下的原因归为缺乏归属感、凝聚力，管理上缺乏人性化，员工工作强度高、压力大。富士康员工则表示"工作感觉就像是一个机器，流水线上单调枯燥的动作要反复不停地重复着。很多人都感到很郁闷……""感觉不到出头之日，看不到希望"。

资料来源：改编自百度百科"富士康员工跳楼事件"。

思考题：

1. 富士康员工的13起跳楼事件有什么共同之处？
2. 媒体、舆论的关注是会提高还是会降低员工跳楼的可能性？为什么？
3. 作为管理层，如何才能有效地防止类似事件的发生？

富士康员工跳楼事件在2010年充斥各大小媒体，对原因的解读也涉及企业管理模式、员工心态等众多方面的内容。但同时，我们可以从中找出一些共同之处。首先，跳楼

的员工年龄在18—25岁,多数选择跳楼的方式自杀;第二,在第2跳发生之后,媒体报道广泛铺张开来,引起全社会的关注;第三,13跳集中在1—5月五个月,且每个月跳楼事故发生的日期间隔很近,5月最频繁。

无独有偶,类似的事件也存在于别的时间和空间中。比如两百多年前,德国文学家歌德发表了一部小说《少年维特之烦恼》,小说主人公维特自杀身亡。这本书出版后造成了极大的轰动,不仅使歌德名声大振,而且在欧洲卷起了一股模仿维特自杀的风潮。

从众行为对于自杀行为的效仿也能够给出有效的解释。从众是人们的一种本能反应,进化论的观点认为,在原始社会,从众行为能够有效帮助人们躲避可能的危险,人们也由此形成从众的行为模式。在社会生活中,人们会效仿他人的行为来处理自己不能确定的事。当人们处于不确定的组织情境时,与自己类似的人的处理方式就会成为行为选择的重要依据。

圣地亚哥加州大学的一名社会学家戴维·菲利普斯对跟风自杀现象进行了解释。人们做出是非判断的标准之一就是看别人怎么想的,尤其是当我们要决定什么是正确的行为的时候。如果看到别人在某种场合做某件事情,我们就会断定这样做是有道理的。菲利普斯发现,在报道轰动性的自杀事件之后,特别是在报道涵盖的地区,自杀率会大幅度上升。因此,他做出这样的推论:一些内心痛苦的人看到别人自杀身亡的消息之后会效仿他们。对于自杀事件的新闻报道实际上促使更多的人采取自杀行动。

富士康员工跳楼事件在4月达到了宣传高峰,这些事件的显著性使得自杀行为成为面临同样问题的员工的效仿对象,结果是随后自杀的人数不断增多。显然一开始,富士康员工的跳楼事件具备了扣人心弦、煽情的新闻价值,媒体因而会倾力报道,并加以渲染从而吸引了更多人的关注。多起事件经历了报道以后,新闻失去了原有的价值,媒体也逐渐转移了话题,该事件也就淡出了媒体及观众的视野。其他有同样心理问题的人也就失去了可以明显效仿的行为对象,5月之后,随着新闻报道热度的下降,后继自杀行为没有持续升高。

1.1.3 抽象归纳组织情境中的行为规律

从众行为原理指出,人们会模仿其他人的行为,尤其是在他们面对不确定性环境、存在多种可能的选择、对自己行为选择没有把握的时候。人们容易模仿与自己类似的其他人的行为,身份认同(Identity)在人们的模仿选择中起到了重要的影响作用。对某些人的身份认同感越高,人们会越容易受到这些人的影响,进而模仿他们的行为;对某些人的身份认同感越低,人们的行为越不容易受到他们的影响。在"桐庐人的快递公司""富士康员工跳楼事件"这两个案例中,都可以看到从众行为在现象背后的解释作用;同时,身份认同感对人们的行为选择也起到调节影响的作用。

在"桐庐人的快递公司"案例中,创业决策面临高度不确定的市场环境,创业者会感受到创业所带来的压力、市场环境所带来的风险,模仿与自己类似的打工者的选择是规避市场风险的行为方向。同样是从浙西山区桐庐来上海打拼,"桐庐人"甚至是"钟山乡人"这样的"老乡"身份给决策者带来了很高的身份认同感,因此面临同样的决策情境时,也就更容易模仿身份类似的创业先行者的决策选择。

在"富士康员工跳楼事件"案例中,同样在富士康工厂、类似的年龄阶段、工作场所、工作内容、宿舍环境等都会提高员工之间的身份认同感。类似的员工也面临同样的工作压力、职业问题,不少人都存在这样那样的心理问题。他们会如何处理这些问题取决于很多因素,而其中一个就是观察与他们类似的工友做出了什么样的行为选择。对于自杀事件的集中新闻报道极大地提高了这类行为的可见性,面临类似难题的员工很容易看到其他人的自杀选择,从而模仿他们的行为。

根据这两个案例的现象描述,结合从众行为原理对于个体行为模仿的解释,可以用图 1-1 所示模型框架描述人们在面对组织情境时,行为影响关系的规律。采用自变量(X)与因变量(Y)的关系进行描述:人们知觉到的其他人行为选择是自变量(X),它会影响人们自身的行为选择,即因变量(Y)。这种影响关系受到人们对其他人的身份认同程度的影响,即调节变量(M)。当调节变量(M)高的时候,也就是人们之间的身份认同程度高的时候,自变量(X)与因变量(Y)的关系更加明显;当调节变量(M)低的时候,也就是人们之间的身份认同程度低的时候,自变量(X)与因变量(Y)的关系会被弱化。图 1-1 用模型的方式,简明扼要地表述了 3 个变量之间的关系。

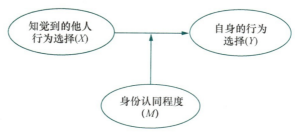

图 1-1 两个案例背后的行为规律

从两个案例的描述可以推断得出图 1-1 的模型,用于解释现象背后的行为规律。作为一门学科,组织行为学的目标是提炼现象背后的规律,用规律去预测类似问题情境中的工作行为。通过对两个案例的观察,我们可以推断出如图 1-1 的理论模型,但是这个模型是否具有足够的解释力,是否可以解释现象背后的规律,还需要符合科学范式的实证研究加以检验。在接下来的章节,我们来看看作为一门学科的组织行为学的基本特点。

1.2 组织行为学的学科范式

1.2.1 组织行为学的基本概念

在谈了几个不同的案例后,我们来看看组织行为学(Organizational Behavior)的定义。尽管定义在很多时候是一种类似于文字游戏的工作,但清晰的定义仍然有利于让人们明白学科所要界定的范围。

> **概念**
>
> **组织行为学**(Organizational Behavior)是一门研究分析组织中的工作行为的学科,它分析个体、群体、组织等不同层面的因素对人们工作行为的影响规律,并以此为基础,指导组织中的管理工作,提高组织效率与效能。

从组织行为学的定义可以看出,这门学科具有以下几个特点:① 学科目标在于总结变量相互关系的规律,增长科学知识;② 针对组织情境中的工作行为进行系统研究;③ 主要关注个体、群体、组织等不同层面变量对员工工作行为的影响;④ 总结规律是为了指导提高组织效能,指导管理实践。

首先,组织行为学是一个学科领域。作为一门科学,组织行为学符合社会科学的一般特征:总结社会现象背后的一般原理,并由此解释、预测社会现象。组织行为学理论并不是针对某个特定现象的,而是可以解释某类现象的共同规律,这些规律可以被运用于各种不同的情境条件。组织行为学的研究结论符合社会科学研究的一般规律,每一个结论的得出都有相应的现象与数据的支持,并且经过多次验证。与物理学等自然科学的理论规律一样,只要相应的应用条件得到满足,这种规律就可以在不同时间重复发生。

其次,组织行为学研究的是组织中的工作行为,观测与分析的对象发生在组织的现场管理活动中。与自然科学研究不同,组织行为学观测的对象并不是被隔离的,而是切切实实地发生在组织生活中,组织情境是这门学科必须考虑的限制条件。

组织行为学研究由于观测层面不一样,分为个体层面的分析,比如有关个性、激励、行为、态度、满意感等方面的理论;群体层面的分析,比如有关群体规范与压力、群体决策、冲突与权力、领导行为、人际关系等理论分析;组织层面的研究,比如组织理论、组织变革、组织文化、流程再造等问题。这些不同是由于观测角度的不同而产生的。最终,组织行为的研究目标是提高组织的产出,由此总结出不同层面的规律从而提高组织的效率。

1.2.2 组织行为学是系统性科学研究

有人说"管理既是一门科学,更是一门艺术"。当我们谈论"科学"和"艺术"这两个名词的时候,我们是从不同的角度看待管理规律。什么是科学?科学的特点是这种规律在同等情况下可以重复发生,特别是在设定了同样的条件以后。把数学引入分析是科学研究的重要特征。艺术是以人们的想象和体验为出发点的,是人们创造性发挥的充分体现。艺术创作的过程不一定能够被复制,但这并不妨碍艺术的价值。

> **概念**
>
> **经验**(Experience)是个人根据自身认识对规律的总结,基于自身体验形成的规律性解释。
>
> **系统性研究**(Systematic Research)是通过系统的观测和分析得出的概念界定,描述各个变量间关系的推断,并且对这些推断进行稳定性、可靠性检验的过程。

我们说组织行为学是一门科学,主要是因为组织行为学的结论都是通过系统的观测和分析得出的。经验是以个人的体验为基础的,任何人只要做一点有用的事,总会有一点报酬,这种报酬就是经验。每个人都是一个行为的研究者,在不断的行动过程中,人们经历着不断地尝试错误的过程,人们的经历会对他们以后的行为产生很大的影响。经验是人们对行为过程和结果的习得总和。管理者的经验是宝贵的,但这并不是管理科学的依据。首先,经验的缺陷在于这可能是一种错误的认识,在其他的问题场景中可能并不适用;其次,经验如果没有上升到理论高度,没有形成理论水平的普遍性结论,经验是很难在不同人之间转移、复制、积累的。

比如,在《野蛮生长》一书中,万通公司主席冯仑总结了他在生意场上关于合伙、投资、管理等方面的经验,并且整理成为风趣幽默的文章。这些管理经验可以给读者带来很多关于企业、管理、生意方面的启示,对于管理者是非常有价值的。但是,这些经验还没有形成可以科学论证的假设推断,并不是可以直接进行真伪检验的,并不是科学论断。

所谓一个可以进行科学论证的假设推断,无外乎两种基本的形式:① 用陈述句的方式,可以更清晰地界定某个概念的本质、内容、维度等,也就是这个结论可以更加清楚地描述现象背后的本质变量;② 用陈述句的方式,可以更清晰地界定几个变量之间的联系,也就是更加清晰地描述现象背后的本质理论联系。冯仑在《野蛮生长》中总结的经验并不可以直接进行真伪检验。在大量的管理畅销书籍中描述的管理经验,通常也是管理者对自身体验、认识的描述,并没有形成可以进行真伪检验的推断。

组织行为学是采用科学研究的范式,通过系统性研究,发现组织现象背后的科学规律。那么,什么是系统性研究呢?系统性研究的逻辑基础是:管理现象的内部联系不是随机的,而是由某种深层的本质原因引起的。针对这些本质原因的推断形成了对现象的理论解释,也就是科学推断。

在上一节中,对于"桐庐人的快递公司"和"富士康员工跳楼事件"两个案例现象的分析,结合从众行为的理论基础,可以形成如图 1-1 的模型推断。这个模型描述了对于一个员工,作为自变量(X)知觉到的他人行为选择会影响到作为因变量(Y)的员工自身行为选择,两者之间的影响关系的强烈程度受到作为调节变量(M)的身份认同程度的影响。这个模型描述后一种假设推断,用陈述句的方式更清晰地界定变量之间的本质联系,预测变量背后的相互影响关系。

形成科学推断并不意味着可以下结论。推断必须经过实证检验,才能判断这个推断能否得到实际数据的支持。英国哲学家波普尔的"证伪主义"是当前的社会科学研究普遍采用的哲学思想。波普尔认为,任何一种科学理论都不过是某种猜想或假设,其中必然潜藏着错误,即使它能够暂时逃脱实践的检验,但终有一天会暴露出来,从而遭到实践的反驳或"证伪"。科学就是在这样一个不断提出猜想、发现错误而遭到否证、再提出新的猜想的循环往复的过程中向前发展的。为了能够进行这样的"证伪",组织行为学研究借助规范的研究方法与统计技术对科学推断进行假设检验。

1.2.3 组织行为学的研究方法

组织行为学是一门系统研究的科学,组织行为学的理论都是在对组织中的工作行为观察和数据分析的基础上,通过理论推断形成研究假设,然后在实证检验的基础上得出研究结论。为了保证研究结论是稳定可靠的,可以用于解释、预测在一定组织情境中的工作行为规律,组织行为学有一套规范的研究方法。

在本章节中,我们将结合简短的案例,通过对人们认识管理现象背后规律的讨论,介绍有关组织行为学的研究方法与范式,提供人们对组织行为学理论建立和验证过程的认识,作为管理研究结论可靠性和研究质量稳定性的评判标准。

案例　　　　　　　　　快餐店老板的用人经验

几周前,我遇到了一位中学同学,他在浙江省的某个县城创办了一家连锁式的中式快餐店,业务发展在这几年稳步上升。我们谈了对员工选拔与管理的一些认识。他讲述这样一段话:

"中式快餐业务与西式快餐并不一样,由于老百姓对自家柴米油盐的价格比较了解,中式快餐店不可能有类似'肯德基''麦当劳'那样的利润空间,很多洋快餐的经验是要有高利润空间支撑的,因此不可能把他们的管理思路拿过来就用,而是要做很多改进。

比如,对于快餐店员工队伍的管理,基本上可以分为前台服务人员和后台支持人员。对于前台服务人员,我们基本上是以女性为主,在招聘选择前台服务人员时,我倾向于选择30岁左右、已经结婚的女性,而不是选择20岁左右、没有结婚的女性。我们以前希望用20岁左右的女性,认为她们无牵无挂,形象更好,能够更多地投入到工作中。但是我们的用人经验证明,这些人并不合适。

首先,她们的工作态度过不了关。20岁左右的人刚刚进入社会,对工作的竞争压力不了解,觉得我们的工作太辛苦,也不在乎你给多少奖金,有些人才干了三天就打退堂鼓。但是,30岁左右的人一般也结婚了,那就不一样了。这些人有压力,希望挣钱,也会更努力与付出。其实,快餐服务工作没有很高的技术含量,不需要工作人员有很高的文化水平,只需要勤快、态度认真、善于和人打交道。其次,年轻的姑娘容易流动。20岁左右的员工找工作很容易,她们做快餐工作只是暂时的,如果有更合适的工作,她们马上就会跳槽,这会给管理带来很多麻烦;再加上如果她们认为这份工作只是暂时的,她们就不会用心去做。所以,年龄是我们选拔前台服务人员的标准,我们重点招聘30岁左右的已婚女性。

对于厨房和后台管理,用人标准就不一样,后台会聘用一些年纪大的、相对更稳定的员工。厨师是餐厅经营中关键的队伍,厨师如果跳槽,就有可能加入竞争对手的队伍,成为心腹之患。所以我们想了很多办法,其中一个办法就是把做菜的工序程序化。我们的产品是相对标准化的,所以用了很多流程来加工产品。客户看到的厨房只是厨房的前端,而前端厨房里面的原料都是半成品。每个厨师只熟悉其中的一道工序,其余的工序他们是不了解的。因为他们的工作技能只在我们公司适用,在其他公司不适用,这样就可以保证厨师队伍的稳定性。这样,厨师的工作也是相对标准化的,招工和培养也相对容易,人员一旦发生变动也不至于找不到替代的人;而且,他们不直接和客户打交道,稳定和专业是最关键的,形象则是次要的。"

在这个案例中，快餐店老板通过自己的认识、总结，对于员工稳定性的影响因素总结了自己的经验，并且描述了相应的规律。比方说，针对快餐业前台服务人员的年龄与绩效之间的关系，表明 30 岁左右的女员工要优于 20 岁左右的女员工。这是一种个人经验的总结，也许是经过了对本公司 50 名服务员的观察，特别是经历了一些典型性事件，比如"有些女员工干了三天就打退堂鼓"，管理者形成了这样的印象和经验。但是，这种经验能够推广到什么样的情境？这还没有经过验证，这就是经验的特点。

但是经验和研究共有的是观点，或者说是理论推断。我们可以用图 1-2 表示管理者对于前台服务人员工作绩效的模型推断。

图 1-2　快餐店前台服务人员的工作绩效模型

1. 组织行为学研究的基本术语

在图 1-1、图 1-2 中，两个模型图都简要抽象地描述了组织现象背后的规律。在"桐庐人的快递公司"和"富士康员工跳楼事件"两个案例中，我们推断得到的共同规律是同一人群中其他人的行为会影响员工自己的行为选择，而身份认同程度会影响两者之间的关系强度。在"快餐店老板的用人经验"案例中，管理者对这个问题的基本观点是，在中式快餐店的管理模式中，服务员的工作业绩受到年龄的影响，而且这种影响主要是经由工作态度来产生作用的。这种态度包括工作尽责、工作投入等。

这些描述中最为基本的要素是变量(Variable)。变量是指针对某个被考察对象的某种一般特征的描述，这种特征可以在数量、强度等方面发生变化。变量在个体层面，可以是一个人的人口统计特征、态度、能力、个性等；在群体层面，可以是团队冲突、凝聚力、团队产出等；在组织层面，可以是组织文化、组织层级、组织结构类型等。变量是组织行为学研究的基本要素，也是理论推断、理论模型的基本元素。

在图 1-1、图 1-2 的模型中，可以看到这样几类不同的变量：

(1) 自变量(Independent Variable)。自变量是引起其他变量变化的原因变量。在"快餐店老板的用人经验"案例中，我们可以认为年龄是自变量，它的变化引起后面一系列其他变量的变化。通常，自变量通常是社会情境、组织背景中的外源变量，比如文化特征、薪酬体系、组织结构等因素，也可以是一些个人稳定的特质因素，比如能力、个性、主动性、动机等。自变量是在理论模型中推动系统产生变化的因素，是员工行为产生的输入端。

(2) 因变量(Dependent Variable)。因变量是受到自变量影响而发生变化的反应变量，是管理者或者研究者希望去控制、预测和解释的变量。通常研究的因变量包括绩效、满意感、人员流动(Turnover)、组织承诺等。在"快餐店老板的用人经验"案例中，服务员的工作业绩是因变量，也是管理者希望去努力提高的；在"桐庐人的快递公司"案例中，创业决策、加入快递公司、公司业绩是因变量；在"富士康员工跳楼事件"案例中，自杀模仿是因变量。因变量是理论模型的最终行为产出，是员工行为的外部表现。

(3) 中介变量(Mediate Variable)。中介变量是可以影响自变量和因变量之间关系的变量，自变量需要通过中介变量才能影响因变量。中介变量是对理论变化关系的机制解释。

在"快餐店老板的用人经验"案例中,工作态度就是一个中介变量。正是由于不同年龄阶段的人对工作的态度不同,而工作态度又会影响工作绩效,所以态度是一个至关重要的中介。一个20岁左右的女员工,只要有认真负责的态度和吃苦耐劳的精神,她就能把服务员工作完成得很出色。年龄是要通过态度来影响绩效的,缺少了态度,年龄的影响作用就不会那么明显。工作态度是解释年龄与工作绩效关系的机制。

(4) 调节变量(Moderate Variable)。调节变量是限制自变量和因变量关系的情境条件变量。在"快餐店老板的用人经验"案例中,我们把这种关系可运用的情境限制在中式快餐服务员队伍,这可能会包含这样一些工作情境变量,如工作结构简单、劳动时间长、待遇一般、规章制度不完善、员工主动性影响大等。在"桐庐人的快递公司""富士康员工跳楼事件"案例中,对他人的身份认同程度是调节变量。当身份认同程度高的时候,他人行为对自己行为选择的影响更加明显;当身份认同低程度的时候,他人行为的影响就没有那么显著。调节变量会影响自变量、因变量之间的关系强度、作用方向,所以又称权变因素(Contingency)。

(5) 理论(Theory)。理论描述的是一套系统的、相互关联的概念或假设,理论是隐藏在诸多现象背后的规律,可以解释预测同一类型情境中的现象。通常在组织行为学研究中,模型一词也被用于称呼理论,当出现多个变量之间的相互关系的时候,我们通常也用模型来代表。理论、模型、假设三个术语在组织行为的研究中并没有严格的使用界限。对于图1-1、图1-2描述的关系,我们可以称之为理论,也可以称之为模型,对于具体变量之间的关系我们也可以称之为假设。通常,假设是理论模型可操作化检验的具体描述。

(6) 假设(Hypothesis)。对于两个或多个变量之间关系的试探性解释称为假设。我们在图1-2中看到了这些变量之间的关系,但是这种关系并没有得到数据的验证,而是管理者本人的猜想,我们并不知道这种关系是不是在所有的中式快餐店中都可以运用,而仅仅是一种试探性的解释。如果要把这种关系用科学手段和数据进行分析支持,假设就会得到验证,这种关系就会成为结论,我们就可以知道具体的运用情境。

2. 组织行为学研究的信度与效度

当明白了研究的基本要素以后,我们需要思考这样一个问题:作为一门学科,它是建立在对大量现场的考察分析基础上总结得到的规律,同时它可以解释预测今后可能发生的相关现象。那么,如何保证学科结论的可靠性和稳定性呢?这涉及组织行为学研究中的两个基本要求,即信度与效度。

(1) 信度(Reliability)。信度是研究结果的稳定性和一致性。信度的保证首先在于对这些变量观测的稳定性。针对图1-2涉及的变量,我们会观测到三种基本变量。年龄具有很高的信度,因为它的观测不会有任何不稳定因素,态度和工作业绩就会受到观测者或者研究者本身主观因素和观测手段的影响。就像用一把标准的米尺去测量身高,在不同时间、不同场合得到的结果不会有太大变化。但是,如果这把尺子本身是没有准确标度的,或者材料很容易热胀冷缩,那么每次得到的结果就会不一样,测量结果的信度就很差。

大多数行为变量发生在现实情境中,通过观测、主观评价进行测量,不同人、不同时间的评价结果不会完全一致,行为测量的信度也就不可能做到完全稳定,会有一定波动。

(2) 效度(Validity)。效度是研究结果的有效性，也就是这种理论关系在多大程度上可以真正解释和预测现象。信度是效度的必要条件，但不是效度的充分条件。就像用一个磅秤去测量身高，磅秤可以测量人们的身高，因为身高和体重之间存在显著的正相关，可以用质量换算人们的身高读数，而且得到的结果相当稳定，不同时间、不同地点的测量不会有太大的变化。但是，这种测量是无效的，因为这个读数并不反映相应的身高特征。

研究也是一样，如果我们验证图 1-1、图 1-2 所表示的理论模型，首先要对模型中的变量做出有效测量，才能够验证理论关系。在测量中，大量行为研究采用问卷、量表的形式获取数据，问卷内容能否正确地反映目标行为，这就是测量效度要考虑的内容。同时，由于这些行为的测量具有不稳定性，避免测量中可能的偏差也是组织行为研究中保证效度的重要前提因素。

3. 组织行为学的数据收集方法

组织行为研究针对组织中现场发生的行为，但是在大多数情况下，研究者是没有办法严密控制这些行为的影响因素。在物理学、化学等自然科学的研究中，研究者可以把其他的影响因素采用技术手段进行严格控制，但这在管理学研究中基本不可能。所以，组织行为的研究者总会在控制程度、精确性和结论的普适性等方面进行一些权衡。

在对具体观点和理论进行验证的时候，使用的具体方法也是权衡这些因素的结果。我们介绍三种常用的研究设计方法。

(1) 案例研究(Case Study)。研究者通过访谈、观察收集到的事例、观察到的行为、过程等证据，系统证明研究者的观点的有效性。案例研究的数据主要是定性描述，通常是用语言文字对工作行为进行描述。

"快餐店老板的用人经验"例子中，我们可以认为管理者本身就是一个研究者，他为什么会有这样的结论呢？因为他观察了很多事例，比如某几名员工 A、B、C 都是 30 岁左右的已婚员工，她们的工作态度都很好、勤劳肯干，因此主管对她们的业绩评价就很好；而有一次招聘了 D，是一名 20 岁左右的未婚员工，她干了三天就觉得服务员的工作太辛苦了。管理者由此得出结论。这是通常做一个案例研究的基本过程。

我们通过这个例子看到案例研究的基本情境，研究者研究的是在真实组织环境里、当今时代下的一种现象，通过描述观察现象之间特征的相关性规律，得出结论。但同时，这种方法带来了很多疑问，比如在"快餐店老板的用人经验"例子中，我们可能有这样的一些问题：

◇ 是不是有些 20 岁左右的员工同样会表现得很好？这个规律在某些人身上并不适用？
◇ 工作态度是不是由其他一些因素引起变化，而不是年龄本身？研究者只看到年龄和态度之间的联系，并没有办法证明这种因果关系。
◇ 研究者本人的观察是不是有偏差？可能有些现象受到研究者自身主观和客观因素的限制，看不到有些现象的本质。

这些问题会限制案例研究的信度和效度。在进行一个组织行为案例研究的时候，要有标准化的程序去控制这些可能的偏差。案例研究设计中的偏差控制也最讲究，罗伯特·K. 殷(Robert K. Yin)在他的著作《案例研究:设计与方法》中详细地论述了案例研究设计需要考虑的因素。

(2) 问卷研究(Questionnaire Study)。问卷研究是一种最常用的社会科学研究方法,采用问卷、量表的手段,通过询问调研对象获取研究所涉及的变量信息。

问卷研究通常的研究范式是这样的:对于图1-2"快餐店老板的用人经验"例子,研究者可以设计一份问卷,涉及调查对象的年龄、工作态度、工作业绩等方面的问题,然后让足够数量的员工和主管填写相应的问卷,在汇总数据的基础上,用统计方法测算这几个变量之间的关系。

问卷调查是常用的实证研究方法,它与随机抽样、统计分析密不可分。抽样解决的是调查对象的问题,问卷是进行变量测量和资料收集的工具,统计分析则是得出结论的必然基础。所有的组织行为问卷调查结论都是基于统计分析基础上的,没有现代统计学的发展,就不会有管理学和组织行为学学科体系的建立。

但是,问卷调查同样存在很多问题,比如:

◇ 填写问卷的这些人是不是看懂了问卷的题目?
◇ 他们有没有按照自己的真实想法填写问卷?还是迎合要求、扭曲了答案?
◇ 问卷的题目是不是能够代表所要了解的内容?问题是不是没有写清楚?
◇ 这些人的回答是不是能够代表所有的服务员?能不能代表这个行业?
◇ 有没有其他共同因素更大地影响这些问卷的结果?

这些问题一直是困扰问卷研究的重要障碍,也因此问卷研究结论的效度常常受到质疑。当前组织行为学研究中,单纯使用同一来源被试问卷调查方法、获取数据验证结论的做法已经受到很多质疑,所以经常要和其他方法结合使用。

(3) 实验研究(Experimental Study)。实验是组织行为研究中最为严格的研究方法,它的研究思路与物理学实验有些类似,也就是在控制其他所有相关变量的情况下,考察自变量和因变量之间的关系。实验研究的基本目的就是考察一种因素或环境对另一种因素或环境可能产生的影响,或者说它检验的是彼此间的因果关系。理想状态下,它通过控制影响主导因素以外的所有因素来实现。

实验研究的基本范式是这样的:假如现在我们对两组被试进行测试,我们设法使得这两组非常相似,以至于可视为等同。我们对某个感兴趣的特征进行了预备测试,比方它在"快餐店老板的用人经验"例子中,我们测试年龄以外的能力、个性等相关个人特征,如果它们是类似的,我们可以视之为等同的两个小组。然后,我们只对其中一组的某个特征加以处理或施加影响,接着对两组进行再测试。如果接受处理的小组发生变化而另一组无变化,并且除受干扰部分其余都相同,那么我们就能得出这样的结论:上述变化是由外部干涉引起的。但是,这在组织行为研究中很难实现。比如在"快餐店老板的用人经验"例子中,我们很难操作被试者的年龄,而是进行事后观察;同样对于态度,我们也很难操作,而是进行事后观察。这样就不会有实验研究中严格的因果关系。然而,由于组织行为学是针对组织中的现场行为进行研究的科学,过于严格控制实验条件会使得研究结论不能被推广到现实的组织情境中。

对于实验研究,通常存在的问题会有这样一些:

◇ 实验条件和任务是不是可以代表真实的管理任务特征?
◇ 实验操作有没有到位,是不是可以代表想要操作的变量?
◇ 实验中得到的结论在多大程度上可以应用于现实情境?

任何一类具体的研究方法,它们都会存在相应的缺陷,如果希望验证图 1-1、图 1-2 中的理论框架,得出有效的结论,多种方法的联合使用是必需的。如果研究者在使用不同方法对同一理论框架进行验证后都得出了相同的结论,那么理论模型的可靠性和有效性就能得到强化。

我们现在再回到快餐店的管理者有关快餐店经营管理的谈话上,思考这样一些问题:

◇ 如果要验证图 1-2 中的理论框架,那么我们使用什么样的研究方法比较合适?需要考虑哪些有关研究的信度与效度的问题?
◇ 对于厨师的流动性问题,如果要用图示表示,那么应该如何界定自变量、因变量和理论模型?如何验证?
◇ 管理经验和系统研究的差别是什么?表现在哪些具体的方面?

1.3　组织行为学的历史发展

组织行为学是怎样发展起来的呢?这门学科的发展经历了哪些主要阶段?哪些关键性的人物和研究成果推动了这门学科的发展?由于组织行为学本身是以组织中的人为研究对象的学科,研究者的出发点和学科来源是各式各样的。众多的研究者从自己的角度出发,提出了对人们的工作行为的理解,以组织中特别是企业组织中员工与管理者的行为为研究对象,用实际观察或者调查得到的数据为依据,以归纳与统计方法为分析基础,得出研究结论,并用于提升组织效能,是组织行为学研究的共同特征。应当说,本书中所有的相关理论和观点都是建立在这些共同特征基础上的。

我们介绍几个在组织行为学的发展中至关重要的研究和人物,丹尼尔·A.雷恩(Daniel. A. Wren)所著的《管理思想的演变》一书,对这些人物及其研究的详细经过进行了系统的论述。

1.3.1　泰罗的科学管理

泰罗(F. Taylor,1856—1915)是公认的科学管理(Scientific Management)创始者。在泰罗开始他的系统研究以前,管理始终被认为是存在于管理者头脑中的经验,或者还没有人认为管理是一门可以系统地研究的科学,泰罗率先把系统的研究方法引入管理领域。尽管泰罗的理论方法受到工人和资本家的广泛质疑,但泰罗制、科学管理方法对工厂效率的提高和对美国社会的深远影响是不可替代的。从他开始,管理学走上了科学化的道路。

1. 泰罗的生平

这位管理学界和实践伟人有两件事与他终身相伴,一是他为之操劳一生的美国钢铁业,二是渗透在他骨髓里的清教徒精神。泰罗出生于一个清教徒家庭,他的父母希望他能够继承父亲的职业成为一名律师,但是他在哈佛大学学习了一段时间以后,转而到费城的一家水厂去做一名学徒工。泰罗于1878年到费城的米德维尔(Midvale)钢铁厂当一名工人,这个工厂是当时美国的几家大钢铁公司之一,这个时期也是美国钢铁工业的顶峰时期。泰罗在这家工厂从一个普通的工人升为职员,然后又升为机工、机工班长、车间工长、负责全厂修理和维修的总技师,最后升为总工程师,这个阶段一共用了6年的时间,这对于一个年轻人来说,简直是火箭一样的速度。

由于泰罗从底层开始干起,他对工人们的想法十分了解。泰罗认为,由于管理制度和管理方法的问题,工人们的产量通常只有应有产量的三分之一。在信奉清教思想的泰罗看来,人们天生就应该勤奋和努力工作,而偷懒和效率低下是一种道德败坏。于是在他获得管理权力以后,便开始在工厂进行一系列的改革。

2. 泰罗的管理改革

泰罗把工厂产量不高的原因归为两种:"无意的磨洋工"和"有意的磨洋工"。"无意的磨洋工"是由"人的天性和脾气"引起的,而"有意的磨洋工"却是由"工人同别人的关系引起的更为复杂的再次思维和推理"引起的。工人们为什么磨洋工呢?泰罗认为,首先是不完善的管理制度迫使工人为了保护自己利益,其次是工人们担心加速工作会使得更多人失业。另外,工人们单凭个人的工作经验一代一代地沿袭工作方法,使得工作效率不高,而这正是管理部门需要去改进的。管理就是要设计好工作,并提出适当的激励办法,以克服磨洋工现象。这正是科学管理所要做的事情。那么,泰罗的科学管理主要有哪些方面的做法呢?我们从泰罗1911年在国会的听证会记录中可以看到泰罗的一些基本思想:"管理的目的是要确保雇主能够获得最大利益的同时保证每一位雇员能够获得最大的利益。"科学管理的基本做法包括成本核算方法、工时研究、职能工长制度,但是这都"不应该对管理的实质或者管理的基本哲理产生误解"。这种基本哲理是以共同利益为基础的,有四个基本原则:

◇ 由管理人员把过去工人们自己通过长期实践积累的大量的传统知识、技能和诀窍集中起来;
◇ 科学地挑选工人;
◇ 将科学和工人的教育培训结合起来;
◇ 管理部门和工人之间进行亲密无间的友好合作。

泰罗认为,无论是这些原则还是泰罗在工厂中的做法,都不能被看作科学管理的主要因素,而是各种因素组成的整体。科学管理可以简单地概括为:"它是科学,而不是单凭经验方法做事;它提倡合作,而不是不知;它要求最大的产出,而不是受限的产出;它培养每个人发挥其最大效能和获得最多的财富。"

在实施科学管理的过程中,首先要求一场在具体组织或者工人当中进行的心理的革命。科学管理要求所有的人(工长、监工、企业所有人、董事会等)都要进行一场心理革命。这是泰罗科学管理的第一步。在科学管理下,双方要把注意力从以往大家最关注的分配利益转移到如何提高生产效率,也就是把双方的注意力从"如何分蛋糕"转移到"如何把蛋糕做大"的问题,而"一旦这个蛋糕做到足够大,大家就没有必要为这么一点小利益而争论不休"。当劳资双方不再互相敌视,而是肩并肩地向一个方向努力时,他们共同努力所创造的利润和工资都得到极大提高。这是科学管理最重要的基础。

科学管理的具体手段表现在泰罗采用系统方法收集、分析工作数据,然后对操作方法、管理手段进行的一系列革新上。这些革新措施的目的是消除"无意的磨洋工"和"有意的磨洋工",进行工时分析、计件工资制、成本会计制度等一系列改革。

资料

工时分析与计件工资制

工时分析

工时分析最初起源于泰罗的清教思想,这种思想使得他认为工人在工作中没有发挥最大的工作效率是一种罪恶。工时分析的目标是让每一个工人做他能力和体力尽可能高的产出。这样的劳动强度是建立在不损害工人健康基础上的,管理者的职责是要教会工人一套系统科学的工作方法,工人在掌握了科学的工作方法后就可以有更高的产出;同时,这种高产出会让他们得到比原来高30%—100%的工资。

泰罗把工时研究分为两个基本阶段:分析阶段和建设阶段。分析阶段的主要目的是把一份工作尽可能多地分解为一系列单一的动作,观察熟练工人的行为,得出针对这些动作的最优操作方法。在建设阶段,管理者分析每一个简单动作,把多余和重复的部分去除,这样就能够进入重新规划新的工作方法的阶段;在这个阶段还要充分考虑工具、机器、原料、方法等综合性因素,使得这些因素共同形成一套标准化的方法。

一个典型的案例是他在伯利恒钢铁公司生铁搬运场的工作。1899年,生铁的价格急剧上涨,伯利恒钢铁公司立刻卖出10 000吨存货。在装载每块92磅重的生铁发货场,泰罗有机会去研究工人的疲劳现象。泰罗确信这样的管理信条,即工人必须实行计件工资,管理者的工作是研究、改进和监督操作流程。在泰罗开始改革之前,平均每个工人每天的装载量大约是12.5吨。在经过一系列的总结以后,泰罗设计了一套科学的方法,接下来是让工人接受这套方法。在这个问题上,他曾经采用多种方法,包括惩罚。最终,他认识到惩罚是一种愚蠢而无济于事的方法。

在伯利恒钢铁公司,泰罗使用了"优秀工人"的策略。用泰罗的话说,"优秀工人"是能够完成优秀的工作方法并在相应岗位上胜任的工人,他能够成为全体工人采用新工作方法的典范。选拔一个"优秀工人"的前提条件有两个方面:首先,这个人能够适合当前的工作,比如对于搬运铁块,他必须是体健如牛,有完成这个工作良好的前提条件;其次,这个人能够为管理者所激励,比如他能够为管理者的金钱所激励,能够"把一个铜子看得比车轮还要大"。泰罗在工人中找到了这样一个德国裔小伙子,他叫施米特。在找到这样的一个"优秀工人"以后,泰罗找到他谈话,"我们这里有一套优秀的工作方法,如果你能够按照我这套优秀的工作方法去搬运铁块,我能够付给你1.8倍的工资"。施米特接受了这样的条件,并采用泰罗的方法进行工作,在按照泰罗的要求完成了相应工作后,他得到了相应的工资。随之而来的是其他工人也逐步愿意接受泰罗的方法。在采用这样一系列的新工作方法后,这个搬运场的效率也大幅提高,搬运量由原来的每人每天12.5吨提高到45吨左右。这时就看到了泰罗所说的"把蛋糕做大",同时也印证马克思所说的"泰罗制是资本家最巧妙的剥削工人的手段"。

计件工资制

泰罗一直强调任务计件管理方法,以促进工作效率的提高。他建议采用一种新的制度,包括三个部分:① 通过工时研究进行观察,并分析确定"工资率",也就是工资标准;② 差别计件工资;③ "把钱给人而不是给职位"。他认为管理部门首先要对工作任务进行分析,建立恰当的工作绩效标准。在确定定额后,管理部门要为工作制订计划,并确定相应的标准,这些都是以周密的计算为基础的。这些标准确定下来以后,管理者可以采用差别计件制。这种方法使得达不到标准的工人只得到很低的工资,而达到标准的工人可以得到很高的报酬。

由于提倡制定计件工资和差别工资制度,泰罗和工会产生了强烈的矛盾。尽管泰罗本人与工会之间没有个人怨恨,但他认为,如果采用这样的工作方法,工人可以按照自己个人的追求实现工作愿望,成立工会就没有必要。而工会为了维护集体的利益,坚持对所有工人采用一个共同的标准,对工资和其他条件进行统一分配。

3. 泰罗对管理学科的贡献

在有关泰罗对科学管理的贡献中,我们想一想他对组织行为学发展的贡献表现在哪些方面,对组织行为学的发展做出了什么样的贡献。

首先,泰罗把对人的管理看作一门科学,而不是个人经验。科学的特征是可以通过数学方法进行定量研究,同时把总结归纳得到的规律应用于不同场景。泰罗的基本思想是定量分析,归纳规律。管理始终被认为是科学与艺术的结合,如果仅仅是经验,那么在不同管理者、不同管理场景之间的转移和应用是非常困难的。泰罗把管理看作一门科学,实现了管理知识在管理者和学术界的传播,使之成为一门系统科学;同时,也使得管理学成为一门像物理、化学一样的可以证伪的学科。

其次,泰罗在归纳管理规律的时候,采用了系统的、定量的方法进行研究,并得出了指导管理活动的科学原理。通过定量化的分析,得到潜在的管理规律,这与组织行为学的研究思路是一致的。组织行为学的发展与现代统计学是分不开的,组织行为学是一门实证性的学科,所有的假设和结论都需要在研究中被实际数据证明。由于受随机因素和干扰变量的影响,社会科学研究的结论表现出相应的波动规律,统计学是这个学科检验结论可靠性的必要手段,泰罗所做的早期研究创立了用定量方法去寻找规律的典范。

最后,在泰罗的研究中,始终考虑工作情境中的工人的行为因素,把组织背景、工作任务、人员特征等相关因素结合起来考虑,这也是组织行为学研究的重要特征。人们的绩效产出不仅受到工作行为单独的影响,还结合了多方面因素的影响。组织的产业特征、任务特征是重要的考虑因素,这些"任务情境"是很重要的。组织行为学的研究结论都是有一定的组织应用情境的,在一个组织中得出的结论在另外一种组织背景下并不一定有效。

总之,泰罗开创了管理研究的一个崭新时代,自泰罗以后,管理学真正成为一门可以进行科学研究的学科,在学术界得到发展。

1.3.2 霍桑实验与人际关系学派

在组织行为学的发展历史上,霍桑实验是最能引起研究者深思和争议的研究,发生地点在美国西方电气公司的霍桑工厂。霍桑实验最有名的研究者是哈佛大学心理学教授乔治·梅奥(Gorge Mayo),但事实上,霍桑实验经历了一系列的研究,多个研究者为此做出了贡献,并不止梅奥一个人。霍桑实验是一个影响非常久远的管理学研究事件,哈佛商学院为了纪念它对管理学研究的贡献,专门在 Baker 图书馆的网站上展示霍桑实验的整个过程,具体内容也可以参考网址(http://www.library.hbs.edu/hc/hawthorne/)。

霍桑工厂是一个制造电话交换机的工厂,是当时美国电报电话公司(AT&T)的供应商,具有较完善的娱乐设施、医疗制度和养老金制度,霍桑实验的起因也不是为了提出一个崭新的理论观点来解释工作行为。

一开始,研究者们试图回答一个非常简单的问题:车间的照明强度会对工人的生产能力产生什么样的影响?这与泰罗的基本设想非常类似,工作条件和操作方法的变化会对工人们的生产效率产生什么样的影响?从 1924 年 11 月至 1927 年 4 月,研究者们进行了一系列的实验。1924 年冬季,研究人员在霍桑工厂的冲床室、绕线室和继电器车间观察照明条件与生产效率的关系,结果发现"产量的上下浮动与照明没有直接的关系"。

当时的实验假设是"提高照明度有助于减少疲劳,使生产效率提高"。可是经过两年多的实验发现,照明度的改变对生产效率并无影响。具体结果是:当实验组照明度增大时,实验组和控制组都增产;当实验组照明度减弱时,两组依然都增产,即使实验组的照明度减至 0.06 烛光,其产量也无明显下降;直至照明减至如月光一般、实在看不清时,产量才急剧降下来。

研究人员面对此结果感到茫然,失去了信心。查尔斯·E. 斯诺(Charles E. Snow),实验的参与者之一,同时又是麻省理工学院(MIT)的电机工程教师,得出结论:对研究问题而言,照明度并不是所要寻求的答案……最重要的可能是"人类个体的心理状态"。按照这样的结果,可能应放弃实验本身,但是工厂和研究者都建议继续实验。于是,下一步的实验开始了。

1. 继电器装配检验室

在这个阶段的实验中,5 名继电器装配工人,一名电路设计师和一名实验观察员参与下一步的实验,研究者对工作时间、工作周期、休息时间等做了一系列调整,随着这些变化的实施,产量有升有降,但是总体的变化是他们的效率比原来在车间的工作都有了很大的提高。于是,研究者拜访了 MIT 的公众健康教授 C. E. 特纳(C. E. Turner)。通过分析,他把能够引起产量变化的因素归为以下几个方面:① 小团体的组成;② 监工的类型;③ 收入的增加;④ 对实验的新奇感;⑤ 公司管理层和研究人员给予的关注。1929 年一份中期报告总结了早期实验的结果:装配工的产量增加了 35%—50%;疲劳的减少不是增加产量的影响因素;实验小组实施的新工资制是"产量增长中一个相当重要的影响因素";工人们愿意在一个有"体谅的监工"和"愉快的工作环境"下工作。

2. 访谈实验

在照明实验中,研究者在工厂中开始了访谈计划。此计划的最初想法是要工人就一些工作情况给出一些"是或不是"的回答,但这种规定好的访谈计划在进行过程中获得意想不到的效果。工人乐于就工作提纲以外的事情进行交谈,工人认为重要的事情并不是公司或调查者认为意义重大的那些事。访谈者了解到这一点,及时把访谈计划改为事先不规定内容,每次访谈的平均时间从 30 分钟延长到 1—1.5 个小时,多听少说,详细记录工人的不满和意见。访谈计划持续了两年多,工厂的产量大幅提高,研究者对此很不解。

研究者求助哈佛大学的心理学教授梅奥。梅奥于 1928 年花了 2 天时间参观了霍桑工厂,然后在 1929 年又用了 4 天时间会见霍桑,1930 年开始系统深入的研究。梅奥对此的结论是"小组的精神状态发生巨大改变",他的说法是"西方电气公司给实验带来的最重大的变化与其在实验中进行的改变只是一种偶然联系,公司对实验小组的真正影响在于改造了全部工业情景"。

3. 绕线圈研究

霍桑实验中有关群体的研究是在绕线圈室中进行的。研究者在这个实验中选择 14 名男工人在单独的房间里从事绕线、焊接和检验工作。对这个班组实行特殊的工人计件工资制。实验者原来设想,实行这套奖励办法会使工人更加努力工作,以便得到更多的报酬。但观察结果发现,产量只保持在中等水平上,每个工人的日平均产量都差不多,而且工人并不如实报告产量。深入调查后发现,这个班组为了维护群体利益,自发地形成了一些规范。他们约定,谁也不能干得太多,突出自己;谁也不能干得太少,影响全组的产量;并且约法三章,不准向管理当局告密,如果有人违反这些规定,轻则被挖苦谩骂,重则遭受拳打脚踢。研究者描述了这样一些简单的规则:

◇ 你不应该干太多活,否则你是一个"生产冒尖者";
◇ 你不应该干太少活,否则你是一个"生产落后者";
◇ 你不应该向监工报告,说任何有损于同伴的话,否则你就是一个"告密者";
◇ 你不应同伙伴们保持距离或一本正经,而应该和大家打成一片。

进一步调查发现,工人们之所以维持中等水平的产量,是担心产量提高,管理当局会改变现行奖励制度,或者裁减人员,使部分工人失业,或者会使干得慢的伙伴受到惩罚。这一实验表明,为了维护班组内部的团结,可以放弃物质利益的引诱。由此提出"非正式群体"的概念,认为在正式的组织中存在自发形成的非正式群体,这种群体有自己特殊的行为规则,对人的行为起着调节和控制作用,同时会加强内部的协作关系。

4. 人群关系学派

"霍桑效应"这一专用名词在管理学文献中一直是一个经典的概念,随着大萧条时代的到来,霍桑工厂的实验也逐步被放弃。但是梅奥逐步对前面所做的理论解释予以修订,他在 1933 年出版了《工业文明的人类问题》一书,成为人群关系学派的开创者,正如其他研究者所评价的"梅奥是思想领域的探险者……霍桑实验的数据不是他的;结果也不是他的;但是对实验结果意义的解释以及从中引发的新问题和假设是他的"。

霍桑实验的前期强调管理者关怀对工人工作效率的促进作用,后来关注组织和群体因素对员工工作效率的影响。这些观点形成了人群关系学派的基本观点:① 员工的行为并不单纯为追求金钱,他们还有社会、群体、心理方面的需求,如追求人与人之间的友谊、安全感、归属感和受人尊敬等。梅奥的解释突破了"经济人"的假设,认为员工应该是"社会人"。② 非正式组织是霍桑实验的重要论断。员工在共同工作中,有着共同的社会联系,形成了非正式组织。非正式组织会形成规范,形成默契,也会有自然的领导人。非正式组织在相当大程度上影响着员工行为,管理者必须关注非正式组织、群体规范在管理中的作用。管理层应该把组织看作"正式组织"和"非正式组织"的有机结合,解决正式组织要求的效率和非正式组织要求的感情平衡。③ 员工的工作积极性在很大程度上取决于他对工作的满意度,也就是"士气"(Morale)。满意度越高,工作动力越足,生产效率也就越高。管理者不但要考虑员工的物质需求,还应考虑精神需求,维护良好的人群关系,营造宽松的工作氛围,培养员工的归属感、自尊感和成就感。

5. 霍桑实验对组织行为的学科贡献

一直以来,霍桑实验是管理研究史中非常受关注的经典研究,尽管其研究方法论受到了质疑,但霍桑实验对于组织行为学和管理学研究的发展始终得到多方公认。

首先,自霍桑实验开始,管理实践者和研究者都认识到组织中"人的因素"是影响组织效能和工作绩效的最重要因素,真正把组织行为学的研究对象(人的工作行为)作为最重要的因素。

其次,霍桑实验看到了组织中的群体因素影响。在后期的绕线圈研究中,研究者看到了人作为社会系统的一个部分(即群体因素)在工厂管理中的作用;同时,看到了组织规范和群体互动对员工业绩行为的强烈影响。群体研究由此成为组织行为研究中非常重要的部分。

最后,人群关系学派的构建使得研究者对工作中的人性假设有了更多思考。除了以往的典型"经济人"假设,研究者还看到了人们的行为不仅受到理性因素的制约,其他的社会需求也是影响人们工作的重要因素。"社会人"的假设由此得出,工作绩效除了受到工作方法、工作条件、工作待遇等因素的影响,员工士气也是很重要的影响因素,而"士气"受到企业中人与人之间的关系、工作氛围、组织制度、领导行为等多方面因素的影响。所以,组织行为学研究的很多问题都在霍桑研究以后发展起来。

1.3.3 学科的理论基础与研究层次

组织行为学是一门由研究问题界定的学科,在对这些问题进行界定的时候,借用了很多其他学科的理论、概念和方法,主要的学科来源有:

(1)心理学。心理学是研究人们心理活动规律的一门学科。自从行为主义得到发展以后,对于心理的研究大多关注行为层面,关注可以观察的行为领域的规律。在组织行为学理论中,关于人的个体特征(包括能力、个性、知觉、激励等)问题的理论基础大多来自心理学研究;同时,关于学习、决策等相关个人行动过程的理论基础也来自心理学研究。在心理学的各个分支中,工业与组织心理学与组织行为学的关系非常密切,这两门学科中的大多数理论概念是类同的,只是关注面有一些区别。

(2)社会心理学。社会心理学是心理学的一个分支,更加关注社会群体的心理问题,关于态度测量、社会认知、群体互动等概念的分析来自社会心理学的研究。当代组织行为学的发展很大程度地依赖于社会心理学,而社会心理学在组织情境中的应用形成了组织行为学的重要内容。

(3)社会学。社会学是一门研究社会现象、社会活动的学科。社会学对测度方法、量表构建有着深刻的研究,组织行为学中对变量的测度受到社会学研究的深刻影响。同时,社会学更关注社会现象,作为一个生活在组织中的人,更多地受到群体、组织、社会背景因素的影响,对于群体中的相互关系因素的研究,组织行为学更受到社会学基础的影响。

(4)人类学。人类学是研究人类躯体、起源、发展和文化的学科。文化人类学是人类学的重要分支,它在民族文化、价值观的研究与组织层面的问题有很多联系,组织文化、组织结构等方面的概念受到人类学研究的影响。

(5)政治学。政治学是研究人类政治活动的学科。马基雅维利的《君主论》是历史上最早论述领导行为的著作之一,政治学更加关注群体行为,关注组织中的权力、领导、冲突管理等方面的内容。这些方面的内容与组织行为学有着非常密切的关系。

组织行为学是一门由研究对象、研究问题而产生的学科,根据研究问题内容的不同,组织行为学的研究层次基本上分为三个层面的问题:

(1)个体层面。这个部分关注个体在组织中的工作行为,包括个性、激励、行为、态度、满意感、学习、决策等相关的问题领域。

(2)群体层面。这个部分关注人际行为、个体与组织中的影响关系行为,包括群体规范与压力、群体决策、冲突与权力、领导行为、人际关系等相关领域。

(3)组织层面。这个部分更多与宏观层面的活动相关联,组织作为一个整体开展活动所表现出的相关行为,包括组织理论、组织变革、组织文化、流程再造等组织层面的活动以及在这些活动中表现出的共同行为规律。

本章名词

行为(Behavior) 从众行为(Conformity)
自变量(Independent Variable) 组织行为学(Organizational Behavior)
调节变量(Moderate Variable) 因变量(Dependent Variable)
理论(Theory) 案例研究(Case Study)
问卷研究(Questionnaire Study) 实验研究(Experimental Study)
科学管理(Scientific Management) 霍桑实验(Hawthorne Effect)

本章小结

1. 组织行为学关注工作场景中的行为,注重用科学逻辑、科学方法去分析和解释管理现象背后的规律。

2. 组织行为学研究的基本范式是采用概念、变量描述组织现象背后的规律，用理论模型刻画变量之间的影响关系，形成理论假设推断，然后用波普尔的证伪哲学检验假设推断是否成立。

3. 作为科学管理学派的创始人，泰罗把科学思想引入了管理领域，突破了个人经验的限制。

4. 霍桑实验突破了"经济人"假设，认为员工的士气、人群关系是影响员工工作效率的主要因素。

5. 组织行为学有多个基础学科来源，分为个体、群体、组织三个不同层面的研究对象。

案例分析

杭州武林银泰的促销活动

2016年9月23日，几千人聚集在杭州武林银泰门口，把商场围得水泄不通。这是什么情况？原来，银泰Adidas品牌的鞋子全场打折，人们蜂拥而至。最终，警察为了大家的生命安全考虑，决定让商家取消打折活动，疏散人群。

上午8:30左右，记者赶到了银泰武林店，但还是被眼前的一幕吓了一跳：商场门口排队的人，比春运排队买火车票的人还要多，队伍至少长达四五百米。

不到20分钟，排队的人越来越多，本来一支队伍已经散开成两支，记者从排队的人群中打听到，不少人早上5点多天蒙蒙亮的时候就来了。闵先生来排队买鞋是为了给老婆作为结婚纪念日的礼物，看中的这款正好在打折之列，所以来得相当早。也有不明就里被人群吸引过来排队的人，有的人以为是新开的餐饮店，有的人以为是领免费的打折券，最后总算弄明白是Adidas鞋子店打折，想想已经排那么久了，便不愿离去。比如从宁波来杭州旅游的徐女士夫妇，就是排了半个小时才知道是打折，"那就买一双吧，反正便宜那么多"。

上午10点，也就是一个半小时以后，武林银泰开门了，这时商场已经人满为患。为了不被挤爆，Adidas柜台举起"生命高于一切"的牌子，提醒前来购物的人注意安全，如果可以就先别买了，隔壁专柜也打出"我们这没有5折活动，可以去别处逛逛"的标语。这是很少见的商家因客户太多而犯愁的事件。

11点多，现场还是人潮涌动，为了安全考虑，公安部门通知商家取消当天的打折活动。尽管这样，还是有很多人久久不愿离去，在场的人都表示，排了那么久的队，没买到不愿意走。这时候，店铺经理在门口不断地向顾客承诺，拿到号牌的客户，可以凭号牌在一周内享受5折优惠。

事后，也有顾客在网站上浏览，发现其实9月23日这一天，整个杭州银泰的Adidas专柜都是5折。而且在京东、天猫等电商平台，也都有类似的促销活动。

思考题:
1. 回顾图 1-1 的理论模型,思考如何运用该模型解释银泰案例口的现象。
2. 图 1-1 的理论模型对于"桐庐人的快递公司""富士康员工跳楼事件""杭州武林银泰的促销活动"三个案例现象中,分别应该做哪些修正,才能更好地适用于相应案例。
3. 这三个案例分别发生在不同情境中,情境因素对自变量、因变量之间的关系会有影响。请提炼这三个情境的特征,用理论概念加以描述。

实践练习

人们的行为容易受到从众心理的影响。5 个人以上的群体就足以影响周围人群的从众行为。让小组做一个现场练习:在一个不影响公共安全的地方,组织 5 个同学合围成一个群体,共同仰望天空中的某个点,保持半个小时,不要回答周围人的问题。请其他小组成员保持一定距离,观察并记录周围过路人的行为反应,包含有多少人路过、多少人停顿、多少人停下脚步凝望、停留时间多久。小组同学事后讨论人们反应的规律。

21世纪经济与管理规划教材
工商管理系列

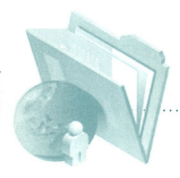

第 2 章

辨别个体差异

【学习目标】

(1) 理解个体差异的主要方面
(2) 掌握智力及其他能力概念
(3) 了解个性特征的主要模型
(4) 通晓人员测评的方法策略

开篇案例

科举考试选拔官员

科举制度并非自明朝起,却在明朝发扬光大。明朝自洪武三年(1370年)起开科举,实行扩招。这下子想做官的人挤破了头,纷纷以读书为业,这些人就是后来明朝文官势力的基础。

科举考试分为三级,第一级是院试,考试者统称为童生,考生来自本州、县,在这个考试中合格的人就是大家熟悉的"秀才"。考到一、二等的人才有资格参加更高一级的考试,叫"录科"。

第二级是乡试,所谓乡试不是指乡里的考试,而是省一级的考试。请注意,乡试不是你想考就能考的,三年才有一次,一般在八月,由省出题,而且有名额限制。在这一级别考试中过关的人就是"举人",这个举人可不得了,是有资格做官的。现在大家知道为什么范进中举人后会发疯了吧,换了你也可能会疯的。乡试中获得第一名的人叫作解元,也是三元里的第一元。

现在你已经是举人了,那么请打好包袱,准备好笔墨纸砚,第二年二月将要迎接人生的真正考验——会试。这个考试只有获得举人资格的才能参加,对手将是其他省的精英们,朝廷将在应试者中挑选三百人(可能有变动)。但要注意,这三百人并不是我们经常所说的进士,他们只是"贡生",要想当进士,还要再过一关。参加会试取得第一名的叫会元,这是三元里的第二元。

在进入下一关之前,我们介绍一下科举考试的考场。明代考试的考场叫作贡院。贡院里有上万间房间,都是单间,长五尺、宽四尺、高八尺。考生在进去前要先搜身,只能带书具和灯具进去,每人发给三支蜡烛,进去后,号门马上关闭上锁,考生就在里面答题,晚上也在里面休息,但由于房间太小,考生只能蜷缩着睡觉。然而就是在这样的艰苦环境下,在那盏孤灯下,在难以忍受的孤寂中,我们的先人满怀着报国的理想,凭借着坚强的毅力写出了妙笔生花的文章,实在值得我们尊敬。

通过会试的精英们面对的最后一道考验就是殿试。在殿试中,他们将面见皇帝,考试方式是皇帝提问,考生回答,内容主要是策论。考生不敢也不能抬头,他们只能战战兢兢地答完问题,然后退出等待自己的命运。皇帝及大臣根据考生的表现划分档次,共有三甲,一甲只有三个人,叫进士及第,分别是状元、榜眼、探花,这就是大家熟知的;二甲若干人,叫赐进士出身;三甲若干人,叫赐同进士出身。状元就是三元里的第三元。

如果到了这里,你还榜上有名,那么恭喜你,你将被派任官职。不过不要期望过高,此时分派的官职都不高,经历这么多苦难,你得到的很可能只是一个八品的县丞而已。

科举考试在中国存在了上千年,特别是明清两代,通过科举考试进入官场更是一个标准途径。随着时代的发展,到了清代末期,慈禧太后废除了科举考试,科举制度在中国历史上画上了句号。

资料来源:改编自当年明月的《明朝那些事》,http://www.mingchaonaxieshier.com。

思考题：
1. 科举考试可以区分考生哪些方面的差异？
2. 不同层次科举考试的考查方式和内容有什么区别？
3. 官员的岗位要求与科举考试有什么联系？
4. 清代末年为什么要废除科举考试？

2.1 人口统计变量

科举考试是中国古代选拔官员的制度。通过层层的考试选拔，加上最终的面试，封建王朝的统治者甄别考生是否适合进入下一轮选拔，乃至于担任国家的官员。科举考试希望甄别的还是考生之间的差异，主要利用《四书五经》中的典故，考察考生撰写八股文章的能力。考生之间的个体差异是官员选拔所面对的核心问题。

自古以来，人们都认识到，个体间是有差异的。即使是一个母亲所生的不同孩子，也是有差异的。这些差异构成了管理者在面对管人问题时最基本的要素。管理者在管人用人时，首先面对的是个体之间的多样性。本章将从人口统计变量、能力、个性等方面讨论个体差异（Individual Difference），讨论如何针对岗位要求去辨别、评估个体差异，根据评估结果选拔上岗人员。

与人口统计变量有关的一个重要概念是履历数据。履历数据来自应聘者的简历、申请表、经历调查表等，能够给招聘者提供大量信息（如教育程度、工作经验、一般或特殊技术等）。研究表明，通过对履历数据的科学分析，能够有效地预测应聘者的工作产出、培训成绩、工作适应性、工作满意度等传统和非传统的指标。互联网的普及更使这种方法具备低成本、高效率的特点。

概念

履历数据（Biographic Data）：是指通过数据简历、档案、履历问卷等方法，收集应聘人员经历的行为事件信息，对信息进行量化编码并评分，以此结果为依据筛选应聘者的测评方法。

履历数据的常见形式有教育经历、工作经历、个人兴趣、家庭情况、个人健康情况、态度事件、价值观事件等。履历数据测评的思想原理是"用个体过去的行为预测其将来的行为"（Owens & Schoenfeldt，1979）。研究者根据个体过去的行为，如学习成绩、学生社团经历等，预测其将来的行为，如工作绩效、职业成功、培训绩效、工作满意度等。

履历数据分析最早产生于美国，已有很长的一段历史。美国佐治亚大学（Georgia University）以欧文斯（Owens）为代表的一批研究者，最早在这个领域开展了系统性的研究。欧文斯采用与 Albright（果尔布赖特）和 Glennon（格伦农）共同编制的生活历史事件量表（Catalog of Life History Items），对履历数据的结构维度进行分析，问卷包含基本资料、兴趣态度、健康情形、人际关系、金钱观、童年经验、个人属性、家庭、休闲生活、求学经历、自我印象、价值观与工作经历 13 个大类、638 题的生活历史事件。后来，欧文斯从上述题库中抽取 118 个题项编成问卷，用来预测大学生学业成就、生活适应、职业生涯成功，结果发现预测效度相当好。

很多组织机构，比如大型公司、军队、学校等都用该种方法初选人才，预测其未来的绩效水平。一个大型组织在招募新人时筛选近 5 万份简历是很常见的事情。简历筛选环节的淘汰比率和数量是选拔各环节中最高的。随着互联网的广泛应用，简历筛选的数量越来越大。履历数据的系统性分析，可以保证简历筛选的准确性、可靠性和稳定性。20 世纪 90 年代以后，我国也开始把这种方法应用到人才选拔中。为了使该方法具有可靠的信度、效度，还需要对数据进行量化编码，选择合适的预测指标进行量化分析，开发有效的履历数据评估工具。

每个人生下来就有差异，最简单的履历信息在一个人的简历上就可以看到，如身高、体重、性别等，但是，哪些差异会和工作表现有联系呢？研究证据表明，员工的年龄、性别、婚姻状况及工作年限等都会对员工生产率、缺勤率、流动率和工作满意度等起影响作用，其中性别与年龄是管理者针对管人问题最为基本的考虑因素。

2.1.1 性别差异

当今社会，人们对"性别与工作"相关问题非常敏感，因为这涉及就业歧视和晋升公平性等问题。随着近几年就业竞争日益激烈，用人单位优势地位不断强化，性别歧视已经成为一些企业心照不宣的做法。性别歧视是指基于他人的性别差异而人为地实行差别待遇的一种现象。在现今竞争激烈的就业市场上，主要表现为企业拒绝录用女性人才，在后期女性员工的晋升、假期等职业待遇上也会差别对待。

2019 年 2 月，人力资源和社会保障部发出通知，明确要求各类用人单位、人力资源服务机构在拟订招聘计划、发布招聘信息、录用人员的过程中，不得限定性别或性别优先，不得以性别为由限制妇女求职就业、拒绝录用妇女，不得询问妇女婚育情况，不得将妊娠测试作为入职体检项目，不得将限制生育作为录用条件，不得差别化地提高对妇女的录用标准。

研究证据表明，男性与女性之间没有什么重要的差异会影响到工作绩效。比如，男女在问题解决能力、分析能力、竞争驱力、动机、社会交往能力及学习能力方面都未表现出明显差异。尽管不少心理学研究发现女性更倾向于遵从权威，而男性更具有进取心和对成功有更高的预期。

对于缺勤的研究却有不同的结论。研究表明，相比于男性，女性缺勤率普遍更高。对这一发现比较合理的解释是，这方面的研究大部分是在北美环境中进行的。在北美文化中，女性过去一直担负着家庭的责任。当孩子有病或家里需要留人等待修理下水管道时，传统上都是由女性请假来做这些事务的。然而，从 20 世纪 70 年代起，女性的角色发生了变化，目前越来越多的男性开始一起承担照顾孩子和做家务的工作。所以以往的研究结果在当代就比较难以成立了。在员工流动率问题上，研究结果并不一致。一些研究发现女性有较高的流动率，而另一些研究结果恰恰相反，目前所获得的信息尚不足以得出一个确定的结论。

然而，性别是管理者始终应该考虑的基本差异。在某些职业，比如护士、财务出纳、幼儿园教师等，女性占到绝大多数；在另外一些行业，比如消防队员、刑警、风险投资等，男性占到绝大多数。强调男女平等、反对性别歧视，并不意味着无视性别差异对工作行为的影响。

案例　　　　　　高考更有利于女生？

教育部网站公布的2012年教育统计数据显示，全国女大学生人数已经连续4年超过男生，其中女硕士研究生人数连续3年超过男生，女博士研究生比例也在逐年递增。"高校中女多男少，归根到底是因为选拔人才标准的'尺'坏了。"中国教育科学研究院研究员储朝晖指出，女生更容易在考试中胜出，这与考试评价体系强调标准答案密切相关。他解释，标准答案的正确率跟一个人的独立性、服从能力成反比。一个人的独立性越弱，标准答案的正确率越高；反之，一个人独立性越强，标准答案的正确率越低。"相对来说，女性比男生更愿意服从。表现在外在，就是女生更听话，男生更调皮。这就导致女生分数高、男生分数低的系统性误差。"

不只是考试有差异，课后实践也显现出男女思维差异。南开大学数学系本科生丁小恒在校创业，他发现周围创业的男生是女生的3倍，而且创业团队中由女性主导的团队并不多，实际上缺少女性担任领导者的创业团队，全部是女生的创业团队更少。

女生在升学环节胜出，并没有什么值得"大惊小怪"的。美国高校在8—10年前也出现女多男少的"阴盛阳衰"局面，如今依旧正常发展。前些年，国内外教育界不断发出"男孩危机"的声音，认为男孩在学业、体质、心理及社会适应力等方面均落后于女孩。于是，"拯救男孩"的口号在世界范围内应运而生。

资料来源：《中国科学报》，2014年7月24日。

思考题：
1. 观察一下周围同学，统计"学霸"的男女生比例。
2. 分析课程的考核方式是否会影响男女生的成绩表现。
3. 讨论岗位绩效与课程成绩考核有哪些异同。

2.1.2　年龄差异

年龄也是管理者需要考虑的重要差异。每个人的成长和发展都要经历一个循序渐进的过程。可以看到，很多工作或职位在选拔人员时都对年龄提出了一定的要求。比如，我国宪法规定，国家主席必须45岁以上才可以任命；大多数企业在招聘管理人员的时候也会有年龄限制，比如35岁就是目前招聘中默认的一道坎，大多数的岗位招聘都要求在35岁以内。年龄因素是履历数据中的重要一环。

对于年龄与生产绩效的关系，普遍的看法是随着年龄的增长，生产绩效会不断下降。但研究的结果并非如此。一项研究揭示，年龄与工作绩效之间并没有线性相关，而且对几乎所有类型(专业或非专业)的工作,这一结论均是可靠的。因此,我们可以推断,绝大多数工作(即使是那些要求重体力劳动的工作),所要求的身体技能不会随年龄增长而急剧下降,从而影响生产率。人们的身体技能可能会出现一定程度的衰退,但可以由工作经验弥补。

年龄越大,越不愿意离开现有的工作岗位。这是有关年龄与流动率的关系方面得到的最明显的结论。这很容易理解,员工年龄越大,可供选择的其他工作机会越少;同时,年龄越大,任职时间一般越长,因而薪水的提升率越快,并可获得更长的休假时间和颇具吸引力的养老福利待遇等。

年龄与缺勤率之间也存在其他因素的限制,比如缺勤。缺勤分为可以避免和不可避免两种。一般年龄大的员工在可以避免的缺勤方面低于年轻的员工。但是,他们不可避免的缺勤率相对较高,这可能是因为年龄增大致使身体健康状况不良,或者在疾病及损伤之后需要恢复的时间更长。

与年龄有着直接关系的是工龄、司龄。对于大多数员工,工龄与年龄有着直接的线性关系,司龄也呈现明显的线性相关。所以,年龄与工作行为的影响关系也适用于工龄、司龄。

2.1.3　婚姻状况

婚姻状况对于员工绩效的影响关系,目前相对稳定的结论是,已婚员工与未婚员工相比,缺勤率与离职率更低。

可以给出的原因有两个方面:一方面,婚姻意味着要承担家庭带来的责任,特别是当一个家庭有了孩子以后,稳定的工作收入对于家庭责任的承担非常重要。已婚员工会表现出对工作更高的承诺、更强的责任感。另一方面,已婚员工本身更具有稳定性倾向。已婚员工年龄普遍比未婚员工大,受到年龄变量的影响,他们的稳定性更高。

另外,更具稳定性倾向的员工也更倾向于建立家庭,而家庭会给员工带来工作以外的与社会的链接。相关研究会关注工作—家庭冲突、工作—家庭促进的研究领域,工作角色与家庭角色相互影响、相互对立,普遍的结论是"有家庭的员工会更加稳定"。

2.1.4　生源籍贯

生源籍贯不仅意味着出生长大的地方,也代表着某个员工的家庭或家族在某个地方长期生活,在籍贯地的生活环境中产生相应的生活习惯、文化认同等。这些都会影响员工的思维习惯、文化价值、身份认同、社会联系等。已有的研究证明,来自具有相似文化背景和地域特性的员工的稳定性更高,社区嵌入性更好。一方面是由于相似的文化背景会适应地区的组织文化,相对于价值观相差大的地区的员工,这类员工在工作中产生的冲突更少,发生冲突后解决起来也相对更顺畅;另一方面,相似的文化背景会带来更强的群体归属感与社会认同感,适应共同的利益与习惯。

籍贯生源会影响员工的稳定性,其中一个重要原因是社区嵌入性差异。来自本土生源地的员工意味着他与本土社区有着更高的嵌入性。本土员工与企业所在的社区除工作组织这个单一的社会联系,还会有其他社会网络的联系。这些社会联系使得员工能够更好地适应业余生活,也更容易形成对所在城市的身份认同,因而他们的职业稳定性更高。

2.2 个性模型

多年以来,对于个性(Personality)的定义并没有一致性的结论。心理学对于个性的定义是:个人在对他人、对自己、对环境的互动适应过程中表现出来的区别于他人的行为特征。个性的意思是人们如何影响他人、如何理解与看待自我,以及由此而表现出来的稳定特质。

关于这些稳定个性特质的差异,包括特质论、心理分析和人本主义的基本假设,可以认为是个体存在的、可以观察的、长时间的行为模式。这种差异是人们行为的无意识因素引起的,也有可能是个人潜能的表现。在本书中,我们从基本的稳定特质角度对个性进行界定。

> **概念**
>
> **个性(Personality)**:就是人的一组相对稳定的行为特征,这些特征决定个人在各种情况下惯有的行为特征。

2.2.1 个性的影响因素

一个人的个性究竟是来自遗传还是来自环境?也就是说,个性是在个体出生时就已经被事先决定了,还是在个体与周围环境相互作用的过程中产生的?显然,这并没有黑白分明的简单答案。个性是二者共同影响的产物,遗传、成长环境都会影响个性的形成。但同时,人们的行为特征还会受到工作情境的影响,情境会促使人们形成固定的行为模式。

1. 遗传

遗传是指那些由基因决定的因素。身材、相貌、性别、性格等特征都全部或至少大部分受到父母的影响。遗传观点认为,个体的个性特征可以根据染色体上的基因排列得到全面的解释。

一些针对儿童进行的研究极大地支持了遗传观点。研究表明,一些特质(如害羞、畏惧、不安)在很大程度上是由内在的基因特点决定的。这说明,基因不仅能影响人们的身高和头发颜色,还能决定人们的个性特征。

但这并不意味着个性特征完全由遗传决定。个性不会从个体出生就固定下来,更不会在成长的过程不发生任何改变。个性特征还会受环境、情境等因素的影响。在过去近二十年中,对于同卵双胞胎的研究表明,基因可以影响人们的个性特征,但只占很少的解释成分。一份美国心理学会(APA)的研究报告认为,"过去二十多年关于双生子与领养儿童的研究得出结论:对于人类的每一个特质和行为,包括个性、智力、行为障碍,都可以找到遗传的影响……基因可以解释人格特质的多样性,那些基因以一种复杂的交互作用影响个性,但那些影响微不足道,基因只能解释1%—2%的变异"。

2. 成长环境

人们个性形成的影响因素包括成长的文化背景、早年的生活条件、家庭、朋友和社会群体的规范、生活经历等。总之，人们所处的环境对于个性的塑造起着十分重要的作用。

文化所建构的规范、态度和价值观一代代流传下来，一直保持着稳定性。例如，北美人相比那些在重视他人关系、鼓励合作、强调以家庭为首位的文化中成长起来的人来说，更具有雄心勃勃和进取心等特征。

遗传和环境到底哪个是个性的首要决定因素？在对各种争论进行细致考察的基础上，我们认为二者均十分重要。遗传提供了前提条件，但个体的总体潜能取决于如何调整自己以适应环境。普遍观点认为，社会化过程（Socialization Process）对人们个性的形成产生很大的影响。社会化始于母亲与婴儿之间的最初接触。婴儿期以后，家庭其他成员也对婴儿产生进一步的影响。之后是社会群体，包括同伴、同学、组织群体等，受到所接触的人、群体的影响，人们需要去适应、学习周围人的行为方式，社会化使每个员工行为形成了稳定的特征。

3. 组织情境

在遗传和成长环境之外，组织情境对个性也有一定的影响作用。一般来说，个性是稳定和持久的，但在不同的情境下会有所改变。不同情境要求一个人的个性表现出不同的侧面，因此我们不应孤立地看待个性模式。所谓多重个性，就是指在不同的情境下，同一个人表现出不同的个性。

案例　　　　　　　　　销售实战演习

华为市场部门新员工要见习3个月，期间的考试多如牛毛，比如销售技能实战演习——新员工到街上推销、叫卖。为了增强实践的真实性，新员工事先被要求在销售过程中不允许说出自己是华为的员工。但是，由于深圳市严格禁止无证小贩摆摊售卖，为此，进行销售技能实战演习的华为人中曾有多人次被当作乱摆卖的无证小商贩，被深圳市的城市市容管理人员抓住。

华为市场部门有一句话：天下没有沟通不了的客户，没有打不进去的市场。市场为了开拓，华为从来不是派有丰富经验的员工，而是派一些刚从学校毕业、没有任何社会经验尤其是市场开拓经验的新员工，目的是训练新员工拜访陌生人、开辟新路的勇气和能力。华为的这种策略使大批新员工在实践中得到了锻炼，一批批新员工在磨炼中成长，成为经验丰富的老员工。这样，华为员工的整体能力越来越强，综合素质越来越高。

资料来源：程东升、刘丽丽，《华为真相》，当代中国出版社，2003。

思考题：
1. 华为销售训练改变了新员工哪些方面素质？
2. 这样的训练对新员工的个性有什么影响？
3. 市场部门员工的个性会不会影响销售场景以外的行为？

经历了这样的情境以后,受训者个性将会发生一些改变。类似的,每一个参加过保险公司销售员晨会的人都会被现场强烈的情绪感染。很显然,这段不寻常的经历会成为参训者重要的人生历练,员工会变得更加外向、坚韧、具有冒险精神。这些特征在销售场合表现得最为明显,也会影响到员工在其他场景的表现。

组织情境对于员工个性的塑造也是员工社会化过程的表现,组织文化也是一种社会化的过程塑造。在本书有关组织文化的章节中,我们会继续介绍有关社会化的理论模型。

2.2.2 常用的个性模型

个性模型是研究者对于员工稳定的行为特征的描述。他们描述的角度不一样,采用的个性模型也不一样。多数模型倾向于用一个主要的特征描述行为,当然还有模型采用不同的形容词、维度来描述行为特征。定义的角度不一样,形成了不同模型。本书只介绍几个常用的个性模型。

1. 大五模型

大五模型是由迈科瑞(McCrae)和科斯塔(Costa)在20世纪90年代提出的专门针对工作中的个性特征而建立的个性测量模型。在研究者对于个性的描述归纳中,人们发现大约有18 000个词语可以用于描述个性特征。对这些词语进行同义词归纳后,发现还有171个不同的个性特质维度。过多的维度描述不利于在工作中对员工个性进行刻画。迈科瑞和科斯塔对这些词语的含义进行归类,发现五个核心的个性特质,也就是大五模型(Five-Factor Model,FFM或Big Five)。

在大五模型中,个性被划分为五个维度。因为模型是用形容词归纳建立的,这五个维度的两端都用对立的形容词予以描述。

(1) 外向性(Extraversion)。该维度描述的是个体对人际互动的舒适感程度。外向者是合群的、对人友好的、健谈的、坚定自信的、善于社交的;与之相反的另一端是封闭内向的、胆小害羞的、安静少语的、孤僻的。

(2) 随和性(Agreeableness)。该维度描述的是个体相容于他人的倾向性。高随和性的人是合作的、热情的、信赖他人的、关心他人的、好脾气的;低随和性的人是冷淡的、敌对的、不受欢迎的。

(3) 责任意识(Conscientiousness)。该维度是对责任心的测量。高责任意识的人是可依靠的、努力的、自律的、负责的、有条不紊的、持之以恒的;低责任意识的人很容易精力分散、缺乏计划性、自律性差、不能坚持。

(4) 情绪稳定性(Emotional Stability)。该维度描述个体承受压力的能力。高情绪稳定性者是平和的、自信的、不忧郁的;低情绪稳定性者是紧张的、焦虑的、缺乏安全感的、喜怒无常的。

(5) 经验开放性(Openness to Experience)。该维度描述的是个体对新奇事物的接受程度、感兴趣程度。开放性高的人富有创造性、凡事好奇,具有艺术敏感性、灵活、有想象力;低开放性的人倾向于保守,对熟悉的事物感到舒适和满足、墨守成规、不愿意接受改变。

大五模型是针对工作场景中的行为而开发的个性模型。对五个维度的实证研究发现，一些个性维度与工作绩效之间有着重要关系。相关研究对以下五类人员进行了调查：专业人员(包括工程师、建筑师、会计师和律师)、警察、管理者、推销员、半熟练和熟练工人。工作绩效用三个指标来界定：绩效评估、培训效果(在培训项目中获得的成绩)和人事资料(如薪资水平)。

研究表明，责任意识是五个维度中唯一可以在几乎所有的工作场景中都可以有效预测工作绩效的因素。责任意识得分较高的个体，拥有更高的工作相关知识水平；此外，责任意识与组织成员行为之间有着相对较强的稳定关系。实证结果显示，责任意识与工作绩效之间的相关度可以达到0.30左右，解释变异量大约10%。布里克(Barrick)和默顿(Mount)在一项元分析研究中得出结论："可靠的、有毅力的、目标明确的和有条不紊的员工，在任何工作中都是高绩效员工；反过来看，那些不负责任的、容易控制不住自己的人，在任何工作中都是低绩效者。"

对于其他维度，预测力取决于绩效标准和职业场景两项因素。外向性可以预测管理和销售职位的工作绩效，因为这些职务需要较多的社会交往活动。同样，经验开放性在预测培训成绩上也有效果，这是合乎逻辑的。

资料

简化的大五个性倾向测试

下面是一些双极形容词，每一对形容词都代表了特征相反的两个方面，但是这两个方面没有对错之分。请您回忆自己平时的行为，根据自己的实际情况判断行为倾向，并在相应的数字上画"○"。

1	2	3	4	5	6	7
完全符合	基本符合	有点符合	不能肯定	有点不符合	基本不符合	完全不符合

1	健谈的	1	2	3	4	5	6	7	沉默的
2	坦率开放的	1	2	3	4	5	6	7	内向害羞的
3	冒险的	1	2	3	4	5	6	7	稳健的
4	喜欢社交的	1	2	3	4	5	6	7	喜欢独处的
5	和蔼可亲的	1	2	3	4	5	6	7	易发脾气的
6	不嫉妒的	1	2	3	4	5	6	7	爱嫉妒的
7	温柔体贴的	1	2	3	4	5	6	7	倔强任性的
8	乐于合作的	1	2	3	4	5	6	7	冷漠消极的
9	细致入微的	1	2	3	4	5	6	7	粗线条的
10	可靠的	1	2	3	4	5	6	7	不可靠的

11	小心翼翼的	1 2 3 4 5 6 7	粗心大意的
12	有毅力的	1 2 3 4 5 6 7	灵活多变的
13	沉着稳重的	1 2 3 4 5 6 7	缺乏耐心的
14	冷静沉稳的	1 2 3 4 5 6 7	紧张焦虑的
15	镇静的	1 2 3 4 5 6 7	激昂的
16	怀疑的	1 2 3 4 5 6 7	不怀疑的
17	敏感的	1 2 3 4 5 6 7	不敏感的
18	思想开放的	1 2 3 4 5 6 7	思想传统的
19	文雅的	1 2 3 4 5 6 7	鲁莽的
20	富于想象力的	1 2 3 4 5 6 7	思想朴素的

计分方法：

外向性＝题项 1、2、3、4 的平均数

随和性＝题项 5、6、7、8 的平均数

责任意识＝题项 9、10、11、12 的平均数

情绪稳定性＝题项 13、14、15、16 的平均数

经验开放性＝题项 17、18、19、20 的平均数

在这个测验中，分数越低，表明被测者在这个方面的倾向越强；分数越高，表明被测者在这个方面的倾向越弱。

2. 霍兰德职业个性模型

在考虑个性与工作绩效之间的关系时，还有一个变量不能忽略，这就是岗位要求，应重视人格特征和岗位要求的协调一致。美国职业心理学家约翰·霍兰德（John Holland）的人格—工作适应性理论（Personality-job Fit Theory）为此提供了最好的解释。霍兰德认为，人们的职业选择应该和他们的个性相匹配。在这个观点的基础上，他提出了一系列理论观点：

（1）在现实工作中，可以将员工个性分为六种类型：实际型、研究型、艺术型、社会型、企业型与传统型。每一特定个性的人，对相应职业类型的工作或学习感兴趣。

（2）人们的职业类型也可分为六种类型，即实际型、研究型、艺术型、社会型、企业型与传统型。

（3）人们寻求能充分施展其能力与价值观的职业环境，同样，能充分发挥其能力和价值观的职业是让人快乐的。

（4）个人工作行为取决于个体个性和所处环境特征之间的相互作用。

在上述理论假设的基础上，霍兰德提出了职业个性类型与职业类型模式，开发了职业偏好量表，覆盖了约 160 种职业。不同类型职业个性的人需要不同的生活或工作环境，例如"实际型"的人需要实际型的环境或职业，因为这种环境或职业才能给予他所需要的机会与奖励，这种情况称为匹配（Congruence）。个性类型与环境不匹配，该职业就无法提供个人能力与兴趣所追求的机会与奖励。霍兰德在其著作《职业决策》一书中描述了六种个

性类型的相应职业。

职业个性类型与职业的关系也并非绝对的一一对应。霍兰德在研究中发现,尽管大多数人的个性类型可以主要地划分为某一类型,但个人有着广泛的适应能力,若其个性类型在某种程度上相近于另外两种个性类型,也能适应另两种职业类型的工作。也就是说,某些类型之间存在较多的相关性,同时每一类型又有极为相斥的职业环境类型。霍兰德的六边形模型简明地描述了六种类型之间的关系,如图 2-1 所示。

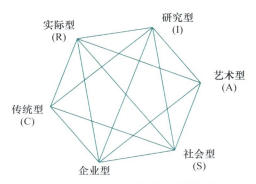

图 2-1　职业个性类型之间的关系

根据霍兰德的个性类型理论,在职业决策中最理想的是个体能够找到与个性类型重合的职业环境,这样容易得到个性的内在满足,最有可能充分发挥自己的才能。因此在职业选拔与职业指导中,首先要采用一定的测评手段与方法来确定个性类型,然后寻找与之相匹配的职业类型。

3. MBTI

MBTI 是迈尔斯-布里格斯人格特质问卷(Myers-Briggs Type Indicator)的简称,是美国最为流行的大学生职业导向测评。这个测评模型的基础理论可以回溯到 20 世纪的瑞士精神病学家卡尔·古斯塔夫·荣格(Carl Gustav Jung)。荣格认为,个性是个体内部的一种行为倾向,具有整体性、结构性、持久稳定性等特点,是每个人特有的,可以对个人外显的行为、态度提供统一内在的解释。

他认为按照人们认识外部世界,做出行动和决策的过程可分为四个阶段,每个阶段都有两种不同的个性倾向。

(1) 阶段Ⅰ:人们的一般心理倾向。荣格认为,人们普遍把信息加工倾向分为外向型和内向型(Extroverted/Introverted)两种。外向型的人性格开朗、善于社交、先说后想、善于表达自我;内向型的人则安静、害羞、先想后说、善于思考。一般心理倾向决定了人们如何与外界互动。

(2) 阶段Ⅱ:人们知觉并接受信息的方式。这是指人们关注并收集哪些信息,荣格根据这点把人分为领悟型/直觉型(Sensing/Intuitive)。领悟型的人注重实际,偏爱详细的、具体的、有实例的故事,并且注意细节;直觉型的人依赖无意识的处理过程,关注抽象的、概括的故事,偏向于整体性思考、理论性思考。

(3) 阶段Ⅲ:人们思考并做出决定的方式。这是指人们如何评估并且做决定,也分为两种类型:思维型/情感型(Thinking/Feeling)。思维型的人运用理智和逻辑处理问题;情感型的人则依赖个人的价值观和情绪处理问题。

(4) 阶段Ⅳ:人们适应外部环境的方式。这是指人们如何调整并适应与外界互动的方式,也分为两种:判断型/感知型(Judging/Perceiving)。判断型的人倾向结构性,偏爱充满秩序的结构化的世界,细化组织计划;感知型的人灵活、顺其自然,对结果有着开放性接受的倾向。

在荣格建立 MBTI 大约二十年以后,凯瑟琳·布里格斯(Katherine Briggs)和伊萨贝尔·布里格斯·迈尔斯(Isabel Briggs Myers)共同编制了一套大约 100 个条目的测试题,以此评估人们在荣格理论模型中的倾向。在这四个阶段各两方面倾向组合的基础上,形成了 16 种典型的类型组合。在实际的测评应用中,几种典型类型更加受人关注。比如 ESTJ 类型(外向、领悟、思维、判断)的人喜欢与他人打交道,能够现实地看待世界,客观果断地做出决定,喜欢有计划、有结构地安排工作,这种类型的人更加适合做管理者。

如荣格所强调的,MBTI 测评的人格结果并无好坏之分。正是出于这个原因,MBTI 测评在美国被广泛使用,每年测评的使用次数达到几百万,是美国大学生普遍采用的自我评估工具。MBTI 测评最大的优点就是能提高人们的自我意识,并且能够提供职业指导。不过研究显示,MBTI 测评结果与工作绩效似乎并没有稳定关系,不适合作为人员测评的工具。

大部分人在 20 岁以后会形成稳定的 MBTI 个性,从此便很难改变。MBTI 个性会随着年龄的增长、经验的丰富而逐步发展完善。根据 MBTI 理论,对于 MBTI 中任何类型的人而言,均有相应的优点和缺点,适合自己的工作环境和岗位特质。使用 MBTI 进行职业生涯开发的关键在于如何将个人的个性特征与职业特点结合起来。

4. A 型个性

A 型个性(Type A Personality)是最为普及的个性模型之一。A 型个性的人与我们通常所说的"急性子"有着很多相似的地方。A 型个性者总是不断地驱使自己在最短的时间里干最多的事,对任何事情都有衡量的标准;同时,A 型个性的人会对阻碍自己努力的其他人或事进行攻击,而且富有进取心、关心自身的物质利益。

A 型个性会表现出以下行为特征:① 行动迅速,吃饭与步行节奏很快;② 同时做几件事情;③ 不适应休闲生活;④ 用数字来衡量做事的成功。

与 A 型个性相对照的是 B 型个性,B 型个性的人"很少因为要从事不断增多的工作或要无休止地提高工作效率而感到焦虑"。

B 型个性的人具有以下一些行为特征:① 没有时间上的紧迫感;② 感觉没有必要讨论成就和业绩,除非外部要求;③ 充分享受娱乐和休闲;④ 并不永远追求最佳水平。

A 型个性的人常处于中度至高度的焦虑状态。他们不断地给自己施加压力,总为自己制定最后期限。这些特征导致了一些具体的行为结果。比如,A 型个性的人速度很快,他们对数量的要求高于对质量的要求。从管理角度来看,A 型个性的人表现出愿意长时间从事工作,但他们的决策欠佳也绝非偶然,因为他们做得太快了。A 型个性的人很少有创造性,因为他们关注的是数量和速度,常常依赖过去经验解决当前面对的问题。对于一项新工作，无疑需要专门花时间去开发具体的解决办法，但 A 型个性的人很少能分配出这种时间。

尽管 A 型个性的人工作十分勤奋，但是很多高层管理者具备的是 B 型个性。最优秀的推销员常常是 A 型个性的人，但高级经营管理人员常常是 B 型个性的人。为什么？答案在于 A 型个性的人倾向于放弃追求质量，而仅仅追求数量；然而在组织中高层管理者更需要全面把握组织战略，看到组织的长远发展，而不是单纯依靠速度和执行效率。所以，相比于中层管理者，B 型个性的人在高层管理者中占有更大的比例。

资料

你是 A 型个性吗？

在下面各特质中，你认为哪个数字最符合你的行为特征？

1. 不在意约会时间　　1 2 3 4 5 6 7 8　　从不迟到
2. 无争强好胜心　　　1 2 3 4 5 6 7 8　　争强好胜
3. 从不感觉仓促　　　1 2 3 4 5 6 7 8　　总是匆匆忙忙
4. 一时只做一事　　　1 2 3 4 5 6 7 8　　同时要做很多事
5. 做事节奏平缓　　　1 2 3 4 5 6 7 8　　节奏极快（吃饭、走路等）
6. 表达情感　　　　　1 2 3 4 5 6 7 8　　压抑情感
7. 有许多爱好　　　　1 2 3 4 5 6 7 8　　除工作外没有其他爱好

累加 7 个问题的总分，然后乘以 3。高于 120 分，表明你是典型的 A 型个性；低于 90 分，表明你是典型的 B 型个性；位于 90 分与 120 分之间，表明你的个性类型处于 A 型和 B 型之间。

分数	个性类型
120 以上	A+
106—119	A
100—105	A−
90—99	B
90 以下	B+

资料来源：〔美〕斯蒂芬·P. 罗宾斯，《组织行为学》，孙健敏、李原等译，中国人民大学出版社，1997。

2.3　能力理论

在本章开篇案例中，三个级别的考试——院试、乡试、会试，都采用撰写八股文的方式，重点考察考生分析运用《四书五经》的典故、形成固定格式文章的能力。八股文从《四书五经》取题,必须使用古人的行文风格,绝对不允许自由发挥,而句子的长短、字的繁简、声调高低等也要相对成文,字数也有限制。所以,八股文主要考察文字运用能力。具体表现为:能把八股文写好,文字水平就更高;八股文写不好,文字水平就差。就此,我们可以看到科举考试甄别考生文字能力的具体表现。

概念
能力(Ability):反映了个体在某一工作中完成各种任务的可能性,是对个体能够做什么的一种现场评估。

每个人都有自己的强项和弱项,在能力方面存在差异,这是不言而喻的。从管理的角度来看,了解人们的能力存在哪些方面的不同,并根据能力差异选拔合适的人员从事合适的工作,才能使员工更好地从事工作。

根据任务不同,能力也有不同内容的界定。科举考试侧重于语言文字能力,选拔出来的官员未必能适应现代社会的要求,因为能力要求的内容不一样。科举考试在中国实施了1300多年,一直是官员选拔的重要手段。为什么清政府在1905年主动废除科举制度?因为统治者也认识到科举考试考察的能力内容与现代社会的要求不一致。

根据能力内容的不同,我们从智力、情绪智力、实践智力和体质能力四个方面介绍常用的能力理论。

2.3.1 智力

智力是指人们从事心理活动的能力,包括对所有心理活动能力的总体评估,包含人们认识、理解客观事物,并运用知识、经验等解决问题的能力,比如记忆、观察、想象、思考、判断、抽象等。

概念
智力(Intelligence):是指普通心理能力,即从事脑力活动所需要的心理能力总体评价,也是智商所测量的内容。

智力的涵盖范围极为广泛。1904年,在智力理论发展的早期,英国心理学家斯皮尔曼(Spearman)提出了智力结构二因素说,包括G因素(General Factor,一般因素)和S因素(Specific Factor,特殊因素)。智力是指普通心理能力,也就是斯皮尔曼所说的G因素,体现在人们运用心理活动能力来解决问题的所有过程。在后期的智力测验的开发中,大多数的智力测验秉承了斯皮尔曼的观点,采用了多个方面测验加总、平均计分的测量方式。

资料

智 商

1904年,法国教育部委派许多教育专家及医学家组成一个委员会,专门负责研究公办学校的低能儿童的班级管理问题。比奈(Binet)是委员之一,他主张采用心理测验方法去鉴别智力缺陷的儿童。次年,他与助手西蒙共同研究出"比奈-西蒙智力量表"。1908年,他们修订与补充了量表,从原来的30个项目增加到59个测验项目,按照年龄分组,组别从3岁到13岁,测验结果以心理年龄表示。

他编制的年龄量表介绍了心理年龄的概念,所谓的心理年龄是指智力达到的心理年龄。例如,一个儿童的心理年龄为10岁,代表他的智力与10岁儿童的平均智力是相同的。因此,将一个人的心理年龄与生理年龄相比,便可以看出其智力高低。

1905年法国心理学家制定出第一个测量智力的量表,即比奈-西蒙智力量表;1922年传入我国;1982年由吴天敏先生修订,共51题,主要适合测量小学生和初中生的智力。

在现代的智力测验中,应用比较广泛的方式有两种:

(1) 韦克斯勒智力量表。美国医生戴维·韦克斯勒(David Wechsler)致力于智力测验的开发,希望开发一个不受语言能力限制的智力量表。他在1916年编制了韦克斯勒成人智力量表(WAIS),随后又编制了儿童智力量表(WISC)、适用4—6.5岁儿童的韦氏幼儿智力量表(WPPSZ)。韦氏量表于20世纪80年代中后期引进我国,经过修订出版了中文版,应用较广。

(2) 瑞文推理测验。多数智力测验的缺陷在于对语言的掌握程度会干扰智力测验的结果。这在多语言的国家中会形成很大困扰,英语母语的智力测验结果好于其他母语的人群。英国心理学家瑞文(Raven)在1938年开发了用图形推理来评估人们的观察、推理判断的能力测验。瑞文测验不依赖于语言文字,纯粹通过图形推理进行测评,可以有效地排除跨文化因素的干扰。

智力商数(智商)有两种不同的计算方法:

(1) 比率智商。这是比奈(Binet)最初强调的计算方法,他把普通人的智商定义为100,然后把一个人的智力年龄与实际年龄相除后再乘以100,就得到一个人的智商。用公式表示为:

$$智商(IQ) = (智力年龄\ MA / 实际年龄\ CA) \times 100$$

如果某人智力年龄与实际年龄相等,他的智商即为100,表示其智力中等。比奈智商是一个比率值,正常人的波动范围为85—115。

(2) 离差智商。这种方法把一个人的测验分数与同龄组正常人的智力平均数之比作为智商。采用统计学中的平均数(M)与标准差(SD)的概念,计算被试偏离平均值(M)多少个标准差(SD)来衡量,也就是离差智商(Deviation IQ)。韦克斯勒首先采用离差智商

的方法,他把智力定义为平均数为 100、标准差为 15 的正态分布。所以,离差智商的计算公式为:

离差智商(IQ)＝15 ×(测验分数－M)/SD ＋ 100

两个年龄不同的成年人,一个人的智力测验分数高于同龄组分数的平均值,另一个的测验分数低于同龄组的平均值,那么我们就给出这样的结论:前者的 IQ 比后者高,可以用正态分布估计他们在人群中的位置。目前大多数智力测量都用离差智商(IQ)来表示一个人的智力水平。在电影《阿甘正传》中,阿甘的智商为 70,低于平均数 2 个标准差,根据正态分布的估计,在人群中,他属于智商最低(约 2%)范围的人。

在智力测验中常用的能力维度有算术能力、语言理解能力、知觉速度、归纳推理、演绎推理、空间知觉及记忆力。针对每一个具体的智力测验,测验的子量表和维度都不一样。智力是在这些测验分数的基础上,转换累加以后得出的分数总和。有一句话充分说明了智力定义的特点:"大家都知道智力是什么,只有心理学家不知道。"

斯皮尔曼认为所有的心理活动都可以用公共因素(G 因素)进行预测,用智商就可以有效区分智力差异。人们发现智商极高(IQ 在 130 分以上)和智商极低(IQ 在 70 分以下)的人均为少数,智商中等或接近中等(IQ 为 80—120 分)的人约占全部人口的 80%。智力超过常态者,我们称之为智力超常;智力低于常态者,我们称之为智力低下。

高智商并不是所有工作的预测条件。事实上,在很多工作中,员工行为有许多限制条件,很少有机会使他们表现出差异,此时,高智商与工作绩效可以说是无关的。智商是多个分数的总和,加总使得每一个专门性的能力子项的作用都很不明显,这也使得根据智商很难预测不同职业的绩效是很难的。每一个测验都会对智力进行不同的操作定义,但是通常这些子维度与特定的工作有一定的相关性,如表 2-1 所示。

表 2-1　智力的不同维度

维度	描述	工作范例
算术能力	快速而准确地进行运算的能力	会计:在一系列项目中计算营业税
语言理解能力	理解读到和听到的内容,以及词汇之间关系的能力	工厂管理者:推行企业政策
知觉速度	迅速而准确地辨认视觉上异同的能力	火灾调查员:鉴别纵火责任的证据和线索
归纳推理	推断一个问题的逻辑后果,并解决这一问题的能力	市场调查员:对未来一段时间内某一产品的市场需求量进行预测
演绎推理	运用逻辑评估一项争论的价值的能力	主管:在员工提供的两份不同的建议中做出选择
空间知觉	当物体的空间发生变化时,能想象出物体形状的能力	室内装饰师:对办公室进行重新装饰
记忆力	保持和回忆过去经历的能力	销售人员:回忆客户的姓名

在有关智商的研究中,人们倾向于观察一些极端的个例,如下面案例中的马云、俞敏洪都是企业家中的极端例子。对于创业,我们知道绝大部分企业会以失败或者平庸告终,只有小部分人在激烈的竞争环境中得以生存。但是,人们看到的正好是处于金字塔顶端的那部分人,而占比更大的失败者往往被忽视。智商并不能够有效地预测所有的职业绩

效,创业活动的成功与否还受到个人其他特征的影响。

案例　　　　　　　　　　名人的高考

阿里巴巴创始人马云

中国最大电子商务网站阿里巴巴的创始人马云,也曾是高考复读生。1984年经历两次高考失败的马云辛苦地考入杭州师范大学外语系,他的考分达到专科线,离本科线差5分,但该年度本科专业没招满,马云幸运地就读本科专业。大学期间,马云的英语成绩相当好,1988年毕业后,他当了5年的英语教师。但是,即使在当老师的时候,马云仍然有成为一名企业家的冲动。他曾经在杭州成立海博翻译社,也曾经做过一年的医药代表,推销的对象上至大医院、下至赤脚医生。现在,马云带领下的阿里巴巴已经成功在美国上市,成为中国最有代表性的互联网公司。

新东方创始人俞敏洪

俞敏洪参加了1978年的高考,他的目标是考入江苏省常熟师专。当时常熟师专外语录取分数线是38分,他的英语只考了33分,别的几门科目也考得不好。就这样,第一次高考落榜了。

高考失利后,俞敏洪就在家里开手扶拖拉机、插秧、割稻,这样干了两三个月。大队中学的英语老师怀孕回家生孩子,学生的英语课没有人上。校长找到俞敏洪,但他既没有当老师的想法,也不敢去。这时,母亲认为他是当先生的料,不应该干农活,于是拼命鼓励儿子去。就这样,年仅16岁的俞敏洪成了代课老师。代课时,俞敏洪把业余时间都用在自学上,准备再参加一次高考。复习了大概八个月,1979年的高考又开始了。俞敏洪报了名。这一年的高考,他的同学中有两名考上了。他的总分过了录取分数线,但英语只考了55分,而常熟师专的录取分数线变成了60分,结果再度落榜。

两度高考失利之后,俞敏洪报名参加了专门针对外语的高考辅导班。1980年的高考开始了,英语考试时间是两个小时,俞敏洪仅仅用了40分钟就交了卷。分数出来以后,俞敏洪英语考了95分。五门功课总分是500分,俞敏洪考了387分。当年,北大的录取分数线是380分。8月底,俞敏洪拿到了北京大学的录取通知书。

思考题:

1. 高考选拔针对考生的哪些能力?
2. 为什么高考不成功的人,创业却很成功?
3. 创业者有哪些岗位要求?

一项综述报告指出,无论什么水平的工作,言语、算术、空间和知觉能力方面的测验分数都是工作熟练性的有效预测指标。因此,可以测量具体维度的智力测验对预测工作绩效是十分重要的。在大量的公务员考试内容中,我们看到的也是有关智力测验的一些内容。智力测验依然是目前人员测评选拔中广泛使用的手段,对于大量的文职工作,智力对可比人群工作绩效的预测依然是稳定的。

在进行智力测验的选拔时,智力表现的是统计规律,也就是针对大部分样本应该是有预测力的,但是在针对单个个体特别是针对一些异常数据的时候,比如处于总体两端(统计上是指在三个标准差以外的)的个体样本,很难用统计规律预测行为。

2.3.2 情绪智力

与情绪智力对应的情商(Emotional Quotient,EQ)概念,是巴昂(Bar-on)于1988年在他的博士论文中首创的。他认为情商是一系列有助于个体应对日常生活需要的社会能力和情绪能力,它比智商更能预测一个人的成功。现在一般用情商(EQ)来表示情绪智力的高低。由巴昂编制的《巴昂情商量表》(Bar-on Emotional Quotient Inventory,EQ-i)也是世界上第一个开发的情绪智力量表。

1. 沙乐文和梅约的理论

1990年,美国心理学家沙乐文(Salovey)和梅约(Mayer)首次正式使用情绪智力这一概念描述对成功至关重要的情绪特征。他们把情绪智力看作个体准确、有效地加工情绪信息的能力集合,认为"情绪智力是知觉和表达情绪、情绪促进思维、理解和分析情绪以及调控自己与他人情绪的能力"。他概括出情绪智力所包括的四级能力,它们在发展与成熟过程中有一定的次序和级别之分。一级能力最基本和最先发展,四级能力比较成熟而且要到后期才能发展。这四方面能力的具体内容为:

(1) 情绪的知觉、鉴赏和表达能力。从自己的生理状态、情感体验和思想中辨认与表达情绪的能力;从他人、艺术活动、语言中辨认与表达情绪的能力。

(2) 情绪对思维的促进能力。情绪对思维的引导能力,情绪影响信息的方向;与情绪有关的情绪体验(如味觉和色觉等)对与情绪有关的判断和记忆过程发挥作用的能力;心境起伏影响思考的能力;情绪状态影响问题的解决;等等。

(3) 对情绪的理解、分析能力。认识情绪本身与语言表达之间关系的能力,例如区别"爱"与"喜欢"的认识;理解情绪所传送的意义的能力;理解复杂心情的能力;认识情绪转换可能性的能力;等等。

(4) 对情绪的成熟调控。根据所获得的信息,判断并成功地进入或离开某种情绪的能力;觉察与自己和他人有关的情绪的能力,调节与别人的情绪之间关系的能力;等等。

2. 戈尔曼的理论

1996年,戈尔曼(Goleman)在《哈佛商业评论》上发表了"情绪智力(Emotional Intelligence)"一文,系统地论述了情绪智力的内涵、生理机制、对成功的影响及情绪智力的培养等问题,初步形成了情绪智力的理论体系和基本观点。戈尔曼将情绪智力界定为五个方面:① 认识自己情绪的能力,② 妥善管理自己情绪的能力,③ 自我激励的能力,④ 理解他人情绪的能力,⑤ 人际关系的管理能力。他认为情绪智力对个体成就的作用比智力的作用更大,而且可以通过经验和训练得到明显的提高。

戈尔曼说:"情绪潜能可以说是一种中介能力,决定了我们怎样才能充分且完美地发挥我们所拥有的各种能力,包括我们的天赋智力。"此外,戈尔曼还在1998年的《工作中的情商》(Working with Emotional Intelligence)一书中对情绪能力(Emotional Competence)与情绪智力加以区分。他认为"情绪能力是以情绪智力为基础的一种习得的能力,而情绪能力又能使得人们在工作上取得出色的成绩"。

3. 巴昂的理论

1997年,巴昂通过多年的研究和实践提出了自己对情绪智力的定义。他认为情绪智力是影响人们应对环境和压力的一系列情绪的、人格的和人际能力的总和。他还认为情绪智力是决定一个人在生活中能否取得成功的重要因素,直接影响人的整个心理健康。巴昂认为,那些能力强的、成功的和情绪健康的个体是情绪智力高的人。情绪智力随着人的成长而逐渐发展起来,并且一生都在变化,能通过训练和矫正措施及治疗干预得到改善和提高。情绪智力也与其他一些能成功应对环境所需的重要因素相联系,比如基本的人格特质和认知能力。

巴昂也提出了自己的情绪智力模型,由五大维度组成:① 个体内部成分,② 人际成分,③ 适应性成分,④ 压力管理成分,⑤ 一般心境成分。这些成分又由15种子成分构成,而它们都是相关的能力和技能。

个体内部成分包含五种相关能力:① 情绪自我觉察,② 自信,③ 自我尊重,④ 自我实现,⑤ 独立性。人际成分包含三种相关的能力:① 共情(Empathy),② 社会责任感,③ 人际关系。适应性成分包含三种相关的能力:① 现实检验,② 问题解决,③ 灵活性。压力管理能力成分包括两种相关的能力:① 压力承受,② 冲动控制。一般心境成分包括两种相关结构:① 幸福感,② 乐观主义。

巴昂认为上述15种子成分是个人应对生活的能力和个人情绪稳定的决定因素,因而是情绪智力最有效、最稳定的成分。已有的研究也支持把情绪智力看作个体取得成功的总体能力和倾向的综合观点。

2.3.3 实践智力

实践智力概念是美国耶鲁大学心理学家斯滕伯格(R. Sternberg)提出的:智力是由个体适应、塑造和选择环境所必需的心理能力构成。他把智力分为三种:分析型智力、创造型智力和实践型智力。他认为,传统主流智力测得的只是分析型智力。智力测验要能有效预测工作的绩效,就应当重视创造型智力和实践型智力,也就是我们平时所说的动手能力。

> **概念**
>
> **实践智力(Implicit Intelligence):** 是指个体解决现实问题的心理能力,表现为针对具体情境的目标导向解决方案的创建能力、个体针对现实问题变化的动态调整能力和基于个体内隐知识的判断。

实际工作中存在的问题与考试题有着不同的特征,实践问题具有以下三个特点:

(1) 问题定义模糊。现实生活中的问题往往是隐蔽的,需要通过探索才显现出来;同时,现实问题的边界是模糊的,需要工作者自己寻求信息找出这些已知条件。

（2）存在多种解决方案。问题的解决方案是多样的，多种解决方案之间的评价与比较也是模糊的，一切都因地制宜、因时而异。

（3）人们会主动改变问题情境。现实问题是紧扣日常生活的，人们通过自己不断的行动，创造并改变问题情境，解决新出现的问题。

斯滕伯格把实践智力定义为"是行为定向的知识，是在没有他人直接帮助的情况下获得的，是个体为了达到有价值的目标而掌握的"。在斯滕伯格的测试中，情境判断（Situational Judgment）是最常用的测评实践智力的手段。具体来说，实践智力具有以下四个特征：

（1）实践智力更多的是程序性知识，是不能用元素的组合来描述的。现代认知心理学把知识分为两种：描述性知识与程序性知识。与现代人工智能的观点类似，人的知识分为数据库与查找提取数据的规则。描述性知识对应的是数据库的元素集合，程序性知识对应的是数据提取的规则。

（2）实践智力具有实用性，带有非常明显的目标取向。实践智力通过问题解决的过程来体现。因此，目标是实践智力的重要特征，不断为自己设置新的目标，是解决问题的关键。

（3）实践智力包含不断尝试与探究的过程。解决问题的情境与过程也是影响实践智力的重要因素，不断进行调整的动态能力是实践智力的重要组成部分。

（4）实践智力无法言传、无法外化，只能靠自己去获得，而不能在别人的直接帮助下获得。课堂式的教学与背诵是不能传送这些知识的，要靠自己的探究并在解决过程中才能体味到这些知识，才能积累这些知识。

实践智力理论是传统智力理论的重要补充。它不仅拓宽了智力构思，加深了人们对智力的认识，而且比起传统认知能力测试，它能够更加有效地预测工作情境中的绩效。与之相关联的，哈佛商学院的案例教学方法也有类似的培养情境性判断的设计思想。

案例　　案例教学方法

案例教学方法在哈佛法学院创立，在哈佛商学院和医学院被广泛应用，以至于成为职业学院的主导教学方法，也历经了很多变化。Langdell 是首位在哈佛法学院采用案例教学方法的法律教授。从 1851 年开始，在哈佛校长 Eliot 的支持下，Langdell 创造了一种新的培训律师的方法。当时的法律教育基本由讲座组成，学生们阅读大量的论文和教科书，然后采用考试的方式评估他们的学习水平。当然，这非常依赖于学生的记忆能力。Langdell 的方法是完全不同的，在他的合同法课程里，他坚持学生们只阅读原始案例，然后根据自己的判断得出结论。他坚信，律师的工作能力是内隐的，核心是对法律原则的理解，然后使用法律原则在具体工作情境做出判断。这些法律原则是无法通过课本和文字传授的，最好的学习方法是在判断案例的过程进行模拟和练习，因为这些原则体现在这些判例中。法律的表现形式有很多种，但是只要律师掌握了这些原则，就能够把它应用到任何实践情境中。

1908年，哈佛商学院成立，E. 盖伊(E. Gay)担任首任院长。盖伊在就职演说中提到，商学院教授应该采用"一种与法学院的案例教学相类似的方法，重点在于课堂讨论，并用讲座和方案陈述为补充，这是一种问题导向的方法"。第二任院长W. 多纳姆(W. Donham)是一位由案例教学方法培养出来的律师，他看到了管理领域使用案例教学的重要性，全力推动哈佛商学院发展案例教学方法。多纳姆认为，管理者经常面对不确定的经营环境，他们的主要任务是制定和执行决策。为了达到这样的教学目的，教学案例要描述商业情境，让学生在案例练习中抓住关键信息，采取行动，解决问题。他认为，一个商学教学案例应该"提供相关和无关的材料和信息，而不包含已经做出的决策……应该留出让学生自己选择信息、做出决策的空间"。在他的促进之下，哈佛商学院教授M. 科普兰(M. Copeland)出版了第一本市场学案例教材。1920年，他筹资成立了商业研究局(Bureau of Business Research)，在五年内组织一批教授写作了大量案例，奠定了案例教学方法在哈佛商学院的主导地位。到30年代中期，案例教学方法已经成为美国商学院的主导教学方法。受福特基金的资助，哈佛商学院举办了多期暑期案例教学研讨班，1955—1965年，200多位美国顶级商学院的教授在波士顿学习案例教学方法。2005年开始，哈佛商学院面向包括中国在内的华语地区的八所商学院的教授开设案例教学研讨班，推广案例教学方法。

思考题：
1. 管理者可以通过课堂培养吗？
2. 考试和实际管理问题解决过程有什么不同？需要的能力有哪些差异？
3. 智商高的员工一定能做出良好的管理判断吗？
4. 商学院需要培养的管理能力与智力有所不同吗？

案例教学作为培养实践智力的方法之一，越来越受人们欢迎。大部分优秀的职业学院，普遍认为培养学员职业技能最好的方法是案例教学方法。

一个典型的哈佛商学院案例有20页左右，一般有5—10页的图表，提供非常丰富的讨论信息。大多数案例会让学员扮演其中角色或者做出几个关键决策。劳伦斯(Lawrence)教授认为，一个好的案例是把真实的管理情境带进课堂，供学生和教师探索、体验决策过程。好的案例必须能够恰当地反映管理决策情境，带有相关的难处理的管理问题，并且很多信息是不完全的或者相互矛盾的。这是为了让学员有发挥的空间，探讨多种可行的解决方案。

嘉文(Garvin)教授认为，案例教学方法培养了学生三个方面的能力。第一，培养了学生面对不断变化的商业情境的诊断技能。商业职业教育的目的，并不在于教给学生真理，而是教给学生在新情况下应变处理问题的能力。学员要善于抓住新问题和老问题的联系与区别，思考应对策略。第二，案例讨论的过程培养了学员的沟通和说服技能。管理人员的大部分工作时间用于沟通。这种吸引别人注意、呈现证据、陈述理由的技能是商学院训练的重头戏。第三，也是最重要的，系列案例的训练，培养的是学员的一种思考和决策的习惯。每天多个案例的训练使得学生们习惯于在不确定情境下进行选择和决策,而不是拖延和再思考。正如克里斯滕森(Christenson)教授所言,案例教学培养的是"冒风险的勇气,在有限的知识和信息支持下进行决策和实施行动的习惯"。尽管有时候这种冒险在现实商业判断中是愚蠢的,但是哈佛商学院的案例教学方法并不鼓励谨慎,而是鼓励学员进行决策和选择,在商业情境中做出果断的判断。

2.3.4 体质能力

在脑力要求比较高的复杂工作中,智力起着重要的作用;对于那些技能要求较少而规范程度较高的工作而言,体质能力对于工作的成功很重要。现实生活中,随着竞争的加剧,大多数白领工作对于体质能力也会有很高的要求,特别是坚持、忍耐、持续投入精力的能力。

概念

> **体质能力(Physical Ability)**:是指从事体力活动所需的能力。一些工作的成功要求耐力、手指灵活性、腿部力量以及其他相关能力,因而需要在工作中确定员工的体质能力水平。

研究人员对上百种不同工作要求进行了调查,最后确定体力工作包括九项基本能力,表 2-2 列出了这些内容。

表 2-2 基本的体质能力

力量因素	动态力量	在一段时间里重复和持续运用肌肉力量的能力
	躯干力量	运用躯干部肌肉(尤其是腹部肌肉)以达到一定肌肉强度的能力
	静态力量	产生阻止外部物体力量的能力
	爆发力	在一项或一系列爆发活动中产生最大能量的能力
灵活性	广度灵活性	尽可能远地移动躯干和背部肌肉的能力
	动态灵活性	进行快速、重复的关节活动的能力
其他因素	躯体协调性	躯体不同部分同时活动时相互协调的能力
	平衡性	受到外力威胁时,依然保持躯体平衡的能力
	耐力	当需要延长努力时间时,保持最高持续性的能力

个体在每项能力中都存在不同程度的差异,而且这些能力之间的相关性极低。不难理解,一个人在某项中得分高并不意味着在另一项中得分也高。如果管理者能确定某项工作对九项中每一项能力的要求程度,并保证从事此项工作的人员具备这种能力,那么工作效率肯定会提高。

在现代组织生活中,大量脑力劳动者的岗位对体力的要求表现在长时间、高强度地专注某项工作本身,而体力更意味坚持以高标准集中注意力。

案例　　　　　　　　　　　**医生的体力**

2014年6月21日9点到2014年6月22日17点，共32小时，对于普通人来说，这也许很平常，但是对于福建医科大学附属协和医院的陈建屏、陈靖、陈松三名外科医生来说，却是极不平常的32个小时。

在这32个小时里，一名脑部同时生长动脉瘤、脑肿瘤等多处肿瘤的病人，需要这三名医生针对他完成六种不同的手术。三名外科医生，前后六名麻醉医生，八名器械、巡回护士，330张脑棉片……当手术成功后，三名医生累得散了架，直接躺在了手术台边。

这是用生命在拯救生命，这也刷新了福建医科大学附属协和医院最长的手术时间纪录。

资料来源：人民网，http://politics.people.com.cn/n/2014/0624/c1001-25190266.html。

思考题：
1. 对外科医生有哪些体力要求？
2. 现有对于体力的定义、内容的界定忽略了实际体力要求的哪些方面？
3. 如何定义未被界定的体力要求？

2.4　人职匹配

在本章开篇案例中，科举制度在中国实施了1 300多年以后，1905年被清政府主动废除。其中，一个重要原因是科举制度选拔出来的人才专长在于引经据典地撰写八股文，这与近代社会对官员的岗位要求不匹配，使得通过科举考试选拔出来的人才不再能够胜任官员职位。所以，在选择个体差异特征作为选拔人才甄别标准的时候，要注意个体特征与岗位要求的匹配。我们再来看看其他的例子。

案例　　　　　　　　　　　**名企选才**

微软

任用有冒险精神的人。要想成为微软公司的一名员工绝非易事，你要对软件有浓厚的兴趣，还要有丰富的想象力和敢于冒险的精神。他们宁愿冒失败的危险任用曾失败的人，也不愿意用一个处处谨慎却毫无建树的人。另外，工作中善于与人合作也是微软的聘用条件。

英特尔

得3分的人也许更可取。英特尔在人们的印象中是一个不断推陈出新、升级换代的品牌，其创新精神在招聘过程中也有充分体现。英特尔在各高校招聘应届毕业生时，愿意招录各科成绩虽然为3分却富于创新意识的学生，最好在校期间就完成过颇有创意性的项目。

世界银行

起码要跳过三次槽。对于需要经常考察、验资的银行人员来说,知己知彼非常重要。所以,至少要有三种以上不同行业的工作经历是世界银行的基本招聘条件。

宝洁

热心社会活动者优先。如果你去宝洁公司的"飘柔"应聘,常常会被问到是否经常参加学校的活动或组织过哪些活动,千万要据实相告。因为,考官会接着问你许多相关的细节问题,如活动的程序、内容、参加人数、活动过程中的突发事件和你的应变方法等。

思考题:

1. 案例中的企业考察了应聘者的哪些能力与个性?
2. 这些公司的选拔标准为什么不同?
3. 你适合到哪家公司去工作?为什么?

我们来想一想,这些企业为什么要出这样的"怪招"来选拔人才?个体在能力方面存在差异,不同工作也有不同的岗位要求。在选拔人才的时候,人事测评的基本假设是当人和职务特征相匹配的时候,员工会取得良好的绩效,其中变量之间的相互关系如图2-2所示。

图 2-2 人职匹配与职业成功的关系

2.4.1 人职匹配理论

人职匹配理论(Person-Occupation Fit Theory)是关于人的素质特征与职业性质一致的理论。其基本思想是:个体差异是普遍存在的,每一个个体都有自己的个性特征,而每一种职业由于工作性质、环境、条件、方式的不同,对工作者的能力、知识、技能、个性等有不同的要求。在进行职业决策(如选拔、安置、职业指导)时,要根据一个人的个性特征,选择与之相对应的职业种类,即进行人职匹配。如果匹配得好,个人的特征与职业环境就会协调一致,工作效率和职业成功的可能性就会大大提高;反之,工作效率和职业成功的可能性就很低。因此,对组织和个体来说,进行恰当的人职匹配具有非常重要的意义。进行人职匹配的前提之一是必须对充分了解和掌握个体的特性,而人才测评是了解个体特征的有效方法。所以,人职匹配理论是现代人才测评的理论基础。

2.4.2 最大性与典型性测验

如何能够做到人与职的匹配呢?我们来看一看能力测验和个性测验的区别与联系。我们可以看到,能力测验与个性测验的测评思想是有差别的。在进行能力测评的时候,分数高就意味着能力强,针对专门的工作任务,能力强的人完成的可能性要比能力弱的人更大,他们付出更小的努力就有可能更好地完成任务。我们把这一类测验称为最大性测验。

> **概念**
>
> **最大性测验(Try Best Test)**:在规定时间的测评中,让被试尽其所能地完成测评的内容,然后根据分数高低确定选拔标准,此类测评称为最大性测验。

最大性测验有以下三个特点:

第一,最大性测验的评估题目是有正确/错误答案的,被试的反应可以归为答题正确与否,我们可以针对被试的答题结果进行计分。如果是标准化的反应结果,计分相对比较容易。如果是开放式的回答问题,那么计分的方法一般要求有结构化的评分标准,同时还要对评分者进行标准化评分操作训练。

第二,最大性测验一般会有时间限制。我们希望被试尽其所能,与公务员考试相类似,会有严格的时间控制。最好的最大性测验结果是我们能够把被试的分数完全区分。如果满分是 100 分,那么良好的最大性测验可以得到一个正态分布的结果。在 50 分左右区域里得到的被试结果最多,而很少有人能够达到两侧靠近 100 分和 0 分的区域。一个良好的最大性反应是让绝大多数人(比如 98% 的被试)在规定时间内不能完成,这样才能做到良好的区分。

第三,人们可以进行类似题项的训练,以期在测评中得到更好的成绩。比如 TOEFL 本身是美国大学考察外国学生是否具备在美学习的英语能力测评,但是国内很多考试培训机构对题项进行有针对性的培训,这时就有可能使得被试的分数比实际能力的得分更高,从而使得测评无效。

典型的最大性反应类似高考。高考就是通过测评智力来选拔人才,筛选标准是根据总分设置录取分数线。这就是最大性匹配的选拔方法,能力有高低,选拔标准是选取综合分数最高的。我们在研究生入学考试、公务员考试中采用的选拔测验都是这样的。

> **概念**
>
> **典型性测验(Type Test)**:在测评中,让被试尽可能真实地反映自己的意向,然后根据反应结果区别被试类型,此类测评称为典型性测验。

什么是典型性测验呢？在个性测评中,我们不能说外向的人比内向的人更好。MBTI 测试中,荣格理论一直强调个性类型没有好坏之分,而只是个性类型的划分。霍兰德的职业类型测试也强调,职业类型只是一种类别的划分,不能说艺术型的人比企业型的人更强。我们只是对人们的个性类型做了一个划分,并不是用来测量能力的高低,测评答案并无对错之分,测试的目的是测量应聘者的个性是否符合公司的价值观,从而选取适合本公司的应聘者进入下一个环节。这也是一种典型性匹配的选拔方法,个性并无好坏之分,只有适合不适合,选拔标准是选取最适合的。在前面的"名企选才"例子中,各个企业要选的也是与企业行业特点和企业战略相匹配的人才。所以在典型性测验中,对类别的划分才是关键,个性测评都是典型性测验。

典型性测验有这样一些特点:

第一,测验本身并不一定限制时间,我们希望得到有关被试的全部典型信息,被试应尽量完成所有的题目。在典型性测验中限定时间更多的是为了让被试没有时间去反复推敲,从而做出更加真实的反应。

第二,迫选题是典型性测验常用的手段。由于我们只希望进行类别的划分,测评本身的重要之处在于评估典型反应特征。类似 MBTI 的测评,个性测验会把迫选题作为非常重要的获取数据的手段。

第三,被试可以伪装自己的反应来迎合主试的需要。典型性测验只是对类别的划分,而在很多情况下也可以成为选拔的标准,所以被试很有可能会估计主试的需要,然后伪装性地做出反应。这也是在典型性测验中很难避免的。

2.4.3 匹配策略

人职匹配策略通常是以基础的能力要求为优先,然后再匹配岗位对应的个性特征。人职匹配意味着岗位要求与岗位候选人的能力个性特征一致。在实际人事选拔中,很少会有多方面特性完全一致的候选人。所以,选拔常常会混合使用各种匹配策略,首先是能力标准达到一定要求,然后是类别的匹配。如果你被录取为一名文字处理人员,而你的能力达不到键盘打字工作的基本要求,那么无论你的态度多么积极或动机水平多高,最终的工作绩效还是很低。

但同时,最大性匹配也并不意味着能力越高越好。当员工的能力远远超过工作要求,造成能力与工作要求不匹配时,这又是另一种情形,在研究中被称为资质过高(Overqualification),常称为"大材小用"。此时,工作绩效可能不会存在问题,但可能会使组织缺乏效力,员工满意度降低。

首先,员工得到的薪酬反映了个体在工作中的最高技能水平。如果员工的能力远远超过工作要求,那么管理层应付给他更多的薪酬。另外,能力水平远远超过工作要求也会降低员工的工作满意度,尤其当员工渴望施展自己的能力时,希望得到更加具有挑战性的工作,他们会因工作的局限性而灰心丧气,导致对工作的满意度下降。

其次,资质过高的员工对企业的归属感较弱,与此同时,离职意愿较高。员工感受到能力的不完全匹配,认为自己的能力可以匹配更好的工作环境、更高的薪酬或更受重视。此时,他们会更加关心与重视更好的外部工作机会,遇到合适的机会,其离职的可能性会比其他员工更高。

最后,资质过高会影响组织绩效,这不仅是由于员工满意度和归属感的下降,资质过高还会使组织认同下降,导致组织在完成目标的过程整体协调性下降。

本章名词

个体差异(Individual Difference)　　履历数据(Biographic Data)
个性（Personality）　　大五模型（Five-factor Model）
MBTI 理论（MBTI Theory）　　A 型人格（A-type Personality）
能力（Ability）　　智力（Intelligence）
情绪智力（Emotional Intelligence）　　实践智力（Practical Intelligence）
案例教学（Case Method）　　体质能力（Physical Ability）
人职匹配（P-O Fit）　　最大性测验（Try Best Test）
典型性测验（Type Test）　　资质过高（Overqualification）

本章小结

1. 员工之间的个体差异包括三个基本方面:人口统计变量、个性特征、能力特征。

2. 履历数据包含人口统计变量信息,基本的预测思想是根据个体以往的行为预测未来的工作行为。履历数据是工作行为的有效预测变量。

3. 个性特征受到遗传、环境、组织情境三方面因素的影响,采用不同理论角度,研究者形成了多个常用个性理论,包括大五模型、MBTI、A 型个性等。

4. 能力是根据任务界定的,智力测验是最常用的能力评估手段。情绪智力、实践智力、体质能力等理论从不同任务要求范畴界定了各自的能力理论。

5. 岗位要求与个体差异的匹配是组织选拔人员上岗的基本思路。

案例分析

麦当劳团队的个体差异

《大创业家》(*The Founder*)是 2017 年上市的电影,讲述了奶昔搅拌机推销员雷·克洛克(Ray Kroc)创建麦当劳的过程,请在百度或者爱奇艺上查找观看。这部电影描述了下面几个鲜明的角色。

(1)雷·克洛克(Ray Kroc):野心勃勃的创业者,工作非常勤奋,不怕碰壁,坚持不懈,但为了成功也会不择手段。他从麦当劳的营业模式中看到了无限商机,千方百计地成为加盟商,把麦当劳推向全美,最终控制了这个品牌。

(2) 哈里·索恩本(Harry Sonneborn)：性格冷淡，热心于计算的财务负责人。他提出了把麦当劳公司结构变成房地产公司的主意，麦当劳掌握土地所有权，把土地租给想要加盟麦当劳的人，然后便可以靠地产赚钱。

(3) 麦当劳兄弟(Brother MacDonald)：迪克和麦克一起创造出了革命性的快餐制作流水线，非常能吃苦，为所得的一切成就付出了辛勤的汗水，但同时又保守与故步自封。

思考题：

(1) 从个体差异角度比较雷·克洛克与麦当劳兄弟。

(2) 哪些差异决定了克洛克与麦当劳兄弟的商业成就？联系能力、个性的内容进行分析。

(3) 比较克洛克与索恩本的个性差异。

(4) 克洛克与截然不同的索恩本形成了一个组合，分析他们如何合作。

实践练习(1)

识人的故事

1. 请小组每个成员讲述一个"识人"的故事，请着重说明这样几点：
(1) 根据对方的哪些特点预测他以后的工作行为？
(2) 这些特点的预测效果怎么样？
(3) 你觉得以后还可以如何改进你根据这些特点拟定的判断方案？
(4) 如何把你的判断经验传授给他人？
(5) 详细描述这个故事的起因、经过、发展、结果。
2. 请小组成员共同投票选出三个最有借鉴意义的故事，向大家说明。
3. 总结归纳这三个故事，借鉴其他故事和课堂知识，设计一套选人方案。

请用不多于15张PPT、10分钟时间来陈述你对以上问题的答案，并请回答大家可能提出的问题。

实践练习(2)

IAT测验练习

内隐联想测验(Implicit Association Test，IAT)是基于内隐态度理论发展起来的一种测量方法，由Greenwald等(1998)提出。内隐态度是指那些无法被意识察觉但影响人们行为的因素；相对的是外显态度——人们能够意识到的，通过自我反省就能表现出来的态度。中科院心理所的蔡华俭研究员开发了"云端心理测验"。

（1）登录网址 http://www.cpsylab.com/，选择内隐测验、外显测验与能力测验中的各一个测验。每个测验要求的时间不等，请严格按照要求完成，单个测验中间不要间断。

（2）完成测验后，请记下你的测验结果，与你自己的印象对比。你觉得这个测验的态度、能力、个性评价可靠吗？能力、态度、个性测试有什么不一样？谈谈联系与区别。

讨论思考

1. 毅力决定成败

毅力对工作业绩是否有影响？观看达克沃斯（A. Duckworth）在 TED 的演讲"毅力：成功的钥匙"，结合本章内容，谈谈如何在工作中评判一个员工的毅力，以及毅力对工作的影响。

2. 意志力

意志力是指一个人的自我控制能力。代表一个人制定目标，并根据目标来计划、调节自己的行动，克服各种困难，从而实现目标的能力。心理学家认为意志力是预测人生成败的最重要因素，但对于意志力究竟是能力还是一个社会认知过程，一直存在争议。

下面列出两则有关意志力、自我控制的著名研究报告的要点。

棉花糖实验（Science, 1989）

斯坦福大学心理学家沃尔特·米歇尔（Walter Mischel）邀请一群儿童参加实验，研究者给这些小朋友一颗棉花糖，并且说"你可以现在就吃掉它，但如果有小朋友可以等上15分钟都不吃，就会得到第二颗棉花糖"。后续进行追踪实验，发现得到第二颗棉花糖的孩子在未来更加成功。因为可以忍受住15分钟内不吃糖的儿童具有更强的意志力，可以为了长远的利益放弃暂时的欢愉。在后来人生的表现中，他们也可以为了长远的目标放弃短时间的享受，这也证明了他们具有更强的延迟满足能力，因而在人生中可以达成更多的目标，获得更大的成功。

新西兰跟踪研究（PNAS, 2011）

2011年，一个以莫菲特（Moffitt）牵头的国际研究团队付出很多艰辛，发表了关于自我控制的一项长期研究。研究者在新西兰选取了1032名儿童，从他们出生一直跟踪调查到他们32岁。每个孩子都测验了童年时期的自制力。测评方式多种多样（综合考虑了研究者的观察，以及父母、老师和孩子自己报告的问题行为），这样得到的分数比较可靠。研究者探求童年时期和青少年时期的自制力得分与成年时期多个结果变量之间的关系，得到有趣的发现：① 自制力强的孩子长大成人后身体更健康、患肥胖症的概率更小、患性传播疾病的概率更小，连牙齿都会更健康（可能是自制力强的人刷牙洁齿更勤快）。② 自制力与成年抑郁不相关，但是缺乏自制力的人更容易出现酗酒、吸毒问题。自制力差的孩子长大后经济状况更差，工资相对更低，没有什么银行存款，拥有房子或者存养老钱的可能性更小。③ 自制力差的孩子长大之后更可能成为单亲父母,这可能是因为他们不够自律,很难维持长期关系;自制力强的孩子长大成人后婚姻稳定,与配偶一起抚养孩子的可能性要大很多。最后但绝非最不重要的是,自制力差的孩子长大后进监狱的可能性更大。在自制力最差的一组,超过 40% 的人在 32 岁之前犯了罪;而青少年时期自制力强的一组,这一比例只有 12%。

讨论题:

1. 身边有类似有关自我控制能力的例子吗?请举例说明。
2. 用理论模型讨论说明自我控制与最终职业成功之间的联系。
3. 对照本章内容,设计一个考察员工自我控制力的方案。

21世纪经济与管理规划教材
工商管理系列

第 3 章

组织中的知觉与决策

【学习目标】
(1) 认识管理者的知觉特点
(2) 了解基本决策理论模型
(3) 掌握行为决策的基本理论
(4) 运用行为决策理论分析判断偏差

开篇案例

马云的"疯傻"决策

2007年11月,阿里巴巴在香港联交所主板挂牌上市,首次公开招股(IPO)募集资金额超过15亿美元,市值高达260亿美元。此外,阿里巴巴旗下淘宝网中国市场规模也超过了eBay。此时43岁的阿里巴巴CEO马云的创业经历与其他互联网精英相比,显得格外不同,也因此成为众媒体的关注焦点。

1995年4月,马云创办"中国黄页"网站;1997年年底,携团队在北京开发了外经贸部官方网站、网上中国商品交易市场等一系列国家级网站;1999年年初,在杭州以50万元人民币起步,开发了阿里巴巴网站,开始了一系列的创业。

大学毕业后,马云被分配到杭州电子工业学院当英语老师。1991年,不甘寂寞的马云利用业余时间,和朋友成立了海博翻译社。第一个月,翻译社收入700元,但仅房租一项便要支出2 000元。30岁的时候,马云成为杭州十大杰出青年教师,校长许诺将来让他当外办主任。但这时的马云又做了件天大的"傻"事:他放弃了在大学的美好前程,辞职了!

1995年4月,马云联合朋友,凑了2万元,创建"海博网络",网站取名"中国黄页"。这是中国最早的互联网公司之一。公司成立之前,马云找了24个朋友咨询,其中23人说不可行,只有一人说可以试试。但马云不听"逆耳忠言",坚决地行动了。对他的这个举动,朋友们大呼"傻到家了"!

1997年,马云接受了国家外经贸部的邀请,带着自己的队伍开赴北京,先后为外经贸部建立了外经贸部官方网站、网上中国商品交易市场、中国招商等一系列国家级站点。1999年年初,马云回到杭州,投入50万元创建阿里巴巴网站,从此他的人生进入了新的历程。马云给阿里巴巴网站的定位是:"面向中小企业,做数以万计的中小企业的解救者。"对于这个决定,许多朋友认为是"疯子的想法"。根据著名的"15%、85%定律",15%的大客户可以为企业带来85%的盈利,当时著名的亚马逊网站,便是主要为15%的大企业服务,而马云选择了85%的小企业。

1999年年底的一天,马云被安排与曾誉为日本首富的软银老总孙正义见面。面对一屋子人,马云先用6分钟时间陈述了阿里巴巴的目标和理念,他正要继续讲下去,孙正义走过来说"我已决定投资你的公司",并决定亲自与马云谈判。软银每年会收到700多家公司的投资申请,只选择其中的70家公司进行投资,而孙正义只会与其中一家最有潜力的公司亲自谈判。这次,孙正义选择了马云。谈判的结果是,孙正义决定投资3 500万美元给阿里巴巴,他的理由是:"我坚信,一切的成功都是缘于一个梦想和毫无根据的自信……"

在2007年阿里巴巴上市以后,马云继续实施其一系列与众不同的决策。2009年9月10日,阿里巴巴集团庆祝创立十周年,同时成立阿里云计算,宣布收购中国万网,决定自主研发大规模分布式计算操作系统"飞天"。不久,因为代码不成熟、漏洞很多,阿里云要倒闭的说法开始盛行。2010年,一位老员工离开阿里云时惆怅地说:"做云计算的感觉就像合围抱一棵大树,谁都知道最终每人的手会连在一起,但谁也不知道那一刻会发生在何时。"面对其他高管的质疑,马云说了一句傻话:"我每年给阿里云投10个亿,投个十年,做不出来再说。"

思考题:
1. 马云是如何做出决定创办阿里巴巴的?
2. 马云的决策(包括创办翻译社、辞职、服务中小企业、投资阿里云等)有哪些共同特点?
3. 马云一开始创办阿里巴巴的时候,他想到会取得今天的成功吗?
4. 孙正义为什么决定投资马云的阿里巴巴?
5. 看了马云的故事后,你对马云做出这样的决策是否感到意外?为什么?
6. 为什么同样一件事情,有人认为可以成功,有人认为不可能成功?

管理者在制定经营决策时,即使面临相同的组织情境,他们也会有不同的观点,做出不同的行为选择,导致不同的经营结果。为什么会有这样的现象?管理者认识组织情境、发现解决方案、采取行动的过程有什么共同规律?本章节主要讨论组织情境中的人们如何认识问题、采取行动,也就是管理知觉、决策选择等问题。

3.1 组织中的知觉判断

3.1.1 知觉的概念

创建"海博网络"的时候,为什么马云问了24个朋友,23个朋友不同意,只有一个人认为勉强可以试一试,而马云却坚定地看好这个公司呢?在一个经营情境面前,我们很难看到所有的管理者都会有一致的意见,而是各执己见,每个人有各自的看法。尽管现实世界是客观存在,但是每个人的出发点、观点不一样,知觉到的内容也就各不相同。下面我们来看一看什么是知觉。

> **概念**
>
> **知觉(Perception):** 是指个体为了对自己所在的环境赋予意义而解释感觉印象的过程,知觉是个体选择、组织和解释感觉到刺激的过程。

尽管客观世界是一致的,但是我们每个人对于过于复杂的世界中各种事物的关注程度不一样,每个人的能力、知识背景不一样,理解也是不一样的。管理者面对的组织场景,客观而言是一致的,但是不同管理者却会做出不同的选择。所谓知觉,有这样几个方面的特点。

1. 知觉具有选择性

管理者的知觉和管理现实之间并不一定完全一致,在同一时间内,许多事物同时作用于人的感官,人不可能对所有事物都做出反应,而只能对其中的某些事物有清晰的知觉,从而忽略了在这个管理情境中的绝大部分其他信息。管理者对同一情境中的信息是有选择地感知的。

2. 知觉是主观的理解解释

管理者对感知到的信息要有效地组织才能够形成知觉印象。通过感官接受的信息，需要有效地加以组织才能被认知，必须借助人们头脑中在过去经验基础上形成的认知框架，也就是在原有的知识基础上形成知觉印象。就如面对股市的K线图，一个投资分析师在看到一个图形的时候可能会看到买卖的信号。这些散乱的图形信息在没有这方面专业知识的决策者眼中也许没有什么价值，而需要依赖分析师头脑中原有的知识，才能对这些信息进行有效组织、形成判断。

3. 知觉是行为的基础

管理者的行为是以经过解释的知觉印象为基础的，而不是以原有的客观事实本身为基础的。尽管知觉有选择性，人们通过自己的解释形成知觉判断，但是人们的行为是以知觉为基础，这也就是为什么同样一件事情，人们对它的判断、意见、态度会不一样，甚至会出现明显的对立。

案例　　　　　　　辛普森案件的对立观点

1994年，前橄榄球明星O.J.辛普森（O. J. Simpson）杀妻案成为当时美国最为轰动的事件。案件其实并不复杂，辛普森被指控杀死了前妻妮可及其男友高曼，但审理一波三折。由于警方的几个重大失误导致有力证据失效，辛普森以无罪获释，仅被民事判定为对两人死亡负有责任。案件也成为美国历史上"疑罪从无"的最大案件。

1995年10月3日美国西部时间上午10点，当辛普森案裁决即将宣布时，整个美国陷入停顿。克林顿总统推掉了军机国务，前国务卿贝克推迟了演讲，华尔街股市交易清淡，长途电话线路寂静无声。数千名警察全副武装，如临大敌，遍布洛杉矶市街头巷尾。CNN统计数字表明，大约有1.4亿美国人收看或收听了"世纪审判"的最后裁决。

据判决前的一项问卷调查，74%的白人认为被告有罪，77%的黑人则认为无罪。在一起刑事案件上出现如此对立的立场，克林顿总统对此也表示了忧虑，针对案件向全国发表讲话。判决出来以后，检察官克拉克对CNN记者说："尽管自由主义者不想承认这一点，但一个以黑人为主的陪审团不可能在此类案件中做出公正判决。"此话引起了舆论的轩然大波。

思考题：

1. 辛普森案件本身并不复杂，为什么会有如此对立的观点？
2. 简要讨论客观事实与知觉判断之间的联系。
3. 哪些因素影响了人们对辛普森罪名是否成立的判断？

3.1.2 知觉的影响因素

同样一件事情,为什么会有这么多不同的知觉结果呢?其实,很多因素会影响到知觉,甚至有时导致知觉错误。研究者综合归纳了这些因素,并将其分为知觉者因素、知觉对象因素和组织情境因素(见图3-1)。

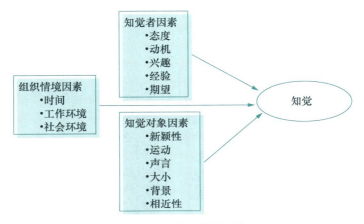

图 3-1 影响知觉的因素

资料来源:〔美〕罗宾斯,《组织行为学》,孙健敏、李原译,中国人民大学出版社,2005。

1. 知觉者因素

当人们看到一个事件并试图对它形成印象的时候,个体本身所具有的知识、经验、需求等多方面的因素会影响到知觉结果。根据相关研究,最显著的知觉者因素有态度、动机、兴趣、经验和期望等。这些因素会极大地影响人们如何形成最后的知觉判断。

未满足的需要或动机会刺激个体,进而对他们的知觉产生强烈影响,在组织管理中也有同样现象。一个急于升职的员工会更加关注与职业发展相关的信息,比如培训、职业轮换、职业资格考试等;而一个关心现金收入的员工可能更加关注奖励信息。

面对一处美丽的海滩,画家认为它是写生的绝佳场所,企业家则会盘算着如何将它开发成旅游胜地。同样,每当四年一度的足球世界杯到来时,无论男性和女性都会欢欣鼓舞,但原因是很不一样,男性为能看到优雅的脚法和流畅的配合而心潮澎湃,女性则为能看到帅气的球星而激动。这些例子表明,我们注意的中心会受到自己兴趣的影响。个体之间的兴趣、关注问题的焦点差异很大,即使在同样情境中,看到的内容也会与另一个人不同。

一项有关饥饿与食物知觉的研究很好地说明了这个观点。研究者按照实验设计,给不同被试安排不同的时间吃食物。一些被试一个小时前吃了东西,另一些被试16个小时没吃任何东西。给被试呈现一组主题模糊的图片,结果个体饥饿的程度影响到他们对模糊图片的解释。相比吃完东西没多久的被试来说,16小时没吃东西的被试把图片内容知觉为食物的频率要高出很多。

2. 知觉对象因素

知觉者对象的特点也能影响到人们的知觉判断,新奇、运动、声音、大小、背景、相近性及知觉对象的其他因素都能影响到知觉。在人们对图片对象的知觉中,前面提到的形状特征会很大程度地影响到人们的判断。

比如,在阅读本书时,你看到的内容取决于你如何将图形、文字从背景中分离出来。比如,在阅读这个句子时,你看到的内容是白色纸张上的黑色文字,而不是黑色背景下一些形状怪异的白色补丁块,因为你认出了这些白色背景下的黑色形状并把它们组织起来。图 3-2 戏剧化了这一效果。上图第一眼看起来像个白色花瓶;但是,如果你把白色作为背景,你会看到两个人的侧面轮廓。下图是一组图形,初看时可能认为是在白色背景下的一些黑色模块;当你以黑色为背景进一步观察时,看到的是"FLY"这个单词。

图 3-2　知觉对象的特点

人们容易把相互之间联系密切的物体放在一起知觉,而不是孤立地分别知觉它们。由于时间和空间的相近性,那些原本不相关的物体或事件,往往会被人们联系在一起,构建形成有意义的解释。如果人们能够在这些单独、没有联系的知觉对象背后形成有故事性、猎奇性的整体事件,那么这些解释将使人们形成更加深刻的印象。

在一些社会事件中,事件本身能够赋予的解释意义会影响人们对一个事件的知觉。比如,在辛普森案件的事例中,案件本身并不复杂,但是辛普森的复杂身份引起了公众对案件的关注。辛普森本人是著名的橄榄球运动员,曾经创造了一个赛季 14 场球赛中带球冲刺超过 2 000 码的惊人纪录,后期又成功地转型为好莱坞影视明星,创办了影视公司。他本人是成长于美国贫穷社区的黑人,是依靠自己努力成为成功人士的代表。而案件的受害人之一是他的第二任妻子妮可,她是一个典型的白人。在美国种族矛盾的社会大背景下,人们更容易对案件的背景赋予更多的社会意义,形成更加丰富的故事解释。所以,对辛普森案的判决结果,不同种族的人会形成不同的观点。然而,大洋彼岸的中国读者并不理解此案背后的社会含义,因此对辛普森案件会产生遥远、不可理解的感受。

3. 组织情境因素

知觉对象所在的组织情境也会对知觉判断产生很大的影响,比如时间、工作场景、组织场景、社会环境等。在正式、严肃的工作场合看到某种行为(比如着装、大声说笑等),与在非正式、娱乐性、聚会等场景中看到这种行为,会产生很不一样的判断。毕业生在求职时,穿着正装去各个写字楼面试,让人觉得挺正常。然而,如果他参加野外聚会时穿着正装就会显得很突兀,很容易引起周围人的注意。这就是组织情境影响了知觉判断。

组织情境会影响到人们关注的要点,也会影响到预期,甚至直接干扰人们对事件发生的内容、行为等做出全面的认识。下面这个案例,前三洋董事长井植薰出国前到美国领事馆办签证的小插曲就体现了工作环境因素所引起的主观预期,进而影响到他对场景的认识。由于他当时所处的情境、对方的外表及肤色、领事馆的情境,都使得井植薰对知觉对象产生一种强烈的预期,因而导致他没有关注签证官说的语言。孔夫子所说,"视而不见,听而不闻",也就是这个现象。

案例　　井植薰听不懂日语的经历

我这个人只念过几年小学,虽然当学徒的时候也曾读过几年夜校,但对英语却是一窍不通。像我这样的人出国,难免会遭受"三重痛苦":不会说、不能读外加听不懂。五官之中唯能不出偏差的,只有鼻子嗅得的味道不会错。初次去美国,我只得带上几位精通英语的同人去充当我的眼睛、耳朵和嘴巴。记得那年与我同行的是两位理学博士和现任美国三洋公司社长的竹本吉美。他们三人陪着我,就像带着一件活动行李,一切事务都得由他们去应付。临出发前,这三位"行李搬运工"对我说:"恐怕有一个地方非得你自己去听、自己去说不可,那就是神户的美国领事馆。你要办签证,领事会问你一些话。但你不必害怕,等他的话有停顿,你就答上个 Yes,反正不要说 No 就行了。"听了他们的话,临去领事馆前,我足足念了好几十遍 Yes,自己感到这 Yes 讲得还十分地道。

到了领事馆,我自认为将要见到的人一定是个男人。谁知,接待我的偏偏是个金发碧眼的美女。这可让我感到心里有些发慌。大家都是男人,我厚着脸皮还敢糊弄一番;但面对这个漂亮的异国女性,我怎么开口才好呢?

这位美妇人一见到我,就叽里咕噜地说了起来。我只得傻愣愣地望着她,盼着她快点停下来,然后礼貌地插上一个 Yes。但是,她好像根本不想停,一口气说个没完。好不容易,我等来了一个大喘气,便连忙勇敢地说了声 Yes。谁知,她一听我说 Yes,却扑哧一声优雅地笑了起来。

"井植先生,到了这里,你好像连日本话也听不懂啦。"

啊,原来这位美妇人压根就没有同我讲英语,她说的是日语,听上去语音还很亲切。但我当时真是紧张过了头,只知寻找她讲话的停顿,却忘了去听她到底在讲什么。这个令人捧腹的笑话,后来倒让我总结出一条宝贵的经验:"关上你的心扉,世界就会变成一片空白。"

资料来源:〔日〕井植薰,《我和三洋》,陈浩然译,上海人民出版社,1996。

思考题：
1. 井植熏在签证面谈时，他的心理预期是怎样的？
2. 你对井植熏所说"关上你的心扉，世界就会变成一片空白"有什么感受？
3. 如何才能避免这种现象？

3.1.3 知觉偏差

知觉是人们拥有的知识经验对外界世界的反应，人们的主观因素会不自觉地影响到对外部世界的解释。无论是实验室研究还是现场研究都揭示出，人们在复杂的社会环境中处理复杂问题的时候，会不自觉地采用常规性例行程序。这些例行程序，也就是所谓的"经验法则"，在大多数情况下都能很好地满足我们的需要，也正是这些"经验法则"使得决策者的信息加工负荷大大降低，能够更有效地处理现实世界中复杂的信息。

西蒙将这种能够提供捷径的非正式的"经验法则"定义为启发式。启发式可以帮助人们用很少的时间和努力达到令人满意的结果，甚至很接近最优选择的满意结果。但是同时，这种便捷的信息加工模式也带入了人们对复杂现象的简略理解，引入了知觉偏差。在这个章节中，我们介绍一些常见的知觉偏差。

1. 选择性知觉

知觉具有选择性。人们不是不加区别地接受眼前的所有信息，而是受到动机、能力因素的影响，只集中于对其中某些信息的解释，而忽略其他方面。人们处在非常复杂的世界中，周围有太多的刺激，选择性知觉可以使个体用有限的资源去关注那些对自己重要的信息。

概念

选择性知觉（Selective Perception）： 是指当人们面临复杂情境时，并不是对知觉对象的每一个特征都有所知觉，而是根据自身知识、经验等，有选择地提取相关特征，形成判断的过程。

任何人、物、事件的突出特点都会提高人们对其知觉的可能性。选择性地对组织环境中的信息进行加工，形成自身的意义解释，这被称为选择性知觉。戴尔本（Dearborn）和西蒙的经典实验说明了在组织环境中，选择性知觉是如何影响管理者对管理问题的认识。

案例　　　　　　　　戴尔本和西蒙的选择性知觉调查

戴尔本和西蒙曾进行过一项知觉研究。按照他们的理论推断,选择性知觉有两层含义:① 人会选择性地注意决策任务的某些部分,同时忽略与目标动机无关的其余部分;② 选择性注意是人们过去某些特定经历的习得反应。

调查方法

这个研究的调查对象是 23 名企业管理人员,他们都受雇于一个大型制造企业,而且参加了一个公司资助的管理人员培训计划。他们都被要求阅读商学院商业政策课程中的一个标准案例。这个案例描述了第二次世界大战末期,一家专门从事无缝钢管生产的中型钢铁公司(Castengo 钢铁公司)的组织和各种活动。这个案例详细地描述了该公司和钢铁行业的状态与历史(直到 1945 年),但基本没有给出评价。有意这样做是为了充分掌握具体事实,尽可能地把任务留给管理人员自己做出判断。

管理人员在课堂上参与案例讨论之前,培训教师要求他们就 Castengo 钢铁公司面临的最重要的问题,也就是公司新总裁上任时首先要处理的问题,简单地发表各自的看法。培训教师要求他们假设自己是公司的高级经理。

这些管理人员的职位比较平均,大致来自公司的三个层次(见表 3-1)。他们所处的职位属于通常所说的中层管理者,也就是大工厂的部门主管、负责公司 10 组产品中一组产品的产品经理、大工厂的驻厂代表等。23 名企业管理人员中,6 人掌管销售工作、5 人掌管生产工作、4 人掌管会计工作、8 人掌管其他方面的工作。

表 3-1　各部门对最重要问题的判断

部门	管理人员总人数	问题诊断结果提到的人数		
		销售问题	组织架构问题	人际关系问题
销售	6	5	1	0
生产	5	1	4	0
会计	4	3	0	0
其他	8	1	3	3
总计	23	10	8	3

主要结果

销售问题中最重要的问题是销售管理人员(83%)和其他管理人员(29%)的比例,统计检验显示有显著差异。而且,提到销售的 5 个非销售管理人员有 3 个隶属会计部门,这 5 个人的职责都包括产品盈利分析。在这家公司,产品盈利分析在案例讨论时相当受公司的重视,而会计主管和销售部门的产品经理之间保持着频繁密切的交流。如果把销售管理人员和会计管理人员结合在一起,那么 10 个人中有 8 个人认为销售问题最重要,而其他 13 个管理人员中只有 2 个人有这种看法。

关于组织架构问题(不是营销组织)的人员分配,在 5 个生产管理人员中占有 4 人,另外还有研发部 2 人,工厂医务管理人员和销售管理人员各 1 人,但没有会计主管。对于组织问题最重要的生产管理人员(80%)和其他管理人员(22%)的比例,统计检验显示也有显著差异。

Castengo 钢铁公司案例表明，该案例探讨的与生产有关的主要议题是工厂经理、冶金技术主管和公司总裁之间不明确的组织架构问题。该案例中冶金技术主管的存在，可以帮助解释 2 名研发管理人员为什么对这个特殊问题敏感，因为他们也关心冶金技术。

调查结论

在环境中参与者所感知的方面与他所承担的活动和目标有着明显的联系。群体对组织活动的知觉会有选择性地与他们所代表的利益保持一致。换句话说，当组织问题场景模棱两可、信息有冗余的时候，管理者诊断的问题，也就是知觉判断，更多地受到个体解释基础（即态度、兴趣和知识背景）的影响，而不是问题信息本身的影响。

资料来源：赫伯特·A. 西蒙，《管理行为》，詹正茂译，机械工业出版社，2004。

思考题：
1. 管理者对问题的诊断有什么规律？
2. 管理者的知识背景对问题诊断起到什么样的影响？
3. 如何能够做到对一个管理问题做出公正、全面的判断？

2. 晕轮效应

人们经常认为，聪明的人会努力工作，蠢笨的人比较懒惰；学生在评价他们的老师时，常常依据老师的某个突出特征（比如热情）做出对其他特征的总体评价。比如，一名教师可能是安静、认真、知识丰富、水平很高的，但如果他的风格不够热情，那么他其他的特点也不会得到很高的评价。对名人的评价也往往如此，比如德国著名的歌剧作家瓦格纳，他在歌剧创作方面取得了极高的成就，集欧洲歌剧之大成，因此人们在评价他的时候，很容易将他与德艺双馨的艺术巨匠联系起来。殊不知，瓦格纳的人品非常不入流，他在自己事业发展上不择手段，无所不用其极。

这些例子都是晕轮效应在生活中的体现。当管理者对一个人的某一方面突出特征建立了深刻的印象以后，对他其他方面的判断就会受到这个突出因素的影响。就像当管理者建立了对某个人的正面印象时，就倾向于认为该人的所有方面都是好的。类似的，当形成对某人的负面印象时，就倾向于认为该人的所有方面都是不好的。

概念

> **晕轮效应（Halo Effect）：** 当个体做出知觉判断时，会为被感知对象的某一种突出特征左右，因此形成一个总体印象。

在管理工作中，绩效考核是最容易产生晕轮效应的环节。晕轮效应是"以偏概全"的心理弊病。在绩效评估过程中，管理者把员工绩效中的某一方面，甚至与工作绩效无关的某一方面看得过重，用某个特性去推断其工作表现，造成"一好百好，一差百差"的结果。当被评员工与管理者特别友好或特别敌对时，这种有偏差的晕轮效应最容易发生。

案例　　　　　　　　　　你所不了解的培根

培根是著名学者、散文家,"知识就是力量"这句名言就出自他的著作。在大部分人的印象中,学者应该是高尚的。但与大部分人的印象不同,据史料记载,培根是一个品德有缺陷的人。

亚历山大·蒲柏在他的哲理诗集《人论》中这样描述培根:"你若受才,那么就想一想,培根曾是多么才华照人吧,他是人类中最有智慧、最光辉、最卑鄙的一个。"《英国文学通史》中说:"培根一方面是一个冷酷、吝啬和自私的政治家,另一面却又是个富于文学和科学知识、追求真理的学者。他学问深邃,但人品不佳;道德文章两者不能兼得。因而,他有时被称为才高而德薄的散文家……"

培根18岁时,父亲去世,这时他已经从剑桥大学毕业,在伦敦学法律。他是次子,没有继承权,必须自己谋生,从头做起。他从小就生活在大官僚群里,耳濡目染,热衷功名利禄。在官场,他卑躬屈膝、阿谀奉承,甚至背叛朋友、忘恩负义。

培根后来成为贵族埃塞克斯伯爵的朋友和顾问,埃塞克斯还成了培根慷慨的捐助人。但在审判女王宠臣埃塞克斯伯爵叛国案时,他被破格准许参加审判。在审判过程中,培根出了大力,把他过去的恩主定了罪。在苏格兰的詹姆斯六世即位英格兰王(詹姆斯一世)后,培根又是曲意奉承,终于做了检察长、掌玺大臣,1621年晋封子爵,一直做到大法官这个最高官阶,这时他57岁。三年后他被指控受贿,被法庭判处罚金4万英镑,逐出宫廷,监禁于伦敦塔内,终生不得任职。

在大多数中国人的心目中,熟悉的是培根的《论说文集》这样的佳作,却不了解培根是这样一个人:一方面积极钻营、见风使舵,一心想做大官,一方面又热心从事学术和科学研究;一方面是趋炎附势的政客,一方面又是真理的追求者。

思考题:
1. 在阅读这篇资料之前,你对培根的印象是怎样的?
2. 培根是一位伟大的学者,他的这个特性如何影响你对其人品的判断?
3. "知识就是力量"这句名言使你对培根的认识有什么影响?

3. 投射效应

人们普遍假定别人会与自己做出类似的判断,容易把自己的观念推及周围人。比如,如果你希望自己的工作富有挑战性并能够自己负责,就会假定别人也同样希望如此。或者,如果你是个诚实可信的人,你会想当然地认为别人也同样是诚实可信的。

投射使人们倾向于按照自己是什么样的状态来知觉他人,而不是按照被观察人的真实情况进行知觉。当人们相互之间很类似时,人们很容易判断出对方希望做什么,为什么会采取一个行动。这也许并不是因为他们的知觉判断很准确,而是投射效应带来的准确判断。同时,投射也会把与知觉对象并不符合的自身特点强加于别人身上,造成知觉的偏差。

苏轼和佛印的"狗屎与佛像"故事流传至今。故事是这样的。一天,苏轼拜访佛印,与佛印一起坐船游湖。苏轼问佛印:"在这船上,你我相向而坐,你看到了什么?"佛印想了想说:"我看到了一尊佛。"苏轼开玩笑地对佛印说:"我却看到了一堆狗屎。"苏轼觉得自己占了莫大的便宜，很是得意。回到家中，对妹妹提起，苏小妹说："哥哥你输了，佛家说'佛心自现'，你看别人是什么，就表明你自己是什么。"也许很多人会对这个故事一笑而过，但这个故事说明了投射效应的作用。

概念

投射效应（Projection Effect）：是指用自身的想法、经验、态度去推测他人在面临问题时的想法和态度，从而把自身特点加于别人的行为之上的现象。

另外，投射也会被用于观察被测者内心的深层动机，投射测验是典型的使用投射原理观察动机、兴趣的方法。以下案例说明了投射方法在人员测评中的使用。

案例 "我是……"测验

"我是……"测验是一个典型的投射测验。测评的过程是这样的：首先要求被测者在事先没有准备的情况下，在10分钟以内写出20个以"我是……"开头的句子，用以描述自身的一些行为和特点。然后主试者用事先设计好的编码系统对这些句子中反映"个体—集体"导向的内容进行编码，对20个句子的统一编码进行计分，评估被测者在"个体—集体"导向特征上描述的语句有多少。

如果这20个语句大部分描述与个体相关联的特征，那么被测者的个体倾向更强；如果大部分语句是与周围其他人、群体特征相关，那么被测者的集体倾向更强。

思考题：
1. 这个测验如何应用了投射效应？
2. 设计一个投射测验来评估人们的价值观。

4. 刻板印象

刻板印象是人们对某个特定群体的共同特征持有的固定观点。刻板印象的存在形式通常是："来自 X 群体的人拥有 Y 属性。"例如，认为戴眼镜的人勤奋、害羞、不活跃；老年人不能学习新知识、比较固执；女员工不善于坚持自己的观点、不能当领导等。

刻板印象意味着由于认定了特定群体、特定人群具有某个特征，因此根据某个人的身份，推断这个人的特征。刻板印象也可以指人们对某个事物、物体形成的一种概括、固定的看法，并把这种看法推而广之，认为这个事物都具有该特征，而忽视具体情况的差异。

概念

刻板印象（Stereotyping）：是指人们根据某些人、某类事物的共同特征，形成对此类事物的共同看法，不分具体情况、个体差异地推广到某个具体人、具体事件的判断中。

刻板印象多数情况下是负面的，会使人产生对世界认知的偏差。但刻板印象也有一定的好处，这种习惯性思维简化了对复杂世界的判断并承认人们之间存在一致性。相对来说，使用刻板印象比较容易处理不计其数的刺激。研究表明，人们在思考他人时，倾向于尽量降低所需的认知努力程度。把某个人归于一个群体，假定这个群体的人有类似的特征和行为，据此认为这个人具有群体已知的特征，可以节省详细了解这个人所需的时间和精力。比如，很多企业在招聘管理岗位员工时很关注应聘者的简历中是否有学生社团、大型活动的组织经验。用以往行为预测未来行为是最简单的判断模式，人们会想起有社团经历的人在管理岗位上会表现出色。又如，全球顶尖的咨询公司在每年的招聘中都会将重点放在全国最著名的顶级名校，因为之前来自那些院校的学生在公司里表现良好。

显然，刻板印象的问题之一是它们十分普遍，尽管事实上它们可能毫无真实性或完全不相关。这种普遍性仅仅意味着人们在对一个群体印象的基础上，形成了共同的不正确的知觉。在组织中，我们也常常听到的一些言语反映了以性别、年龄、种族甚至体重为基础的刻板印象，如"女性不够果断""男性对照顾孩子不感兴趣""老年人学习能力差一些""招聘岗位员工必须专业对口"等。这些刻板印象是人们对相同特征的人进行归类而得，也是人们简化处理外部信息的途径。大多数刻板印象会受到人们的亲身经历、事件体验的影响，并不能科学地反映事实情况。当出现与刻板印象相违背的事实、现象的时候，人们才会恍然大悟。

案例　　　　　　　　　　　　职业中的刻板印象

你的印象里，一名刑警应该是什么样子的呢？他是否应该是精干、严肃、一脸正气、不怒自威？如果刑警是时尚而漂亮的年轻女性，或者看似作风散漫的青年人、行动缓慢的老人，你是否会很吃惊呢？德国柏林的地铁检票管理中有一个有趣的现象：在那里抽查车票的并不是一身职业装的地铁管理人员，而是一些着装十分嘻哈的年轻人。他们在人群中走来走去，你根本无法想象他们要抽查你的车票。所以，这往往给初到柏林的人带来诧异。

去医院就医，你肯定希望为你诊断的是位年长稳重的医生。看到年长、头发花白的医生，你一般会认为他经验丰富，医术也很高超。对于年轻的医生，你一定担心他是否是实习生，是否有足够的经验。如果轮到女性外科医生给你做手术，你一定非常担心，因为主观印象中，女性做不好外科手术，包括医院人事科的管理人员也会有同样的印象。但事实上，现代医学的发展非常迅速，医生的劳动强度非常大，医生这个职业特别是外科医生，往往是40岁左右的年轻人最为年富力强。而且，在外科医生中，成功的女性也不在少数。比如，解放军总医院第一附属医院张洪教授、复旦大学附属儿童医院马瑞雪教授、河南中医院第一附属医院李慧英教授、中山大学孙逸仙医院丁悦教授、复旦大学附属华山医院李云霞教授和朱文辉教授、北京大学第三医院闫辉教授、首都医科大学附属北京朝阳医院周君琳教授等都是成功的女性骨科医生。

思考题：
1. 举例说明你有过的职业刻板印象。
2. 如何克服职业刻板印象？

3.2 行为决策的理论模型

3.2.1 行为决策的概念

1978年的诺贝尔经济学奖获得者西蒙曾经说过："管理就是决策。"决策是与人类有目标的行为紧密联系在一起的，任何管理决策都包含着管理者对决策问题的认识、对不同方案的权衡、调整行动的过程。本章开篇例中，马云创建阿里巴巴有着一系列的决策过程，从创办海博翻译社到开办中国黄页，再到阿里巴巴，不同时间点有着不同阶段的目标。每一个阶段，马云都在认识问题情境的基础上，做出权衡选择，采取行动。决策的主观性表现很明显，马云的知觉判断角度和大部分人不一样，因此每次的行动选择和行动方向也会表现出独特的路径。目标始终是贯穿马云行为选择的核心，尽管每个阶段决策选择的行为目标不一样，但目标始终与决策选择相伴随。管理者的决策选择都是在某个目标的牵引下，在一定的时间、问题情境的框架下，权衡多种可能的选项以后做出的行为选择。

概念

决策（Decision-making）：是指决策者为实现某一目标，在认识问题情境、形成行动方案的基础上，从若干个可行方案中选择某个行动方案的过程。

西蒙对决策行为的界定有三个典型的特征：

（1）目标导向。决策是与目标紧密关联的，决策要有明确的目的。西蒙认为，人们的任何有目标、有意识的行为都可以称为"决策"。在决定做一件事情的时候，管理者就已经排除了其他的一些可能的行动方案。只要人们有目标地采取行为，他们就开始了决策选择的过程，形成了自己的行动方向。

（2）权衡比较。决策一般是若干个可行方案的比较。当管理者面临一个需要做出行动的情境的时候，一般来说，这个情境是存在多个解决方案的，而这些解决方案在不同特征上有各自不同特点，各有得失、各有所长是这些解决方案的总体特点。既然存在各个方面的不同优点，权衡比较的过程是不可缺少的，管理者在特定情境下往往关注选项的某一个方面，而不是系统、全面地评估方方面面。西蒙提到的启发式是指决策者在忽略某些信息的基础上的信息加工；方案形成以后，决策者也需要权衡比较、舍弃某些选项的优点。

（3）路径依赖。决策要权衡各个方面的选项特征，同时，决策又贯穿于管理者的行动过程。在不断地选择行动的过程中，管理者的选择轨迹就形成了一套独特的路径；在每条独特路径上的决策者,遇到的问题场景、自身资源、行动方案等都不一样。所以,每个管理者的决策都会依赖于自身的决策路径。

事实上,没有决策者在一开始就能够预料到事件发生过程中的方方面面,决策总是在行动的过程中不断遇到新的问题,并且新的可行方案在面对这些问题的时候不断产生,决策者不断地进行选择和权衡、采取行动、解决问题,形成新的问题场景,然后进一步做出选择。

从马云的决策选择过程中也可以看出路径依赖。从创办海博翻译社开始,他就走上了创业的道路;从开办中国黄页开始,进入了互联网行业;与商务部的项目合作,萌生了创建阿里巴巴的想法;阿里巴巴的成功,衍生了淘宝的商业模式……一系列的决策过程前后都有联系,问题场景也是在行为选择中不断演化的。路径依赖在这个案例中表现得非常明显。

3.2.2 理性决策模型

组织中的管理活动与决策是密切相关的:整个管理过程有许多决策存在,也正是这些决策推动了组织的管理进程。管理者在整个的管理决策情境中受到很多因素的影响,也面临很多的难题,并参与许多问题的处理。我们回想一下一个亲自做过的、典型的决策过程,看看在这个决策过程中,作为决策者的自己面临的问题情境。

回忆一下自己填报高考志愿、选择大学时的体验,你是否考虑了所有可能的备选方案?是否列出了所有的评价标准?是否根据这些标准评估了所有的备选方案,从而找到最合适的学校?多数人的回答是"否",也就是不太可能进行完全理性的决策。同样,组织中的决策也是如此。例如,假设人力资源经理要招聘一名新的接待员,在面试了几名应聘者之后,他可能会选择见过的人中最好的那名,并停止面试。这名经理不可能去面试所有可能的候选人,然后决定最佳人选,在找到一名足够好的人选之后,他便停止寻找。

在微观经济学领域关于人类决策的讨论中,理性决策模型是基本的前提假设,建立在四个方面的条件基础上:

(1)明确的目标导向性。微观经济学假设,决策的最终目标是一个事先可以界定的明确目标,而且这个目标会一直指导决策者的行动。但事实上,管理者在面临不同阶段的决策情境时往往会有不同的目标,而且总体目标和阶段性子目标之间的关系总是在不断变化。

(2)信息的完备性。微观经济学假定决策者可以确定所有的相关标准,并能够列出所有的可行性方案。它认为决策者有足够的能力评估标准和假设,系统掌握所有可行方案的信息。但事实上,我们在填报高考志愿的时候不可能掌握系统的信息,而是在缺失信息的条件下进行决策的。

(3)偏好是恒常的。经济学在推演最终的最优解答的时候,假定决策标准和备选方案可以数量化,并能根据个人偏好来排序。除了目标和偏好明确,它假定具体的决策标准是恒定的,分配给它们的权重也是稳定的。但事实上,对于决策者而言,保持偏好的恒常性是困难的。

(4)最优化的解决方案。经济学决策理论认为,理性的决策者将选择评估分数最高的方案。个体决策者有明确而具体的目标;有一套完善的标准系统来确定决策中的相关因素;有一个关于标准的准确的等级排列,它非常稳定、不随时改变。我们假定决策者评估所有选项之后,将选择得分最高的一个备选方案。但在现实的决策过程中,由于信息的不完全性,决策者并不一定自始至终追求这样的最优解答,而是在获得可以使用的方案后就不再进一步搜寻更好的方案。

事实上,这几个前提假设在组织行为学的问题研究中都没有办法得到满足。西蒙正是在批评经济学的这些假设的基础上,提出了有限理性模型。在他的著作《管理行为》中,他对有限理性模型进行了系统的阐述,这也成为他获得诺贝尔经济学奖的主要学术理论贡献。

3.2.3 有限理性模型

西蒙对微观经济学假设的第一个挑战是针对完全理性的假设。回想一下我们填报高考志愿的过程,首先我们不可能对所有的学校、专业都有所了解,这受限于决策者的认知能力。对于有些学校、有些专业,我们不可能收集相关的信息,而对于有些可以收集到的信息,我们也会受限于时间、精力或者信息收集成本,从而放弃对相关信息进行搜索和比较。

一旦确定了某一问题,个体便开始搜寻标准和备选方案,但列出的标准却可能远远不够详尽彻底。决策者会确定一个有限的列表,其中包括一系列显而易见的选项。在大多数情况下,它们主要是一些熟悉的标准和经过验证的解决办法。一旦确定了这些有限的备选方案,决策者就开始考察。这种考察并不是综合全面的,也就是说,并非所有的备选方案都经过细致评估,只有当某一备选方案与当前有效选项之间差异相对较小时才考虑进行细致评估。所以,决策者本身的信息处理过程就是不完全理性的,西蒙称之为有限理性。

> **概念**
>
> **有限理性(Bounded Rationality):** 是指决策者认知能力和信息加工能力是有限的,不可能掌握全部的信息并选出最佳选项,他们只能处理一些主要的信息,忽略了其他一些相关的信息。

如图3-3所示,在一个决策任务环境中存在很多备选项目,在进行决策比较时,决策者只是考察了他力所能及的信息处理范围内的,而对其他很多可行方案不予考虑。同样,在他能够处理的这些信息范围内,也不是对所有选项都进行了考察,而是选择了几个他认为有可能解决这个问题的,同时也在这个信息处理范围内,决策者凭经验判断比较有把握解决问题的选项。

因此,决策者并不是考虑所有可能的选择,而是考虑那些可用的选项,并选择第一个满足可接受标准的选项,这就是决策的满意标准。也就是说,决策者通常选择的是足够好的解决方案,而不会花费更多成本去追求最好的答案。

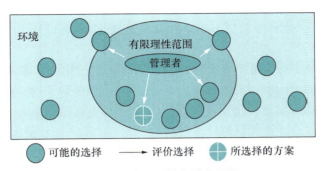

图 3-3　有限理性和满意决策

> **概念**
>
> **满意标准(Satisfaction Criteria)**：是指决策者在进行选择的时候并不是一直希望找到最优的解决方案，而是一旦找到能够满足需要的方案就不再进一步寻找。

西蒙认为，"同人类生活环境的复杂性相比，人类的思维能力非常有限"。因此人类必须愿意"找到足够好的解决方法以及足够好的行动路线"。实际上，人们做决策时，往往追求的是满意（能够满足需要的方案）而不是最优（效用最大的方案）。

满意解决模型中一个非常有趣的方面是，在确定选择哪一个方案时，备选方案被考虑的顺序非常重要。如果决策者使用最优化模型，那么所有的备选方案按照编好的等级由高到低全部列出。由于考虑了所有备选方案，因此在评估时最初的顺序无关紧要，每一种潜在的解决办法都会得到充分彻底的评估。但满意解决方式并非如此。假设某一个问题有不止一个解决办法，满意解决模型的选择是决策者遇到的第一个可接受的方案。由于决策者使用的模型简单而有限，他们一般以明显的、熟悉的、距离现实不远的备选方案为起点。因此，那些最接近于现实并达到标准的解决办法最有可能被选择。这有助于解释为什么人们在选择备选方案时很少与过去的决策有太大的差异。用最优化模型解决问题时得到的是唯一方案，但这种情况很少出现，因为在决策者寻求更深入的方案之前，已确定了可接受的解决办法。

3.2.4　渐进型决策模型

尽管满意型决策贴近现实地描述了行为决策过程，但是管理者在大部分时候甚至来不及对多个有效行动方案做出比较。有研究者指出，很多经营决策是在来不及做任何分析的情况下做出的，也就是我们通常所说的"拍脑袋"决策。也有更多的决策是"摸着石头过河"，管理者也是在"走一步，看一步"，并不是事先对行动方案有明确的优劣比较，或者根本没有时间进行比较，而是在不断尝试错误的过程中前进。总结起来，管理者面临的决策问题通常有这样一些特点：

（1）高不确定性。通常管理决策问题并不存在确定的选项，有时候甚至连问题的边界也不清晰，只是当前面对问题需要有所行动，但是具体的方案和结果却是不明晰的。

（2）不可预测的信息。问题情境变化得很快，很有可能在做出决策的那一刻做决策的依据已经有了变化，也许问题的前提条件发生了变化，也有可能出现了新的制约条件，那么这个解决方案就不再适用了。

（3）可确定的事实与信息非常有限。当前可以确定的信息非常有限，管理者只是在当时条件下的一瞬间就想到了这个解决方案，然后马上就采用了；而有可能很多其他信息根本就没有进入决策者的选择范围，决策者也无法去考察这些信息。

（4）时间非常紧迫。管理者做处理的时间很有限，需要马上做出决定。时间的紧迫性使得管理者不能仔细思考、充分比较，甚至未能考察到问题的全貌就必须采取行动。

资料

任何决策都没有后悔药

假定我们有三种可能的新产品开发决策方案 A、B 和 C。这三种方案各有利弊，但是时机刻不容缓，管理者必须选择其中一种。如果我们选择了方案 A，就要放弃方案 B 与 C。在执行方案 A 的过程中，由于历史条件的不可逆性，即使遇到了困难、出现了意外，发现方案 A 其实不如方案 B 和 C，但也不可能回过头换成方案 B 或 C。

实际上，由于时间发生了变化，决策的任务环境也发生了变化，方案 A 的执行也改变了原有的任务。至少，组织在执行方案 A 的过程中，对方案 A 已经投入很多。所有这些投入的资金、人员、时间都不可能回到初始三种方案进行比较的那一刻。所以，原来意义上的方案 B 与 C 已经不复存在了。

最积极的办法就是努力克服不利条件，积极创造有利条件。同时，根据实际情况，改进已选定的方案 A，并继续执行。也就是此时只有方案 A 执行调整后的改良版，而没有方案 B 和 C 了。即便完全放弃前面时间点上的方案 A，组织中的人员、场景、资源也已经发生变化。管理者对于原本的方案 B 和 C 的评估已经与前面的时间点不一样了。所以任何一个决策的最终结果都是在决策行动相互作用的过程中，共同创建的结果。

理性决策模型的比较是指根据一个时间点上的特征，比较得出最优方案，而不考虑决策执行的作用，不考虑时间的历史演进。在这一点上，即便是西蒙的以"有限理性"为基础的"满意决策模型"也同样不能说明人类决策过程的本质特征。任何决策都没有后悔药，只有在决策选择的基础上不断前进，在有限的信息情况下采取行动，在行动中不断调整决策方案，才是对管理者决策过程的贴切描述。

查尔斯·E. 林德布洛姆（Charles E. Lindblom）认为，决策者并不是面对一个被清晰界定的问题，而是首先必须找出并说明问题，也就是知觉过程对问题界定产生很大影响。对于同样的现象，不同的人会有不同的认识与看法。就像在前面章节中"戴尔本和西蒙的选择性知觉调查"案例一样，明确管理问题的症结所在，往往是十分困难的。管理者熟悉不同领域，代表各自不同的利益，会从自己独有的角度看问题。同时，管理者们受到价值观的影响，他们的选择方案往往会发生价值冲突，也不可能对价值观进行统一。

针对这些不确定决策，詹姆士·G. 马奇（James G. March）认为，管理者的决策模式应当用"垃圾罐模型"（Garbage Can Model）来解释。在面临复杂的决策问题时，管理者的决策就像一个垃圾处理器，各种信息和决策任务就像垃圾一样，源源不断地进入管理者的处理范围，而在十分有限的时间内，管理者需要及时处理好这些问题，所以管理者未能来得及比较和分析这些决策方案，只能依据自身的知识经验，直觉地做出反应，把这些"垃圾"打一个包处理出去，形成一个"垃圾罐"。这时候，新的问题又源源不断地摆在管理者面前，管理者不断地打包处理，形成行动方案，而问题也源源不断。这就是"垃圾罐模型"对时间紧迫的管理者决策行为的描述。管理者在处理这些紧急场景的时候，不断地通过行动产生"垃圾罐"，形成一条独特的问题发展决策路径。决策者通过自己的行动，采用试错策略探索外部环境，形成自己的发展路径，因此这种观点所描述的行为决策也被称为渐进型决策模型。

渐进型决策模型的重要观点是，管理者自身的行动是探究问题、解决问题的主要方法。在有限理性模型中，理性与决策者自身的分析是解决管理问题的主要途径，管理者在处理决策问题的时候先用自己的分析，主导性地圈定决策的可能答案，行为结果是由分析和事先的理性决定的。但是在渐进型决策模型中，正是决策者本身的不断行动，不断地通过自己的探索，重新界定了问题，创造了管理决策的结果。

本章开篇案例探讨的马云创建阿里巴巴的过程也是渐进式的。马云并没有在一开始创业的时候就创办了阿里巴巴的 B2B 模式，而是在摸索了很多种其他商业模式以后才认识到了电子商务的价值。近年来，阿里巴巴集团业务内容的不断扩张、不断创新也是组织不断行动探索得到的结果。所以，渐进型决策模型极具实践意义，管理者决策选择的行为大多数具有这样一种探索和尝试的特点。

公安局的破案行为同样是典型的渐进型决策风格。当案件发生时，警方手头往往只有十分有限的信息而案件亟待侦破，警方往往会根据手头的信息顺藤摸瓜、见机行事，才能破获案件。此外，很多新产品的开发过程也是渐进型的，在初始创立项目的时候，开发者也许并没有预料到什么样的产品是成功的，但在开发过程中，产品的原型会逐步地呈现，进而在产品测试和工业化过程中进一步把想法具体化。这点也可以解释为什么 90% 以上的新产品开发项目是失败的。

从有限理性模型和渐进型决策模型中可以看到，人们在决策过程中并没有固定模式和统一精确的加工方式，而是依赖于自身所具有的知识、经验做出直觉反应。所以，人们决策的一个普遍特点是采用"取巧"的方式更省力地得到解决方案，用西蒙的话来说，这是一种"启发式"。这种方式极大地降低了决策者的信息加工负荷，但同时也导致了决策偏差。

概念

启发式（Heuristics）：是指决策者根据自身知识经验，取巧式地加工处理决策问题的部分信息，形成决策方案并采取行动的决策方式。

3.3 行为决策的理论与现象

3.3.1 行为决策的限制条件

制定决策是每一位高层管理人员最重要的工作,也是最艰难的工作。错误决策会抹杀多年辛苦的工作成果。西蒙描述了人们决策的主要模式是有限理性的,很多信息会被忽略,决策者不可能全面加工信息,这种"取巧"的方式在降低决策信息加工负荷的同时产生决策偏差。这些偏差的来源并不在于决策任务或者决策过程的错误,而是人类应对复杂且超载的信息负荷的适应方式。西蒙倡导的通过实证研究对组织管理行为进行研究的途径,弥补了经典经济学理论对于人们信息加工能力的忽视,以及对于组织问题场景的忽视。在管理者的决策过程中,行为决策学派对于信息与决策偏好理性有两个基本的前提假设。

1. 信息过度负荷

管理者的决策任务通常超出了人们信息加工能力范围,尽管有时候在我们看起来是很简单的、称不上重大决策的事项。但是,管理决策的边界范围往往是模糊的,没有数学问题那样明确的可比条件。寄希望于管理问题有明确的结构化解答,在多数组织情境中无异于做了不符合现实的假定。我们来看下面的例子。

案例　　　　　　　　　　　　考核为什么会失败?

某公司在为生产线工人制定考核标准时,花了很多精力。人力资源部拟定了工作态度、工作量、工作质、工作技能、出勤率、团队合作等 20 多项考核要项;针对要项,又分为 60 多个子要素;对每个要素还进行了具体的描述,以便统一标准;对每个描述又赋予不同的权重。

在具体实施的过程中,主管们普遍感到标准明确、易于操作,每次与员工沟通也由于有具体的分数作为依据而变得简单、容易。但令人费解的是,考核非但没有对工作产生积极影响,反而令产量、质量有所下滑! 更为严重的是,这种考核方式使得员工在评价成绩上难以拉开差距,大家的结果都差不多,从而导致员工在分数上斤斤计较。你 87 分是"良好",我 86.5 分为什么就是"一般"。久而久之,大家开始不关注考核了,"你考你的,我做我的;这方面不行,另一方面弥补"。

资料来源:张建国,《绩效体系设计》,北京工业大学出版社,2003。

思考题:
1. 这个考核系统为什么不能得到良好的应用? 是系统设计得不够全面吗?
2. 为什么主管们感觉这是一个很好的系统,却用不好这个系统?
3. 如果你是系统的设计者,你应该如何改进这个考核系统?

著名的心理学家米勒(Miller)在 20 世纪 50 年代发表了一篇很有影响的论文"魔数 7",在这篇文章中他提出了一个人们处理信息的普遍规律:一个人能够同时处理的信息加工模块数量在7左右。一般来说在7±2,也就是5—9。有可能有些人的信息处理能力强一些,可以同时处理10多个模块,有些人的信息处理能力弱一些,只能同时处理四五个。但是同时处理考核表中的60多个子要素很显然超出了决策者的信息加工能力。当一个决策者阅读了考核表中的60多个子要素以后,绝不可能在5分钟后完全复述这些项目。所以,过分复杂的表格妨碍了管理者去评价绩效,造成了对考核信息处理的困难。当考核者面临这样一个复杂表格时,通常会采取以下的任务策略:简化这个表格,提取一些他们认为关键的指标处理加工。这样,每一个管理者在实际使用的时候,表格中对考核有影响作用的指标各不相同。当我们面临复杂的管理任务时,信息的过度负荷是没有办法避免的困难,对于人们的信息加工能力来说,这种现象无法避免,能够解决的途径只是如何更有效地利用"启发式"方式处理决策任务。

2. 参照点影响效用判断

风险是管理决策必不可少的因素。在早期关于风险决策的研究中,伯努利(Bernoulli)采用心理物理学的方法,对风险条件下的决策选项效用进行理论推算,并用期望效用对风险决策进行描述解释。2002年的诺贝尔经济奖获得者卡尼曼(Kahneman)拓展延伸了西蒙有限理性的观点。他研究决策选择行为,认为伯努利的理论忽视了一个重要因素——决策场景中的参照点。下面这个案例说明了参照点的作用。

案例　　　　　　　　　　　风险决策的参照点

下面有两个决策场景,想一想,你会选择哪个选项?

场景一:抛一枚硬币,所得结果哪面朝上将决定你此次选择的收益。

A. 如果是正面,你会得到100元;如果是背面,你什么也得不到。

B. 无论是正面还是负面,你都会得到46元。

场景二:抛一枚硬币,所得结果哪面朝上将决定你此次选择的收益。

A. 如果是正面,你会得到100万元;如果是背面,你什么也得不到。

B. 无论是正面还是负面,你都会得到46万元。

思考题:

1. 如果做两次调查,场景一、场景二的选择比例会有什么差异?
2. 哪些因素引起了人们的选择在场景一和场景二中不一样?

在上述两个场景中,一般来说,在场景二中人们选择B的概率要大大高于场景一中选择B的概率。尽管这个例子可能还有其他的解释,我们还是可以看到被调查者自身拥有的财富在这个决策中起到了很重要的作用。人们觉得100万元、46万元会是一个与自身收入比较远的数值,而100元、46元是一个与自身收入比较近的数值。在数值相对自身收入比较大的时候,人们更愿意选择保守的决策。此时,自身收入成了这两个场景决策的重要参照点,这个参照点影响了人们的决策行为。

卡尼曼认为,伯努利理论一个重要的缺陷在于,期望效用理论忽视了人们决策的参照点的作用,也就是人们面临决策问题的起始点。沿袭西蒙对于人们决策的有限理性观点,卡尼曼认为人们的风险决策不会有绝对的效用判断,而要依赖于相对参照点的选择。参照点影响了人们对风险决策场景的知觉,进而影响了人们的效用判断。人们的理性限制表现在:不同参照点的选择会导致人们对决策选项完全不同的认识,从而形成完全不同的效用判断。

3.3.2 展望理论与延伸应用

1. 展望理论

在上述案例的决策选项中,尽管可以说被调查者现有财富成为他们面临场景一、场景二的决策选择时重要的参照点,但也可以说这两个场景的效用值大小本来就相差很大,因而这两个场景的决策选择本来就不可以比。参照点是否在这两种场景的比较中起到了关键作用非常值得质疑。

为了说明参照点对于决策选项效用的影响,特沃斯基(Tversky)和卡尼曼设计了一个新的场景,排除了决策选项的数值大小对于选择差异的解释。

案例　　　　　　　　　　起点对决策选择的影响

下面有两个决策场景,想一想,你会选择哪个选项?

场景三:不管你有多少钱,有人额外又给了你1 000元。现在请你从下列两个选项中做出选择:

A. 有50%的概率赢得1 000元。

B. 肯定会得到500元。

场景四:不管你有多少钱,有人额外又给了你2 000元。现在请你从下列两个选项中做出选择:

A. 有50%的概率输掉1 000元。

B. 肯定会输掉500元。

思考题:

1. 如果做两次调查,场景三、场景四的选择比例会有什么差异?
2. 哪些因素引起了人们的选择在场景三和场景四中不一样?

从这个案例中不难发现,如果就决策者将拥有财富的最终状态而言,场景三、场景四的选项没有什么差别。两个场景中,你都可以选择拥有1 500元,或者选择赌一把,可以得到拥有1 000元或2 000元的结果。按照伯努利的期望效用理论,最终决策行为的期望效用应该是一致的,得出的结论是场景三、场景四应该一样的行为选择结果。但实际上,如果你用这两个场景分别对约200人进行调查,那么可以得到这样完全不一样的结果:在场景三中,大多数被调查对象选择B;在场景四中,大多数被调查对象选择A。

这两个场景的选择不一致,无疑说明了伯努利的期望效用理论忽略的重要因素:决策选择的出发点。在这个案例中,出发点是决策选择的重要参照点。大多数人在做场景三、场景四的选择时,会忽略一开始得到的 1 000 元或者 2 000 元,而决策选择的"赢或输"方向会引起对风险选项的不同态度。所以,期望效用理论在解释风险决策的时候,"参照点"是一个重要的被忽略的变量。特沃斯基和卡尼曼由此提出了展望理论(Prospect Theory),对风险情境中的决策选择进行描述。

展望理论解释了人们如何评估风险决策方案,以及决策的参照点如何在决策中发挥影响。展望理论的主要观点如图 3-4 所示,特沃斯基和卡尼曼认为,人们对风险决策方案的效用评价并不是由方案客观价值决定的线性函数,而是呈 S 形曲线变化的。图中横坐标表示事物的客观价值,右边是正值(收益),左边是负值(损失)。纵坐标表示决策者对事物价值的评估,称为效用(Utility)。从图 3-4 中,我们可以看到这样三个特点:

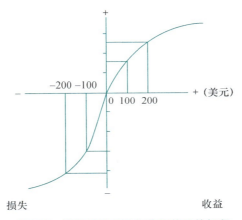

图 3-4 展望理论对风险选项效用的解释

(1) 参照点影响判断框架。参照点形成了人们决策判断的"适应水平",并且让人们形成相对 0 点的判断。参照点形成了风险决策问题的起始点:如果高于参照点,那么就是对于收益框架的知觉;如果低于参照点,那么就是对于损失框架的知觉。"赢或输"的框架判断会让人们对风险选项的选择很不一样。在收益框架下,人们倾向于获得确定的收益,回避不确定的选项;在损失框架下,人们倾向于回避确定的损失,冒险一搏,选择不确定的选项。

展望理论认为,问题描述上很小的变动就可以改变中心参照点的位置,从而改变人们有关损失和收益的想法,并最终影响决策。如果相对某一参照点,某项结果看来是一种收益,那么决策者会倾向于回避风险,选择比较保守的那个选项;如果相对另一参照点,某项结果看来是一种损失,那么决策者会倾向于趋近风险,选择比较冒险的那个选项。

(2) 效用函数呈 S 形。从图 3-4 可知,收益和损失的效用函数都是曲线,表明客观事物引起的心理价值并非与客观状态相对应,而且变化的速度也不一样。在离参考点(0 点)比较近的地方,效用的变化非常快;而到了离参照点比较远的位置,效用的变化比较慢。也就是在效用评价上有这样一个特点:人们对"0"和"100"感觉差异很大,但是对 1 000 和 1 100 的感觉差异就不是很大。

(3) 损失厌恶现象。人们对损失更加敏感,损失的效用函数比收益的效用函数更陡峭,造成损失比收益更突出。也就是说,损失 100 的负面感受比获得 100 的正面感受更强烈一些。损失厌恶会使得谈判变得很复杂,双方都将自己的让步看作一种损失,而损失比让步带来的好处更突出。对任何一方,损失都是很痛苦的。因此人们会将造成亏损的时间、因素等牢记在心,错误总是比成绩的影响更加强烈。损失厌恶会有相应的"损失厌恶系数",也就是要想平衡100元的可能损失,有多少收益才能弥补。有几个研究证明,通常为1.5—2.5倍,也就是损失100元,要收益150—250元才有可能平衡。

概念

框架效应(Framing Effect):是指决策结果受到决策问题表征的正负面表达方式的影响。同样的风险决策,当描述框架和参照点不一样,人们会形成"赢或输"的框架,进而形成不同的选择偏好。

决策的第一步是组织和表征问题,这时参照点会对问题场景的知觉产生深远的影响,事件场景的描述方式也会形成重要的影响。人们倾向于直接接受问题原来的表达方式,而不是以自己的方式重述问题。所以,描述方式就成为影响方案是否被接受的重要因素。人们更容易接受以收益方式描述的风险决策,并且厌恶风险和损失。当问题以收益方式提出的时候,人们是厌恶风险的;但当问题以避免损失的方式提出的时候,人们却愿意去冒风险。

领导者非常善于从正面角度描述问题场景,形成正面的问题框架,给所在群体、下属带来鼓舞激励。销售员善于从正面的角度描述产品方案,让顾客形成正面的产品印象,这些都是框架效应的应用结果。历史上,曾国藩在写战况奏报的时候,"屡战屡败"和"屡败屡战"的例子就是从不同的角度总结了近期来战斗进展的效果,进而形成了不同的总体印象。

我们来看一看这种效应在现实生活中的典型体现,在下面的案例中,你会做怎样的选择呢?

案例   框架效应对决策选择的影响

场景五:假如你想买一个700元的HP喷墨打印机,商店告诉你,打印机的价格是700元,如果需要送货上门,还要再支付50元。您会选择让他们送货上门吗?

A. 送货   B. 不送货

场景六:如果你想买一个750元的HP喷墨打印机,而且他们负责送货上门,但是如果不需要送货上门,他们可以退给你50元。您会选择让他们送货上门吗?

A. 送货   B. 不送货

资料来源:奚恺元,《别做正常的傻瓜》,机械工业出版社,2005。

人们在场景五下,普遍会选择自己搬运;而在场景六下,会选择让店家送货上门。如果我们仔细思考一下,这两种情况其实对于个人的支出以及店家的收入都是一样的,但是问题情境描述的出发点不一样,这时候容易引起决策者的知觉不一样,从而造成的决策结果也不一样。如果我们反思,第一个情境设定的价格参照点是700元,这50元的运费是要付出去的,是损失场景;而第二种情境设定的价格参照点是750元,这50元是包含在价格中的,如果能够免去,则是意外得到50元,是收益场景。这两个不同描述巧妙地调整了人们的参照点,尽管实际的价格成本对于商家是一样的,但对送货这项服务的"赢或输"的描述框架不一样。在购买决策的营销场景中,消费者很难注意到商家对于参照点的选择,但却容易受到描述框架的影响,大多数人容易接受正面的描述框架。

2. 展望理论的延伸应用

(1)禀赋效应。禀赋的问题在微观经济学的选择理论领域很早就有比较详细的研究,但主要集中在实物商品上,对于决策研究领域的禀赋效应的研究,则是塞勒(Thaler)在1980年首先提出了禀赋效应概念。塞勒观察了他的同事R教授。R教授是一名葡萄酒爱好者,喜欢收藏葡萄酒。但是R教授非常不愿意卖掉他的葡萄酒,在收藏葡萄酒的拍卖市场上,无论葡萄酒的品质如何,R教授都不会以超过35美元(1975年的美元)买入一瓶葡萄酒,但是R教授从来不会以低于100美元的价格卖出他收藏的葡萄酒。R教授是一名深信经典经济学的学者,但是按照经济学理性人的假设,当交易价格在35—100美元时,R教授既不会买也不会卖,明摆着盈利的交易他也不做,这是明显违背经济学理论的现象。

> **概念**
>
> **禀赋效应(Endowment Effect)**:是指对决策方案的评价会因决策者拥有的资源状况的变化而发生变化。拥有某项资产,会使得人们高估这项资产的价格。

根据这些观察,塞勒提出禀赋效应的概念。市场中存在很多独特商品,收藏品就是一个典型的独特商品,它们的价格存在于每个人的估计中,而不存在一个平均的市场交易价格。人们是否拥有这项物品在很大程度上影响其对物品的估价:当人们拥有某项物品时,他对该物品的估价要比没有拥有的时候高很多。房地产市场也有同样的特点,每一套房产都是独特的,不是一个标准产品,相互之间并不可比。在二手房交易市场上,拥有这套房产的人与希望购买这套房产的人的估价会有很大的差值,因而造成独特商品市场的交易频率很低。这个差值表现为买卖双方对于估价的差距。

有些研究比较了会计事务所审计业务对于公司价值的评估,发现愿意支付价格(Willing to Pay)和愿意接受价格(Willing to Afford),即"买价"和"卖价"之间存在很大的差异。对于同一个公司的估价,如果审计师代表的是收购方,那么他的估价会与他代表出售方时的情况非常不一样。

> **案例**
>
> 飞鱼有限公司是一家直销企业,该公司从第三方获得定期购买的客户名单。飞鱼的资产负债表上,客户名单作为无形资产出现,并分10年摊销,或至少以每年10%的比率分摊。本年度一开始,该项资产在飞鱼公司资产负债表上的总额达到了4 000万元,并且没有新客户名单出现。飞鱼公司把四年前亚洲市场的客户名单的账面剩余价值确认为

540万元（资产负债表中的4 000万元的一部分），这导致收益明显低于预计从这批客户身上获得的目标收益。

飞鱼公司正计划进行资产出售，收购方红马公司计划收购飞鱼公司，将其并入现有业务版图。此时，涉及双方对客户名单这项资产价格的评估。

思考题：
1. 如果您作为外部审计师，受飞鱼公司管理层聘请估值，您对客户名单的估价如何？
2. 如果您作为外部审计师，受红马公司管理层聘请估值，您对客户名单的估价如何？

资产收购也是一个独特商品市场，待价而沽的公司资产并不是标准产品，在市场上没有标准价格，在没有其他可以参考信息的情况下，估价分歧很容易产生。所以，卖方更容易高估公司本身资产的价格，而买方更容易低估公司资产的价格，这种价格差异造成买卖双方的预期不一致，市场交易也就不容易发生。

按照理性人假设，禀赋效应并不能用理性人假设进行解释，而展望理论可以对此做出有效解释。当人们不拥有这项资产的时候，买下这项资产是损失一笔资金、收益一项资产，效用曲线相对平缓。当人们拥有一项资产的时候，拥有资产的状态就成为现在交易的起点（也就是参照点），卖掉这项资产成为收益一笔资金、损失一项资产的交易，效用曲线相对陡峭，"损失厌恶"使得人们对这项资产估价更高。展望理论的解释是由于交易双方的决策参照点不一样，导致对同样资产的价格估计的不一致，形成交易价格预期的差值。

（2）锚定效应。在任务场景中，事先设定参考点会对决策者的选择产生很大影响。这样的现象也被称为锚定。人们可以通过事先设定的场景，把参照点隐含在决策任务场景的描述中。由于大部分人不容易注意到起始点的差异，往往容易被这样的场景描述影响，也就是被锚定在参照点附近做出估价。

案例　　　　　　　　　　贴膜的价格

场景七：如果你购买一辆价格15万元的新车，加上消费税、保险费等其他费用，总共大约为17万元。这时商家向你推荐价格0.3万元的贴膜，具有隔热、防紫外线的功能。你认为这个价格可以接受吗？

场景八：如果你有一辆开了5年的捷达汽车，你觉得这是一辆开起来非常顺手的车。一次到汽车修理店，商家向你推荐价格0.3万元的贴膜，具有隔热、防紫外线的功能。你认为这个价格可以接受吗？

思考题：
1. 在这两种情境中，哪种情况人们的接受程度会更高？
2. 哪些因素影响了人们的选择？

在这个案例中，一般情况下，如果车辆的价格高，那么人们倾向于接受这个贴膜的价格;如果车辆的价格低,人们倾向于不接受这么高价格的贴膜。这时候车价成为一个非常重要的参照点,能够显著影响人们对贴膜价格的评估。从锚定效应的框架来说,车价本身也成为一个非常重要的锚定点。

> **概念**
>
> **锚定(Anchoring)**:是指固着于作为参照点的初始信息的倾向。一旦设定了初始值,人们不能充分调整随后的信息。参照点或起始点可以通过先前的历史问题呈现,或者隐含在一些情境信息中。

"锚"有多种外部表现形式。它们可能非常简单,看似没有大碍,比如某位同事的一句评论或者晨报上公布的某个统计数据。它们可能颇具隐藏性,比如对某人肤色、口音或衣着的成见。在企业里,常见的"锚"就是过往事件或趋势。营销人员在预测下一年度的产品销售情况时,通常会先参考前几年的销量。这时,过往数据就成了"锚",预测者在这个基点上再根据其他因素做出适当的调整。这种方法虽然可能让决策者做出相当准确的估算,但弊端是对过去的事件赋予了太大权重,而对其他因素重视不够。在瞬息万变的市场环境下,以历史数据、历史事件为参照可能会导致预测结果与实际情况相差万里,进而误导决策。

在广告人、管理者、政治家、房地产代理、律师等专业领域,说服技能是很重要的。他们广泛地利用人们的锚定偏差,一开始就采取极端的报价,试图锚定人们的倾向或态度。在谈判和访谈中,锚定也很重要。当谈判开始时,锚定也发生了。一旦某人给出一个数字,人们就很难忽略那个数字。

决策中的"锚定"效应已经得到数千次实验的证明。"锚"不仅会影响管理者的决策,也会影响会计师、工程师、银行家、律师、咨询顾问和股票分析师的决策。事实上,没有人能够不受其影响。按照展望理论的观点,当人们有了一个决策参照点以后,调整原有的参照点就意味着改变,放弃调整原有场景中的固有收益。所以,大部分人是不愿意调整的,甚至在一些简单的问题场景中也是这样。你怎么回答下面两组问题?

(1) 杭州北高峰高度有 2 000 米吗?你估计杭州三墩镇的人口有多少?

(2) 杭州北高峰高度有 200 000 厘米吗?你估计杭州三墩镇的人口有多少?

如果你和大多数人一样,那么第一个问题中提到的数字会影响你对第二个问题的回答,这就是锚定效应。结果不出所料,当第一个问题使用较大的数字时,人们在回答第二个问题时就会把数目增加。当我们考虑一项决定时,我们的大脑会对最先接收到的信息赋予过高的权重。最初的印象、估计或数据"锚定"了随后的思考和判断。

3.3.3 时间与决策过程

人们有目标的行为是一个计划与执行的过程,此时时间因素在决策过程中起到了重要的作用。管理者要事先安排工作计划,估计组织完成工作任务所需的时间、成本;也要在计划执行的过程中不断调配资源,评估任务的可行性,调整工作计划,完成组织工作。法约尔的经典著作《工业管理与一般管理》中,管理的职能被描述为计划、组织、协调、控制等主要方面,有意识、有目标的计划执行过程是管理者决策的核心特征。按照西蒙有限理性的观点,人们的计划是不可能事先估计或事先预期到的方方面面,而且时间因素在管理决策中扮演着重要的角色,会让管理者的计划选择产生偏差。

案例　　　　　　　　　　悉尼歌剧院的建设过程

悉尼歌剧院的正式开动始于1958年12月,整个建设过程分为三个阶段。第一阶段(1959—1963年)建成底座的基础部分,第二阶段(1963—1967年)建成歌剧院著名的顶部架构,第三阶段(1967—1973年)进行的是内部装修。

第一阶段:底座建设

第一阶段的建设在1958年12月5日开始,当时负责实施的建筑公司是Civil & Civic。政府由于担心资金问题或者公众反对,匆匆推动工程上马。然而重大的结构问题仍然困扰着这个设计。到1961年1月23日,在工程运行的47周内遇到了各种意想不到的困难,包括恶劣的天气、在开工之前还没有准备好图纸、原合同的变动等。1962年8月31日,底座部分的建设终于完成。被迫提前动工引发了后来的重大问题:底座的圆柱不足以支撑顶部架构,不得不重新修建。

第二阶段:顶部架构

关于顶部架构的建设问题,实际上耗费了从1957年年中到1965年年末近350 000个小时;1957—1961年,试验了各种不同的顶部架构方案。一个重要的问题是,有一些方案在时间和建造成本上超出预期。1961年10月,Utzon打电话让Arup到他位于丹麦的工作室,讨论一个突破性的设计方案。Utzon改变了整个外壳的设计方案,他在同一个圆球上切割下不同的块,圆拱遵循同一半径圆球的子午线。

这些圆拱被分为不同的部分,然后就像拼装积木一样组合在一起。1962年3月该方案获得通过。建造歌剧院顶部的Hornibrooks,可能是建筑历史上最困难的预制件组装任务。不过仍然有许多问题需要解决,例如每天下午5点的"爆炸"时间,因为支撑顶部的柱子达不到强度要求,不得不重新炸掉,用新的、更大的柱子取代。

第三阶段:内部装修

内部装修始于1963年2月,Utzon把整个办公室搬到悉尼。然而,1965年政府重组,Robert Askin政府宣布整个工程划归公共事务部管辖。这也最终导致Utzon的辞职。到目前为止,工程的建设费用,甚至到当年的10月,仍然只有2 290万美元,还不到总造价的四分之一。然而,Utzon却和澳大利亚政府在设计费用上发生分歧。总之,种种原因使得这位建筑师愤而于1966年离开澳大利亚,从此再没有踏上澳大利亚的土地,连自己的经典之作都无法亲眼看见。1966年Utzon辞职的时候,第二阶段的建设还没有完成。他离去之后,接替者是Peter Hall,协同工作的还有E. H. Farmer、D. S. Littlemore和Lionel Todd等工程师。

建设方在1957年预计悉尼歌剧院的造价是700万美元,预计的完工日期是1963年1月26日。实际上,悉尼歌剧院最终于1973年正式完工,总造价为1.02亿美元。其中,第一阶段耗资550万美元,第二阶段耗资1250万美元,第三阶段耗资5650万美元,舞台设备、灯光等耗资900万美元,其他耗资1650万美元。

思考题:

1. 歌剧院的建设时间、资金都大大超出管理层原本的计划。这是为什么?
2. 为什么原本计划的时间、资金投入完成以后,管理层不愿意放弃建设计划?
3. 建成的歌剧院耗费了当初计划的10多倍的时间、资金。为什么管理层全然不顾计划,持续投入建设工作?
4. 想一想,在你观察到的工程项目中,哪些会有类似的现象。回顾一下整个过程。

悉尼歌剧院造就了一座举世无双的建筑,但是整个建设过程却是严重拖延、超支。澳大利亚在1957年对悉尼歌剧院的规划是于1963年完工,预算是700万美元,但悉尼歌剧院的建设一直拖到1973年才完成,最终花费高达10 200万美元。首先想一想,管理者为什么会做出如此脱离现实的计划?

概念

计划谬误(Planning Fallacy): 是指人们通常对希望执行的计划过于乐观,在自我评价上往往高估自己,低估自己完成某项任务所需的时间。

卡尼曼曾经描述过他的亲身经历,他们一组科学家,计划给以色列教育部编写一本关于判断与决策的教材。当他们制订工作计划的时候,所有成员都估计了完成任务的总时间,结果是预估花费"一年半到两年"。随后,卡尼曼询问编写组组长希莫,其他学科的类似团队的完成率、完成时间情况怎么样。希莫犹豫了一下说:"其他团队完成的比率大约40%,最快完成的团队大约用了7年时间,最多用了10年。"卡尼曼的编写团队充分讨论以后,仍然乐观地认为,判断与决策的教材可以在两年内完成。实际上,这本书用了8年时间才完成。卡尼曼从这件事情上领悟到所谓的"计划谬误",人们普遍会对自己从事的工作表现出过度乐观,认为自己的计划可以比其他人更加迅速地完成。这是由人们对未来预测的不完全造成的。

悉尼歌剧院的建设管理者明显地犯了"计划谬误"的错误。其实还有更多问题,在开始悉尼歌剧院的项目建设后,为了证明自己以往的选择是正确的,大多数人会选择继续对目前已开工的项目进行资金追加。即使过去的选择看来已经不再正确,但是为了弥补这些选择,目前看来最好的方案是再次坚持原有方案。大多数人曾经陷入这种陷阱,理智上我们知道沉没成本与当前决策无关,但是它仍然会影响我们的决策,导致决策者做出不恰当的决策。

概念

沉没成本(Sunk Cost)：人们对一个工作方案的决策与评估会受到以往在这个方案上投入的影响。由于他在这一方案上已经有了大量投入，于是很难放弃并会继续投入。

卡尼曼在回顾他们编书的例子时，曾经思考过，参加编写团队的人都是专业知识丰富的专家，也会秉承科学精神进行判断；但在讨论的现场，没有人对过度乐观的计划提出异议。其中，一个重要原因可能是当时编写团队已经开过几次会议，工作也已经进展一部分，编写小组也不愿意承认自己投入去做的工作会有40%的可能性是白费的。这就是沉没成本，现已无法挽回的历史投入，对于下一步不理性的坚持起了很大的作用。

在银行业，沉没成本的陷阱发生得很频繁，最常见的就是针对企业坏账的处理。当一个企业的业务遇到麻烦时，银行往往会向它提供更多的资金，希望给这家企业提供复苏所需的喘息空间。但如果这时候是业务模式的问题，这种做法无疑会使得错误继续扩大。

为什么人们无法摆脱沉没成本的影响呢？这常常是因为人们不愿意承认自己犯了错误，不管是有意识还是无意识的。首先，从情感上来说，人们不愿意对自身的能力和判断进行质疑。其次，在一个组织中，承认个人决策失误可能只是纯粹的个人问题，但是涉及组织的决策事务是一个非常公众化的事件，会招致同事或者上级的批评。特别是针对一些投资决策，如果给企业带来了损失，这是一个显著的污点，同时有可能成为竞争对手攻击的弱点。有时候，企业文化也会强化沉没成本陷阱。如果对错误决策的处罚过于严厉，就会促使管理者把失败的项目无限期地拖延下去，幻想有一天这些项目还能转败为胜。

管理者应当认识到，项目的成败并不仅仅受到决策的影响，好的决策有时也可能带来失败的结果。很多好主意会以失败告终，可能是项目启动的时间、地点和机会不正确，在动态的经营环境中，一切都不可预知，失败是与成功相伴随的经营现象。

概念

承诺升级(Commitment Escalation)：是指在连续多次的决策中，决策者表现出对以前决策方案的不理性坚持，继续加大投入，希望更好的结果。

决策者经常面临的一个难题是，为了获得成功，究竟应该放弃一个失败的行动，还是应该增加承诺或投入，以扭转现有的局势。研究表明，当决策过程实际上包括一系列的多个时间点决策时，决策者就会有一种逐渐升级承诺的倾向。尽管是一个与原定目标不符的决策，但是当决策者身临其境地参与到这个决策过程中时，他是很难放弃原有方案的。工程项目预算的不断增加是一个典型的例子。

造成承诺升级的原因很多，沉入成本和禀赋效应的轮番作用是非常重要的理由。在建设悉尼歌剧院这样庞大的工程，预算与实际支出之间的偏差往往是渐渐增大。我们考察一下这个承诺升级的过程。在工程开始的时候，设计师和政府都对项目进行了预算控制,但是当工程进行到一半的时候,先期投入的资金已经使得决策者的决策情境发生了很大的变化,持续的投入变得更加合理。于是,工期比原来预定的工期拖后了10年,原本的预算只是实际造价的一小部分。在这个工程预算决策的每一步,都会涉及沉入成本和禀赋效应的问题,而如果我们从整个发展的过程来看,承诺升级的现象是很明显的。

尽管承诺升级使得预算不断增加,工期不断拖延,然而也正是承诺升级造就了人类历史上最伟大的建筑之一,悉尼歌剧院的形象屹立在澳大利亚的国门,成为这个国家的标志之一。

3.3.4 决策的双系统模型

卡尼曼和特沃斯基曾经设计了一个著名的虚拟人物,名叫琳达,检验了人们在决策判断中启发式判断与逻辑判断之间的矛盾。琳达也因为这个很有争议性的实验设计而成为决策研究者公认的研究对象。我们看一下这个实验。

案例　　　　　　　　　　　琳 达 问 题

琳达31岁,单身、率直、很聪明,主修哲学。她还是学生的时候就非常关心歧视和社会公平问题,参加过反核示威游行。

在下面8种针对琳达的描述中,根据可能性大小顺序进行排列:

a. 琳达是一名小学老师。
b. 琳达在一家书店工作并且练习瑜伽。
c. 琳达是一名积极的女权主义运动者。
d. 琳达是一名精神治疗方面的社会工作者。
e. 琳达是妇女选民联盟的一名成员。
f. 琳达是一名银行出纳员。
g. 琳达是一名保险推销员。
h. 琳达是一名积极参与女权主义运动的银行出纳员。

卡尼曼在设计这个实验场景的时候是20世纪的80年代。在当时,女权主义运动十分盛行,人们一听到这个词语,就会联想到参加女权主义、反核示威的人,可能闪现出热心于政治、社会活动的大学生形象。尽管中国的读者对此不一定了解,但看到描述琳达的第一段语句,大多数人头脑中也会浮现出一个激进的、喜欢新事物的、有创新性的年轻人的形象。总之,用快速的"脸谱"来画像,琳达是一名激进的女权主义者,符合"选民联盟""社会工作者"等形象,但与需要遵守常规、仔细认真的"银行出纳员"的形象却是相距很远的。

这个问题的关键比较是f选项和h选项,也就是琳达更像"一名银行出纳员"还是"一名积极参与女权主义运动的银行出纳员"。受调查对象会把f选项排在h选项前面,还是把h选项排在f选项前面?此时有两个相互冲突的选择倾向:① 依赖于总体印象的启发式思维。因为琳达的形象与"普通的银行出纳员"相距甚远,而与"女权主义者"的形象更近,也更生动鲜明。所以总体印象是"一名积极参与女权主义运动的银行出纳员"与琳达的"脸谱"更加符合。② 根据概率逻辑进行判断的理性思维。从概率上判断,"一名积极参与女权主义运动的银行出纳员"是"一名银行出纳员"的子集,所以琳达是"一名银行出纳员"的可能性更大,f 选项应该排在 h 选项前面。

人们头脑中存在的双系统加工模式在琳达实验中表现得非常明显。很多研究者都提出了他们对于双系统的理解。

1. 决策双系统模型

(1) 系统 1 和系统 2。斯坦诺维奇(Stanovich)和韦斯特(West)提出了决策系统的双系统模型,他们把头脑中的两个系统称为系统 1 和系统 2。对应卡尼曼在琳达问题中的概念,系统 1 对应着启发式系统,依赖于总体印象进行判断;系统 2 是理性思维系统,依赖于系统信息、算法加工对决策选项的可能性进行判断。

系统 1 的运行是无意识且快速的,不怎么费脑力,没有感觉,完全处于自主控制状态。系统 2 将注意力转移到需要费脑力的大脑活动上,例如复杂的运算。系统 2 的运行通常与行为、选择和专注等主观体验相关联。通常情况下,系统 2 做出的判断要比系统 1 更加准确。大部分的情况下,人们会采用系统 1 进行判断。琳达问题的调查结果表明,即使是受过严格科学训练,应该采用理性模型进行思考的科学家,大部分人(约 85%)仍然采用系统 1 的思维模式,也说明直觉的"脸谱"比数据更有说服效果。

(2) 精细加工可能性模型。在社会心理学领域,佩蒂(Petty)等人提出了一个有类似观点的模型,他们称为精细加工可能性模型(Elaboration Likelihood Model)。该模型寻求关注外界不同信息如何影响态度的机制问题,认为态度的改变可以通过两个基本路径得以实现,分别是中心路径和边缘路径。

中心路径源于对信息较高的精细加工,是人们认真考虑、综合分析信息的结果。精细加工是指一个人对于包含说服内容的、与事件相关论据的仔细思考程度。相反,边缘路径则源于对信息较低的精细加工,当人们选择用这种方式处理信息时,不会考虑对象本身的特性或依据,而是将该对象同其他因素联系起来。

精细加工可能性模型认为,中心路径和边缘路径对态度的改变都起着重要的作用,不同的是前者所引起的态度改变比后者更持久、更稳定。个体通过何种路径对信息进行加工,主要取决于两个因素:(1)信息接受者是否有精细加工的动机;(2)信息接受者加工信息的能力。当信息接收者同时有信息加工动机并且具备这项能力时,就会选择中心路径加工信息;否则,会使用边缘路径。比如,当一个消费者购买一件对个人很重要且比较贵重的物品时,就会产生尽可能透彻、全面地了解相关物品的信息的想法(即动机);除此之外,他也会通过各种途径去获得相关的信息。此例中的消费者的信息加工动机较高,并且也具备信息加工能力。

信息接受者的信息加工动机主要受到三个方面的影响:信息的涉入程度,表现为信息接受者在多大程度上关注该信息;个人的认知需求,即对信息进行思考的程度;信息的重要程度。

2. 叙事说服

人们更容易受到生动形象的"脸谱式"总体印象的影响,所以一些常见的启发式会影响人们的决策选择。管理者也会应用启发式去说服、影响他们的下属、同事等,描绘生动形象的故事,通过体验去影响人们的总体印象是管理者常用的说服模式。

> **概念**
>
> **易利用性启发式(Availability Heuristics)**:是指决策者往往会根据一些容易想起的典型事例做出判断和决策。

很多人担心飞机失事,却不太担心驾车发生事故,因为人们对飞机失事的印象非常深刻。飞机一旦失事,新闻媒体就会不断地报道,现场的信息传递也很迅速,所以人们容易形成的总体印象是"飞机更危险"。但实际情况并非如此。在出行同样距离的情况下,美国旅行者发生汽车事故死亡的概率是飞机失事的 26 倍。对现场的生动描述,使得人们大大高估了飞机失事的可能性。这种偏差是信息的易利用性引起的。

易利用性偏差让管理人员在评估年度绩效时会更重视雇员最近的行为、可以回忆起来的突出典型故事,而不是整个评估周期表现,从而导致不可靠甚至不公平的评估结果。易利用性也让管理者在评估绩效时,会忽视员工的常规性工作坚持对组织的贡献。

> **概念**
>
> **代表性启发式(Representative Heuristics)**:是指决策者根据当前刺激或事件与已有范畴或概念的相似程度进行判断和决策。

代表性启发式的一种表现为忽视数据,只凭印象;另一种表现是忽视样本大小,只凭部分"代表性"进行判断。可能产生的偏差有两种类型:

(1)代表性启发式往往忽略样本大小。在分析事件特征或规律时,人们往往不能正确理解样本大小的意义,事实上,对总体进行统计的结果才是真正的结果。样本的数量越接近真实的数量,统计的结果就越可信,样本越小;与真实数量相差越大,统计的结果越不能反映真实情况。代表性启发式是人们只根据自己少部分的取样,对总体情况做出判断。

(2)管理者只是凭借自己调研讨论过的部分案例,得出全部样本的情况。在绩效评估中,管理者只是根据自己"眼见为实"的内容对员工进行判断,那么就会产生明显的代表性启发式。

> **案例** 　　　　　　　　**华尔街之狼的演说**

影片《华尔街之狼》的人物原型贝尔福特(Belfort)是一个真实人物,他从普通销售员、金融大鳄、巨额诈骗犯,再到著名职业演说家,他跌宕起伏的人生有一个核心特点——杰出的演讲能力。连扮演他的莱昂纳多也对此赞不绝口:"我认识贝尔福特多年,也去过他公司数次,但是什么都不能跟他的公开演讲相比。"

贝尔福特非常善于推销，专心于钻研如何说服他人，善于通过讲故事来引起别人的共鸣。他很小就开始推销。每当暴风雪过后，幼小的他就拿着铲子挨家挨户敲门询问对方是否需要铲雪服务，并收取20美元酬劳。从大学退学以后，他开始挨家挨户推销冷冻龙虾和牛排，很快就打破了公司的销售纪录，成为最优秀的推销员。

1989年，他注册成立斯特拉顿·奥克芒公司，雇用了一些刚出校园、思想单纯的20岁左右的职场新人。为了激励这些新人，贝尔福特每天都会到公司发表两次、累计长达3个多小时、富有激情的演讲。在老板如此富有煽动性和蛊惑力的洗脑式训练下，公司业绩犹如平步青云，直线上升。滚滚财富源源不断地流入，最高时他们曾一手创造3分钟内入账1250万美元的销售奇迹，30岁的贝尔福特也被《福布斯》杂志誉为"股市中的罗宾汉"。1997年，他的公司因诈骗客户遭全美证券交易协会除名，他本人也被联邦政府指控犯有诈骗罪而被送进监狱。在狱中，他经常向狱友聊起自己以往跌宕起伏的人生经历，狱友常常听他讲故事听得入迷，他便把自己在华尔街的经历写成了《华尔街之狼》一书。由于在狱中表现良好，服刑22个月后，贝尔福特提前出狱并摇身一变，成了炙手可热的演讲培训师，美国的很多大公司都聘请他作为销售培训教练。

以此书为蓝本，好莱坞拍摄了电影《华尔街之狼》。在电影中，贝尔福特还在影片结尾客串了一个角色，甚至还满怀幽默地调侃自己说："虽然我这辈子遇到过不少混蛋，但是跟贝尔福特比起来，那些人都是小巫见大巫而已。"

思考题：
1. 观看电影《华尔街之狼》的演讲片段，总结他的演讲特点。
2. 贝尔福特很会讲故事，分析"讲故事"如何起到说服作用？

故事是人们理解周围世界的一种方式。人们创造故事，将零散的事件联系起来，组织他们的经历、编排顺序、形成观念和产生评估。通过叙事的加工方式，人们可以把一块块单独的经历联系在一起，形成因果关系推断，包括评价获取目标的行为和解释行动结果。通过故事创造，人们可以理解生活中发生的事情，自己是什么样的人以及在社会中扮演的角色等。

人们在听故事或者看小说的时候会进入到叙事世界中，并且将叙事世界中的态度带到现实世界中。这种态度改变的机制就是"叙事传输"。格林首先使用叙事传输这个术语，并且通过"旅行者"的比喻来描述个体被传输的状态。

某个人（旅行者）被传输了，是指通过一定方式达到传输状态。这个旅行者离开真实世界一定距离，使得原来世界的某些东西不可触及。当旅行者回到真实世界时，一些东西已经发生改变。

这种"迷失在故事中"的感觉很多人在看小说时会有所体验。在听小说、看电影的时候都有可能产生叙事传输。因此，被传输者可以是以任何形式呈现的叙事信息的接收者。格林等人在研究故事的说服效果时，界定了叙事传输的含义，认为叙事传输是一种独特的心理过程，是注意力、想象和情感的综合；进入叙事传输状态时，人们所有的注意力与资源都聚焦在叙述的故事上。

叙事传输状态类似于心流体验。"心流体验"是指人们完全聚焦在一个活动上，伴随着对自我和周围环境意识的丧失；是"一种将大脑注意力毫不费力地集中起来的状态，这种状态可以使人忘却时间概念，忘掉自己，也忘掉自身的问题"（Csikszentmihalyi，1990）。心流体验最重要的一个特征是：能够使个体暂时脱离现实世界，逃进"虚拟世界"中，并且体验到愉悦感。当人们完全集中于对故事的理解时，会出现心流体验状态，或者是被传输到叙述的世界中，在听故事时的心流体验等同于叙事传输。

叙事传输是依赖于启发式（也就是系统1或者边缘路径）的说服模式。在理性思维模式中，决策依赖于对证据的认识，人们的选择受到论据质量、论据数量等不同因素的影响。但是，叙事传输是让"读者"沉浸在故事中以影响他们的态度，降低个体的负面认知反应，被传输的个体一般不会反驳或者质疑，反而容易接受故事希望传递的观点。传输使得故事更像是个体直接的真实经历，通过同理心给人以真实感，进而放弃自我原有的主张。所以，叙事说服实际上是依赖于启发式系统来影响人们的决策选择。

❏ 本章名词

知觉（Perception）　　　　　　　情境因素（Situational Factors）
晕轮效应（Halo Effect）　　　　　对比效应（Contrast Effect）
投射（Projection）　　　　　　　刻板印象（Stereotype）
有限理性（Bounded Rationality）　满意标准（Satisfaction Criteria）
沉入成本（Sunk Cost）　　　　　过于自信（Overconfidence）
禀赋效应（Endowment Effect）　承诺升级（Commitment Escalation）
框架效应（Framing Effect）　　　展望理论（Prospect Theory）
参照点（Reference Point）　　　　易利用性（Availability）
锚定（Anchoring）　　　　　　　代表性（Representative）
启发式（Heuristics）　　　　　　叙事传输（Narrative Transportation）
精细加工可能性模型（Elaboration Likelihood Model）

❏ 本章小结

1. 知觉是管理者解释问题情境的认识过程，管理者的行为是以知觉为基础，而不是以现实为基础。

2. 知觉者本身、知觉对象、组织情境三个方面的因素都会影响知觉。管理者的知觉会有各种偏差，常见的有选择性知觉、晕轮效应、投射效应、刻板印象等。

3. 决策是有目标的行为，具有权衡比较与路径依赖的特点，理性决策模型、有限理性模型、渐进型决策模型分别描述了决策的不同角度。

4. 展望理论挑战了期望效用理论的不足，提出参照点的重要作用，禀赋效应、锚定效应等现象都是因参照点效应而产生。

5. 时间是决策的重要影响因素,计划谬误、沉没成本、承诺升级等现象都是在计划执行过程中产生的行为偏差。

6. 决策启发式是通过总体印象、生动信息、容易提取的信息影响人们的选择,是区别于逻辑判断的信息加工路径。叙事说服通过传输方式影响决策者。

❑ 案例分析

本田进入美国的战略决策

1959年本田首次进入美国,之后的成功众所周知。按当时的数据,1960年的销售额为50万美元,而35年后的1995年达到7700万美元,上升150多倍,同时市场份额也有很大提高。有意思的是,对于本田的成功存在两种看法。

看法1

1975年波士顿顾问公司(BCG)受英国政府的委托,为日益衰落的英国摩托车行业提供战略方案。特别是在1959—1973年,美国市场上英国产摩托车的占有量从49%锐减到9%,咨询以分析其原因和拟定振兴计划为中心。

BCG分析不断提高市场份额的日本摩托车制造商(特别是本田),得出的结论是:本田在日本集中生产小型摩托以降低成本,凭借成本竞争力席卷了美国市场。这份报告最后被英国政府公布。在哈佛案例中,本田占领市场的战略作为成功案例备受关注。本田运用"规模经济"和"学习曲线",目标客户并非面向嬉皮士,而是成功地开拓了那些从未骑过摩托的顾客群。包括与零件制造商的关系在内,本田的日本式生产方式也被哈佛案例采用。

看法2

1983年,应帕斯卡(Pascal)教授的邀请,实际参与本田进驻美国项目的6名工作人员聚集到本田公司总部。教授就当时的实际情况,采访了负责人特别是1959年首次赴美国就任的川岛喜八郎先生。川岛先生这样说:

"第一次到美国,首先想到的是,如此地大物博的国家竟然会挑起战争……我还觉得困惑的是,这里都开汽车,摩托车真能卖得出去吗?

坦白地说,当时根本没有什么战略。在美国销售是一个新的挑战,这正与'只要做就没有做不到'的本田文化相称。

从政府那里取得外汇分配相当困难。由于前一年丰田的惨败,政府似乎认为本田赴美没有可能成功……当时我公司想和欧洲进口产品抗衡。虽然我公司产品已经确立了品牌,但不能只夸口,要决定实际销售哪种产品。宗一郎认为250cc和305cc很好,把手如佛像的眉毛。只凭想象无法知道结果,于是我们决定将50cc的Super Cub和125cc、250cc、305cc各带1/4。

最初的 1959 年是一片黑暗。我们甚至不知道摩托车的销售季节是 4—8 月,开始的时候已经晚了。第二年更是糟糕,250cc 和 305cc 摩托车接连发生漏油故障,我们用仅有的一点外汇将摩托车空运回日本研究所。原来,美国人需要的摩托车比我们想象的车速更快、驾驶时间更长。

当时完全没有想到销售 50cc 的 Super Cub。这对于什么都是大型的美国来说太不匹配……我们骑 Super Cub 去销售、买东西。西尔斯(大型零售连锁店)的采购员和我们联系,开始还觉得奇怪,认为大型摩托车由于故障不能再销售了,我们已经没有可供销售的产品。令人惊讶的是,出售 Super Cub 的地点不是摩托车卖场,而是体育用品店。

从那以后,Super Cub 就在人们的议论声中不断人气上涨……零售店的人说,购买 Super Cub 的人都是'普通的美国人',并不是'嬉皮士'。是否应该真正将'普通的美国人'作为目标顾客,我们为此着实困惑过。"

本田的成功传说似乎已经被道尽,但我想这个本田进入美国的故事大概鲜为人知。除"胜者为王"的解释,本田的成功也留给我们一些重要的启示。

思考题:

1. 根据"看法 1",查阅 BCG 的咨询报告,讨论本田管理层决策的前瞻性。
2. "看法 2"是研究者对本田当年进入美国市场的 6 位高管人员的访谈,特别是对川岛的访谈记录。这些实际结果与您前面讨论的有什么不一样?
3. 本田的决策可以用三种决策模型中的哪种来描述?有哪些具体的行为特点?

❏ 讨论思考

《我们错误的期望值》

在 TED 视频观看吉尔伯特(Gilbert)的演讲《我们错误的期望值》,思考下面两个问题:

1. 这些常见的决策偏差在你的工作中如何体现?举 1—2 个小例子详细描述。
2. 怎样才能避免这些决策偏差?

21世纪经济与管理规划教材
工商管理系列

第 4 章

动机产生与持续激励

【学习目标】

(1) 理解动机的基本概念
(2) 了解各种激励理论模型
(3) 了解内部/外部激励理论
(4) 掌握持续激励的要素
(5) 多角度激励理论分析案例

开篇案例

副教授转行做快递

收付款,整理快件,核对清单……杭州翠苑小区里的这家菜鸟驿站,面积约 30 平方米,同千万家普通快递站点一样,人来人往,一切如常。笑容亲切的老板正在忙碌着,不时和来店里的居民们搭讪两句。但你能想象得到吗? 这位 46 岁的快递驿站小老板江贤俊,曾是一名教了 25 年英语的大学副教授,近两年却转行做起了菜鸟驿站。他称自己上课时,绝大多数学生都在睡觉玩手机。做快递虽忙碌,但却得到大家的尊重。

虽说营业时段是从早上 8 点到晚上 10 点,但江贤俊保持了作为一名教师的习惯,手机 24 小时开机。大清早或是大半夜,一个电话就能把他从被窝中"唤起"去取件。驿站存在的本身就是为了方便他人,这份工作的辛苦程度,远比想象的多。从大学英语老师到菜鸟驿站站长,这个身份的跨度不免让周遭人有些不理解。明知道大学副教授的头衔比快递驿站小老板更体面,英语老师收入尚可,还有寒暑假,他为什么执意要选择这份苦累的工作呢?

"理不理解不重要,别人怎么想,那是别人的事情。"对此,江贤俊反倒不那么在乎。有着 25 年教龄的江贤俊说,当老师是为社会做贡献,我现在做快递也是为社会做贡献,这有什么区别呢?有人问他,现在做快递是不是比教授赚得多?江贤俊说,钱不是最重要的,现在赚得少不代表将来赚得少,我教了 25 年的书了,没人理会我,我就是一粒沙子一滴水。现在做快递,每天都有人感谢我、采访我,你说的价值在哪里? 是不是我在这里做快递更能得到尊重?

以前,课堂上总会有学生睡觉、逃课或不认真听讲,讲课时也不是经常有互动,曾经这些让他觉得很沮丧。"从教书、育人两个角度来讲,其实都不一定能够让他们感受到我是非常被需要的。"江贤俊觉得,他以往在学校输出的是英语知识,和目前在店里卖服务一样,都是在做销售。

不同的是,在这家小店里,每个到来的人都会发自内心地感谢他,哪怕是简短的一声"谢谢"。江贤俊喜欢上了这种被需要的感觉。他说,选择做快递与赚钱多少无关。日子虽然疲惫,他却干得乐在其中。

资料来源:https://baijiahao.baidu.com/s?id=1626679239183169336&wfr=spider&for=pc;https://baijiahao.baidu.com/s?id=1626492383697731995&wfr=spider&for=pc

思考题:
1. 江贤俊曾经努力做英语教师,他为什么要辞职开菜鸟驿站?
2. 做菜鸟驿站小老板与做教师有哪些不一样?请列出并比较这两份工作。
3. 哪些因素影响了江贤俊持续努力地投入工作?
4. 从校长角度看,应该如何做出应对的管理措施以提高老师的努力水平?

4.1 动机的基本概念

在讨论激励理论之前,我们首先需要明白动机的定义。动机能给我们的工作学习带来什么样的影响?事实上,动机是一个与绩效紧密联系的概念。激发员工的工作动机,就有更大的可能性让员工有更高的工作绩效。

动机是指个体愿意通过高效持续的努力实现某个目标的意向。个人能力与个体需要的满足是激发动机的基础。组织可以设计适当的外部奖酬形式和工作环境,采取一定的行为规范和惩罚性措施,借助信息沟通,激发、引导、保持和规划组织成员的行为,以有效地实现组织及成员个人的目标。

> **概念**
>
> **动机(Motivation):** 是指个体愿意通过高度持续的努力实现某个目标的意向。

工作绩效、工作产出是组织最为关心的因素。除了工作动机,能力与机会是影响工作绩效的两大重要因素。也就是说,工作绩效是能力、机会与动机的函数。在这里,能力、机会与动机分别针对不同的影响要素:能力是员工实现目标的基础,机会是指组织资源与组织支持,而动机是指员工的主观努力程度(见图4-1)。

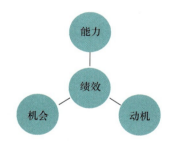

图 4-1 影响工作绩效的因素

在这三个因素中,相比于能力、机会因素,动机水平是一个波动幅度更大的因素。在第二章中,我们已经谈到了能力。能力取决于天赋与后天的训练。在短期内,比如几个月,能力水平是相对固定的。机会因素取决于宏观形势与组织支持,对于任何一个管理者而言,能够给予的组织资源都是有限的,短期内很难有大幅度的改变。但是一个人的动机水平却有可能因为管理措施、实践等在短期内发生极大的波动。

在本章开篇案例中,主人公江贤俊对于做大学教师的动机水平发生了很大的变化。江贤俊在英语教师的岗位上做了25年,坚持的时间很长。可以想到,江贤俊在这25年间的某些时间点上,肯定有非常努力的付出。江贤俊说过"课堂学生打瞌睡、没有人理我",这说明他在做英语教师的时候,曾经很想把教师工作做好,曾经努力过。但是他的努力没有得到自己所认可的效果,所以有些灰心丧气,使得动机水平下降了。而对于快递工作,一开始他并没有想到专职做快递,而是在看到菜鸟驿站的生意变好、需求变得更加旺盛的时候,他才决定辞职专职做快递。在经营快递的过程中,顾客、社区人员都对他的工作表示了肯定,他做快递的动机水平才有所提高。

从江贤俊动机水平的变化上,可以看到:① 江贤俊工作的动机水平有很大幅度变化,动机水平对于他的工作绩效甚至他的职业选择都有很大的影响。② 江贤俊动机水平的变化有一个过程。他的动机水平在周围的顾客、学生、管理者对他的评价、反馈的作用下调整变化。从内心来说,江贤俊选择快递行业,表现出追求外界对他工作结果的肯定。需求和满足的过程对江贤俊的动机水平变化有很重要的解释作用。

未满足的需求使人们产生紧张,紧张继而转变为行为的动机,带来持续的努力行动。人们寻求合适的行为以满足之前未被满足的需求。一旦需求得到满足,紧张感便会解除。但同时,人们又会产生新的需求,或者产生新的更高级的未被满足的需求,形成持续不断的循环。每次需求满足的结果会对追求的过程产生很大影响,如图 4-2 所示。

图 4-2　需求、动机与行为之间的关系

"有容乃大,无欲则刚",从另一个角度理解,需求是动机的源泉。如果一个员工没有什么需求,那么对于管理者而言也就没有办法去把握、引导、激励。管理者如果能够把握员工需求,就可以采取相应管理措施,影响员工行为。管理者可以采取管理措施,影响员工对外部目标的追求,形成外部激励;也能够分析辨别员工对自我内心的内生需求,点燃其内心追求,提升员工内部激励。此外,在满足、反馈动机需求的过程中,员工会通过社会认知过程,形成对自身动机的新认识,进而影响到激励水平;管理层也可以系统设计、影响行为结果,进而调整员工的动机水平。

4.2　外源动机视角的激励理论

从泰罗开始,管理者就倾向于使用明确的外源动机角度看待员工激励。在泰罗的观点中,"胡萝卜加大棒"是最好的激励政策,"工人们最想从雇主那里得到的无非是高工资"。外源动机视角的激励理论观点认为,人的天性是懒惰的、贪婪的,天生不喜欢工作,倾向于用少量的工作投入去获得外部回报。泰罗的科学管理建立在外源动机视角的基础上,认为工人天生有"磨洋工"的倾向,因此,设置来自外部的"胡萝卜加大棒"政策是管理者影响员工的唯一选择。基于这个视角,研究者开发了诸如期望理论、目标设置理论、公平理论等多个激励理论。在现实的管理实践中,这种做法也普遍盛行。

案例 微软的激励机制

微软的名字诞生于1975年。1977年2月3日,盖茨和艾伦签署了一份非正式协议,盖茨占公司份额的64%,艾伦占36%,而此前两人的份额比为60∶40。1978年,盖茨的年薪是1.6万美元,是公司中最低的工资,这种把自己塑造成"劳模"的伎俩后来为许多软件公司老板所采用。

微软初期的经营形式是合伙人制,到1981年7月1日,微软才正式注册成为一家正式公司。起初,公司股票只有少数人拥有:盖茨、艾伦分别占53%和31%,鲍尔默占8%左右,拉伯恩占4%,西蒙伊和利特文约占不到2%。由于股票只发给盖茨最亲密的伙伴,因此许多在公司干了多年的人对股票分配方式怀有不满。

为平息不满,1982年,公司开始发放年度奖金,并给员工配股。但并非人人都能得到股票,按计划,要得到股票需等1年,然后在4年之内分8等份支付。当时,原始股份只有95美分,一般新雇用的软件工程师可得2500股,老员工多些。有了股票,公司取消了加班费,这反而引起许多员工抱怨。一名员工说,当时他分得的股票一直是家里人的笑料。不过,到1992年年初,这些原始股已上涨千倍以上,达到每股1500美元。那些保留全部2500股的程序员,已拥有了近400万美元。

公司奖赏员工的方式基本成形,一部分是工资,一部分是公司股票认购权,一部分是奖金。公司通常不付给员工高薪,也拒绝支付加班费。但是到90年代,各类补偿金数目可观,因为股价总在不停地往上蹿。补偿金具体为:高达15%的一年两度的奖金、股票认购权及工资购买股票时享受的折扣。一名雇员工作18个月后就可获得认股权中25%的股票,此后每6个月可获得其余的12.5%,10年内的任何时间均可兑现全部认购权。每两年还配发新的认购权,雇员可以用不超过10%的工资以85折优惠价格购买公司股票。

微软还建立了晋级制度,在技术部门和一般管理部门建立了正规的升迁途径。首先,每个专业里设立"技术级别",级别用数字表示,起点是本科毕业的新员工为9级或10级,高至13、14、15级。对于程序员,13级已是非常高。级别反映员工的表现和基本技能,也反映经验阅历。同时,级别与报酬直接挂钩,开发人员属于报酬最高的一类,从其他公司跳槽或挖墙脚来的资深开发员可以不按协商工资额,其工资可以超过本级别的平均水平,因为开发人员是软件公司的"主角"。

资料来源:卢盛忠主编,《管理心理学案例集萃》,浙江教育出版社,2003。

思考题:
1. 是什么促使微软的员工努力工作,以至于放弃休息?
2. 微软的薪酬方式与行业特征有什么关系?
3. 为什么要给程序开发人员不同的待遇?
4. 盖茨为什么要领取企业中的最低工资与最大股份?
5. 股权激励方式与支付加班费的激励方式有什么不同?

微软的股权分配政策使得员工真正将自己的利益与公司的整体利益紧密联系在一

起,个人奖励的全面实现依赖于公司的迅速发展。同时,股票认购权的时间性特点也使得员工更愿意留在公司长期工作。微软所在的行业是人才流动性非常强的软件行业,稳定的人力供应无疑是其成功的重要因素之一。开发人员是微软的核心,他们技能的高低直接影响到企业的绩效,因此微软必须充分激励他们努力工作并且不断提高自身的能力。数字化的技术级别让开发人员清楚地认识到自己的位置,也为其提供了努力的目标。盖茨作为微软的领导者,他的言行影响着制度的实施、员工的工作动力。他领取企业中的最低工资与最大股份,就是向员工表示他将个人利益与企业利益捆绑在一起,鼓励大家一起为企业的成长而努力。运用管理措施,实现员工与企业的共同利益捆绑,是微软激励机制设计的基本思想。

4.2.1 期望理论

外源动机视角的激励理论认为,利益是员工核心追求的外部结果,员工的动机水平取决于预期工作结果能够带来的利益。期望理论对于动机的解释是员工的期望影响了动机水平。期望理论,又称"效价—手段—期望理论",由美国心理学家佛洛姆(Vroom)于1964年提出,是影响最为深刻、广泛的激励理论之一。

期望理论认为,人是理性的,对生活与事业的发展有既定的信仰和基本预测。员工决定采取哪种行为与这种行为能给他带来什么结果以及该结果对他的重要程度相关,个体就是根据对某种结果实现的可能性和相应奖酬重要性的估计来决定是否采取某种行为。员工在工作中总是渴求满足一定的需要并设法达到一定的目标。这个目标在尚未实现时,表现为一种期望。这时目标可以产生激励效果,动机水平的高低取决于目标价值(效价)和达到目标可能性(期望)的乘积。用公式表示就是:

$$动机水平 = 效价 \times 期望$$

动机水平是指调动员工积极性、激发员工努力工作的程度。这个公式说明,假如员工把某个目标的价值看得很大,同时员工估计能实现目标的概率也很高,那么这个目标激发的动机水平就很高。

期望理论包含三个核心概念:效价、工具性及期望。效价是指个体对某种结果的效用价值的判断,是某种目标、结果对于满足个人需要的价值;工具性是指达到个体终极目标的工具;期望是指个体实现某种结果的可能性。只有准确理解这三个概念,才能体会期望理论公式的含义。

概念

> **效价(Valence)**:是指个体对某种结果的效用价值判断,是某种目标、结果对于满足个人需要的价值。

效价存在于人们心理价值判断中,市场价值上万元的LV(Louis Vuitton)包在你眼里值多少?当你拥有这样一个LV包,你对它的价值判断有多少?一套阿玛尼西装的价格通常在万元左右,它和几千元的杉杉西服相比,你觉得哪一个更值?这些都是效价的判

断。同样,当你努力训练很久,跑完一个马拉松,获得更多跑友的肯定,你的效应价值判断如何?这也是一个效价判断。

> **概念**
>
> **期望(Expectancy)**:是指个体对实现目标结果可能性的心理估计。

期望理论中另外一个重要的概念是期望,是人们根据过去经验判断自己达到某种目标的可能性的大小,即能够达到目标的概率。目标价值大小直接反映人需要动机的强弱,期望概率反映人实现需要和动机的信心的强弱。买一张彩票,大家知道中奖的可能性很小,从概率上计算是几万分之一,几乎不可能,也就是期望很小。

有趣的是,无论是"效价"还是"期望",都是心理上的。为什么买彩票的人这么多?为什么玩老虎机的人那么多?因为他们认为自己可以达到目标。事实上,如果是一个理性的人,计算一下就可以看到,卖彩票的公司不可能设计一个亏钱的彩票品种。全世界没有一个赌场会因输钱而关门,一个会理性计算的人在游戏一开始就可以意识到规则本身肯定对你是不利的,你在玩一个总体上是输的游戏;但是,每一个参加赌博的人都会认为自己比别人更幸运。也就是说,心理上对可能性的估计要比事实上高得多。

期望是一个心理估计,这是领导者能够把员工的干劲调动起来的原因。改变员工对这个任务的效价和期望的认识,他们就会变得动力十足,动机水平也就更高。如何改变人们对期望和效价的认识,这对于一个领导者而言是至关重要的。我们想一想,每一个寿险推销员在开完晨会以后都会信心十足,为什么?这是因为晨会活动改变了他们的判断,包括对实现目标的效价和期望的认识。

> **概念**
>
> **工具性(Instrumentality)**:当个体通过实现一阶目标来达到二阶终极目标时,个体追求的一阶目标就是工具与路径。

工具性有一个重要影响因素是实现目标的可能性大小,也就是期望。中彩票基本不可能,所以大多数人不买彩票。对于工作来说也是一样,如果不可能得到奖励,那么就没有必要努力去做。工具性的另外一个要义是"路径",也就是要怎么做才可能达到结果。工作者要看到每一步进步的可能性,先取得什么,后取得什么,最终才有可能最后成功,实现终极目标。根据期望理论,要有效地激励个人的工作动机,需要正确处理三种关系,如图4-3所示。

1. 期望链:努力与绩效的关系

期望链反映个体感到通过一定程度的努力可以达到某种工作绩效、工作目标的可能性。员工总是希望通过一定的努力能够达到预期的目标,如果员工主观认为通过自己的

图 4-3 期望理论的工具性

努力达到预期目标的概率较高,就会有信心,就可能激发出很强的工作热情,也就是动机水平很高;但如果他认为再怎么努力目标都不可能达到,就会失去内在的动力,导致工作消极,动机水平就很低。

在本章开篇案例中,江贤俊追求的目标是他人的肯定,包括学生、顾客、学校等多方面的肯定。他预期可以得到快递客户的肯定,却得不到学生、学校的肯定,所以做快递工作的动机水平更高,而做英语老师的动机水平就很低。

2. 价值链:绩效与奖励的关系

价值链反映员工相信达到一定绩效水平后即可获得理想结果的程度。人总是希望取得成绩后能够得到奖励,这种奖励既包括提高工资、奖金等物质奖励,也包括赞誉、工作成就感、同事的信赖、威望提升等精神奖励,还包括得到晋升等物质与精神兼而有之的奖励。如果他认为取得绩效后能够得到合理的奖励,就可能产生工作热情;否则,就可能没有积极性。

微软案例表明,公司的规章制度是确保员工看到自身的绩效与公司给予的奖励之间有联系。公司的管理制度是为了提升员工绩效与奖励之间关系的认识,包括晋升制度的设计也是为了让员工更好地看到长期的绩效带来的公司奖励,让员工更明确价值链的存在。

3. 效用链:奖励与满足需要的关系

效用链反映从工作中可以获得的结果或奖励对个体的重要性程度。员工希望获得的奖励能够满足自己某方面的需要,然而由于人们各方面均存在差异,他们的需要的内容和程度都可能不同。因而,对于不同的人,采用同一种奖励对需要满足的程度不同,能够带来的动机水平高低也不一样。

在微软的案例中,股权或者说股权所带来的金钱,是员工追求的主要目标,也是员工需求的核心所在。微软用股权来稳定员工也是考虑到员工的主要需求是希望能够争取更多的利益。但是,在本章开篇案例中,江贤俊追求得到学生、学校、顾客等外部的肯定。用他的话说,"钱不是最重要的,现在赚得少不代表将来赚得少"。他追求的目标并不是短期内获得的金钱多少,而是感觉自己有价值。所以,组织能够给予的金钱奖励,由于需求的不同,带来的动机水平高低也不同。

4.2.2 目标设置理论

在微软案例中,员工绩效目标是在规定的年限内获得公司的配股权,而获得配股权的条件来自管理制度对员工行为标准的肯定。也就是,公司的绩效评估标准定义了员工的追求。此时，员工的目标追求来自外源界定，即公司管理层、公司制度对于员工行为的预期。在微软案例中，管理者通过制度设计向员工传达了需求、目标和绩效要求。

基于这些外源性的想法，有研究者提出，来自管理者目标设置是最有效的激励手段。目标设置理论（Goal Setting Theory）是美国马里兰大学的洛克（Locke）和拉塞姆（Latham）在20世纪60年代提出的。此后近七十年中，上千个研究针对目标设置与绩效的关系进行了验证，在近百种不同的任务中，超过4万人的样本支持了结论的稳定性。

目标设置理论认为目标是最有效的管理手段。洛克等人认为，期望理论忽略了目标的来源，忽略了目标设置在组织中的作用。与期望理论一致，他同样认为行为的目的性、行为结果的效价对于动机水平是很重要的因素。但目标设置理论强调目标对工作行为的促进作用。

目标的促进效果在高难度设置的情况下最大化，具体的、高难度的目标会给员工带来最好的激励效果。目标难度与激励效果的关系是线性正向的，目标可以一直正面激发员工的努力与绩效。给员工设置具体的、高难度的目标比简单笼统地使用"尽你努力"的目标要更加有效，会给员工带来更高的绩效。

目标影响员工绩效的机制有四个方面：① 目标有导向作用。目标可以把人们的注意力、努力方向集中到与目标关联的活动上，而不在与目标无关的活动上分散资源。② 目标可以激发人们的工作能量。实证研究表明，目标可以让人使出更大的力气，在简单重复任务中更努力，主观评价付出更多。③ 目标可以让人们更加坚持，困难的目标可以让人们在任务上坚持更长久。④ 目标可以激起人们的工作状态，促进搜索与任务相关联的知识、策略等要素，间接地促进工作绩效。总之，目标设置理论认为，具体的目标可以激发人们的工作热情，进而使得人们有更高的工作绩效。

目标设置理论认为，以下变量有调节影响：① 目标承诺。员工对于目标的承诺是影响目标与绩效关系的重要调节变量，特别是当员工对目标承诺高的时候，目标难度与绩效的正向关系才会更加明显。在实证研究中，目标承诺的问卷测量有很高的信度与效度，并且可以有效地调节目标困难时候的目标绩效关系。② 绩效反馈。提供及时的绩效反馈，可以加强目标难度与工作绩效的正向联系。洛克和拉塞姆认为，及时的绩效反馈可以提供目标进展信息，促进员工把努力方向聚集到目标进展上，进而加强目标与绩效之间的关系。③ 自我效能感（Self-Efficacy）。自我效能感的概念由班杜拉（Bandura）提出，是指员工对完成具体任务的信心。当某个任务的自我效能感强的时候，对这个目标的承诺就会提高。这是因为高自我效能感有助于个体长期坚持在某一个活动上，尤其是当这种活动需要克服困难、战胜阻碍时。高自我效能感的人坚持努力的时间比低自我效能感的人更长。④ 任务复杂度。任务复杂度也可以影响目标难度与工作绩效的关系。在开始目标设置理论研究的时候，取样集中在体力劳动领域，比如伐木工人、纸浆生产线的工人等，相对的劳动复杂程度、创新程度都不高。在后期的研究中，他们发现任务难度可以调节目标与绩效之间的关系。这是因为员工在低难度的任务中，采取的工作策略基本一致，而高难度的任务使员工的工作策略发生变化，因而降低了目标与绩效之间关系的一致性。洛克等总结了目标设置的主要研究结果，用图4-4表示目标设置所论述的相关变量。

总之，目标设置理论认为，目标难度与工作绩效的关系是正向线性的，设置具体的、高

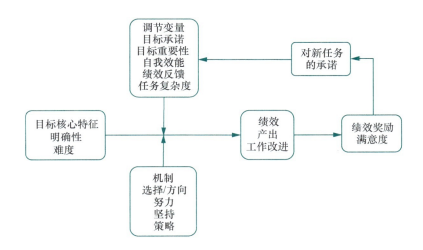

图 4-4 目标设置理论相关变量的关系

资料来源:Locke,E. A.,Latham,G. P. (2002). Building a practically useful theory of goal setting and task motiration: A 35-year odyssey. American Psychologist,57(9),705-717

难度目标会促使员工产生更高的工作绩效。高难度的工作目标通过激发员工的工作努力而产生持续的激励,进而带来更高的工作绩效。目标难度与员工绩效的关系会在目标承诺、目标反馈、任务复杂性的影响下发生改变。

资料

目标设置带来负面作用

巴泽曼(Bazerman)等人在 2009 年发表的文章中指出,当目标太过具体、太具有挑战性时,会产生很多副作用,并且指出了目标对学习、合作、员工心理和内部动机的不利影响。具体可以总结如下:

(1) 狭窄聚焦、忽略非目标领域。目标使人专注,但是极度的聚焦会使人盲目,忽视与目标无关但重要的方面。比如,如果某大学规定副教授能否升级为教授取决于该教授论文发表的数量,并规定论文数量底限。那么,该目标会激励副教授更多地发表文章,而不考虑研究的影响力和授课状况等。

(2) 多目标共存时,只专注于一个目标。弗里德曼(Friedman)等人在 2002 年所做的研究表明,当多个目标并存时,人们倾向于只聚焦于一个容易完成和测量的目标,而忽略其他目标。比如生产工人在产品质量和数量之间倾向于以牺牲质量为代价来获得更多的数量。

(3) 只注重短期目标,忽视长期利益。如果为员工设定的目标是短期的,强调即时绩效,一旦完成阶段性目标之后,员工可能会选择放松和休息,不去考虑长远的利益。

(4) 过于挑战性的目标促使人更容易铤而走险。研究发现,更有挑战性的目标会刺激个体实施更冒险的战略,有目标的谈判者更容易陷入无效的僵局,降低谈判绩效。

（5）引发不道德的行为。如果目标的挑战性很大并且规定的完成期限很短，以目标为导向的员工可能会忽视达成目标的手段的合法性，不择手段，甘冒风险，利用一切可以利用的手段达成目标。比如，为员工设定过高的利润目标，员工可能会选择篡改财务报表，谎称已完成目标，以避免处罚。

（6）给员工带来心理问题。穆思维乐（Mussweiler）和史塔克（Strack）在2000年的研究中发现，给人们设定挑战性目标，虽然能够改善绩效，却促使人们对自己的能力和智力产生怀疑，不利于员工的长期心理健康发展。

（7）阻碍学习。如果为员工设置具体目标，员工会把所有的注意力聚焦在自己的目标上，只关注自己目标的完成，对公司其他的事物或他人的目标视而不见，这样不仅会阻碍员工尝试其他任务或与其他员工交流带来的学习机会，还有可能会忽视公司发生的重大事件。

（8）促进竞争。目标设定使员工过度关注某一特定目标，从而可能降低其他的额外行为，比如帮助同伴。目标可能会促进竞争，最终降低组织整体绩效。

（9）降低内部动机。一般来讲，内部动机比外部动机的激励效果更好。而目标设定属于外部激励，过度强调外部激励会降低员工的内部激励程度，也就是说，员工内心深处想要完成工作任务的动机降低。

综合起来，目标会带来负面作用，建议参照表4-1做出改进。

表 4-1　目标带来的问题与建议

问题	可能的负面作用	建议
目标是否过于具体	狭窄的目标使人片面化，忽视问题重要的方面	确保目标是全面的，包括所有至关重要的因素
挑战性是否过高	未达目标会导致负面后果，失败会不会有损自我效能，并且带来心理健康问题	提供完成目标所需的技能和培训，避免严厉的惩罚
目标由谁设定	参与目标设定会提高员工承诺度，也可导致倾向于设定容易的目标	确保目标设定过程的透明度
目标的时间跨度	短期目标可能有损长期绩效	确保实现短期目标所做的努力，不是以长期绩效为代价的
目标导致冒险	未达目标可能刺激"冒险一搏"	明确界定可接受的风险水平
目标是否导致不道德行为	目标使人聚焦，员工不易察觉道德问题，自我合理化不道德行为	设立纪律检查员，明确道德底线
目标是否因人而异，是否公平	个体差异使得目标标准化不合适，但非标准化的目标会导致不公平	设定既体现共同标准，又囊括个体变异的目标
目标可能破坏组织文化	个体目标可能导致竞争，破坏合作，影响组织文化	若合作重要，考虑团队层面目标，慎思具体的、挑战性目标的价值
目标破坏个体内源动机	目标设定强调外部激励，可能不利于内在激励	评估员工内源激励，对高内源激励员工不设定目标
目标不切合组织实际	专注于绩效指标，员工可能不愿搜寻更好的战略，不利于学习	在复杂多变的环境中，学习目标比绩效目标更重要

资料来源：改编自 Ordonez, L. D., Schweitzer, M. E., Galinsky, A. D., & Bazerman, M. H. (2009). Goals gone wild: The systematic side offects of overprescribing goal setting. The Academy of Management Perspectives, 6-16.

思考题：
1. 观察周围组织，你是否同意目标设置理论的观点？
2. 你认为目标设置理论应该有哪些限制性条件，或者加以修正？
3. 除目标设置以外，领导者还有哪些管理手段影响员工动机水工？

4.2.3 公平理论

1. 公平理论的提出

公平理论由美国心理学家亚当斯（Adams）于1965年提出。公平理论的观点认为社会比较结果是影响人们动机水平的重要因素。分配公平感是公平理论的核心所在。所谓分配公平感，是指人们对组织中的资源奖酬的分配，尤其是涉及自身利益的分配是否公正合理的个人判断和感受。

公平理论认为，人是社会人，一个人的工作动机不仅受到绝对报酬的影响，还受到相对报酬的影响。每个人都会把自己所得的报酬与付出的劳动之间的比率与其他人进行比较，也会把自己现在的投入产出比率与过去的投入产出比率进行比较，并且根据比较结果决定今后的行为。如果个人比率（报酬/贡献）与他人比率相等，他就会认为公平、合理，从而心情舒畅，努力工作；否则，就会感到不公平而降低工作积极性。个人历史的比较也会产生同样的心理。公平社会的比较过程可以用公式表示为：

$$\frac{O_p}{I_p} \neq \frac{O_r}{I_r}$$

其中，p代表自己，r代表参照对象，O代表产出（Output，薪酬、机会、发展等），I代表投入（Input，努力、能力、经验、技能等）。相互之间的社会比较结果有可能是大于、等于、小于，知觉到不公平结果会降低员工的动机水平。

在公平理论中，个体用来与自己进行对比的参照对象十分重要，可以划分为三个类型："他人""系统"和"自我"。"他人"包括同一组织中从事类似工作的其他个体，也包括朋友、邻居和同行。人们根据在工作中听到的消息、在报纸杂志上看到的消息，将自己的收入与他人进行比较。"系统"指组织中的薪酬政策，以及这些制度的操作和管理等。组织在薪酬分配方面的所有规定，构成这一部分的主要内容。"自我"是指每个员工自己付出与得到的比率，反映了员工个人过去的经历及交往活动，并受到员工过去的工作标准及家庭负担程度的影响。员工具体选择哪种参照对象，与员工能得到的有关参照对象的信息以及感到自己与参照对象的关系有关。

案例　　　　　　　　　　　银　牌　脸

铜牌得主的欢乐并不少见。许多时候，你或许能够感受到他们表现出的愉悦更甚于银牌获得者。比如，游泳运动员傅园慧夺得了里约奥运会女子100米仰泳铜牌，赛后她不改乐观本色，"洪荒之力"的快乐表达成为铜牌欢乐的代表。奥运会上，金牌得主赢得比赛，银牌得主成绩略低，铜牌得主表现再次。人们可能认为，他们的幸福与他们的表现应该对应,即金牌获得者是最开心的,其次是银牌得主,随后是铜牌得主。然而,事实却并非如此。

研究者们分析过银牌和铜牌得主对结果的满足度。根据对伦敦奥运会及残奥会银牌、铜牌得主进行分析,铜牌得主的幸福指数明显高于银牌得主。银牌得主总是纠结差点得到金牌,比较的对象放在"金牌"得主身上。然而,铜牌得主精力集中在差点没有获得奖牌,他们总是在可拿到奖牌和痛失奖牌之间做比较,而不是和"金牌"相比。正是因为社会比较,使得铜牌得主虽客观成绩逊色于银牌得主,但内心更满意、更快乐。

研究者聚焦2012年伦敦奥运会。具体来说,他们拍摄赛后立即宣布获奖者的过程以颁奖仪式,并给志愿者观看,要求他们看了获奖者的面部表情后,给每个获奖者用10分制的快乐指数评分。结果发现,金牌得主的平均幸福得分为6.65,银牌获得者为5.92,铜牌获得者为6.06。随后一天,在颁奖仪式上的银牌得主得分为4.3,而铜牌得主得分为5.7。统计表明,无论是立即获胜后,还是后来在颁奖仪式上,铜牌得主都明显比银牌得主开心。另外,再对获奖者的面部表情进行编码分析。结果发现,在比赛结束现场抽取的14个金牌得主中,有13个表现出微笑;26个铜牌得主中,有18个表现出微笑;然而,没有一个银牌得主比赛后微笑。更有趣的是,银牌得主的面部表情表现为悲伤(43%)、蔑视(14%)、面无表情(29%)。这说明银牌得主几乎是满面负面情绪。只有在颁奖仪式和发表获奖感言时,银牌得主才更有可能微笑。事实上,96.4%的运动员这个时候会不同程度地微笑。然而,仔细分析表明,比起金牌和铜牌得主,银牌得主的微笑并不真诚。

思考题:
1. 尝试用社会比较解释"银牌脸"现象。
2. 解释参照点选择在"银牌脸"现象中的作用。
3. 为什么银牌与铜牌得主会选择不同的参照点?

2. 公平知觉的影响因素

员工知觉到"公平与否"会对他们的动机水平产生很大影响。但是我们要想一想:什么是公平?你觉得什么是公平?公平本身具有很大的主观性,公平与否完全是由个人的社会比较过程决定的,个人的知觉过程起到了很大影响。

（1）公平与个人的主观判断有关。公平的公式中无论是自己的还是他人的投入和报酬都是个人感觉,而一般人总是对自己的投入估计过高,对别人的投入估计过低。

（2）公平与公平标准有关,受到群体所持有的共同观念的影响。前面的公平标准有采取贡献率,也有采取需要率、平均率的。例如,有人认为助学金应改为奖学金才合理,有人认为应平均分配才公平,也有人认为按经济困难程度分配才适当(见图4-5)。

$$贡献律 \quad \frac{O_p}{I_p} = \frac{O_r}{I_r}$$

$$平均律 \quad O_p = O_r$$

$$需要律 \quad \frac{O_p}{N_p} = \frac{O_r}{N_r}$$

图 4-5 公平的三类标准

（3）公平与绩效的评定过程有关。主张按绩效付报酬，并且各人之间应相对均衡。如何评定绩效？是以工作成果的数量和质量，还是按工作中的努力程度和付出的劳动量？是按工作的复杂、困难程度，还是按工作能力、技能、资历和学历？不同的评定方法会得到不同的结果。最好是按工作成果的数量和质量，用明确、客观、易于核实的标准来度量，但这在实际工作中往往难以做到，有时不得不采用其他方法。

（4）公平与评定者有关。绩效由谁来评定，是领导者评定还是群众评定或自我评定，不同的评定者会得出不同的结果。由于同一组织内往往不是由同一个人评定，因此会出现松紧不一、回避矛盾、姑息迁就、抱有成见等现象。每个评定者站在自己的角度上，也会受到禀赋效应的影响，产生评定者偏差。

3. 公平理论与组织公平研究

公平理论主要关注分配数量的社会比较，是针对分配结果的评估。近期对于组织公平的研究认为，公平理论可以被进一步扩展到组织领域的其他公平维度上，主要包括程序公平、信息公平、人际公平。公平理论组织事件的结果，包括薪酬、薪酬增长、晋升等方面，可以总结为结果公平维度。实证研究的证据表明，结果公平、程序公平、信息公平、人际公平是组织公平概念领域四个独立的维度。

在其他维度中，程序公平是讨论最多的方面。程序公平主要关注组织决策过程是否公正。在组织分配资源的过程中，分配结果在许多时刻不具有可比性，分配程序是否符合规范是员工关注的另外一个方面。元分析结果表明，程序公平同样可以预测员工动机水平。

组织公平研究对于激励的解释与公平理论的观点基本一致：如果公平受到破坏，或者员工认为结果公平、程序公平受到破坏，这个结果会对动机水平造成非常负面的影响。不公平的感受会带来紧张不安的情绪，员工会发泄自己的情绪，或者改变自己的态度、努力，进而产生违背工作努力的行为。这些行为的目的基本可以概括为员工会改变公平比较等式两端的不平衡，或者发泄自己内心不满的情绪。员工通常会采取下列行为：

（1）在认识上改变对自己具备的条件（包括努力、能力、教育程度、年龄等，即"投入"）与取得报酬（即"产出"）的评价。

（2）改变对别人的评估。例如，对别人水平估计过低，就可能感觉别人收入偏高。现在提高对该人水平的估计，再与自己相比，就不会觉得不公平。

（3）采取行动，改变自己的 O/I。如找一个收入更高的工作；或消极怠工，减少对组织的贡献。

（4）另选比较对象，改变参照点。员工另外选择参照点以后，会觉得比上不足、比下有余，取得主观上的公平感，使心理平衡。

（5）采取行动，改变他人的 O/I。比如，向上级申诉抱怨、贬损他人、破坏他人成果。

（6）发泄情绪。例如，发牢骚、泄怨气、制造人际矛盾等，以平衡自身的不满情绪。

4.3　内源需求视角的激励理论

在期望理论、目标设置理论、公平理论的探讨中，研究者把激励重点放在外部条件上，包括管理者设置的奖励、惩罚、目标,也包括员工知觉到外部标准、比较结果、他人收益等因素。这些因素都可以看作源自员工生存的组织环境,也是管理者可以通过管理手段、组织政策去加以影响的,表现在目前组织普遍使用的绩效管理、关键绩效指标(KPI)在组织管理中的重要性。

从霍桑实验开始,研究者已经发现,人并不是单纯的"经纪人",外部激励并不是影响员工工作行为的核心因素。霍桑实验抽取了6名女工作为实验对象,但是当意识到自己是专家研究的对象时,她们就开始加倍努力工作。从目标认识、工作结果回报、公平知觉的角度都不能够解释女工们的行为。霍桑实验的结果认为,当员工意识到自己被观察时,她们会努力提升自身的工作绩效。德鲁克在1954年的《管理的实践》一书中,认为高难度的目标设置并不是目标管理的全部,管理者要有充分的自主行事的"自我控制"权。2007年索尼公司前常务董事天外伺朗发表了一篇文章"绩效主义毁了索尼",深刻剖析了过度强调的绩效评价系统如何破坏员工源自内心的工作动机。

案例　　　　　　　　　　绩效主义毁了索尼公司

2006年索尼公司迎来了创业60年。过去它像钻石一样晶莹璀璨,而今它变得满身污垢、暗淡无光。因笔记本电脑锂电池着火事故,世界上使用索尼公司产锂电池的约960万台笔记本电脑被召回,估计更换电池的费用将达到510亿日元。PS3游戏机曾被视为索尼公司的"救星",在上市当天就销售一空。但因为关键部件的批量生产速度跟不上,索尼公司被迫控制整机的生产数量。PS3是尖端产品,生产成本也很高,据说卖一台PS3索尼公司就亏3.5万日元。索尼公司的销售部门预计,2007年3月进行年度结算时,游戏机部门的经营亏损将达2 000亿日元。多数人觉察到索尼公司不正常恐怕是在2003年春天。当时索尼公布,一个季度就出现约1 000亿日元的亏损。市场上甚至出现"索尼冲击",索尼公司股票连续2天跌停。坦率地说,作为索尼公司的旧员工,我当时也感到震惊。但回过头仔细想想,从发生"索尼冲击"的两年前开始,公司内的气氛就已经不正常了,身心疲惫的职工急剧增加。回想起来,索尼公司是长期内不知不觉慢慢退化的。

"激情集团"消失了

我是1964年以设计人员的身份进入索尼公司的。因半导体收音机和录音机的普及,索尼公司当时实现了奇迹般地发展。当时的企业规模还不是很大,但是"索尼神话"受到社会的普遍关注。

从进入公司到2006年离开公司,我在索尼公司愉快地送走了40年的岁月。进入公司的第二年,奉井深大总经理的指示,我到东北大学进修。期间我提出了把天线小型化的理论并因此获得工学博士学位。之后我带领小组,参与了CD技术以及上市后立即占据市场头把交椅的商用电脑的开发工作,最近几年还参与了机器狗"爱宝"的开发工作。我46岁就当上了索尼公司的董事,后来成为常务董事。因此,对索尼公司近年来发生的事情,我感觉自己也有很大责任。

伟大的创业者井深大的影响为什么如今在索尼公司荡然无存了？索尼公司的辉煌时代与今天有什么区别？首先，"激情集团"不存在了。所谓"激情集团"是指我参与开发CD技术时期，公司中那些不知疲倦、全身心投入开发的集体。在创业初期，这样的"激情集团"接连不断地开发出具有独创性的产品。我认为，索尼公司当初之所以能做到这一点，是因为有井深大的领导。井深大最让人佩服的一点是，他能点燃技术开发人员心中之火，让他们变成为技术献身的"狂人"。

在刚刚进入公司时，我曾和井深大进行激烈争论。井深大对新人并不是采取高压态度，他尊重我们的意见。为不辜负他对我的信任，我当年也同样潜心于研发工作。比我更早进入公司，也受到井大深影响的那些人，在井深大退出第一线后的很长一段时间，仍以井深大的作风影响着全公司。当这些人不在了，索尼公司也就开始逐渐衰败。

从事技术开发的团体进入开发的忘我状态，就成了"激情集团"。要进入这种状态，其中最重要的条件就是基于"自发的动机"的行为。比如想通过自己的努力开发机器人，就是一种发自内心的冲动。与此相反的就是外部动机，比如想赚钱、升职或出名，即想得到来自外部回报的心理状态。如果没有发自内心的热情，而是出于想赚钱或升职的世俗动机，那是无法成为开发狂人的。

"挑战精神"消失了

今天的索尼公司职工好像没有了自发的动机。为什么？我认为是因为实行了绩效主义。绩效主义就是："业务成果和金钱报酬直接挂钩，职工是为了拿到更多的报酬而努力工作。"如果外在的动机增强，那么自发的动机就会受到抑制。

如果总是说"你努力干，我就给你加工资"，那么以工作为乐趣这和内在的意识就会受到抑制。从1995年左右开始，索尼公司逐渐实行绩效主义，成立了专门机构，制定非常详细的评价标准，并根据对每个人的评价确定报酬。

但是井深大的想法与绩效主义恰恰相反，他有一句口头禅："工作的报酬是工作。"就是说，如果你的工作受到好评，下次你还可以干更好、更有意思的工作。在井深大时代，许多人都是为追求工作的乐趣而埋头苦干。但是，因为实行了绩效主义，职工逐渐失去了工作热情，在这种情况下是无法产生"激情集团"的。

为衡量业绩，首先必须量化各种工作要素。但是工作是无法简单量化的。公司为了业绩，花费了大量的精力和时间，而在真正的工作上却敷衍了事，出现了本末倒置的倾向。因为要考核业绩，几乎所有人都提出容易实现的低目标，可以说索尼精神的核心即"挑战精神"消失了。因为实行了绩效主义，索尼公司内追求眼前利益的风气蔓延。这样一来，短期内难见效益的工作，比如产品质量检验及"老化处理"工序都受到轻视。

"老化处理"是保证电池质量的工序之一，电池制造出来以后不能立即出厂，需要放置一段时间，再通过检查剔出不合格产品。至于"老化处理"程序上的问题是否上面提到的锂电池着火事故的直接原因，现在尚无法下结论。但我要指出的是，不管是什么样的企业，只要实行绩效主义，一些扎实细致的工作就容易被忽视。

索尼公司不仅对每个人进行考核，还对每个业务部门进行经济考核，由此决定整个业务部门的报酬。最后导致的结果是，业务部门相互拆台，都想办法从公司的整体利益中为本部门多捞取好处。

"团队精神"消失了

2004年2月底,我在美国见到了"涌流理论"的代表人物奇凯岑特米哈伊教授,并聆听了他的讲演。讲演一开始,大屏幕上放映的一段话是我自进入索尼公司以来多次读过的,只不过被译成了英文:"建立公司的目的:建设理想的工厂,在这个工厂里,应该有自由、豁达、愉快的气氛,让每个认真工作的技术人员最大限度地发挥技能。"这正是索尼公司的创立宗旨。索尼公司失去活力,就是因为实行了绩效主义。没有想到,我是在绩效主义的发源地美国,聆听用索尼的创建宗旨来否定绩效主义的"涌流理论"。这使我深受触动。

绩效主义企图把人的能力量化,以此做出客观公正的评价。但我认为事实上做不到。它的最大弊端是搞坏了公司内的气氛。上司不把部下当有感情的人看待,而是一切都看指标、用"评价的目光"审视部下。

不久前我在整理藏书时翻出一封令我感慨不已的信稿,那是我为开发天线到东北大学进修时给上司写信的草稿。有一次我逃学跑去滑雪,刚好赶上索尼公司的部长来学校视察。我写那封信是为了向部长道歉。实际上,在我身上不止一次发生过那类事情,但是我从来没有受到上司的斥责。虽然这与我取得研究成果有关,但我认为最根本的是他们信任我。

上司相信,虽然我贪玩,但对研究工作非常认真。当时我的上司不是用"评价的眼光"看我,而是把我当成自己的孩子。对企业员工来说,需要的就是这种温情和信任。过去在一些日本企业,即便部下做得有点出格,上司也不那么苛求,工作失败了也敢于为部下承担责任;另外,尽管部下在喝酒时说上司的坏话,但在实际工作中仍非常支持上司。后来强化了管理,实行了看上去很合理的评价制度,但大家都极力逃避责任,这样一来就不可能有团队精神。

创新先锋沦为落伍者

不单是索尼公司,现在许多公司都花费大量的人力物力引进评价体制。但是,这些企业的业绩都在下滑。索尼公司是最早引进美国式合理主义经营理念的企业之一。而公司创始人井深大的经营理念谈不上所谓的"合理",1968年10月上市的单枪三束彩色显像管电视机的开发就是最有代表性的例子。当时索尼公司在电视机的市场竞争中处于劣势,几乎到了破产的边缘。即便如此,井深大仍坚持独自开发单枪三束彩色显像管电视机。这种彩色电视机画质好,一上市就大受好评。之后30年,这种电视机的销售一直是索尼公司的主要收入来源。但是,"干别人不干的事情"这种追求独自开发的精神,恐怕不符合今天只看收益的企业管理理论。索尼公司当时如果采用和其他公司一样的技术,立刻就可以在市场上销售自己的产品,当初也许就不会有破产的担心了。

投入巨额经费和很多时间进行技术开发并取得成功后,为了制造产品,还需要更大规模的设备投资,也需要招募新员工。但是从长期来看,索尼公司积累了技术,培养了技术人员。此外,人们都认为"索尼公司是追求独立开发技术的公司",大大提高了索尼公司的品牌形象。

更重要的是,这种独自开发能给索尼公司员工带来荣誉感,他们都为自己是"最尖端企业的一员"而感到骄傲。单枪三束彩色显像管电视机之所以能长期成为索尼公司的收入来源,是因为技术开发人员怀着荣誉感和极大热情,不断改良该技术。具有讽刺意味的是,因单枪三束彩色显像管电视机获得成功而沾沾自喜的索尼公司,却在液晶和等离子薄型电视机的开发方面落后了。实际上，井深大说过："我们必须自己开发出让单枪三束彩色显像管成为落伍产品的新技术。"包括我自己在内的索尼公司高管没有铭记井深大的话。

如今，索尼公司采取了极为"合理的"经营方针。不是自己开发新技术，而是同三星公司合作，建立了液晶显示屏制造公司。由这家合资公司提供零部件生产的液晶电视机"BRAVIA"非常畅销，使索尼公司暂时摆脱了困境。但对于我这个熟悉索尼公司成长史的人来说，总免不了有一种怀旧感，因为索尼公司现在在基础开发能力方面与井深大时代相比存在很大差距。今天的索尼公司为避免危机采取了临时抱佛脚的做法。

高层主管是关键

今天的索尼公司与井深大时代的索尼公司的最大区别是什么呢？那就是在自豪感方面的差别。当年创始人井深大和公司员工都有一种自信心：努力争先，创造历史。当时索尼公司并不在意其他公司在开发什么产品。某家电公司的产品曾被嘲讽为"照猫画虎"，今天索尼公司也开始照猫画虎了。一味地左顾右盼，无法走在时代的前头。在我开发"爱宝"机器狗的时候，索尼公司的实力已经开始衰落了，公司不得不采取冒险一搏的做法，但是出现亏损后，又遭到公司内部的批评，结果不得不后退。

今天的索尼公司已经没有向新目标挑战的"体力"，同时也失去了把新技术拿出来让社会检验的胆识。在导致索尼公司受挫的几个因素中，公司最高领导人的态度是其中最根本的原因。在索尼公司充满活力、蓬勃发展的时候，公司内流行这样的说法："如果你真有新点子，那就背着上司把他搞出来。"也就是说，与其口头上说说，不如拿出真东西更直接。但是上司总是以冷漠的"评价的眼光"看自己，恐怕没有人愿意背着上司做事情，那是自找麻烦。如果人们没有自己受到信任的意识，也就不会向新的更高的目标发起挑战。在过去，有些索尼公司员工根本不畏惧上司的权威，上司也欣赏和信任这样的部下。所以，能否让职工热情焕发，关键要看最高领导人的姿态。索尼公司当年之所以取得被视为"神话"的业绩，也正是因为有井深大。但是，井深大的经营理念不具有系统化，也没有被继承下来。也许是因为井深大当时并没有意识到自己经营理念的重要性。

我尝试着把井深大等人的经营理念系统化、文字化，出版了《经营革命》一书。在这本书中，我把井深大等人的经营称为"长老型经营"。所谓"长老"是指德高望重的人。德高望重者为公司最高领导人，整个集团会拧成一股绳，充满斗志地向目标前进。

在今天的日本企业中，患抑郁症等疾病的人越来越多。这是因为公司内有不称职的上司，推行的是不负责任的合理主义经营方式，给职工带来苦恼。不论是在什么年代，也不论是在哪个国家，企业都应该注重员工的主观能动性。这也是索尼公司创立的宗旨所强调的"自由、豁达、愉快"。

过去人们都把索尼公司称为"21世纪型企业"。具有讽刺意味的是，进入21世纪后，索尼公司反而退化成了"20世纪型企业"。我殷切地希望索尼公司能重现往日辉煌。

资料来源：天外伺朗，"绩效主义毁了索尼"，《参考消息》，2007年1月4日第6版，原载于日本《文艺春秋》，2007年1月刊。

思考题：

1. 绩效主义是什么？
2. 绩效主义影响了索尼公司原本具有的哪些优秀特质？

3. 绩效主义为什么可以产生这样的影响？
4. 如何防止绩效主义的负面影响？

在天外伺朗的文章中，对依赖于绩效主义的外部动机和依靠自身动力激发的内部动机进行了明确的区分。公司管理实践中，对外部动机的过分强调，使得员工自发工作的内部动机急剧消失。索尼公司创始人井深大的口头禅"工作的报酬是工作"充分表现了员工内生性动机的重要性。绩效主义将一切都量化成为指标，对于完成这些指标以后也强调薪酬回报，看似细化落实了管理工作，但消除了员工的内部工作动机，使得工作成为达成外在回报的手段，让员工丧失了内心的工作激情。

在组织行为学的研究中，从员工内源性需求角度探讨员工激励问题是一个重要的角度。从早期人本主义的理论探讨开始，到霍桑实验对于管理场景的结合，以及自我决定理论对于动机内化的探讨都体现了内源性动机视角。

"至人无己，神人无功，圣人无名。"庄子在《逍遥游》里面提到逍遥的人是无所求的，也就是没有办法为外部设置的管理条件所影响。没有需求的人是不能被引导管理的，想要成功实施激励，就必须了解什么东西能够使一个人采取某种行为。内源性视角的激励理论研究关注员工内在需求的分类、描述与刻画。

4.3.1 需求层次理论

提到员工需求，人们往往最容易想到的就是工资、奖金。基于金钱结果来提高员工的干劲是管理者最容易想到的管理措施。那么，是不是金钱激励能够解决员工的所有问题呢？答案显然是否定的。人本主义心理学家马斯洛（Maslow）在 1943 年的《人类动机理论》一书中提出了的需求层次理论，对于需求种类进行描述。通过对 1 000 多种需求的分析，马斯洛将人的需求归纳为五个基本方面，依次为生理需求、安全需求、社交需求、尊重需求和自我实现需求。

概念

马斯洛界定的五种基本需求依次为生理需求、安全需求、社交需求、尊重需求和自我实现需求：

生理需求（Physiological Needs）：是指一个人为了生存下去，对衣、食、住等基本生活条件的需求。

安全需求（Safety Needs）：是指个体对人身安全、就业保障、工作和生活环境安全、经济保障等需求。

社交需求（Social Needs）：是指个体对爱情、友谊的需求，是一种希望被关爱的需求。

尊重需求（Self-esteem Needs）：是指个体对拥有稳固地位的需求，是一种希望得到他人认可、被他人尊重的需求。

自我实现需求（Self-realization Needs）：是指个体对实现自身潜能的追求，是一种希望成为自己所期望的人、完成自己能力所及的一切事情的需求。

这五个层次的需求被划归为两类：生理需求和安全需求被归为低层次需求；社交需求、尊重需求和自我实现需求被归为高层次需求。区分这两类需求的标准是需求得以满足的渠道：高层次需求通过内源性的自我评价使人得到满足，而低层次需求主要通过外源性的条件使需求得到满足。

马斯洛认为需求的满足有一个逐层发展的过程，低层次需求是人们希望首先得到满足的，当这些低层级的需求得到满足以后，人们就会转向高层级的尊重和自我实现的需求。每个层次的需求必须得到实质性满足后，才会激活下一个目标。一旦某个层次的需求得到满足后，它就不再具有激励作用。换句话说，当一种需求得到满足后，下一个层次的需求就会成为主导需求，个体的需求是逐层上升的。根据需求层次理论，如果你想激励某人，就必须了解这个人目前处于哪个需求层次上，重点满足这一层次或者这个层次之上的需求。

马斯洛也认为只有高层次的需求才能持续地激发人们的工作积极性，低层次的需求是很容易得到满足的，高层级的需求永远不会得到最终满足，将持续地激励人们不断地工作。

马斯洛的需求层次理论对高低层次的需求来源进行了分类归纳，外源性需求是低层次的，而内源性需求是高层次的。在"绩效主义毁了索尼公司"案例中，天外伺朗的观点是过度强调绩效考核、外部奖励，使得员工本身的挑战精神、工作激情都消失了，也就是自身内源的追求消失了。

4.3.2 双因素理论

双因素理论也称保健—激励理论，是美国心理学家赫茨伯格（Herzberg）在20世纪50年代提出的。赫茨伯格认为，个体对待工作的态度会决定工作的成败，工作满意感是影响员工动机水平的重要因素。

传统观点认为，满意的反面就是不满意。但是，赫茨伯格对9个企业中的203名工程师和会计师进行调查后，得出与传统观点不同的结论。他发现使受访人员不满意的因素大多与他们的工作环境相关，而使他们感到满意的因素通常与工作本身相关。根据调查结果，赫茨伯格提出："满意"的反面是"没有满意"，而"不满意"的反面是"没有不满意"。

保健因素是指趋向与不满意相联系的因素。保健因素得到满足不能使员工感到满意，但是如果保健因素没有得到满足，员工会感到不满意。保健因素通常与工作的外部条件相关，包括公司政策、监督管理、人际关系、工资报酬、工作条件等。

> **概念**
>
> **保健因素（Hygiene Factor）**：是指趋向与不满意相联系的因素，保健因素得到满足不能使员工感到满意，但是如果保健因素没有得到满足，员工会感到不满意。

激励因素则是趋向与满意相联系的因素，激励因素得不到满足不会导致员工不满意，但是如果激励因素得到满足，就能使员工感到满意。激励因素通常与工作本身相关，包括工作成就感、工作本身、责任、晋升成长等。

> **概念**
>
> **激励因素（Motivation Factor）**：是指趋向与满意相联系的因素，激励因素得不到满足不会导致员工不满意，但是如果激励因素得到满足就能使员工感到满意。

根据赫茨伯格的观点，导致员工满意的因素与导致员工不满意的因素是相互独立的，而且差异很大。因此，如果管理者仅仅试图消除工作中的不满意因素，那么往往只能使得工作场所变得更加和谐，却未必能对员工产生推动力。安抚员工和激励员工必须通过不同的手段来实现。为了激励员工，管理者应该强调与工作有关的因素以及由此产生的直接结果，例如晋升机会、个人发展机会、赞誉、责任及成就等，这些内在回报才能真正地激发员工的工作激情，如图 4-6 所示。

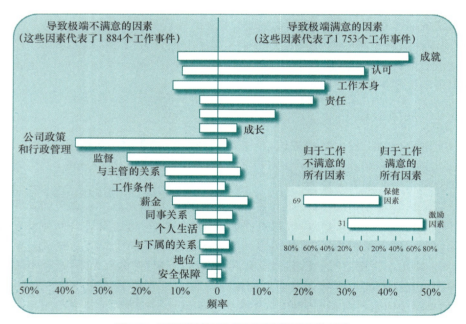

图 4-6　不同激励要素在双因素模型中的划分

从图 4-6 中可以看到，很难说哪一类要素绝对地属于激励因素或者保健因素。比如薪水，如果把它看作满足生活需求的经济来源，那么这就是一种保健因素；但是如果把它看作对工作成就的认可、个人劳动价值的象征，那么就可以认为是一种激励因素。因素类别的划分并不是绝对的，管理者如何引导下属看待公司的奖励很重要，也就是上章所讲如何引导员工的知觉。

至今，双因素理论依然有着相当大的影响。赫茨伯格发表在 1966 年《哈佛商业评论》上的文章依然是该杂志影响力最大的文章之一。比较需求层次理论与双因素理论可以发现,激励因素和高层次需求有着紧密联系,许多项目与自尊和自我实现的需要相关联;而保健因素与低层次需求的共同成分更多。马斯洛的需求层次理论是针对人们普遍的社会需求展开分析的,而双因素理论是针对管理场景而提出的,讨论的需求要素也更加贴近组织现实。

4.3.3 成就动机理论

成就动机理论是美国心理学家麦克利兰(McClelland)在19世纪50年代初提出的。成就动机理论认为管理者的需要与一般人的需要的内容有些不一样。需求层次理论与双因素理论都探讨高层次需求和哪些要素可以起到持续激发员工的工作动力,而麦克利兰认为同样是高层次需求,都源自自身内部的驱动力,但不同管理者之间仍然存在很大的差异。通过归纳,麦克利兰把人们的高层次需求分为三个方面:成就需求(Needs for Achievement)、权力需求(Needs for Power)与合群需求(Needs for Affiliation)。

> **概念**
>
> **成就需求**:是指追求卓越、实现目标、争取成功的内驱力。
> **权力需求**:是指想要影响和控制别人的愿望或内驱力,使别人表现出自己希望别人表现出的行为
> **合群需求**:是指建立友好和亲密的人际关系的内驱力。

1. 成就需求

具有高成就需求的人追求的是个人成就感,而不是成功之后得到的荣耀与奖赏。他们总是渴望把事情做得比以前更完美、更有效。具有高成就需求的人往往喜欢能够发挥独立解决问题能力的工作环境,希望得到对他们工作情况的不断反馈。同时,他们倾向于承担中等程度的风险,当他们估计成功的机会为50%时干得最出色。他们对成功有一种强烈的渴求,但是也非常担心失败。如果目标过高,成功的机会过小,他们就难以体会到成功的喜悦;而如果目标过低,他们就不能从成功中得到较多的成就满足。如果成功和失败的机会相当,他们就会得到最好的机会去体验通过努力获得的成就感和满足感。

2. 权力需求

除了成就需求,还有另外两个方面的需求是一个优秀管理者应该具备的:权力需求和合群需求。权力需求是指影响他人的内驱力。权力需求强烈的人希望自己能对他人产生较大的影响力,他人的决策或者行为会因为这种影响而发生一定程度的改变。

高个人权力需求的人倾向于去引导和影响他人,产生个人影响;高制度权力需求的人乐于汇集他人的努力去实现组织目标。高权力需求的人喜欢竞争性、能够体现较高地位的职位,喜欢在组织中产生影响。管理者在组织中开展工作,与他人的联系和协调是必要的。权力需求是管理者开展工作的重要基础,是一个管理者必须具有的倾向。

3. 合群需求

合群需求是指建立友好和亲密的人际关系的内驱力。合群需求强烈的人希望通过努力获得友谊，他们喜欢合作的环境，不喜欢竞争，而且希望人与人之间存在默契。具有高合群需求的人非常重视人际关系，渴望被他人接受和喜爱。在工作中，他们循规蹈矩、合乎规范，致力于构建并保持一种互相信任、互相理解的人际关系。很显然，他们非常适合客户服务、客户关系这一类的工作岗位。在组织中营建良好的组织文化、和谐的工作气氛，对于管理者来说，也是一项重要的工作。所以，合群需求对于一个优秀的管理者也是很重要的。

案例　　苹果公司的创始人

1976年4月1日，史蒂夫·乔布斯（Steve Jobs）、史蒂夫·沃兹尼亚克（Steve Wozniak）和罗纳德·韦恩（Ronald Wayne）共同创建了苹果电脑公司。按照《史蒂夫·乔布斯传》的描述，这三个人行事风格差异极大。

乔布斯是一个野心勃勃的企业家，先后创办了苹果、皮克斯、NeXT等一系列的公司。乔布斯天生有一种"现实扭曲力场"。天性诚实的沃兹尼亚克就惊叹于这种力量的效果。"当他对未来有一些不合常理的想法时，比如说告诉我，他能只用几天时间就设计出打砖块游戏，他的现实扭曲力场就会起作用。你意识到那是不现实的，但他就是有办法实现。"沃兹尼亚克提到了乔布斯早期的时候，在一个项目中骗了自己的钱。两人在四天内完成了游戏（Breakout，打砖块）线路板的精简，并成功将芯片数量控制在了46个，达到了客户要求，获得了额外奖金。但是，乔布斯事后独吞了额外的奖金，只付给他350美元。

与咄咄逼人、"现实扭曲力场"强悍的乔布斯相比，沃茨尼亚克可谓是科技界的老好人。他是内敛、不擅长社交但为人忠厚、勤奋苦干型的技术男，他与人为善，喜欢和睦的氛围，希望公司就像家一样的融洽，不太满意乔布斯把公司气氛变得很紧张。

乔布斯在处理苹果公司股票分配的时候，秉承了商业自利的原则，甚至非常冷漠。沃兹尼亚克在处理股票的态度上，与乔布斯完全不同。在IPO前，他就把自己期权中的2 000份以极低的价格卖给了40名中层员工。大多数受益者都赚到了足够买一幢房子的钱。沃兹尼亚克为自己和新婚妻子买下一幢梦幻般的房子，但她很快离婚并得到了房子。后来，他又把自己的股票赠送给那些在他看来受到了不公正待遇的员工。公司所有人都喜欢沃兹尼亚克，但大多数人同意乔布斯对他的评价，"极其天真幼稚"。

韦恩是第三位创始人，但是很少有人知道他。因为在苹果公司成立12天之后，韦恩就以800美元的价格退出了10%的苹果公司股票。如果这些股票放到今天，价格将超过800亿美元。不过，韦恩并不后悔，"我做了当时对我最有利的选择，他们两个都是疯狂的家伙。我知道自己的承受能力，我不准备冒那样的风险"。

思考题：
1. 这三个人的成就动机有什么不一样？
2. 乔布斯的权力动机在哪些具体行为上有所表现？
3. 韦恩的成就动机与其他两个人有什么区别？

高成就需求是优秀的管理者必须具备的素质之一。麦克利兰认为,高成就动机的人是最佳的领导者,但是他可能对员工要求过严,因为他会把员工也一概当作高绩效标准驱动的人。他们喜欢单兵作战,或者与其他高手合作。但是在组织中,只具备高成就需求对于一个优秀的管理者是不够的。只具备高成就需求的人往往不能成为一名优秀的管理者,但是可以成为优秀的技术开发人员、优秀的销售员。

高成就需求者往往过于关注自己的成就,而对于一名优秀的管理者而言,应该重视的是如何影响他人实现目标。在苹果公司的案例中,沃兹尼亚克有很高的成就需要,他是一个狂热追求技术的人,但并不是一个追求如何影响他人、形成自身在公司中的影响力的人。对于一个优秀的管理者,合群需求和权力需求对于职业的成功也是同样重要的。在晋升决策的时候,大多数管理岗位面临从技术人员、销售人员向管理者岗位的转变。晋升带来工作内容的变化,也意味着组织中的影响、协调工作的增加。这意味着要对被晋升者的权力需求、合群需求进行评估,或者对这两方面的需求合理引导,才能让被晋升者适应新的岗位需求。

4.3.4 自我决定理论

德西和瑞恩(Deci & Ryan)从 20 世纪 70 年代开始,对工作动机进行细化分类,逐步开发形成自我决定理论(Self-Determination Theory)。早期的激励理论把动机看作一个整体,只是对动机程度而不是内容做区分。期望理论提出内部、外部动机的概念,对内外部动机的细化并无论述。自我决定理论起源于对员工自主/受控动机分类、交互影响关系的讨论。这个理论名称是指关于内外部动机理论研究的宽泛领域,理论内容也经过了阶段性的发展(Gagné & Deci, 2005; Deci et al., 2017),已广泛应用于教育、健康、组织管理等领域。

1. 自我决定理论的起源

认知评价理论(Cognitive Evaluation Theory)是德西和瑞恩早期对于激励的观点,他们认为,过分强调外部动机会弱化内部动机,进而削弱总体的工作动机。在"绩效主义毁了索尼公司"案例中,天外伺朗也表达了类似的观点,认为过度采用绩效主义、强调 KPI 的管理方法,会打击员工内在的工作激情,降低员工自发创造、自发冒险的积极性。

然而,在工作场景中,薪酬是一个不可缺失的因素,组织必然会提供相应的外部激励,这也是工作意义本身所在。实际的工作岗位几乎找不到完全是由内部动机驱动的,绝大多数员工要领取薪酬,外部激励因素是不可能消除的。德西和瑞恩对动机相关研究进行元分析,认为外部动机破坏内部动机的情况并不会必然发生,而是有一定的限制条件。在实际工作情境中,认知评价理论还有很多不适用的地方。认知评价理论把内部/外部动机截然分开,选取其中一种作为激励策略。这在现实管理工作中并不可行。

2. 动机的自主程度连续体

德西和瑞恩提出的自我决定理论对外部动机进行了细化区分,并且对动机成分、行为调控、自主程度进行论述,对应关系如图 4-7 所示。核心观点包括以下三个方面:

(1) 动机包括自主(Autonomous)动机、受控(Controlled)动机、无动机(Amotivation)

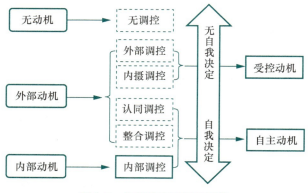

图 4-7　自我决定动机连续体

三种类型。自主动机是出于自己意愿、自身认同、选择从事工作的动机。受控动机是员工受外部压力，不得不做而从事工作行为的动机。无动机是指员工没有努力意向的状态，而前面两种都是有努力、有意向的行为。

(2) 员工的动机可以用自主程度连续体来描述。自主动机和受控动机并不是两种完全分离的动机，而是一个"受控—自主"的程度连续体。个体的行为调控方式会影响自我决定程度体验，分别指向这个连续体上的不同位置。根据员工的自主程度，可以对外部动机进行细化分类。

(3) 外部动机按行为调控分类，不同自主程度的行为，会形成不同的行为调控机制。内部动机是完全的自主调控。而外部动机主导的行为根据"受控—自主"程度分为四类行为调控模式：整合调控、认同调控、内摄调控、外部调控。这些模式的行为调控机制各不相同。外部调控通过外部的奖励、惩罚调控约束行为；内摄调控通过对自我价值的体现来实现行为调控；这两种调控的自我决定程度较低，称为受控动机。认同调控通过对个人目标的认同实现行为调控；整合调控通过对自身工作在组织目标中的意义价值认同实现行为调控；这两种调控的自我决定程度较高，与内部动机合并称为自主动机。

3. 自我决定程度影响工作体验与结果

员工的工作行为受到"受控—自主"动机主导的程度会让个体产生不同的工作体验，带来的工作结果也是不一样的。当员工的工作行为越受控，幸福感程度越低；员工的工作行为越自主，幸福感程度越高。受控程度与个体的积极发展有着负向关系，自我决定程度与个体的积极发展有着正向关系。

4. 动机内化会促进积极工作行为的产生

人们有天生的动机内化倾向，会追求从无自我决定程度向高自我决定程度发展。内化是自我决定理论的重要概念，是指人们通过价值、态度与调控模式的调整，把受控动机转化为不需要外部约束的内部动机。也就是在"受控—自主"的连续体上，人们天生有向高自主程度发展的倾向。内化发展的程度也会受到外部环境、个体差异、管理支持等调控影响。比如，管理者支持、组织氛围等因素会促使员工认同工作价值；员工认同工作价值的时候，他们就不需要更多的外部奖励与惩罚，会自主地努力工作。

自我决定理论对动机内化过程的影响要素也做了论述,主要包括基本心理需求和因果定向判断。内化并不是必然发生的,首先,需要满足和滋养员工的三个基本需求(即"关系、自主与胜任")后才能推动。对自主、胜任两种需求的满足会直接影响内化,而对关系归属的满足也会在长期过程中影响动机内化。其次,个体因果导向差异也会影响内化过程(Deci & Ryan,1985)。人们有三种基本的因果导向:自主导向是因果倾向于个人兴趣、自我认可等自主因素;控制导向是因果倾向于外部报酬、期限、结构等环境因素;无定向是归结于无法影响的无动机。这三种因果导向调节了环境因素、管理支持对动机内化的程度和自主性行为的影响。

按照自我决定理论的解释,"绩效主义"的做法是过度强调关键绩效指标(KPI),强调自上而下的命令执行,在员工管理中强调服从、外部奖励和惩罚,强调外部评估对员工动机水平的影响,属于典型的"外部调节"。这样的管理方式对于工业化时代具有明确产出界定的岗位适用,但对于互联网时代强调员工创造力的组织却不适用,甚至对于员工的创造力会产生极大的伤害。要消除"绩效主义"带来的负面影响,直接上司对于员工三大需求——"关系、自主与胜任"的滋养至关重要。梅约在总结霍桑研究的时候,也曾提到一个案例。

案例　　海狸小组的带头工人

乔治·梅奥(George Mayo)发现,那些上下级、同级关系融洽的团队,其工人的缺勤率较低、产出较高。在加利福尼亚州南部的一个工厂内,一个小部门的工人被称为"像海狸一样工作",工作效率高出平均值20%,并且90%的工人全勤。这个团队的实际负责人是一个领班助理和一个"带头工人"。这两人都深信团队凝聚力是头等大事,是可持续生产的必需条件。"带头工人"会花很多时间帮助其他工人克服技术困难,并联系团队外部资源。当新员工加入的时候,他会耐心倾听,并把他介绍给其他成员,帮助新员工建立和谐的人际关系。他还会帮助新员工办理通行证,了解公司的整个装备线及每个人的职责意义。"带头工人"还会听取老员工、新员工的任何个人问题……这些做法帮助团队建立了良好的人际关系,降低了缺勤率,提升了生产效率。梅约说:"工人们要同他们的伙伴继续合作的愿望是很强烈的。管理层如果忽略这种愿望,或者有压制这种合作的冲动,都会立刻引起管理的彻底失败。在费城,效率专家假定奖金刺激是最重要的,但这一假定是不正确的。在组织工作团队的条件没有齐备之前,经济奖励办法压根儿不会发生作用。"

思考题:
1. 经济奖励对于员工长期、短期的工作行为的会有哪些差异?
2. "带头工人"的做法改善了员工哪些方面的感受?
3. 如何看待"带头工人"做的没有包含在工作职责内的工作内容?

4.4 社会认知过程视角的理论

工作动机的表现是努力完成与工作任务相关的行为。但是同样的行为,可能会由不同的动机引起,而且对同样行为的不同认知也会导致行为动机的变化。社会认知的观点认为,员工对于工作行为、行为原因、工作态度的认识是影响员工动机水平的重要因素。社会认知的观点认为工作行为本身的连续性造成了对于工作态度、动机的认识差异,进而影响到下一步工作的动机。

4.4.1 归因理论

1. 社会心理学中的归因

归因是社会心理学研究的核心内容。归因理论(Attribution Theory)认为,人们普遍有理解、归纳自己和他人的行为原因的倾向。理论的开拓者海德(Heider)认为,为了降低不确定性,人们希望能掌控周围环境的变化趋势的需求。为了能够预测什么样的事情会发生在自己和他人身上,人们会试图去推断自己和他人行为的基本动因,用稳定的动因解释并预测不稳定的行为结果。

海德在1958年出版的《人际关系心理学》中,主张从行为结果入手探索行为的动因,将产生个人行为的动因分为内部和外部两大类。

(1) 特质归因或称内部归因:把所看到的行为的动因归结于个体内部,归结于人的某个特殊属性。动因指向个体自身所具有的、导致其行为表现的品质和特征,可以是个体的人格、情绪、心境、动机、欲求、能力、努力等。

(2) 情境归因或称外部归因:把观察到的行为归结为社会与物理环境中的某些因素,把环境因素看作导致个体采取某种行为的动因。外部动因是指个体自身以外的、导致其行为表现的条件和影响,包括环境条件、情境特征、他人的影响等。

2. 工作行为的归因

1972年,维纳(Weiner)在海德研究的基础上,提出能力、努力、任务难度和机遇是人们在解释成功或失败时知觉到的四种主要动因,并将它们分成动因源和稳定性两个维度。根据动因源维度,可以分成内部动因和外部动因;根据稳定性维度,可以分为稳定动因和不稳定动因。在维纳看来,不是动因本身,而是动因所具有的特性或结构决定了人们会做出什么样的情绪、动机和行为反应。维纳的归因理论把归因过程与成就动机紧密结合起来,从而构建了完整的动机和情绪的归因理论(见表4-2)。

表 4-2 维纳归因模型

	稳定	不稳定
外源	任务难度	机遇
内源	能力	努力

维纳开展了一系列的研究,得出了归因的基本结论:

（1）如果个人将成功归因于能力和努力等自身的内部因素，他就会感到骄傲、满意、信心十足；而将成功归因于任务容易和运气好等外部因素时，产生的满意感就会较少。

（2）如果个人将失败归因于自身缺乏能力或努力，就会产生羞愧和内疚；而将失败归因于任务太难或运气不好，产生的羞愧就较少。

（3）个人归因于自身努力相比归因于自身能力，无论是成功还是失败均会产生更强烈的情绪体验。因努力而成功，会体验到愉快；因不努力而失败，就会体验到羞愧；努力了却失败也应受到鼓励。

（4）在付出同样努力时，能力低的人应得到更多的奖励。能力低而努力的人受到他人的夸赞评价，能力高而不努力的人受到鄙视评价。

根据维纳的归因理论，员工本人在追求事业成功时，应当在可控的内源因素上多下工夫，提高自己的能力，努力工作；管理者应在不可控的外源因素上多创造条件，为员工的成功提供良好的机会与外部环境，并客观地评价成果，引导员工正确认识自身工作结果。

案例　　　　　　　　　　为什么要扔石头

在一个海边小镇，一个老头独自居住于一间偏僻的海边小屋。不知从何时起，经常有一群调皮的孩子从远处的镇上跑到海边玩耍，他们发现了独居的老头，经常用石头砸老头的木屋，跟他捣蛋。老头当然气愤苦恼，尝试了说教、喊骂等方式，结果总无济于事。终于有一天，老头想出个法子。在小孩子又一次准备丢石头的时候，老头和蔼地将他们叫到身边对他们说："现在我倒挺喜欢你们这样跟我闹着玩的，这样吧，以后你们每天都来，每次来我给你们2元钱。"孩子们听了很开心，本来就喜欢这样，现在又有零花钱拿，何乐而不为呢？这样，孩子们每天大老远地跑去丢石头，然后从老头那里换取2元钱。过了一周，老头对孩子们说："我手头的钱有点紧，下次来只能给你们每人5毛钱了。"孩子们听后闷闷不乐，从2元降到5毛，总让人不舒服，之后去的人数减少了大半。又过了一周，老头对孩子们说："现在我自己的生活都有困难了，下次你们来我1分钱都不能给你们了。"孩子们听后很不高兴，之后再也不去老头屋子丢石头了。

资料来源：奚恺元，《别做正常的傻瓜》，机械工业出版社，2005。

思考题：
1. 小孩子一开始为什么向老头的小屋扔石头？他们的归因是什么？
2. 小孩子后来为什么不向老头的小屋扔石头？他们的归因是什么？
3. 老头是如何引导小孩子改变他们的归因？

小孩子为什么开始的时候非常愿意扔石头但是到了后来却不愿意了呢？因为在开始扔石头的时候，这是一种游戏。孩子们虽然没有对扔石头做出明确的归因解释，但是他们觉得这是一件很好玩的事情，自己希望来扔石头，这是一种内部归因。老头的做法是诱导了孩子们的归因。在给孩子们发了2元钱以后，这样一个有趣的游戏变成了打工，扔石头的原因是为了这2元钱了。这是一个显著的外部诱因，导致孩子们对这件事情的认识转变了。按照维纳的理论，内部归因更加能够激发工作的积极性，而外部归因不能持续激发工作的积极性。当孩子们的认识转变以后，归因也就变化了，行为的动机也产生了变化。

3. 归因的规则与偏差

凯利（Kelly）针对观察到的行为，是归为外部特征还是内部特征进行了分析。在三种条件下，人们会更加倾向于归纳为个体的内部特征。

（1）非常规性。这一行为是否不同于大众心目中多数人会做的行为。如果这是一个非同常规的行为，人们会倾向于归纳为个体内部自身的原因。比如，对于某项工作，用同样的工作方法，除了某一个员工，其他人都完成了。那么，人们会把行为的动因归纳为那名员工的内部特征。

（2）一贯性行为。员工是否在任何情境下都对问题做出相同的行为，即在不同的情境中，同一个体表现出相同行为的程度。例如，一个今天没有完成任务的员工，经常表现得懒散、做事拖拉、效率不高，常常不能按时完成任务，这时应该进行内部归因；如果该员工一向严格要求自己，以往都能按时甚至提前完成任务，这时应该进行外部归因，可能是任务太重或者遇到其他紧急事情。

（3）情境一致性。人们在相同情境中是否表现得前后一致。例如，某位员工今天上班迟到了，而他之前也经常迟到，则该员工的迟到行为一般会作内部归因。反之，如果某行为的前后一贯性不显著，则观察者可能会作外部归因。

尽管人们有一定的归因判断规则，会依据一定程度的理性归纳行为原因，但是归因偏差仍然显示出非常强烈的效应，主要表现为基本归因偏差、简单化效应和自我服务偏差。

（1）基本归因偏差。尽管在评价他人的行为时有充分的证据支持，人们仍然倾向于低估外部因素的影响而高估内部或个人因素的影响，这就是基本归因偏见。基本归因偏差在我们的日常生活中很常见。比如，当销售代表的业绩不佳时，销售经理总是倾向于将其归因于下属的懒惰而不是客观外界条件的影响。人们总是把他人行为的动因归结为内部因素。事实上，人们对自身行为动因的认识总是模糊和不清晰的。但是，社会心理学的研究表明，人们行为最大的影响因素来自个体所处的环境。在著名的米尔格兰电击实验中，大多数人做出了连自己也无法想象的向无辜者施加 450 伏电击的行为。

（2）简单化效应。人们对行为动因进行归纳时，倾向于用过分简单化的因素下结论。实际上，人们的行为由多种动因导致，比如上文扔石头的小孩，可能是一时兴起，也可能是出于好奇，或者想到了某个游戏场景。但是人们在归因的时候倾向于用其中一两个动因，比如小孩很淘气。人们倾向于对最明显、最吸引注意力的因素赋予更大的权重，生动形象的动因总会占到归因的大部分解释。

（3）自我服务偏差。在维纳的工作归因模型中，研究者发现了明显的自我服务偏差，人们倾向于对自身和他人的行为做出有利于自己的解释。比如，人们会把自己的成功归因于内部因素，比如能力或努力，而把失败归因于外部因素，比如运气，这称为自我服务偏差。对于他人行为的归因恰好相反，会把他人的成功归因于外部因素，比如运气好、任务简单，而把他人的失败归因于对方的能力差、努力不够。

4.4.2 认知失调理论

在"为什么要扔石头"案例中，老头很巧妙地使用了外部奖励来转移小孩的注意力，通过实际行为让他们把行为归因转移到了外部特征,进而消除了"努力扔石头"的行为。但是,对于绝大多数管理者而言,管理工作的目的是激发一种工作行为,而不是消除某种行为。那么请想一想,能不能设计相应的方案推动小孩子去扔石头?这背后又有哪些组织行为理论可以加以解释?认知失调理论从态度、行为和第三方关系的一致性角度,说明了如何通过诱导机制使得人们努力去从事某个行为。

案例　杭州厨师俞掌柜成功登顶珠穆朗玛峰

2017年5月21日凌晨4点56分,俞建洪踏上珠穆朗玛峰的山顶。在登顶的路上,他亲眼见到了死亡。据说,在中国只有两位厨师成功登顶珠峰。他背着装备,带着自制的香肠、粽子踏上登顶之路,在冲顶前花半天时间炖了一锅羊肉。

"珠穆朗玛峰一直是人类想要证明攀登能力的圣地,世界各地许多登山者在珠峰顶上留下脚印,因尝试攀登珠峰而死亡的人数超过280,这个数字每年还在不断增加。"俞建洪在朋友圈中这样描述。假想过无数次的死亡,真的出现在眼前时,他的心脏一瞬间仿佛被击了一记重拳,闷闷地难受。他们是在黑夜冲顶的,黑暗中,头灯的光一下打在前方的路边,一个人一动不动地坐在那里,眼珠已经结冰,握拳的双手也已经结冰,只有腹部还在微微动着。这是个奄奄一息的人。等到大家下撤再见到他时,这个人已经整个结成冰块。

到达山顶,在这样极寒的峰巅,手机只要从温暖的口袋里拿出来,开机几分钟后就会关机。但哪怕只有一分钟,也要用来记录自己这历史性的一刻,而为了记录这一刻,他必须摘掉氧气面罩,才能拍到自己的脸,虽然这张脸已经红肿苍老到一下很难辨认。但就这一分钟,当他再要戴回氧气面罩的时候,发现出气口已经结冰,氧气吸不上来了,那一秒,他的脑袋里闪过死亡。还好,他很快冷静下来,用力去吹,也幸好,他没有拍照太久,冰还没有结得很实,出气口被他吹通。重新吸上氧,他感觉又活下来了。

更艰苦的是下撤。在海拔8000米以上,一旦睡着,就很难再醒过来了。所以,当他们从峰顶回撤到4号营地时,大家只是在营地的帐篷里坐着休息一会,就又立即往7000多米的3号营地下撤,一直要下撤到6000多米的2号营地才能睡觉。从冲顶开始,这时候差不多有两个晚上没有睡觉。身体极度疲劳困乏,甚至有人会出现幻觉……俞建洪说,这个时候真的很想睡觉,完全是靠意志力在跟自己斗争。他听说在4号营地的帐篷里,有4个人永远睡了过去。

资料来源:http://zjnews.zjol.com.cn/zjnews/hznews/201810/t20181028_8598109.shtml

思考题:
1. 登顶珠峰给登顶者带来哪些奖励?
2. 登顶珠峰的过程是痛苦的还是愉悦的?
3. 尝试用激励理论解释登顶者的动机水平。

人们有太多的爱好,整个过程带来的体验更多的是痛苦,而不是愉悦,比如登山、马拉松等。这与期望理论的解释不同。这种艰苦的坚持并没有给人们带来回报和更多的效用,并不是人们不清楚从事这项活动所带来的痛苦,相反,往往是人们在经历了一次登山的痛苦体验以后,他们会更加热爱这项活动。这与效用的概念是相违背的。

1. 认知失调的要素

美国社会心理学家利昂·费斯廷格(Leon Festinger)于1957年提出认知失调理论(Cognitive Dissonance Theory)来解释人的态度变化过程。费斯廷格认为,一般情况下,人们对于不同事物的态度以及自己的态度和行为之间的倾向是相互协调一致的;当出现不一致时,就会产生认知不和谐的状态——认知失调,并会导致人们内心产生紧张压力。也就是,当人们认识到自己的态度之间或者态度与行为之间存在矛盾的时候,他们会体验到紧张。人是会主动去消除这种紧张状态的,他们会使用改变态度、增加新的认知、改变认知的相对重要性、改变行为等方法,力图重新恢复平衡,消除这种紧张。

在认知失调理论系统中,存在至少三个方面的影响因素:① 态度,员工对于目标任务或者工作任务的态度倾向;② 行为或者其他认知态度,员工对于目标任务或者工作任务采取的行为偏向,或者他对其他事物的态度;③ 第三方因素,员工对于目标任务的行为有可能受到第三方因素的影响,通常是环境因素。这个第三方因素可能来自明确的公司规定、上司压力等,也可能来自不明显的组织场景、群体场景等,还可能是其他信息线索让人们临时改变了倾向。总之,第三方因素会影响员工的行为。

一般情况下,人们对事物的态度或者态度与行为是一致的。人们不会做与自己态度不一致的行为,也不会对同样的事物持有不同态度。比如,对于工作这件事。人们会有"工作是痛苦的,需要付出努力",但同时又会有"工作可以带来回报"这样两种不同的态度,还会出现"我在努力工作"的行为。此时,费斯廷格认为此时出现了失调。一方面是两种态度之间的失调,另一方面是态度与行为的失调。这种失调带来了紧张感,人们需要改变其中的某一项来消除失调。可以对不同因素赋予不同权重,比如工作回报更加重要;也可以改变其中某一项,比如"我不再努力工作了"。这样认知失调就得以解除。

2. 行为改变态度

行为改变不是那么容易的,而且行为受到很多因素的影响。比如某些成瘾行为(吸烟、喝酒),人们明明知道有害,但没有办法改变。更有一些行为是过去发生的(以前的行为),这些行为既成事实,不可能去改变。此时,认知失调产生后,人们只能改变自己的态度,或者改变对自己行为的认识。此时会出现两种情况:① 当行为场景中存在明显的第三方因素的影响时,人们可以很容易解释他们的行为。比如,这件事情是因老板的压力而做的,或者是因高额的奖金而做的。② 当行为场景中不存在明显的第三方因素时,人们可以改变的只是自己的态度。比如,改变态度认为"我是喜欢这种行为的"。

认知失调理论在解释员工激励行为的时候,也就是解释人们持续努力做一件事情的时候,主要适用于行为先于态度的场景。也就是,员工的行为已经因场景因素而产生,并且对员工来说,已经是一个不可改变的事实了。认知失调理论强调是行为改变态度,而不是态度影响行为,认为人们的行为是有可能先于态度的。

费斯廷格强调这是一个反态度行为(Counter-attitude Action),也就是与员工现有态度不一致的行为;并且,当这个反态度行为没有明显的第三方解释理由的时候,人们觉得自己在这个行为场景中还有自由选择权。在没有受到强迫的时候,反态度行为将有助于员工改变态度。在下一步中,员工将以更大的热情投入与反态度行为类似的其他行为。

3. 用认知失调理论改变工作态度

综合以上要点,管理者运用认知失调理论改变工作态度,有以下几个要点:① 基本原理是"行为改变态度"。认知失调理论强调用"反态度行为"去改变员工的工作态度,而不是通过说服、引导等知觉手段。"先有行为,后有态度",通过从事一项工作来改变态度倾向。② 促成员工"反态度行为"的第三方因素不能是强制的、很明显的外部诱因。强制措施、明显的奖励因素都会给员工带来明显的外部理由,会让"反态度行为"改变态度的方法变得无效。③ 第三方因素是诱导员工产生"反态度行为"的根本因素。通常,第三方因素可以是群体、场景等预设的社会环境因素,员工在做出"反态度行为"时感觉到自己有自由的选择权。一开始做出的"反态度行为"是边界模糊的行为,或者相对轻微的行为,经由行为结果的不断反馈层层升级,然后固化稳定对应的"反态度行为"。

根据认知失调理论,虽然登山整个过程的体验更多的是痛苦,但会让人们更加热爱这项活动,而不是讨厌。人们一开始选择去登山的时候,并没有外界的强制性因素,但从登山过程中感受到强烈的痛苦。这种痛苦感受和登山者努力过的登山行为相矛盾,就会产生认知失调。只有赋予登山运动更大的爱好权重,说服自我是热爱登山的,才会消除这种失调。因此,如果登山运动没有其他明显的强制性因素,登山过程越艰苦,登山者反而越喜欢这项运动。

4.5　强化过程视角的激励理论

相信各位在自己的幼儿园、小学时期,都有过戴小红花的经历。回忆一下当时的场面,是不是满怀着自豪,美滋滋地体味着老师和父母对自己的肯定?是不是心里暗暗下定决心,下一次要做得更好,拿更多的小红花呢?

在企业管理工作中可不可以用"小红花"的手段?这其实就是一种对行为的强化,通过奖励保持和加强积极行为。这样的例子在我们的身边数不胜数,在学校里面有每个学期发放的各类奖状、班干部的任职机会等;在企业组织中有奖金发放、荣誉称号,也有扣奖金、纪律处分等惩罚手段,这些都是强化理论的实际运用。

4.5.1　强化理论

强化理论(Reinforcement Theory)是和经典条件反射理论密切联系在一起的。巴甫洛夫(Pavlov)用狗作为研究对象,发现当某个外部刺激发生时,会引起人们特定的反应。这可以解释人们为什么能学会特定的反应模式。

哈佛大学的心理学家斯金纳(Skinner)提出,人们为了达到某种目的,会采取一定的行为作用于环境,而不是一直被动地接受外部刺激。当这种行为的结果对他有利时,这种行为就会在以后重复出现;不利时,这种行为就减弱或消失。人们可以用正强化或负强化的办法来影响行为的结果,从而修正行为。

由此,斯金纳提出了操作性条件反射理论的概念。经典条件反射理论讨论由外部刺激引起人们的行为变化(SR),是被动接受刺激强化的过程;但是操作性条件反射理论讨论由人们的行为引起的外部环境变化(RS),探讨人的主动探究学习过程。

操作性条件反射理论(Operant Conditioning Reflection Theory)与经典条件反射理论主要有两点区别:① 经典条件反射理论认为,每一种环境刺激都会引起人们的反应,正面与负面的反应影响了人们的行为;在操作性条件反射理论中,人们只有做出了一种反应,才会引起周围环境的某个变化,进而影响行为。人们有可能做的很多其他行为没有引起反应。② 经典条件反射理论中,每一次刺激都会作用于个体,形成反应;操作性条件反射中,只有正确的行为才会引起结果的变化,人们的行为是获取组织环境结果变化的工具。

强化理论主要着眼于如何引导人的行为,使它朝着组织所希望的方向进行。所谓强化,是指随着人的行为之后发生的某种结果会使以后这种行为发生的可能性增大。人具有学习能力,通过改变所处的环境,可以保持和加强积极的行为,减少或消除消极行为,把消极行为转化为积极行为(见图 4-8)。据此,强化理论提出了以下几种行为改造策略。

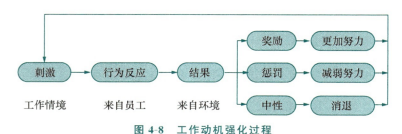

图 4-8　工作动机强化过程

1. 正强化

正强化是指对正确的行为及时加以肯定或奖励。正强化可以导致行为的继续,条件是给予的奖励必须是员工所喜欢的。例如,企业用某种具有吸引力的结果(如奖金、休假、晋级、认可、表扬等),以表示对员工努力安全生产的行为的肯定,从而增强员工进一步遵守安全规程的安全生产行为。

2. 负强化

当终止或结束不愉快的行为获得奖励时,采用的就是负强化行为。负强化可增大某种预期行为发生的概率,而使一些不良行为结束或消退。例如,老师告诉经常迟到的学生"如果不迟到的话,就不会受到批评"。老师采用的就是负强化方法。

3. 消退

对某种行为不采取任何措施,既不奖励也不惩罚,这是一种消除不合理行为的策略。因为倘若一种行为得不到强化,这种行为的重复率就会下降。例如,企业曾对员工加班加点完成生产定额给予奖酬,后经研究认为这样不利于员工的身体健康和企业的长远利益,因此不再发给奖酬,加班加点的员工就会逐渐减少。

4. 惩罚

惩罚就是对不良行为给予批评或处分。惩罚可以减少这种不良行为重复出现,弱化行为。但是,惩罚一方面可能会引起怨恨和敌意,另一方面随着时间的推移,惩罚的效果会减弱。例如,下级每次不按时完成任务,会被上级批评,扣除一定数额的奖金,那么几次惩罚之后,他的不按时完成行为就会减少;但长期下去,惩罚的作用又没有那么有效了。

4.5.2 社会学习理论

每一次奖励和惩罚就是一次强化。就像在学校读书时,大家都很关注什么样的同学得到了奖学金、什么样的同学得到了保送推荐,其实这都是强化。而在企业中,如果管理者由于疏忽奖励本应奖励的事件,那么组织原本制定的原则就会受到挑战,员工会认为这些组织制度只是表面的,而认定存在所谓的"潜规则"。在这些例子中,员工本身并未亲历这些事件,而是观察到这些事件,由此形成对"RS"关系的认识。

社会学习理论(Social Learning Theory)认为,经典条件反射和操作性条件反射都描述了强化过程的一部分,但在大部分实践中,人们不需要亲自体验刺激或者行为导致的结果,只要人们认识"SR、RS"的关系,就可以通过模仿和自我控制采取相应的行动。在社会学习的过程中,社会认知、模仿过程、自我效能起到了关键的作用。

1. 社会认知

近年来,社会认知的观点在组织行为研究中应用广泛,班杜拉(Bandura)在社会学习、社会认知的理论发展中起到了奠基作用。除了讨论环境刺激与行动反应的关系,自我控制机制是社会认知的重要内容。人们会根据自己所观察的行为与组织结果之间的关系,调整控制自身行为,维持自己行为向着某个目标努力。在社会认知过程中,五种能力形成基础:抽象化、预测未来、模仿学习、行为自我调控、自我反省。

2. 模仿过程

模仿过程的核心是用观察替代自身的经历,替代用经典条件反射和操作性条件反射才能够习得的行为。班杜拉认为,尽管人们的行为可以通过奖励和惩罚的塑造形成新的模式,但是如果仅仅以这两种模式进行,人们的学习无疑是低效率、无戒果的。人们表现出的学习行为大部分来自对"榜样"的观察和模仿。组织向每一个新成员传授语言、风俗、规范,开展某种文化、宗教和政治活动,都是对偶然行为进行选择性强化。人们会基于对偶然行为进行选择性强化的观察结果,形成对行为规则的解释,模仿控制自我行为,学习获取类似的组织结果。

3. 自我效能

班杜拉把自我效能(Self-efficacy)定义为"相信自己有能力完成某个工作任务的行为"。当员工面临某个工作任务的时候,虽然没有做过这项工作,但在他的头脑中,通过社会认知和模仿,已经形成对完成这项工作的抽象化和预测,形成对完成工作任务的信心。

员工的自我效能将决定他能够付出必要的努力,面对困境时的坚持,遭遇困难甚至失败时能够表现出多少毅力和韧性。也就是,相信自己能够圆满完成工作任务的人(高自我效能),会比那些认为自己会失败的人(低自我效能)保持更好的工作状态。他们动机水平更高,更加能够坚持,不容易体验到压力,不会筋疲力尽。

在"绩效主义毁了索尼公司"案例中,绩效主义的做法能够在组织中蔓延,形成组织氛围,同时存在强化过程与社会学习过程;亲历者和观察者都可以通过组织的奖惩措施,形成对自我行为模式的控制。在"为什么要扔石头"案例中,并不是每一个小孩都亲自扔了石头,但他们共同做扔石头这件事情,会让观察者领会扔石头带来的结果,进而形成对"RS"过程的抽象预测,人们的行为也会由观察而产生调整。

强化过程视角的激励理论更加关注行为过程反馈带来的行为调整。行为主义观点关注自身亲历的行为带来动机水平的变化,社会学习的观点把社会认知引入强化过程,认为对于强化过程的认识也能够成为动机水平调整的一部分,甚至对于绝大部分人,观察和模仿是影响工作动机水平的主要机制,而不是亲自体验行为后果。

4.6 激励理论的综合模型

波特(Porter)和劳勒(Lawler)在考虑了员工的能力和工作机会的基础上,结合当代激励理论,构成了一个完整模型,为全面理解员工在企业的行为动机提供了依据。

波特-劳勒模型以期望理论为基础,说明当员工意识到努力与绩效、绩效与奖励、奖励与个体目标的实现之间有密切的关系时,会提高努力程度以取得较好的个人绩效,从而获得组织奖励,实现个体目标。当个体目标得以实现时,员工的满足感会油然而生,满意度也由此得到提高(见图4-9)。

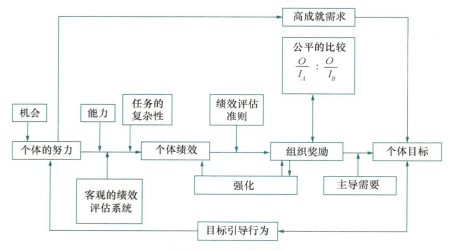

图 4-9 波特-劳勒模型

从波特-劳勒模型可以看到,员工的绩效水平不仅取决于员工的努力,还受员工的能力、组织评估系统的客观性和公正性以及工作设计的影响。在努力程度一定的情况下,为了取得高绩效,个体必须拥有工作所需的能力,为了提高能力,员工期望企业能够提供培训。同时,员工也希望绩效评估系统是公平合理的,不合理的评估不仅不能激励员工,还会让员工产生消极行为,减少努力程度。员工的绩效需要得到及时的反馈,比如表扬与鼓励、组织奖励等,它们会对员工行为产生正强化,提高员工努力程度。员工也会将自己获得的奖励与他人相比,衡量所得奖励是否公平,这涉及企业管理制度与用人机制等方面的公正和公平。另外,员工还会衡量组织奖励能否满足其生理、安全、社会、尊重和自我实现五个层次方面的需求,尤其是占据主导地位的需求。

尽管波特-劳勒模型整合了多数外源动机视角的激励理论，形成了整体模型，但是它对于内源动机视角、社会认知视角的激励理论的整合并不充分，没有能够看到内源动机和人们自身认知主动性在动机水平和持续激励中的作用。这与波特、劳勒所处的工业化时代有着很多关联。工业化时代的组织多数具有科层式的结构与清晰的岗位职责定义。随着信息技术的发展，弹性化、扁平化、平台型组织模式逐渐普及化，人们的工作也变得更加有弹性，需要自身主动性、创造力才能有更好产出。正如德西与瑞恩在自我决定理论中所描述的，受控动机可以更好地预测常规化、算法式工作任务的绩效，而自主动机可以更好地预测创造性、启发式工作任务的绩效。

❑ 本章名词

激励（Motivation）
期望理论（Expectancy Theory）
期望（Expectation）
公平理论（Equity Theory）
需求层次理论（Hierarchy of Needs Theory）
自我实现需要（Needs of Self-realization）
保健因素（Hygiene Factor）
成就需求（Need for Achievement）
合群需求（Needs for Affiliation）
自我决定理论（Self-determination Theory）
自主动机（Autonomous Motivation）
归因理论（Attribution Theory）
基本归因偏差（Basic Attribution Bias）
认知失调理论（Cognitive Dissonance Theory）
操作性条件反射理论（Operant Conditioning Reflection Theory）
社会学习理论（Social Learning Theory）

目标设置理论（Goal-setting Theory）
效价（Valence）
工具性（Instrumentality）
组织公平（Organizational Justice）
尊重需求（Needs of Self-esteem）
双因素理论（Two-factor Theory）
激励理论（Motivation Theory）
权力需求（Needs for Power）
受控动机（Controlled Motivation）
简单化效应（Over-simplified Bias）
强化理论（Reinforcement Theory）
自我功效感（Self-efficacy）
自我服务偏差（Self-serving Bias）
反态度行为（Counter-attitude Action）

❑ 本章小结

1. 能力、动机、机会是影响员工工作绩效的三个主要因素，动机水平是这三个因素中唯一在短期内会发生变化的因素。

2. 外源动机视角的理论从设定外部目标、考虑经济收益、进行社会比较的角度考虑员工个人以外的因素如何影响动机水平。这也是管理者可以直接通过政策设定加以影响的因素。

3. 内源需求视角的理论从员工内部需求分类角度探讨动机水平的变化，认为只有员工内化的动机才能持续起到激励员工的作用。管理者可以通过滋养员工的关系、自主和胜任需求，促进员工动机的内化。

4. 社会认知过程视角的激励理论认为员工认识工作行为、工作努力、工作结果之间的关系是影响动机水平的重要因素。管理者可以通过正确引导员工的社会认知过程来影响动机水平。

5. 强化过程视角的激励理论从行为主义、社会学习角度探讨行为习得、自我控制、动机保持，认为组织政策结果促进或者消退工作动机。在习得过程中，员工对强化反馈过程的社会认知起到重要作用。

❏ 讨论思考

1. TED 视频《中国工人的声音》

蓝领工人是中国劳动力队伍的重要组成部分。张禾彤（Leslie Chang）用了 3 年时间，调查了东莞工厂的蓝领工人，撰写了《打工女孩：从乡村到城市的变动中国》一书，并在 TED 做演讲《中国工人的声音》。结合你对蓝领工人的了解，请做下面两步工作：

（1）用激励理论分析张禾彤的观点，列举相应证据；
（2）谈谈你是否同意张禾彤的观点，并列举你的理由。

2. TED 视频《什么让我们更热爱自己的工作》

观看 Ariely 在 TED 发表的演讲《什么让我们更热爱自己的工作》。1974 年出版的《工作》（Working）一书，是具有里程碑意义的工作口述史。斯塔兹·特克尔在该书介绍中提出，在激励美国员工时，"意义"与经济报偿同等重要。

尝试从归因理论、认知失调理论的角度讨论工作的"意义"，并归纳管理者应该采取哪些措施，才能提升工作的"意义"。

❏ 案例分析

如果为了 KPI 而活，那阿里就完了

前不久，阿里巴巴集团 CEO 张勇在年度组织部门晋升成员沟通会上发表"如果为了 KPI 而活，那阿里早就完了"的讲话。张勇的讲话首次系统讲述了他对组织及管理的一系列思考。

张勇讲到了四个核心关键词——"造梦者""创造者""学习者"和"坚持者"。张勇认为，梦想本质是源于不断为客户、伙伴创造价值的自我驱动。"要成为造梦者，而不仅仅是被梦想激励的人。如果为了 KPI 而活，那阿里早就完了。"阿里人要在学习中不断拓展视野和边界，创造未来并坚持不懈。

下面是部分讲话内容节选：

"自己觉得这个事情是不是有意义，自己觉得我和团队每天的辛苦能不能为社会创造真正的价值，能不能真正让天下没有难做的生意。如果感受到'让天下没有难做的生意'这句话很真实，我们就会觉得有价值；相反，如果觉得它只是一句挂在墙上或写在 PPT

里的话，我们就不会有感受。

我前两天在集团总裁会上向所有总裁讲过一句话，如果我们这伙人为KPI而活着，只是为了一个KPI而做事情，那阿里就完了。这句话同样适用于在座的所有组织部门的同事，如果每个组织部门同事只是为了一个数字、一个最后的绩效考评评语，那么阿里走不远，也走不好。最重要的是我们真正相信什么。这么多年走过来，我自己的经历和经验是，最重要的是让自己满意，而自己满不满意只有自己知道，跟别人无关。"

思考题：
1. 请在网络上搜索张勇的讲话，阅读后，与"绩效主义毁了索尼公司"案例进行对比。
2. 讨论绩效主义的做法与KPI管理有哪些联系？
3. 用自我决定理论分析讨论张勇的讲话。
4. 讨论为何即使不用KPI的时候，管理也仍然能有效地达成组织目标？

21世纪经济与管理规划教材
工商管理系列

第 5 章

沟通与人际行为

【学习目标】

(1) 掌握沟通基本过程要素
(2) 理解换位思考概念
(3) 掌握负面臆想概念的应用
(4) 运用互动式沟通分析对话

开篇案例

韩信点兵，多多益善？

如果你仔细研究过军事，就会发现，要做到带兵多多益善，实在是太难了。要说明原因，就必须从什么是战争说起。如果我们把战争的所有外表包装脱去，就会发现：战争，就是另一种形式的打架斗殴。

先从两个人讲起，相信大家也有过打架的经历，而两个人打架就是我们俗称的"单挑"。"单挑"实际上是一件比较痛苦的事情，因为打人的是你，挨打的也是你，是输是赢全要靠你自己。当然，如果你比对方高大，比对方强壮，凑巧还练过武术，那么胜利多半是属于你的。

现在我们把范围扩大，如果你方有两个人，对方还是一个人，那你方的赢面就很大了，两个打一个，只要你的脸皮厚一点，不怕人家说你胜之不武，我相信，胜利会是你的。下面我们再加一个人，你方有三个人，对手还是一个人，此时，你就不用亲自动手了，你只要让其他两个人上，自己拿杯水，一边喝一边看，临场指挥就行。

就不用一个个的增加了，如果你方现在有一千个人，对手一个人，结果会怎样呢？我相信，在这种情况下，你反而不会获得胜利。因为做你对手的那个人肯定早就逃走了。到现在为止，你可能还很乐观，因为一直以来，都是你占优势。然而真正的考验就要来了，如果你有一千个人，对手也有一千个人，你能赢吗？你可以把一千个人分成几队去攻击对方，但对手却可能集中所有人来对你逐个击破，你能保证自己获得胜利吗？觉得棘手了吧，其实我们才刚开始。

下面，我们把这个数字乘以一百，你方有十万人，对手也有十万人，你怎么打这一仗？这个时候，你就麻烦了，且不说你怎么布置这十万人进攻，单单只说这十万人本身，他们真的会听你的吗？你要明白，你手下这十万人都是人，有着自己的思维，有的性格开朗，有的阴郁，有的温和，有的暴躁，他们方言不同，习惯不同，你的命令他们不一定愿意听从，即使愿意，他们也不一定听得懂。如果里面还有外国友人，那么你还得找几个翻译。这就是指挥的难度，要想降低这一难度，似乎只有大力推广汉语和普通话了。

要是再考虑他们的智商和理解能力的不同，你更会十分头疼。这十万人文化程度不同，有的是文盲，有的是翰林，对命令的理解能力不同，你让他前进，他可能理解为后退，一来二去，你自己都会晕倒。

很难办是吧？别急，还有更难办的。我们接着把这十万人放入战场，现在你不知道敌人在哪里，他们可能隐藏起来，也可能分兵几路，准备伏击。而你要考虑怎么使用自己这十万人去找到敌人并击败他们。此外，你还要考虑这十万人的吃饭问题、住宿问题，粮食从哪里来，还能坚持多少天。

脑子有点乱吧？下面的情况会让你更乱。你还要考虑军队行进时的速度、地形、下雨还是不下雨，河水会不会涨，山路会不会塞，士兵们经过长时间行军，士气会不会下降，他们会不会造反，你的上级会不会制约你的权力，你的下级会不会哗变。

你的士兵有没有装备？装备好不好？士兵训练水平如何？敌人的指挥官的素质如何？敌人的装备如何？敌人的战术是什么？你的心理承受力有多大？打了败仗怎么撤退？

打了胜仗能否追击？等等。

多多益善是一种境界，它代表着指挥官的能力突破了人数的限制，突破了金字塔的塔顶，无论是十万、五十万还是一百万，对于指挥官而言，都已经没有意义。因为这种指挥官的麾下，他的士兵永远只有一个人，命令他前进绝不后退，命令他向东绝不向西。同进同退、同生同死，这才是指挥艺术的最高境界。所以，善带兵而多多益善者，是真正的军事天才。这样的人，我们称之为军神。

资料来源：摘编自《明朝那些事》。

思考题：

1. 从一个士兵到一个军团，战斗指挥者的任务有什么变化？
2. 在带领一支部队进行战斗的时候，将领最重要的职能是什么？
3. 要使得战斗队伍行动一致，将领要做哪些协调工作？

从案例中可以发现，随着军队人数的增加，将领的核心岗位要求已经不仅在于战斗能力，还在于指挥、协调一支队伍行动一致的能力。将领要处理自己与士兵之间的沟通协调，要处理士兵之间的相互协作。在组织活动中，管理者要协调的并不只是自己的工作任务，而是要面对组织中所有的人，协调他们之间的工作任务。在本章节中，我们将重点探讨人际的沟通和协调问题。

5.1 管理者的沟通与协调

5.1.1 管理者的工作

管理的过程是一个通过发挥各种管理功能，充分调动人的积极性，提高机构的效能，实现企业共同目标的过程。这需要沟通、指导和授权。想一想，管理者从事的工作是什么？亨利·明茨伯格（Henry Mintzberg）在哈佛商学院做博士研究的时候曾经观察记录了大量经理人员的工作行为，结果发现，管理者很少在一整段时间内从事同一样工作。他们大量的工作时间不断地被别人打断，平均连续处理同一事项的时间为3—5分钟。他们总是不断地和别人打交道，和不同的人联系、说话、开会。管理者并不是什么事情都亲自去完成，而是通过别人完成自己的想法。如表5-1所示，在明茨伯格列出的管理者的三类10种不同角色的工作中，所有的角色都是以沟通活动为主的。

资料

亨利·明茨伯格这位杰出的管理研究者认为，管理者的行为可以通过考察管理者在工作中所扮演的角色来恰当地描述。明茨伯格对总经理从事的各种活动进行研究，发现总经理在工作过程中实际上充当各种角色。他把这些角色分成三类共10种角色，即人际关系方面的角色3种、信息传递方面的角色3种、决策制定方面的角色4种，如表5-1所示。

表 5-1 明茨伯格的管理者角色理论

大类	角色	描述	特征活动
人际关系方面	挂名首脑	象征性的首脑,必须履行许多法律性或社会性的例行义务	迎接来访者,签署法律文件
	领导者	负责激励和动员下属,负责人员配备、培训和交往的职责	实际上从事所有的有下级参与的活动
	联络者	维护发展起来的外部接触和联系网络,向人们提供互惠和信息	发感谢信,从事外部委员会工作,从事其他有外部人员参加的活动
信息传递方面	监听者	寻求和获取各种特定的信息(其中许多是即时的),以便透彻地了解组织与环境;作为组织内部和外部信息的神经中枢	阅读期刊和报告,保持私人接触
	传播者	将从外部人员或下级那里获得的信息(有些是关于事实的信息,有些是解释和综合组织中有影响的人物的各种价值观点)传递给组织的其他成员	举办信息交流会,用打电话的方式传达信息
	发言人	向外界发布有关组织的计划、政策、行动、结果等信息;作为组织所在产业方面的专家	举行董事会议,向媒体发布信息
决策制定方面	企业家	寻求组织和环境中的机会,拟定"改进方案"以发起变革,监督某些方案的策划	制定战略,检查会议决议执行情况,开发新项目
	混乱驾驭者	当组织面临重大的、意外的动乱时,负责采取补救行动	制定战略,检查陷入混乱和危机的时间
	资源分配者	负责分配组织的各种资源——事实上是批准所有重要的组织决策	调度、询问、授权,从事涉及预算的各种活动,安排下级的工作
	谈判者	在主要的谈判中作为组织的代表	参与工会进行合同谈判

所以,管理者的工作就是决定做什么,然后借他人之力去完成工作,是一个通过他人之手完成自己意愿的过程(见图 5-1)。首先,管理者的重要活动是做决策,正如西蒙所说,

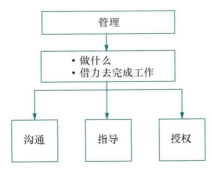

图 5-1 管理者的工作

"管理就是决策",在经营活动中制订经营计划,选择经营方案。然后是执行决策的过程,也就是如何组织人们把相关工作完成。在执行的过程中,主要包括沟通、指导、授权几个环节。

(1) 沟通。这个环节的工作是管理者要让对方明白做什么样的工作、怎么去做,培养对方使其具备完成工作的能力、素质和工作条件。在这里,管理者起到老师的作用,从对方可以理解的角度,描述所要完成的工作,并且引导对方逐步按照要求完成工作。

(2) 指导。这个阶段管理者的工作是激发对方工作的动力,让他们自愿地完成相应的工作,并且在工作中找到相应的成就感。管理者在这个阶段的工作就像教练,不断地鼓励对方去完成任务,并且充满干劲地做好工作。这时,员工的士气是决定工作绩效的主要因素。

(3) 授权。当员工具备了完成工作的能力和动力以后,管理者就可以不投入时间精力,让员工自己完成相应的工作。所以,这个阶段管理者所要做的最重要的工作是放手让对方去做,做到良好授权,但同时又一定程度地控制工作进程。

5.1.2 管理者的人际沟通

从明茨伯格的研究中我们知道,管理者在工作中充当各种角色,他们处理一件事情平均只有 3—5 分钟,而大量工作是通过与他人简单几分钟的谈话完成。所以,管理者的工作离不开沟通,从一定意义上讲,沟通就是管理的本质。人与人之间的相互交往,与上司、下属和周围人之间的协调、决策、计划、组织、领导和控制的开展都离不开信息沟通。管理活动的实践表明,管理者约 70% 的时间用于与他人沟通,剩下 30% 左右的时间用于分析问题和处理相关事务。由此可见,管理,如同其他一些职业一样,不仅需要专业的知识和技能,而且越来越需要与他人沟通的能力。因此,管理者很有必要掌握与他人沟通的技能。

> **概念**
>
> **沟通(Communication)**:通过一定方式在不同个人或群体间传递信息,并获得对方理解的过程。

著名组织管理学家巴纳德(Bernard)认为,"沟通是把一个组织中的成员联系在一起,以实现共同目标的手段"。没有沟通就没有管理。沟通活动贯穿于各种管理活动,可以说需要协调的管理活动都离不开有效的沟通。

以项目管理为例,项目管理是为一个相对短期的目标去计划、组织、指导和控制公司资源的过程。在项目管理中,需要利用系统的管理方法将职能人员(垂直体系)安排到特定的项目(水平体系)中,这就要求管理者通过有效的沟通向员工解释这样安排的目的以及新的工作职责等,以确保员工情绪的稳定和项目计划的成功完成。

案例　　　　　　　　　　难搞的同事

一个月以前,迪亚广告公司的一个银行大客户要求杜贝(创意总监)在一个月内制作一张大的宣传地图,使它的客户可以很容易找到银行自动提款机的位置。创意部门当时正忙于为这家银行制作一系列电视宣传广告,觉得时间很紧迫。看到杜贝沉吟着面露难色,站在一旁的客户总监姜维生怕失掉或得罪这个来之不易的大客户,赶忙告诉客户,由于创意部正在忙于为银行制作一系列电视广告,他本人将亲自督促地图事宜。

看到客户部替创意部答应下这份差事,杜贝很不高兴,客户走后就和姜维争执起来:"客户部并不知道制作地图需要多长时间,怎么能信口答应客户的要求呢?一个月之内我们创意项目组根本无法抽出时间做客户要求的宣传地图!"

但是姜维的口气更为强硬:"如果我们公司不做,多的是广告公司和我们抢生意,我们就有可能逐渐失去这个客户,你知道客户部拉来一个大单(客户)有多难!你不能做,那就由我们客户部做好了。"

一个星期后,在迪亚公司的一次策划会上,杜贝假装随意地问客户部一个员工:"自动提款机项目进行得怎么样了?"

"正在制作中。"这个员工知道之前发生的争执,有点戒备地回答。

杜贝点点头,尽管他在客户部里没有看见任何"制作中"的迹象。随后杜贝"主动"提出创意部从客户部接手这个项目,但姜维断然谢绝:"项目绝对不成问题,客户部有能力搞定这件事。"又两个星期过去了,杜贝又一次向客户部提及自动提款机项目,姜维依然面无表情地回答:"项目正在制作中。"看到客户部反应这么冷淡,杜贝也懒得管"闲事",干脆再也不过问了。

在客户提出要求的一个月后,杜贝、姜维和银行高级管理团队坐到一起,开了一个简短的例会,会上银行行长过问姜维自动提款机地图的事。

姜维很明显变得紧张不安,他完全忘了那个项目的事情。他转向杜贝求助:"告诉我,项目进展如何?"杜贝明白姜维想得到肯定,尽管项目耽搁了,但实际上还是处于"制作中"的。但是,杜贝决定对姜维之前的强势态度反戈一击,选择说实话:"我没有参与这个项目。"姜维脸色一阵发青。

当他们回到自己的公司时,事情闹得越发不可收拾。姜维气势汹汹地冲进创意部的办公室,开始激烈的长篇演说,内容不外乎团队精神是多么的重要,创意部是怎样不顾公司的声誉之类。但杜贝阴沉着脸,始终一言不发。随后的合作中,只要有客户投诉或客户要求终止合同,姜维就会把问题推到创意部。他们两个人及其领导的团队逐渐变得势同水火。

资料来源:罗月儿、清敏,"合作为什么这样难?",《人力资本》,2007年第Z1期。

思考题:

1. 是什么使得两个部门最终变得势同水火呢?
2. 描述这两个部门的矛盾发展过程。
3. 如果你是公司的总经理,如何破解两个部门的矛盾呢?

在企业中，不同职能部门之间的冲突很常见。由于职能的差别，每个人只能接触到组织的一小部分，而对组织的大部分运作过程缺乏了解。图 5-2 是许多公司采取的组织结构。在各管理层级之间总存在"等级或威望"的鸿沟，在组织的工作单元之间也存在许多职能鸿沟。如果我们把管理鸿沟加在职能鸿沟上，就会发现公司被分成许多独立的业务组织，它们害怕泄露信息会增强对手（其他部门/职能）的实力，从而拒绝彼此间的沟通联系。在项目管理中，项目经理的主要工作便是沟通和协调水平职能单位与直线职能单位的各项活动，使这些孤立的工作单元（操作岛）为了共同的目标进行跨职能沟通。

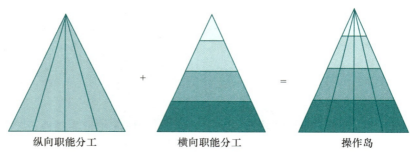

图 5-2　组织中的"操作岛"

但是我们想一想，部门之间的矛盾也会有一个形成和发展的过程，事实上，两个部门之间的不同观点在第一次谈论这个项目的时候就存在，而不恰当的部门间沟通方式使得矛盾进一步发展。那么，这些差异的基础在哪里？发展的过程又会怎样呢？

我们看出，一个大型组织被分成若干个看似相互联系、实际大部分时间是分离的"操作岛"。由于横向与纵向的职能划分，组织"操作岛"内的活动相对比较集中，而与"操作岛"外的联系相对薄弱，每一个"岛"都是相对独立的工作单元。人们对各自"岛"内的看法和工作都是比较认同的，而对其他部门的活动并不是很了解。

每个组织的单元都有外人不了解的潜规则，而这些潜规则主导了组织的活动。我们反思一下常有的部门间的矛盾。在一个生产企业，比如饮料灌装生产线上，通常会有几个班组在工作：生产班组、设备检修班组、质量管理班组。它们的职能各不相同，生产班组的目标是保持生产线充分运转，及时完成生产指标；设备检修班组的目标是维护和保养设备，保证机器能够正常运转；质量管理班组的目标使生产出来的产品符合质量标准。由于三个班组的目标不一样，关于生产要求、安排和机器使用都会产生不一致的意见，因此不同的观点和差异在这个时候是很正常的。

案例　　　　　　　　　　小世界现象

大家曾身处一个规模庞大的组织中，我们测一测您对这个规模庞大的组织的了解程度。

（1）请拿出一张白纸，回忆一下在这一年中，您与您所在组织中的哪些人打过交道，一起工作相处的时间有多少。

（2）按照由高到低的频次，先列出一个您在这一年中打过交道的人员名单，然后分别对应每一个打过交道的人,列出他们占用你工作时间的大约比例。

(3) 把列在最前面的 10 个人的时间比例累加起来,看看他们占用了你多大比例的工作时间。

一般来说,排在最前面的 10 个人的时间占比可以达到 80% 以上。也就是尽管我们在一个组织中工作,我们所了解的组织只是其中的一小部分,大部分信息来自我们打交道的这个小圈子,我们只了解这个组织的一部分。

思考题:
1. 计算这个"10 人时间比例",讨论你对这个组织的了解来自哪里。
2. 比较同学之间的差别,讨论哪些因素影响了"10 人时间比例"。
3. 讨论哪些因素加剧了"操作岛""部门墙"等现象,如何降低它们的负面影响?

5.2 沟通过程

在沟通过程中,没有任何两个人能做到观点和信息的完全一致,这种差异是造成沟通偏差的基础。我们阅读一个小案例,看一看人们之间知识、经验差异如何造成沟通偏差。

案例　　　　　　　　　折撕纸游戏

这个游戏的目的是模拟命令执行过程,有这样几个不同的角色。教师作为命令政策的发布者,学员按照自愿分成 1∶1 配对的小组。其中,一个人扮演上司的角色,另外一人扮演下属的角色。

在游戏中,上司和下属手中各拿一张形状相同的纸,教师发布一些总体性的动作指导意见,然后上司指挥下属确保动作执行一模一样。但是在操作过程中,要求双方背对背,闭上眼睛,只允许语言交流,而不允许视觉交流。

教师只重复两遍指令而不回答任何问题,教师的指令如下:
(1) 请在右上方角上撕去一个正方角,然后对折;
(2) 请在左下方角上撕去一个直角三角形,再对折;
(3) 请在右下方角上撕去一个圆弧形,然后对折;
(4) 展开,对照一下,看看撕纸结果的一致性。

上司逐一向下属布置执行的具体方案,允许采用各种不同的语言描述,但是不允许睁眼查看。最后,双方比较摊开以后纸的形状差异。

思考题:
1. 沟通是什么?
2. 沟通有哪些环节?
3. 沟通有哪些过程?
4. 对沟通者而言,良好的沟通有哪些要求?
5. 良好的沟通有哪些外部条件?

通常在这个游戏中，双方摊开后纸的形状能够做到完全一致的不超过30%。可以思考这样一个问题，在现实组织工作中，任何一个工作任务都会比这个游戏涉及的工作任务复杂。但是，为什么这样一个简单的任务会出现这么高的差错率呢？原因在哪里？

为了解答这个问题，我们首先得理解什么是沟通，沟通有哪些基本环节，哪些环节容易产生问题，应该如何预防这些偏差。

5.2.1 沟通要素

详细了解和掌握一般沟通的过程，对于深入理解管理沟通具有重要作用。我们可以把沟通看作一个过程或流程。如果在这个过程中存在偏差或障碍，就会出现沟通问题。在沟通过程中，首先要有信息发送者和信息接收者，信息的传递和接收是在这两方之间进行的；其次要有一个传递的过程，信息先被编码，转化为可以传递的信号形式，然后通过传播媒体传送至接收者，由接收者将收到的信号转译回来，转化为可以被理解的信息，并对信息做出反应。这样，信息的意义就从一个人传给了另一个人。但是这个过程并没有结束，信息接收者会对信息传递的结果做出反馈；与此同时，信息发送者和信息接收者之间的关系互换，信息发送者发出反馈信息，信息接收者进行解码，理解反馈的含义。

整个沟通的过程如图 5-3 所示，形成一个封闭的循环，在循环过程中，沟通主要包括以下几个要素：

图 5-3　沟通的过程

1. 信息的发送者与接收者

在沟通过程中，信息发送者与信息接收者是不可缺少的，并且两者的关系经常发生互换。对于一个管理者而言，信息发送者往往是自己本身。管理者有各种各样的沟通任务，包括与上司确定工作任务、与同级同事协调工作内容、安排工作计划、向下属布置工作任务。这些都是管理者作为信息发送者角色需要处理的事务。

此外，管理者在考虑沟通任务的时候，也要考虑信息接收者有什么样的特点。信息接收者可能是一个人、一个群体，也可能并不是特指的人而是公众接收者。作为管理者，在这些沟通任务中，应该充分考虑自身和信息接收者的特点以及两者之间的差异。特别地，充分考虑信息接收者的特点，合理组织信息和表达方式，这是达到沟通目的的关键。对于信息接受者，管理者通常需要考虑这样一些问题：

（1）确认"他们是谁"，接收信息的这些人有什么特点。分析这个问题的目的在于确定"以谁为中心进行沟通"。在沟通中，这个对象很有可能是一群人，或者公众群体，他们可能各自有着不同的需求。了解"他们是谁"，先要对他们进行分析，然后站在他们的立场上想想怎样沟通才是有效的。

（2）针对沟通主题，了解他们希望通过这次沟通获得什么？有些信息接收者可能希望了解一个概念和大致意向，有些信息接收者可能希望了解更详细的细节数据，有些信息接收者可能更加关注论证过程与方法。所以，沟通者应考虑对方实际需要什么信息，而不是只考虑为他们提供什么信息。

（3）分析他们更偏向哪一种沟通风格和渠道。如在风格偏好上，有正式或非正式、直接或婉转、互动或非互动交流形式等，要分析对方在文化、组织和个人的风格上是否有偏好。如果有的话，偏好是什么。

（4）了解他们在组织中所处的具体位置和对组织的重要影响。如果沟通的对象是一个组织，那么对这个组织的沟通也许从某个人开始，经过多次与这个组织的人打交道才能达到最终的沟通目的。这时可以看到，在组织中不同人所扮演的不同角色。有些人可能仅仅做一个引路人，有些人可能主要处理技术方面的信息，有些人可能做出关键的决策或者产生重要的影响。信息发送者首先要对这些特点进行充分的分析。

在前面的沟通游戏中，要分析扮演上司和下属的人。作为信息发送者的上司，应该考虑下属如何理解与这个任务有关的对一些操作动作的界定。下属也应该和上司沟通有关上司经常使用的一些术语的具体操作含义是什么？

对动作和操作做一些事先的明确界定也是有必要的，特别是对于"对折"一词会有很多不同的理解，上司和下属有必要考虑对方是如何理解这个词语的。在界定明晰的基础上，针对术语进行规范的操作，这样才能够保证游戏的顺利完成。

2. 编码与解码

编码是信息源（发送者）将信息与意义转化成能够传送的符号的过程。解码则恰恰与之相反，是接收者将接收到的符号还原为信息与意义，并理解其含义的过程。

完美的沟通应该是传送者的信息经过编码与解码两个过程后，形成所传递信息和接受信息的完全吻合，也就是编码与译码完全对称。对称的前提条件是双方拥有相同或类似的背景、经验，以及相同或类似的编码系统。如果双方在这些方面存在不一致，那么在解读信息与正确理解其内在意义的两个过程中必定会出现误差，容易造成沟通失误或失败。因此，传送者在编码过程中必须充分考虑接收者的经验背景，注重内容、符号对接收者来说的可读性；而接收者在译码过程中也必须考虑传送者的经验背景，这样才能更准确地把握传送者意欲表达的真正意图，正确、全面地理解信息的本来含义。

同样的一个符号，在不同编码系统中可能代表不同的含义。同样是摇头和点头，在不同文化背景下的含义就不一样。比如在我国是"摇头不算点头算"，但是在保加利亚是"点头不算摇头算"。

在前面的沟通游戏中，对于我们需要传递的动作信息，比如对折这样一个词语，对应的就是一个动作的编码。但是由于每个人的编码系统不一样，对于几种不同的动作，都可以编码成对折。同样，我们也可以将编码后的信息符号解码成几个不同的动作。如图5-4所示，其实我们再想一想，对折的方式可能还不止这么一些，向内折向外折都有可能。

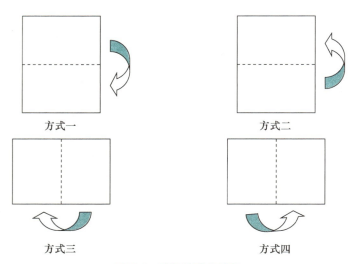

图 5-4　对折的动作编码

编码和解码的不一致是造成沟通偏差的重要原因；但是，在反馈核对的时候，双方都有可能认为对方理解了所要传递的意思。在游戏过程中，因为我们有几次对折的过程，有可能出现一次差错以后，双方操作结果的差距就会越来越远。但是，操作双方的上司和下属可能仍然认为结果在预料之中，直到最后核对的时候才发现动作的差距。

除了前面提到的简单小游戏中表现出编码之间的不一致，我们再看以下这个笑话中，编码的不一致是如何影响沟通的。

案例　　　　　　　　　　手　势　沟　通

一个旅游团的大巴士车路过一片农田，车上的老外看到窗外农民在锄草，他用英文对导游说："中国的农民太有环保意识了，宁可用锄头锄草也不用农药，我要和他沟通一下！"女导游惊诧地说："你们怎么沟通啊！他不懂英文的，我来帮你吧！""不用，谢谢，我们的手势是相通的，地球本身就是一个村子而已！"

于是导游看到老外下车后走到农民跟前，两人比画了一阵手势后，老外兴冲冲地回来了："中国农民的素质真的很高！"导游问他："你们聊了些什么啊？"老外说道："我伸出一个大拇指意思是'我们生活在一个地球，我尊敬你如此热爱环保事业！'这个农民伸出两个手指告诉我'地球有南北两极'，我伸出四个手指告诉他'地球有四大洋'，他伸出七个手指意思是'地球有七大洲'，我伸出九个手指告诉他'地球有九大行星'，他伸出一个食指告诉我'都围绕一个核心在旋转'"老外兴奋地一口气说完这些话。

导游十分怀疑老外的一面之词，更无法想象一个普通农民会和老外有这样的沟通！于是导游下车询问农民想弄个清楚。农民听了导游问其究竟，生气地说："这个白毛杂种太能吹牛了，他伸出一个手指'他一顿能吃一个馒头'，我伸出两个手指告诉他'我能吃两个馒头'，他伸出四个手指说'能吃四个'，我告诉他'我饿的时候能吃七个馒头'，他竟然说能吃九个，我就指着他让他滚！"

资料来源：http：//club.china.alibaba.com/forum/thread/view/187_21863375_.html

思考题：

1. 案例中沟通偏差产生的原因是什么？
2. 老外和农民沟通过程中的哪个环节出现了问题？
3. 沟通这个环节出现偏差的基本原因是什么？

这是一个笑话，在这个沟通过程中，手势是主要的编码，对于同样的手势，农民和外国游客的理解并不一样，双方的编码和解码系统不一样造成了沟通的偏差。那么，哪些因素可以影响双方的编码和解码过程呢？

首先是双方的知识经验背景。双方的知识经验决定了他们将如何去认识一些术语、信号和概念，在他们把编码转化成为具体信息的时候，知识的影响是至关重要的。知识是沟通者内化的信息，知识经验决定了信息加工处理的过程。其次是双方当前的需求和资源禀赋。当人们有某些特别需求的时候，就会对编码过程产生影响。最后是双方的价值观念和兴趣。因此，在进行编码分析时要做到了解沟通双方。

3. 信息组织

信息事实上是经过信息源编码的物理产品。说的时候，说出的话是信息；写的时候，写出的内容是信息；绘画的时候，图画是信息；做手势的时候，胳膊的动作、面部的表情是信息。想一想，为什么现在的人们做报告、陈述项目计划的时候都习惯用PPT。试想三十多年以前，人们是如何做这些事情的？信息呈现的方式有什么不一样？

信息传递与信息表达的方式有很多关系。在做上面沟通游戏的时候，所要传递的信息是动作信号，在这种情况下，图像表达比语言更合适。而我们采用背靠背、闭上眼睛、只许用语言信号去传递信息的方式，这样一来，沟通的难度就增大了很多。所以，沟通者在传递信息时，选择合适的信息结构和表达方式是很关键的。

我们思考这样一个问题，对于大多数管理人员都要面对的项目报告，应该采用怎样的语言组织方式比较合适。不同的表达方式和不同的人表达都会产生不同的表达效果。正如我们在知觉一章中所讨论的，传递信息的故事性、生动性会极大地影响语言信息传递的有效性。管理者要善于利用故事信息、生动信息去传递自己所要表达的含义，特别是当要传递的信息能够在人群中传播时，生动的故事要比苍白的数字更能给人们留下印象。

当1979年三洋电机的海内外总销售额突破1兆日元大关时，三洋电机描述"1兆"的概念如以下案例所示。看过以后，我们想想这样的描述和简单地说"1兆"有什么区别。很显然，生动形象的表述可以给人留下深刻的印象，达到有效传递信息的效果。由此可见，信息的表现形式会很大地影响沟通效果。

案例　　　　　　　　　　**1 兆 日 元**

假如我们把 1 兆日元与时间联系起来,比如说 1 兆秒等于多少年,那么大概就会被这个数字吓一跳。1 年有 365 天,每天有 24 小时,每小时有 60 分钟,每分钟有 60 秒……最后,可以计算出,1 兆秒等于 31710 年! 如果再假定,一个人 1 秒钟可以赚 1 日元,那么等他日夜不停地赚到 1 兆日元时,时间已经过去三百多个世纪,比整个人类迄今为止的文明史还要长 5—6 倍。我们再设想把 1 日元的硬币一个个地叠起来,那么 1 兆日元的硬币足足可以叠成 100 万公里的长度,这个长度等于地球赤道的 25 倍,足足可以从地球到月亮打个来回。

资料来源:井植熏,《我和三洋》,陈浩然译,上海人民出版社,1996。

思考题:

1. 如果换种方法描述 1 兆日元,如何描述?
2. 面对不同的人群,比如学生、商户,如何有效地使用生动信息来描述?

4. 传播媒体

传播媒体是指传送信息的媒介物,也称通道。当信息被编码以后,需要通过合适的媒介才能够实现传递。比如,上面案例中的这段话,印在书中通过书本的发行进行传递是一种媒介方式;通过给员工的现场讲话进行传递也是一种方式;通过录音、广播等传递则是一种影响面更加广泛的方式。不同传递方式影响的人群不一样,适合传播的信息和传递效果也不一样。

我们通常所用的媒介和渠道有哪些? 最常用的沟通渠道是面对面交谈,这是信息交流最直接、信息最丰富的渠道。通常,办公室中还有电话、传真、文件这些常用沟通工具。随着信息技术和网络技术的发展,信息沟通渠道会越来越丰富,企业既可以选择传统的报纸、杂志、电视、广播等作为沟通媒介,也可以选择网络(包括电子邮件、数据视频、短信等)作为沟通媒介。

信息传播媒体本身由信息发送者选择,但也遵循一定的传播规律,掌握沟通媒体的规律会给管理者带来巨大的影响。最典型的沟通渠道选择发生在企业与目标客户的沟通中,媒体选择会影响到产品销售的结果。试想这样一个问题:如果你的公司生产一种能有效治疗青少年近视的药品,那么你应该选择什么样的渠道和媒体来传播产品信息? 如何去影响客户人群? 对于 20 岁左右的年轻人群体来说,网络渠道可能是比较好的方式;而对于 50 岁以上的中老年群体来说,报纸和电视是比较好的信息载体。同时也应该看到,在购买决策中,不同人分别起到不同的作用。

我们来看一个典型的例子,网游《征途》选择的传播媒体与以往的网游(比如《传奇》)有什么不一样? 《征途》与传统媒体中类似消费品营销的方法和人员推销、买断终端渠道的方法有什么作用?

案例　　《征途》的沟通媒介

"网络游戏的营销方式是国内所有产业中最落后的。"史玉柱曾不止一次地抨击国内网络游戏公司都不太注重地面推广,"这个行业的人不注重消费者研究"。

正是依靠强大的广告攻势和地面营销队伍的推动,史玉柱经营的保健品业务长期以来一直处于行业第一的位置。在拥有多年"脑白金"业务经验的史玉柱看来,"市场营销的关键是空军和陆军的配合,'空军'就是广告的轰炸,'陆军'就是地面营销队伍的推进"。

在《征途》网游的成长过程中,史玉柱也在众多电视媒体投放了广告。在这种"陆空配合"思想的指导下,《征途》网游从成立开始就不断地在全国各地设立办事处,推广旗下的游戏产品。

"我们的目标是在全国1800个县设立办事处。"史玉柱透露。相比网易和金山来说,史玉柱旗下保健品业务遍布全国各地的销售渠道,也可以为网游业务的渠道建设带来便利。"只要需要,我们可以一夜之间在全国5万个网吧刊登《征途》网游的广告。"史玉柱称,这种借助地面人海战术进行推广的优势相当明显。据称,《征途》网游的营销人员每天都会到网吧等渠道了解自己的海报是否被覆盖,而网易的营销队伍一般需要一个星期才能完成上述工作。

作为推广的一种手段,《征途》网游的庞大营销队伍还会在全国各地开展各种活动来推广旗下网络游戏产品。"我们有时会在周末包下全国各地5万家网吧让玩家来玩。"史玉柱称,在包场的当天,这些网吧只能提供《征途》一款游戏供玩家玩。这样,不仅提高了《征途》网游公司的收入,还打击了竞争对手的市场份额。

在史玉柱看来,网络游戏产业同保健品一样,都是利润比较高的行业,可以支撑庞大的销售渠道。实际上,这些地面推广人员的收入是与业绩挂钩的,公司本身需要支付的额外成本并不高。

"网络游戏行业的很多公司都不太注重二、三线城市。"在史玉柱看来,国内一线城市的人口才几千万,虽然处于金字塔的顶端,但是整个市场规模有限;而二、三线城市聚集了数亿的人口,只要推广得好,市场空间相当大。这也是史玉柱在经营"脑白金"等保健品业务时探索出的中国国情。

"我不会去主打一线城市,二、三线城市的总量要比一线城市大很多。"史玉柱称。实际上,在北京、上海等一线城市里,网易和盛大等市场先行者所占的市场份额已经相当高,整个市场的推广费用也水涨船高。"在一线城市的很多网吧去贴广告画是要付钱的,但是在二、三线城市基本上不需要。"史玉柱说。

在一线城市里,很多玩家在自己家里玩游戏,史玉柱的地面推广队伍派不上用场;但是在二、三线城市,众多的玩家在网吧里玩游戏,这也是史玉柱的营销优势所在。

事实上,二、三线城市也给了《征途》网游足够好的回报。上海市广电局的一份统计报表显示,2006年,《征途》网游的营业收入为6.26亿元。2007年,其市场份额发展速度更快,市场流传的数据是,2007年3月,《征途》网游的月运营收入超过1.6亿元,月纯利润超过1.2亿元。以此计算,该公司第一季度营业收入将超过4.8亿元,每季度纯利润将超过3.6亿元。

资料来源:http://news.17173.com/content/2007-08-15/20070815172306238.shtml

思考题:
1. 《征途》营销的对象和目标客户是哪些人?
2. 公司如何选择沟通的媒介?公司如何组织实施有效的沟通?
3. 公司如何分析评估这些媒体的沟通效果?

在这个案例中,与传统网络游戏厂商的目标不太一样,《征途》把它的影响目标界定在二、三线城市的网吧游戏玩家。界定这样的市场营销目标,首先在于它不是其他网游厂商的营销重点,而是一个市场空隙;同时这个空隙足够大,如果运作得好,市场总量要比一线城市更大;另外,选择在网吧的理由是这些地点目标消费者集中,沟通效果的成本效益更好。

明确界定了市场目标以后,公司采用了多种沟通手段去影响消费者。与其他网游公司相区别的是,公司采用了快速消费品营销中经常采用的营销网络。用店面广告去造成视觉冲击,用店面的铺货、网吧渠道的买断来拉动人气,用人员的推销去推动销售。可以说,《征途》采用了很多消费品营销的沟通渠道。普通的消费者容易接受这种具体生动的沟通的渠道。这与只采用网络广告和一线城市的营销不一样,二、三线城市的消费者更加容易接受这样的形式。这种沟通媒介更加容易到达消费者那里,而且更加容易把产品销售出去。

一个高明的信息沟通者可以根据信息内容的特点选择沟通媒介。我们想一想在"折撕纸游戏"中,我们的媒体是什么?仅仅是口头的语言,语言媒介也许不适合传播动作信息。如果能够借助一些共同的视觉信号,那么沟通就要有效得多。同样,我们也可以想一想语言适合传播什么样的信息,手势适合传播什么样的信息。

每一个问路人都会有这样一种感觉,听别人描述半天以后还是不明白具体应该怎么走,而画一张图效果要好得多。因为方向、图形等信息用图像形式会更加有效。如今已经广泛使用的"滴滴打车"比以往"电话叫车"能更好地传递位置信息,因为地图、GPS在传递位置信息的时候要比语言文字更加有效。但是,如果我们要表达鼓动性的战斗檄文、表达思想意境,那么语言文字的效果就会体现出来。

5. 反馈

反馈是指接受者把收到并理解了的信息返送给发送者,以便发送者对接受者是否正确理解了信息进行核实。为了检验信息沟通的效果,即接受者是否正确、完全、及时地接收并理解了信息发送者传达的信息,反馈是必不可少的,甚至可以说是至关重要的。在没有得到反馈以前,信息发送者无法确认信息是否已经得到有效的编码、传递、译码与理解。

案例　　单向沟通与双向沟通

请教室中刚才做沟通游戏的上司和下属换一下角色，同时把教室中的小组分成两大组。

请下属面对黑板，上司背靠黑板，下属指挥上司画黑板上的图案。两大组分别做以下两个任务：

(1) 单向沟通：背对着别人按照你的描述画图 5-5A，按从上到下的顺序画，不许提问！（限时 6 分钟）

(2) 双向沟通：背对着别人按照你的描述画图 5-5B，按从上到下的顺序画，可以提问！（限时 10 分钟）

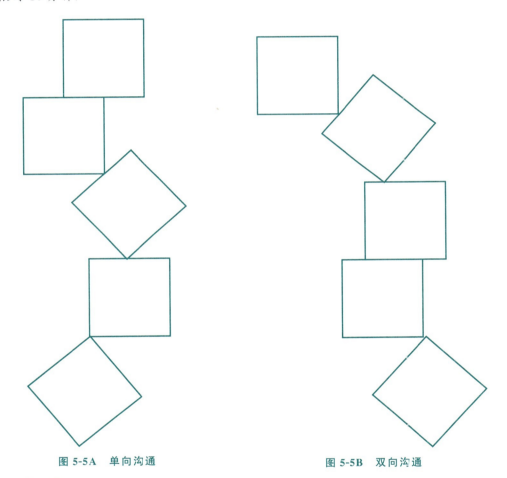

图 5-5A　单向沟通　　　　　　　　图 5-5B　双向沟通

思考题：
1. 下属(指挥者)谈自己的感想，并对上司(画图人)的提问进行评价。
2. 上司(画图人)谈自己的感想，并对下属(指挥者)的回答进行评价。
3. 谈谈在沟通过程中方位性的术语。

做完上面的练习以后,我们可以发现双向沟通的效果比单向沟通的效果好很多,双向沟通更加能够保证信息的准确传递。

沟通过程中的大部分因素都有造成信息失真的潜在可能性,并使完美精确的沟通目标受到影响。如果编码不认真,发送者发出的信息就会出现失真;如果传播媒介选择不利或噪声过高,也会使沟通失真;另外,个人的偏见、知识水平、知觉技能、注意广度、解码的认真程度等因素也会在一定程度上使接受者对信息的解释与发送者的想法有差距。

反馈可以使信息发送者及时调整信息发送内容,减少信息发送偏差。由此,我们想一想反馈对于不同形式的沟通效果的影响。为什么很多时候任务需要当面沟通?e-mail 沟通和当面沟通有什么不一样?反馈的存在使得沟通成为双向的,双向沟通的效果要比单向沟通好。这也是下发文件和讲座的效果不一样的原因。

所以,对于管理者而言,保持反馈渠道的畅通是非常有必要的。但是当反馈信息在组织中传递的时候,信息往往会发生扭曲,使得管理者无法得知真实的情况。比如,如果一名管理者告诉上级的信息都是上级想听到的东西,这名管理者就是在过滤信息。

概念

过滤(Filter):是指发送者有意操纵信息,使信息更容易被接收者接受。

这种现象在组织中经常发生吗?答案是肯定的。当信息向上传递给高层管理人员时,下属常常压缩或整合这些信息以使上级不会因此而负担过重。在进行整合时,会掺杂个人的兴趣和自己对重要内容的认识,这样就导致"过滤"。过滤的主要决定因素是组织结构中的层级数目。组织纵向层级越多,过滤的机会就越多。现实生活中"报喜不报忧"就是典型的信息过滤行为。

通用电气公司的前任总裁曾说过:"由于通用电气公司每个层级都对信息进行过滤,使得高层管理者不可能获得客观信息,因为低层管理者以这种方式提供信息,他们就能获得自己想要的答案。这一点我很清楚,我也在基层工作过,也曾使用这种手段。"在权力距离更大的中国文化下,下级迎合上级意愿,调整信息内容的现象更加普遍。

案例　　　　　　　　　**命令的传递**

1910 年,美军部队在一次传递命令中的情况是这样的:

营长对值班军官说:"明晚 8 点钟左右,哈雷彗星将可能在这一地区上空出现,这种彗星每隔 76 年才能看见一次。命令所有士兵穿着野战服在操场上集合,我将向他们解释这一罕见的现象。如果下雨的话,就在礼堂里集合,我将为他们放映一部有关彗星的影片。"

值班军官对连长说:"根据营长命令,明晚 8 点哈雷彗星将在操场上空出现。如果下雨的话,就让士兵们穿着野战服前往礼堂,这个罕见的现象将在那里出现。"

连长对排长说:"根据营长的命令,明晚 8 点,非凡的哈雷彗星将身穿野战服在礼堂中出现。如果操场上下雨的话,营长将下达另一个命令,这种命令每隔 76 年才会出现一次。"

排长对班长说:"明晚8点,营长将带着哈雷彗星出现在礼堂,这是每隔76年才会有的事。如果下雨的话,营长将命令哈雷彗星穿上野战服到操场上。"

班长对士兵说:"在明晚8点下雨的时候,著名的76岁的哈雷将军将在营长的陪同下身穿野战服开着那辆'彗星'牌汽车经过操场前往礼堂。"

思考题:
1. 有人在这个过程中故意扭曲命令了吗?
2. 如何保证命令在传达过程中不被误传?

5.2.2 沟通焦虑

5%—20%的人有某种程度的沟通焦虑或紧张。多数人害怕在人群面前讲话,沟通焦虑会造成更多的沟通问题,造成信息发送者不能专注于信息内容,信息接收者无法专心于对方传递的信息含义。99%的人,包括著名的职业演说家,发表演说时都有不同程度的恐惧和紧张。处在这样的场合,人们会感觉到脉搏加快、呼吸加速、身体处于应激状态,这时人的思维和反应都可能加快,活动的能量也会明显增加。

大部分的沟通焦虑发生在人与人之间的口头沟通过程中,或者在他们使用电话进行沟通的过程中。特别是当人们需要在人群或者公众面前公开讲话的时候,普遍会感觉到焦虑与紧张。

因为不希望看到对方否定态度的信息,人们会依赖于信件、短信或者备忘录传递信息,尽管打电话或者当面沟通更迅捷快速。这并不是因为这些方式更加有效,而是因为沟通者在使用这些方式的时候不感到焦虑,也不会因沟通的场合而感到不适应。

如何才能够应对沟通过程中的焦虑呢?首先应以正确的心态面对焦虑。焦虑是人们面对沟通的正常反应,如果您在演讲前感觉到紧张、心跳加速,这种状态也表明您的身体正准备进入战备状态,您的思维、活动的速度都在加速,这应该是一种正常的状态,只是表明您准备好了。有关工作紧张与焦虑的研究表明,适当的焦虑状态能够促进工作绩效,演讲也一样,但过度的焦虑会影响正常水平的发挥。调节紧张与焦虑的状态是克服沟通焦虑第二个需要考虑的方面。如何克服沟通过程中的焦虑呢?通常有这样的一些手段可以考虑:

(1)充分准备。在沟通前充分熟悉自己要表达的内容,梳理表达思路,做到对所讲内容心中有底。

(2)提前到达,熟悉场地和听众。这有助于演讲者缓解压力,组织针对听众的沟通策略。

(3)自我提示。演讲者事前应该有充分的信心对自己说"我比任何一位听众都了解所讲的主题",通过系统的思考和梳理,表达思路要比任何一位听众都要清楚。

(4)印象管理。印象管理就是对听众对自己可能的信赖感和自己在听众心目中可能的印象进行估计的过程。比如分析自己的穿着、头衔、用语习惯等可能会给听众留下什么印象。事先借助外在形象因素，提升自身的权威性，可以提高在听众心目中的专业程度。

5.3　有效沟通的要点：换位思考

沟通是让对方理解并接受你的观点，对方是你考虑的核心。有效沟通的本质是换位思考，因此要有正确的沟通心态。为了让对方能够更好地理解信息的含义，在组织沟通信息时要全面对称、简明清晰并注重礼节。有效的沟通是双向的，在这个过程中不仅要注意自己的表达，更要积极倾听，这既是解决问题的有效方式，也是提升自我意识的有效工具。我们来看看如何正确地管理沟通的要点。

案例　　　　　　　　　　团队的转变

在团队中常碰到的问题是本位主义难以克服，团队气氛中如果充满批评、指责，就会使每天的上班像进入战场，进入炼狱般的煎熬。

在一次训练活动中，有位主管分享他们公司如何处理团队冲突的故事。他说："以往在主管会议中，最常听到的话是互相批评、互相攻击，场面热闹像'因为生产部未按时交货，所以业绩没有完成！''因品质设计不良，产生顾客抱怨与退货''因业务下单交期太短，中间插单、改单……造成生产不顺'，很多的'因为你的……不对'，所以造成我的……不能做事'，或者'都是因为你没有配合，我的……所以无法完成'；每次会议都为相互间没有配合好的事，与这段时间的缺失及问题争辩不休。"

"经过几次的会议，有一天，刚回国接任的总经理终于忍不住了，在会议上当场用力拍桌子，'啪'，把正在争辩中的主管们吓了一大跳。总经理说：'从现在开始大家改变报告内容，不用再报告别人有什么错误或损失而责备别人，在会议中只能报告两个内容——① 本周内哪些部门、哪些人对你有什么贡献？② 检查你自己还有哪些未做好或不足之处，接下来你要如何改进？'"

这位主管欣喜地说下去："之后的第一次会议，大家都很不习惯，以往只注意别人有什么缺点不能与我配合，不曾注意别人对我有什么贡献。而总经理要求在会议上要报告别人对我有哪些贡献，全场一阵鸦雀无声之后，好不容易有人挤出一句，'谢谢陈经理，那一天在会议室，你为我倒茶！'尽管如此，总经理也表示了认可。"

几次以后，会议的气氛转变了，公司内部氛围也奇怪地随之改变了。每次主管在会议中报告，注意到别人对他的帮助越来越多，表示感谢之外也对自己的不足做检讨，带来了感谢感恩的气氛，也带动了自我检讨、负责的工作态度，团队合作凝聚力也增强了。

这位主管得意地说："这是因为在会议上，对别人表示感谢是肯定别人对我实施的帮助，自我检讨是对自己不足的奖励。但是过了两个月又有进一步的发展，会议中大家发现：如果只有你感谢别人，而没有别人感谢你，那代表什么意思？由此促动每个人在注意别人对我有什么贡献之余，也主动找机会协助别人，找为别人服务贡献的机会，团队凝聚力就在这个过程中形成了。"

思考题：

1. 本位主义的根源是什么？在你所在的组织，本位主义是如何表现的？举一个例子。
2. 为什么一开始人们总是会关注到其他部门的不足？
3. 总经理的建议改变了什么？部门之间的工作内容有什么不同？部门之间相互的看法会有哪些改变？

---

1. 换位思考的概念基础

从"团队的转变"案例中我们可以发现，看问题的角度起到了很大的作用。我们想想为什么这种角度会影响沟通过程呢？我们在"知觉"一章中谈到了知觉的偏差，有些典型的知觉偏差会影响沟通过程。

"仁者见仁，智者见智。"人们看问题的角度不一样，看到的内容也会不一样。在"团队的转变"例子中，虽然每个部门职能不一致，但同在一个组织中，那么肯定是有些工作对其他部门有促进，有些工作可能与其他部门的配合并不到位。本位主义的影响，使得人们容易看到其他部门的不足而忽略贡献，所以开会的时候相互指责、相互抱怨是很正常的。

如果人们能够站在对方的角度思考问题，然后想一想与对方沟通的方式，那么对方接受观点的可能性就会提高很多。在理论研究中，"站在对方的角度思考"被称为"换位思考"（Perspective Taking），也被翻译成"观点采择"。

> **概念**
>
> **换位思考（Perspective Taking）**：又译成"观点采择"，是指个体从他人或者他人所处的情景出发，推测他人的观点与态度的心理过程。

换位思考的概念可以追溯到米德（G. Mead）在20世纪初提出的角色采纳（Role Taking）的概念。米德认为，人们在社会互动的过程中会进行角色采纳，设想自己是他人的角色并评价自己的观点，进而形成对自我的判断。皮亚杰（Piaget）研究儿童心理发展过程，发现处于早期发展阶段的儿童无法报告他人眼中看到的场景位置，而随着年龄的增长，儿童才能具有这种去自我中心化的能力。近三十年来，换位思考的概念又为社会心理学家所重视。格林斯基（A. Galinsky, 2005）在近期研究中，对换位思考的理论概念和效应进行了系统研究。

在汉语里，"设身处地""将心比心""推己及人"等成语可以用来描述人们采用他人角度看待问题的思路；在英语里面"把自己的脚放在别人的鞋子里面"可以用来描述我们所说的"换位思考"。

2. 换位思考的作用

换位思考对于沟通的促进作用表现在两个方面：

（1）换位思考可以促进人们采取多角度进行思考，接受更多的信息。良好的社会互动和沟通需要人们能够更好地接受多方面的信息。根据"选择性知觉"原理,当人们思考角度有变化的时候,人们看到、听到的内容也会不一样。

在"团队的转变"例子中,原本大家的关注点都在自己部门的贡献、其他部门的不足上。如果站在其他部门的角度思考,就会更容易注意到站在自己角度容易忽视的内容。比如,总经理要求大家只讲其他部门的贡献和自己的不足,这就改变了人们的关注点。就像我们在知觉一章中提到的"框架效应"。如果对一个情景,认识的参照点改变了,那么对这个情景的认识也可能发生很大的改变。当大家都被要求去找别人贡献和自己不足的时候,参照点就很一样了,人们也就更容易看到部门的合作因素。

(2) 换位思考可以促使人们对于对方的诉求更敏感,特别是当沟通双方存在利益冲突的时候,对抗往往会使得人们更加关注自己的焦点、忽视对方的诉求。人们习惯性地进行自我中心式的思考,这往往会引起人际或者不同部门的误解、纷争和冲突。格林斯基的研究发现,换位思考可以促进谈判者更能够做到"知己知彼",进而"百战不殆",对谈判对方的利益诉求更加敏感,进而能够更好地得到谈判让步,取得更好的谈判效果。

沟通双方在不断地互动,换位思考的效应由此会不断地放大。在"团队的转变"例子中,由于沟通是一个互动的过程,在群体开会的时候,这种现象会表现得更加明显。由于群体之间的相互作用,人们的认识会相互激发,每个人的思考角度也会在这个过程中逐步调整。换位思考与认识之间的互动会渐渐地被放大。

3. 负面臆想与冲突回避

沟通双方在权力、地位、文化、素质、学识方面不在同一水平线,比如沟通的一方具有很高的地位或者拥有很多的财富等,此时,如果优越方不能把自己放低归零,以一种平常心去聆听、理解对方的话,沟通双方就会产生误解,这样沟通下来得到的效果通常是不理想的。团队是由具有不同家庭、社会、教育背景的成员组成的,团队里每个人的生活方式、工作方式及价值观都存在很大的差异,这会导致员工有不同的行为表现。不同的人对这些不同的行为表现可能会有不同的看法,如果对他人的评价带有对个人本身特征的评价,也就表明成见已经产生。

虽然大部分人都很清楚换位思考,但是运用换位思考其实并不容易。负面臆想是在高权力距离的中国组织中常见的现象,在追求和谐的组织氛围下,冲突回避有可能成为一个重要的沟通障碍。

案例　　　　　　　为什么没人反对

徐总是一家从事软件开发的私营企业的老板。近年来公司业务发展很好,吸引了许多名牌大学的优秀毕业生。公司有一套严格的招聘制度和程序,以保证业务部门能够招聘到合格的人才。按照公司人力资源委员会的规划,本年只招聘软件工程和市场营销两个方向的人才,管理类的应届毕业生暂时不招聘。在一个偶然的场合,徐总的大学同学向他推荐一名管理专业的应届大学毕业生。虽然徐总觉得不能违背公司制定的进人计划,但希望由人力资源委员会的成员做出具体的决策,便将被推荐人的资料转给人力资源委员会。

(1) 人力资源委员会的5位成员开会讨论这名被推荐人的申请。起初大家都不发表意见。过了一会儿,其中一位委员说:"徐总从来不向部门推荐人,这次他一定是觉得这名大学生很出色才推荐的。徐总的眼光不会错,我们应当给申请人面试机会。"其他4名委员一致认为他的分析有道理,最终委员会决定给申请人一次面试机会。面试结束后,这名应试者的表现一般,对企业管理实践并不熟悉。犹豫良久,一名委员说:"这位申请人知识面很宽,尽管对管理实践不太熟悉,但是年轻人很善于学习,她应当很有潜力。"其他人纷纷赞成,最终决定录用她。

(2) 过了一段日子,这名被录用的大学生来公司上班后到徐总办公室道谢。徐总很惊诧,为什么人力资源委员会违背刚刚制定的进人政策,将一个素质平平且公司并不需要的人招进来?人力资源委员会的几名成员开始指责那名首先发言的委员,该委员则说:"我看你们在会上都不发言,而我还要去主持另外一个会,并且我们既然开会就要形成共识、做出决策,所以我才率先说出那样的话。如果我的想法不对,你们怎么没有一个人站出来提出不同意见呢?"

资料来源:张志学,《中国企业的多元解读》,北京大学出版社,2010。

思考题:
1. 在还没有人发言的时候,为什么没有委员站出来反对?
2. 委员们有哪些顾虑?为什么没有人和徐总沟通?
3. 在有人发言以后,为什么没有人站出来反对?

冲突回避和负面臆想在这个例子中非常突出。冲突回避是指人们在互动沟通的过程中,当判断与别人会发生冲突的时候,人们会尽量避免与对方直接冲突。中国人更加追求内部和谐,希望组织内部一团和气,因而冲突回避的意向相对强烈。人们更不愿意直面冲突,这对中国人在群体中不太发表反对意见起到了关键的影响作用。

负面臆想是指人们在揣摩对方想法的时候,总会尽量把对方设想成自私自利的,每一步行动都带有自私的目的。"臆想"是指人们在判断对方自私程度的时候,总是会过高估计对方自利的倾向,而不会低估对方的自利倾向。当沟通双方的权力距离更大的时候,人们更不能设身处地实现"换位思考",负面臆想的程度也会更加强烈。

> **概念**
>
> **负面臆想(Negative Anticipation):** 人们对人际互动对方的负面猜测。人们在揣摩互动方想法的时候,会高估而不是低估对方的自私自利程度,认为对方的每一步行动都带有强烈自私目的。

在"为什么没人反对"例子中,人们为了回避冲突,负面臆想起到了关键作用。冲突回避和负面臆想虽然在短期内使得冲突得到延缓，但是很有可能在事态的发展中带来问题和损失。在徐总公司招聘的事例中，每个委员其实都不同意招聘被推荐人，因为这明显违背了招聘计划。然而，大家都在揣摩他人的想法，认为其他成员会逢迎徐总。在第一次会上，第一名委员的发言仅仅是试探，以引起讨论，但其他委员越发地肯定了他的提议。由于惧怕显得心心相印，委员们纷纷附和。第二次会议与第一次会议一模一样，只是发动人不同罢了。最后，决策变成了行动。当徐总怪罪下来的时候，委员会成员相互指责。后果是，不仅公司招聘了不恰当的职员，委员会内部也彼此不满。假冲突演变成真正的冲突和互相的埋怨。

4. 倾听实现换位思考

谈及沟通，人们往往把它等同于掌握读、写、说的技能，常常忽略另一种重要技能——倾听。事实上，在每天的沟通过程中，倾听占有重要地位，我们花费在倾听上的时间要超出其他沟通方式许多。研究者曾做过统计，人们一天大概70%的时间用于沟通，各种沟通活动占的比如图5-6所示。

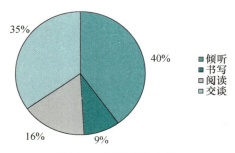

图5-6　沟通活动占比

从图5-6可以得知，在沟通活动中，倾听占40%，书写占9%，阅读占16%，交谈占35%。可能正因为我们每天用于倾听的时间如此之长，以至于忽略了其重要性，认为这是再简单不过的事。但是，坐下来想一想，我们有多少次误解了别人的话？又有多少次没能弄懂对方的意图？我们从别人谈话中获得了多少信息？倾听是管理者必备的素质之一。成功的管理者，一般来讲，大多是善于倾听的人。

在畅销书《亚科卡传》中，亚科卡先生曾对管理者的倾听有过精辟的论述："我只盼望能找到一所能够教导人们怎样听别人讲话的学院。毕竟，一名优秀的管理人员需要听到的至少与他需要说的一样多，许多人不能理解沟通是双方的。"他认为管理者必须鼓励人们积极贡献，使他们发挥最大干劲，虽然你不可能接受每一项建议，但你必须对每一项建议做出反应；否则，你将听不到任何好的想法。他总结说："假如你要发动人们为你工作，你就一定要好好听别人讲话。一家蹩脚的公司和一家高明的公司的区别就在于此。作为一名管理人员，我最开心的莫过于看到这样的情景：由于管理者倾听了某个员工所遇到的问题而使这个被公认为一般或平庸的员工发挥了他应有的作用。"

案例　　倾听习惯自测问卷

回答下面问题,回答"是"或者"否",并记下自己的答案。

1. 我常常试图同时听几个人的交谈。
2. 我喜欢别人只给我提供事实,让我自己做出解释。
3. 我有时假装自己在认真听别人说话。
4. 我认为自己是非言语沟通的好手。
5. 我常常在别人说话之前就知道他要说什么。
6. 如果我没兴趣和别人交谈,我常常用注意力不集中的方式结束谈话。
7. 我常常用点头、皱眉的方式让说话人了解我对他所说内容的感觉。
8. 常常听别人刚说完,我就紧接着谈自己的看法。
9. 别人说话的同时,我也在评价他的内容。
10. 别人说话的同时,我常常思考接下来我要说的内容。
11. 说话人的谈话风格常常影响到我对内容的倾听。
12. 为了弄清对方所说的内容,我常常采取提问的方法,而不是猜测。
13. 为了理解对方的观点,我总会很用功。
14. 我常常听到自己希望听到的内容,而不是别人表达的内容。
15. 当我和别人意见不一致时,大多数人认为我理解了他们的观点和想法。

计算您的得分:4、12、13、15 答案"是",其余为"否"。计算与上面答案不同的题目个数,乘以 7,然后用 105 相减,得出最后分值。

➤ 91—105 分,有良好倾听习惯;
➤ 77—90 分,还有很大程度可以提高;
➤ <76 分,倾听能力较差,要多下工夫。

总结上面 15 个项目中的行为,如果一个沟通行为有利于沟通进一步继续,使得对方愿意进一步谈话,那么一般来说,这是良好的沟通行为;如果这个行为有利于更加仔细真实地把握沟通信息,那么这是一个非常好的沟通行为。我们来看看在具体的倾听过程中,一般需要注意哪些内容。

(1) 专心与排除干扰。好的倾听者并不是天生的,而是在后天想办法学会如何有效地听讲。好的倾听者并不是非要有很高的智力和教育水平及社会地位的。与其他任何一种技巧一样,良好的倾听习惯来自实践和自律。要保持专注的心态去倾听别人的讲话。在与别人交谈时要排除有碍于倾听的环境因素,如尽量防止别人的无谓打扰及噪声打扰等。

(2) 明确倾听目的。越明确要倾听的目的,就越能够掌握它。事先的考虑促使我们积极参与人际交流,使得我们的记忆更加深刻,感受更加丰富。在开始沟通前首先需要明白这次谈话的目标是什么,哪些信息有利于目标的达成,哪些行为可能会妨碍达成目标。

(3) 合适的目光接触。眼睛是心灵的窗口,谈话双方没有及时的目光接触将会严重地阻碍良好的沟通。在谈话过程中,倾听者要注意用目光征询对方的意见,及时和对方用目光交换意见。避免不恰当的角度、墨镜等外部条件影响目光的交流。目光的交流也不是压迫性地直视对方眼睛,而是双方目光的短暂接触。

(4) 及时用恰当的动作和表情给予呼应。用各种对方能理解的动作与表情,表示自己的理解,如微笑、皱眉、迷惑不解等表情,给讲话人提供准确的反馈信息以利其及时调整,还应通过动作与表情来表示自己的感情、自己对谈话和谈话者的兴趣;但并不需要幅度过大的表情,因为这经常会干扰沟通过程。同时,避免一些分心的动作和手势,比如在手上摆弄一些小东西,或者习惯性的动作、干扰行为等。

(5) 复述、笔记及适时适度的提问。恰当地复述和记录对方的谈话,有利于核实信息内容,有利于彻底掌握自己没有倾听到的或没有听清楚的事情,同时也有利于讲话人更加有重点地陈述和表达。此外,恰当的提问也有利于对方更好地组织与表达信息。

5.4 互动式沟通分析

在双方交谈的过程中,如何引导和把握谈话的过程呢?互动式沟通分析(PAC)理论是加拿大的博纳(Berne)在其《心理游戏》一书中提出的一种提高人际交往能力和促进信息沟通的方法,又被称为交互作用分析(Transactional Analysis,TA),用于分析沟通双方的交互过程。卢盛忠(1993)对 PAC 理论进行了总结,认为互动式沟通分析主要有以下要点:

5.4.1 沟通的状态

PAC 理论将人相互交往的心态分为三种:家长式自我心态(P)、成人式自我心态(A)、孩童式自我心态(C)。这三种状态是一个人在成长过程中逐步形成的,也是心理结构的组成部分。两人在相互交往时,会采取这三种心态中的一种。

(1) 家长式自我心态(Parent Ego State):表现为保护、控制、呵护、批评或指导倾向。有时我们也可在人们所使用的字眼中看出一个人的家长式自我心态。比如,"你应该""你必须""我比你知道的要多",或者批评别人、想照顾别人、觉得别人的需要比自己的需要还重要等。

(2) 成人式自我心态(Adult Ego State):表现为理性、精于计算、尊重事实和非感性的行为,试图通过寻找事实、处理数据、估计可能性和展开针对事实的讨论等方法更新决策。这种人的行为表现为待人接物冷静、慎思明断、尊重别人,他们讲起话来总是"我个人的想法是……"。

举例来说,当你读一本书、看到一些资料、不带情绪地判断适不适用在自己身上时,你就处自己的成人式自我状态中;如果你很生气地说:"这些家伙根本不知道自己在说什么!"这时你可能处于批评的家长式自我心态或生气的孩童式自我心态。工程师设计草图、法官办案、医师诊病,都是成人式自我心态运作的明显例子。这是一种可观察的状态,不带感情地接收资料、修改资料,并根据这些资料做出反应。

(3) 孩童式自我心态(Child Ego State):像婴幼儿的冲动,表现为服从和任人摆布。当一个人的人格结构中孩童式自我心态成分占优势时,其行为表现为遇事畏缩、感情用事、喜怒无常、不加考虑。这种人讲起话来总是"我猜想……""我不知道……"。

比如与男朋友吵架时,因生气而哭泣或不理人,都是孩童式自我心态运作的明显例子。它是一个人表现出的童年行为的一些特征,如感性的、自私的、好玩的、哭泣的、操纵的等。

5.4.2 交互作用的类型

在现实生活中,人与人之间的交互作用有两种基本形式:平行性和交叉性。这些交互作用发生在一个人的三种自我心理状态与另一个人的三种自我心理状态之间。当刺激线与反应线平行时对话会继续下去;当两者不平行时,人际交流就会受到影响,信息沟通就会出现中断。

1. 平行性交互作用

当两个人之间的信息交流属于互应关系,如父母与父母之间、父母与儿童之间、父母与成人之间的交往,都是平行性交互作用(见图5-7)。它能够使对话融洽地进行下去。

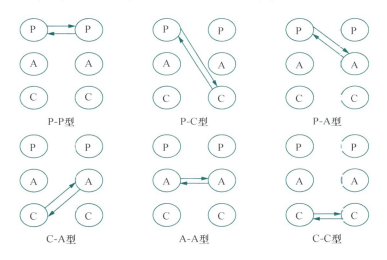

图 5-7 平行性交互作用

注:① 父母—父母型(P-P型)。例如,甲:"一项有效的维修计划总是能降低成本的。"乙:"我一贯认为,小洞不补,大洞吃苦。"

② 父母—孩童型(P-C型)。例如,甲:"一项有效的维修计划总是能降低成本的。"乙:"是的,先生。"

③ 父母—成人型(P-A型)。例如,甲:"一项有效的维修计划总是能降低成本的。"乙:"问题就是新厂商提供的零件不如原来厂家的耐用。"

④ 孩童—成人型(C-A型)。例如,甲:"下个月的生产任务我一定完成不了。"乙:"不会,你上个月任务完成得很好。"

⑤ 成人—成人型(A-A型)。例如,甲:"老王,这次干部考察主要有哪些方面?"乙:"主要是德才两个方面。"

⑥ 孩童—儿童型(C-C型)。例如,甲:"我想虽然旷工两天,头儿也会给我全勤奖。"乙:"我猜头儿对你也得这么做。"

如果主管以家长对孩子的模式开始交流,员工往往会以孩童的心态做出反应。不幸的是,传统的上级—下属式关系往往会导致家长—孩童式的交互作用,特别是当发出指示或进行评估时。如果主管的行为主要以这种交互作用模式进行,人际沟通效果就会降低。

2. 交叉性交互作用

当刺激线和反应线不平行时,则是交叉性交互作用。例如,主管问:"小吴,你认为我们应如何处理订单的推迟交货问题?"主管努力按照成人对成人的模式来对待员工,但是员工不是以成人的心态回答,而是以孩童对家长的模式说:"那不关我的事。你拿了钱,该由你来做主。"当出现交叉式交互作用时,沟通往往被堵塞,不会得到令人满意的结果。

这类交互作用有以下几种(见图 5-8)。上面的例子属于 AA-CP 型。

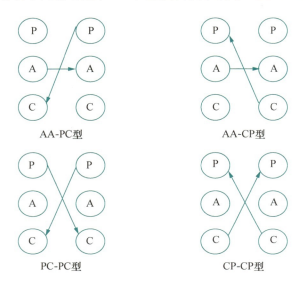

图 5-8 交叉性交互作用

注:① AA-PC 型。例如,甲:"我很乐意帮助你。"乙:"得了,你自己的事还没有做好呢。"
② AA-CP 型。例如,甲:"小吴,你认为我们应如何处理订单的推迟交货问题?"乙:"那不关我的事。你拿了钱,该由你来做主。"
③ PC-PC 型。例如,甲:"快去打扫一下办公室的卫生。"乙:"你少指使我,你又不是领导。"
④ CP-CP 型。例如,甲:"你的报告写得不好,我不愿改。"乙:"那我拿回去,你自己写好了。"

根据以上分析,可见人们交往中起主导作用的是三种心理状态中的一种。当乙方接收信息后,如果按照甲方的期望做出反应,那么这种交互作用属于"平行性";如果乙方反应出乎甲方的期望,那么这种交互作用属于"交叉性"。交叉性交互作用将会导致关系紧张。

一般来说,工作中最有效的交互作用是成人对成人的交互作用。这种交互作用促使问题得到解决,视他人同自己一样有理性,降低了人们间感情冲突的可能性。当然,其他平行性的交互作用也能令人满意地发挥作用。例如,如果主管想要扮演家长的角色,员工想要扮演儿童的角色,他们之间就可以形成一种比较有效的工作关系。但是在这种情况下,员工无法成长、成熟,不知如何贡献自己的想法。因此,虽然其他平行性交互作用确实能发挥作用,但在工作中能够得到最优结果并且最不可能带来问题的是成人对成人的交互作用。

> **案例**　　　　　　　　　　**互动式沟通分析实例**

一对新婚不久的夫妻请亲朋好友来家吃饭，丈夫忙着招呼客人，妻子下厨做饭。妻子上了几道凉菜后再不见动静，客人等的时间长了，丈夫感觉在客人面前丢面子。

丈夫：（等急了，冲厨房里的妻子喊道）等了半天了，怎么菜还没上来？（P心态）

妻子：（本来心有歉意地想解释，手忙脚乱却没得到丈夫的谅解，不由得态度也强硬起来）今天的煤气火太小，你们耐心等一会儿吧，着急也没有用。（P心态）

丈夫：有这么招待客人的吗？快点上菜！（P心态）

妻子：吵什么吵，没看我这忙着吗，等等吧。（P心态）

丈夫：你快点，再不快，别怪我在众人面前不给你面子！（C心态）

妻子：你敢？我还怕你不成！（C心态）

于是双方争吵起来，朋友们赶忙来劝架，结果一场聚会不欢而散。

用PAC理论加以分析，发现：丈夫本是请客吃饭，因为让客人等久了有失面子而生气，丈夫转入P心态；妻子本来想解释但看到丈夫在众人面前不给自己面子，也不体谅自己而产生反感，于是心态也转为P心态。这第一回合P-P交往，双方发出的信息都是合理的，但以命令的口气，方式欠妥。第二个P-P交往，也是如此。第三回合转入了不良的C-C心态，本来一件请客吃饭的小事最终因双方的态度而发生争吵。这件事如果双方开始的时候态度都温和一点，表达的方式都理智一点，完全可以避免最终任性的不良行为的发生。

思考题：
1. 如何辨别家长、成人、孩童三种心态？
2. 如何辨别平行式、交叉式沟通模式？
3. 应用互动式沟通分析理论有哪些要点？

在与他人交往中，要了解自己和对方的行为出自哪一种心理状态，然后争取消除信息交流中的心理障碍，避免发生交叉性交流沟通以致信息流通受阻。沟通过程的一个重要原则是尽量以成人式自我心态控制自己，并以成人的语调、姿态和行为对待别人，同时作为管理人员，要鼓励和引导对方进入成人式自我心态。

本章名词

沟通（Communication）　　沟通焦虑（Communication Stress）
信息发送者（Sender）　　信息接收者（Receiver）
媒介（Media）　　反馈（Feedback）
过滤（Filter）　　换位思考（Perspective Taking）
负面臆想（Negative Anticipation）　　倾听（Listening）
互动式沟通分析（PAC）　　家长式自我心态（Parent Ego State）

成人式自我心态(Adult Ego State)　　　孩童式自我心态(Child Ego State)

❑ 本章小结

1. 沟通是管理者的重要工作内容。有效地协调不同人员之间的互动，推进组织工作将占到管理者工作的大部分时间。

2. 每个人都身处组织的一个部分，了解、接收的组织信息都有局限。这种信息不对称形成了沟通的隔阂。

3. 沟通过程的要素包括信息发送者、信息接收者、编码、解码、媒介、反馈。信息过滤和沟通焦虑是普遍存在的现象。

4. 换位思考可以促使人们接受多方面信息，提高对方需求的敏感性，是克服沟通障碍的重要途径。倾听对方有助于实现换位思考。

5. 负面臆想和冲突回避在中国文化背景下的组织中普遍存在，是解决矛盾、实现有效人际互动的重要障碍。

6. 博纳提出互动式沟通分析理论，通过家长、成人、孩童三种心态以及平行、交叉两种交流模式分析对话过程，实现有效沟通干预。

❑ 讨论思考

瑞信公司的信息化工作

瑞信是一家大型的电子设备制造企业，历史比较悠久。公司非常注重生产过程的优化和成本控制。公司设立了信息控制中心来收集研究企业内部生产过程中的有用信息，以便组织能协调运行。但这一措施在执行中发生了问题，以下是制造部两名基层主管暗中的对话：

女：信息中心整天在想什么，不停地发这个那个调查表，填一份就要几个小时，谁受得了！

男：你真的去填那些表！有空啊？还不是应付应付算了。你知道别人怎么填的？二车间的老李每下一张表，大家抓一次阄，谁填谁倒霉。

女：但是……

男：没事的，说真的，工厂总要生产，大家都忙着填表，谁来搞生产，再说这种东西上头真的要看吗？搞搞也就自生自灭了。就算追究下来，法不责众，也不会怎么样的。

其实公司这样做，也并不是简单地为了监控各个部门，分管生产的副总努力推行这一措施，正是因为公司下面有数项重要合同，对交货时间要求非常严格，刚才还有一个客户来询问。经过这段时间，周总也看出了调查收集的信息有问题，这使他陷入了沉思……

资料来源：郭毅、阎海峰，《组织行为学》，高等教育出版社，2005。

思考题：
1. 解释制造部员工为什么对待调查漫不经心？
2. 想想信息部的员工为什么设计了这么长的表格？
3. 如果你是周总，你会采取哪些措施推动信息系统建设工作？

❏ 案例分析

两架飞机在德国上空相撞

事件过程

2002年7月2日，据德新社报道，德国警方2日宣布，1日深夜在巴登-符腾堡州于伯林根镇上空发生的两架飞机相撞事件造成至少71人死亡。

这两架相撞的飞机分别是一架从莫斯科起飞的图-154客机和一架从巴林起飞的波音757货机，撞击时的飞行高度是海拔12 000米左右。坠毁的飞机还造成地面一所学校及一些民房起火。这架俄罗斯图-154客机上共有69人，那架巴林的波音飞机上只有两名飞行员。两架飞机同时坠毁，机上人员全部遇难。图-154客机从莫斯科多莫杰多沃机场起飞，飞往西班牙的巴塞罗那。飞机上共有12名机组人员和57名乘客，其中52名乘客是来自巴什基尔自治共和国的未成年孩子，另外5名乘客是这些孩子的领队。据此间报道，这些孩子多数是巴什基尔自治共和国政府官员和一般工作人员的子女，他们此次赴西班牙旅行是联合国教科文组织的一个资助项目。

责任归属各执一词

事故原因调查人员将集中分析三种可能性：一是其中一名飞行员操作失误，二是瑞典方面的空中管制部门指挥有误，三是其中一架飞机的设置出现故障。令调查人员迷惑不解的是，这两架大型飞机上都安装了性能先进的"防飞机空中碰撞系统"，配备了如此装置的飞机竟然在发生撞击前同时向下俯冲，最终导致机毁人亡悲剧的发生。安装了这种名为"防飞机空中碰撞系统"的飞机本来可以避免发生空中碰撞事故的，这种设备能自动跟踪飞机四周的各种危险目标，并发出让飞行员爬升或者俯冲的指令，及时避免发生撞山或者和其他飞机"碰头"之类的事故。由于这种系统彼此间可以"互相应答"，因此处于"有相撞可能"航线上的飞机，理论上是不会发生碰撞的。

（1）飞机？图-154客机是从20世纪70年代开始投入商业运营的，是俄罗斯和独联体国家航空业广泛使用的机型。按照航空专家的说法，图-154客机是一种很安全的飞机，近年来这种客机经常发生事故的主要是人为因素。2001年10月，一架俄罗斯西伯利亚航空公司的图-154客机在飞越黑海上空时，被乌克兰军事演习发射的S-200地对空导弹击中，机上66名乘客全部遇难。2002年2月，伊朗航空公司的一架图-154客机在伊境内坠毁，调查显示，飞机出事是飞机降落的机场地面导航设施陈旧所致。

敦豪公司(DHL)介绍，发生事故的这架波音757货机是为DHL提供快件货物运输服务的，1990年出厂，平时维护非常及时、有效，不存在事故隐患。而那架图-154客机是1995年才出厂的，机上设备也非常先进。

(2) 飞行员？据俄罗斯民航部门提供的资料，驾驶本次航班的机长、一级飞行员格罗斯是一名经验丰富的飞行员，52岁，他在1991年获得国际航线的飞行权，2002年7月累计飞行时间超过4 000小时，其中1 600小时担任国际航线的机长，并承担过向巴西和巴基斯坦运送人道主义援助物资的任务。他和领航员英语熟练，同时掌握各种国际航线的管制要求。按照俄罗斯民航的有关规定，不管多么有经验的飞行员都要定期接受考试，格罗斯最后一次通过英语考试是在2001年，因此不能说他听不懂英语，不存在"听不懂地面指令"的问题。瑞士航空部门也证实，与俄罗斯飞行员交流没有语言上的问题。

(3) 德国航管？俄罗斯图-154飞机所属航空公司俄罗斯巴什基尔航空公司的总经理声称：俄罗斯图-154飞机同美国波音757飞机相撞的事故是德国调度部门的失误酿成的。他的意思是说，德国的飞行调度部门没有及时向俄罗斯驾驶员通报情况，结果使瑞士调度员发现情况不妙、向俄罗斯驾驶员发出降低飞行高度的指令为时已晚，俄罗斯驾驶员几乎没有时间弄清楚是怎么一回事。

据德国地面空管人员证实，在俄罗斯飞机飞过德国领空的时候，地面调度不止一次提醒飞行员降低高度，以免与当时正在同一空域飞行的瑞士波音757货机相撞。但不知什么原因，俄罗斯飞行员就是不做回答。与此同时，德国方面马上将这个情况通告瑞士同行。

(4) 瑞士航管？德国空中交通管制部门称，飞机相撞之前，两架飞机的空管任务已经交由瑞士负责，因此瑞士空管部门应对相撞事件负责。

瑞士空中导航公司地区控制中心负责人安通·马格说，出事前约5分钟，瑞士空中导航员接替德国同行对它们进行导航。接手后，在两机相距13—16公里、飞行高度为10 800米时，瑞士导航塔即要求俄罗斯图-154飞机降低飞行高度，俄驾驶员在导航塔第三次发出指令时才采取行动；与此同时，美国波音757飞机的自动警报系统命令驾驶员降低飞行高度，而美机驾驶员没有等待导航塔的许可，就执行了自动警报系统的指令。

瑞士航空部门官员7月3日承认，在7月1日德国南部上空两架飞机相撞前，瑞士导航塔内的一部自动警报系统没有正常工作，同时导航塔两名员工中的一名曾离岗休息。这一发现说明此次空难可能主要是由地面导航失误引起。

《纽约时报》报道，瑞士苏黎世导航部门表示，负责为两架相撞飞机空中调度的一名导航员在飞机相撞前几分钟离开了雷达屏幕，同时，导航塔关闭了一部警报系统，以便进行例行检查。

直到两架飞机发生相撞前50秒钟，瑞士航空管制部门才命令图-154客机驾驶员降低高度以避免和同高度的波音757货机发生碰撞。但过了25秒钟，地面控制人员发出第二次紧急指令后，俄罗斯客机才开始俯冲。据说，当时只有一名航管人员值班，其他人在"轮休"，但瑞士方面坚持认为，50秒钟的预警时间虽然非常紧张，但这并非航管人员"不负责任"的表现。

德国商业飞行员工会批评瑞士航空管制人员仅仅给飞行员50秒修正航线时间的"毛躁"做法。通常情况下,地面控制人员应该在两架有可能经过同一点的飞机交叉前10分钟发出警报。

瑞士空管部门有关负责人表示,他们在事故发生前向俄罗斯的客机呼叫了两三次,提醒飞行员注意飞行高度,但俄罗斯客机似乎没有听懂他们的指令。当俄罗斯客机与迎面而来的瑞士货机距离接近的时候,波音货机上的警报系统发出警报,这架飞机的飞行员马上降低高度,但这个时候俄罗斯飞行员也开始降低高度,结果导致两机相撞。

(5)欧洲航管?据英国《泰晤士报》报道,6个月以前,欧洲航空交通管制部门降低了对飞机飞行中彼此之间所保持距离的要求,以便在有限的空间里同时允许更多的飞机飞行。这项名为降低垂直分离最小值(RVSM)计划规定,飞机在欧洲上空29 000英尺高度飞行时,彼此之间相隔的距离由原来的2 000英尺减少为1 000英尺;而在29 000—41 000英尺高度时,这一距离应保持为2 000英尺。

欧洲航空交通管制部门要求航空公司提高标准,保证飞机飞行高度的精确性,以适应这一计划的出台。

讨论题:

结合案例材料上,在网上搜索相关材料。事件过程也可以参看事后拍摄的纪录片"空中浩劫2-04.致命交会点.2002"。小组讨论以下题目:

(1)你们小组认为此次空难最主要是谁的责任。

(2)参照前面案例中的思考题,讨论飞行员、地面空管、组织系统三方面的原因,思考应该如何预防?

(3)选择其中一个角度,准备课堂案例讨论。

① 从飞行员的沟通行为方面讨论;

② 从地面空管的工作问题方面讨论;

③ 从组织系统原因方面思考讨论。

请小组组长协调讨论,小组学习委员记录整理。选取其中一个问题为重点(小组作业中请注明),在7分钟内展示你们的观点(可以使用PPT)。

实践练习

体态语言改进练习

表5-2用于改进您的沟通习惯,请您和一名比较熟悉的朋友参加。

先请您的朋友填写他在沟通过程中喜欢或者不喜欢的行为细节,然后和您谈谈这些细节具体指什么,也就是填写表格中"喜欢的"和"不喜欢的"两列。

然后针对您朋友列出来的这些特点，列出您希望改进的对象和目标，每两周内集中改进其中的两个目标，再集中两周时间改进另外两个目标，等到完成所有的整改目标，再请您的这位朋友检查进度。

表 5-2 沟通习惯改进表

喜欢的	不喜欢的	改进	
		对象	目标
目光接触			
脸部表情			
特殊习惯			
整体态度			
语气			

第 6 章

群体和团队管理

【学习目标】

(1) 掌握群体与团队的区分
(2) 理解群体发展阶段特点
(3) 运用角色、规范分析群体现象
(3) 理解群体压力、权威和从众现象
(4) 运用群体动力的规律解决问题

开篇案例

小矮人的故事

相传在古希腊时期,有7个小矮人因受到可怕咒语的诅咒而被关在一个与世隔绝的城堡中。他们住在潮湿的地下室,找不到任何人帮助,没有粮食,没有水。这7个小矮人越来越绝望,只能等待末日的到来。

阿基米德是第一个受到守护神雅典娜托梦的小矮人。雅典娜告诉他,在这个城堡里,除了他们待的那个房间,其他的25个房间里,只有一个房间内有一些蜂蜜和水,能够使他们维持一段时间;而另外的24个房间里有石头,其中有240块玫瑰红的灵石,收集到这240块灵石,并把它们排成一个圆圈的形状,可怕的咒语就会解除,他们就能逃离厄运,重归自己的家园。

第二天,阿基米德便迫不及待地把这个梦告诉了其他6个伙伴。伙伴们愿意和他一起努力。开始的几天,几个人想先去找些木材生火,这样既能取暖又能让房间有些光线;还有几个想先去找那个有食物的房间;另几个想快点把240块灵石找齐以解除咒语。由于无法统一意见,于是决定各找各的,但几天下来,大家都没有成果,反而筋疲力尽。

失败让他们意识到应该团结起来。他们决定,先找火种,再找吃的,最后大家一起找灵石。这是个灵验的方法,他们很快在左边第二个房间里找到了大量的蜂蜜和水。在经过几天的饥饿之后,小矮人们狼吞虎咽了一番,解决了温饱问题后,他们开始寻找灵石。

为了提高效率,阿基米德决定把7人兵分两路:爱丽丝和苏格拉底各带一组,3人继续从左边找,另4人则从右边找。当然事情并不像想象中那么顺利,先是苏格拉底和特洛伊那组,他们总是嫌其他两人太慢。后来,当过花农的梅里莎发现,大家找来的石头大部分不是玫瑰红的;由于不熟悉地形,大伙经常日复一日地在同一个房间里找石头。信心又开始慢慢丧失。

阿基米德非常着急。这天傍晚,他把6个人都召集在一起商量办法。可是,交流会刚开始,就变成了相互指责的批判会。

急性子的苏格拉底先开口:"你们怎么回事,一天只能找到两三个有石头的房间?"

"那么多的房间,门上又没有写哪个有石头,哪个没有,当然会找很长时间了!"爱丽丝答道。

"难道你们没有注意到,门锁是圆孔的都是没石头的,门锁是十字型的都是有石头的吗?"苏格拉底反问。

"干嘛不早说哪?害得我们做了那么多的无用功。"其他人听到这儿,似乎有点生气。

经过交流,大家才发现,原来他们有些人可能找准房间很快,但可能在房间里找到的石头都是错的;而那些找石头非常准的人,往往找准房间的速度又太慢。他们完全可以将找得快的人和找得准的人组合起来。于是,这7个小矮人进行了重新组合。在爱丽丝的提议下,大家决定开一次交流会,交流经验和窍门。然后把很有用的资料都抄在能照到亮光的墙上,提醒大家,省得再去走弯路。

在反复的沟通和通力协作下,小矮人们终于找齐了所有的240块灵石,成功地解除了诅咒,回到了温暖幸福的家园。

思考题：

1. 在没有听说雅典娜托梦的时候，小矮人面临什么样的任务情景？
2. "雅典娜的梦"对这伙人来说有什么样的总体目标、分解目标？
3. 为什么一开始大家筋疲力尽地争论了几天？为什么会有这些争论？这几天对小组有什么作用？
4. 火种、食物和灵石之间的关系是什么？分别对小组有什么意义？
5. 在经历了一段时间的分组工作后，那天晚上的会议有什么作用？会议前和会议后，小组的工作模式和效率有什么变化？

小矮人们解除诅咒的过程可以看作一个团队由组建走向成熟，并最终完成任务的过程。在这个过程中，他们为了共同的愿望，分工协作、不断磨合、相互学习、积累经验，完成了仅仅依靠单独个体不可能完成的任务。

团队是组织提高运行效率的可行方式，它有助于组织更好地利用员工的才能。管理人员发现，在多变的环境中，团队比传统的部门结构或其他形式的稳定性群体更灵活，反应更迅速。团队同时又是有弹性的，在新任务场景中，可以快速地组合、重组、解散。

但对于许多团队或群体而言，1+1＜2的情况是普遍存在的。究竟群体和团队是怎样组织并发生作用的？它的特点及影响因素是什么？本章就这些疑问集中讨论群体和团队。

6.1 群体和团队

6.1.1 群体概述

1. 群体的界定

我们在生活中常常接触到不同的群体，对于群体我们并不陌生。在组织行为学中，对群体的研究角度非常广泛，针对群体的定义不下上百个，比较广泛的定义如下。

> **概念**
> **群体(Group)**：是指为了实现某个特定目标，两个或两个以上相互作用、相互依赖的个体的组合。

组织中存在的群体，通常来说具有这些特点：① 群体成员之间有着直接的任务互动；② 群体有身份认同，群体成员认为自己是本群体中一员，其他人认为自己属于同一群体；③ 群体人数不多，面对面相互接触、相互了解；④ 群体有共同的规范，也要应对外部的挑战。

因为群体成员有直接的互动，群体的人数会有限制。随着人数的增加，群体的平均效率一般会受到负面影响；但同时，群体会满足成员的多种需求。正如霍桑实验所示，人们在群体中工作,并不是因为单纯的经济需求,而是有一个"社会人"的多方面需求。

2. 加入群体的原因

人们加入群体的原因多种多样,常见的往往是以下四个方面:① 安全需求。加入一个群体,能减少个体独处时的不安全感。个体加入到一个群体之后,会感到自己更有保障,自我怀疑会减少,在威胁面前更有信心。② 情感需求。群体可以满足其成员的社交需求,人们往往会在群体成员的相互作用中感受到满足。对许多人来说,这种工作中的人际作用是他们满足感情需要的基本途径。③ 权力、地位需求。权力需求通过影响别人而实现,这是一个人无法实现的,只有在群体活动中才能实现;某些特殊群体,也可以是地位的象征。加入一个被认为很重要的群体,个体能够获得被别人承认的满足感。④ 实现目标的需求。有时,为了完成特定的目标需要多人共同努力,需要集合众人的智慧和力量。在这种时候,人们就要依赖正式群体来实现目标。

案例　　　　　　　　住别墅的清洁工

清洁工作又脏又辛苦,一般有钱人都不会选择这样的工作;但是,杭州临平的这个大妈家庭年入 60 万元,住着 5 层楼别墅,却坚持选择这份工作。早晨 6 点多,大妈就要起床工作。她每天工作到下午两点半,能拿到 50 元薪资。因为常年风吹日晒,大妈的手经常开裂。大妈儿子怎么也想不通,住着洋楼,坐着轿车,母亲年纪大了只管享清福就好,家里完全不差她这点钱,她为什么就不听劝,非要去做这份"苦差事"?

阿姨非但不觉得苦,还觉得挺开心。大妈说:"以前习惯了在田里干活,日子好了以后,老伴在附近找了份保安的工作,自己就在人民广场上做清洁工。清洁绿化这点活,就跟种地差不多,算不上多辛苦。孩子也劝我们,年纪大了要在家享享福,但在这里工作很开心,大家空闲时还能一起聊聊天,领导也很关心我们,比待在家里好。孩子不在身边,工友们就像我的亲人一样。"

没做清洁工之前在家里闷得慌,浑身都不得劲。现在生活规律,日子反而过得充实。有时休息日,还要去人民广场转转,找找熟人,晚上跳跳"佳木斯",这样一天才充实。

资料来源:http://www.sohu.com/a/199269048_999910564

思考题:

1. 清洁工这份工作满足了大妈哪些方面的需求?
2. 如果你是清洁工的队长,应该做好哪些工作以提高他们工作的积极性?

3. 群体的类别

通常,群体可以分为正式群体和非正式群体。正式群体(Formal Group)是指由组织结构确定的、职务分配很明确的群体。在正式群体中,一个人的行为是由组织目标规定的,并且是指向组织目标的。非正式群体(Informal Group)是指那些既没有正式结构,也不是由组织确定的联盟,是员工为了满足社会交往的需要在工作环境中自然形成的。在著名的霍桑实验中,其中一个重要的发现就是非正式群体会影响工人们的工作效率。

案例

在霍桑的继电器实验中，研究者观察到在工人中存在着一种非正式群体，这对工人的态度有着极其重要的影响。研究者为了观察实验群体中工人之间的相互影响，在各个车间选择了14名男工人，开展实验。其中，9名是绕线工，3名是焊接工，2名是检验工，共组成3个工作小组。每3个绕线工配备1名焊接工，2名检验工共同服务于3个小组，如图6-1所示。

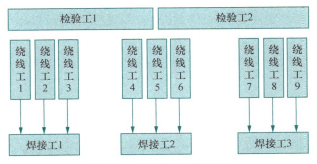

图6-1 群体实验工序组织

每组绕线工完成工作后，分别提交给对应的焊接工进行焊接，而检验工1负责检验绕线工1、绕线工2、绕线工3、绕线工4、焊接工1的全部产品检验，同时负责绕线工5及焊接工2一般的产品检验；而余下的部分由检验工2完成。

实验开始时，研究者向工人说明，对于他们的工作实行计件工资制。只要他们努力工作，就可以得到相应报酬。原本以为，这个办法会让工人更加努力工作，然而结果出乎意料，14名工人形成了两个非正式群体，如图6-2所示。

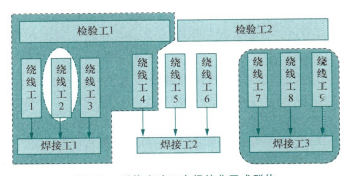

图6-2 群体实验工人间的非正式群体

如图6-2所示，形成了3类：① 检验工1、绕线工1、绕线工3、绕线工4、焊接工1形成了非正式群体1；② 绕线工7、绕线工8、绕线工9、焊接工3形成了非正式群体2；③ 绕线工2、绕线工5、绕线工6、焊接工2、检验工2五个人不属于任何一个非正式群体。

工人们的实际绩效有这些特点：① 工人的实际完成产量只保持在中等水平，并没有达到计件工资制预期的高绩效。根据对工人生产活动的数据，他们应该完成的标准是每天 7 312 个焊接点，但实际上，他们只完成了 6 000—6 600 个焊接点就不干了。即使下班时间还早，他们也停工不干了。② 群体 1 的产量要远高于群体 2。群体 1 和群体 2 之间工人互相瞧不起对方，经常会有争执，他们常常会就一个窗户的开关发生争论。③ 不属于任何一个群体的绕线工 2 一直保持了 14 个人中的最高产量。

研究者对这 14 名工人的能力进行了检查，测试了智力、操作灵敏性。结果发现，绩效最差的群体 2 中的 3 名工人的操作灵敏度是最高的，其中 1 名工人的智力测验是第一。

资料来源：况阳，《绩效使能——超越 OKR》，机械工业出版社，2019。

思考题：
1. 回顾激励部分的观点，尝试用能力、激励、机会三方面因素解释绩效。
2. 思考正式群体、非正式群体的区分。
3. 哪些群体因素限制了工人们的工作努力程度？

非正式群体与正式群体的核心区别在于有没有正式的组织结构支撑。正式群体通常有正式任命的领导，也有组织的流程、结构形成了对于群体活动（特别是工作活动）的规范支撑。但是，群体在实际运作过程中，会形成不符合正式结构支撑的工作惯例，此时就会形成非正式群体。由于群体成员之间的相互影响，非正式群体也会形成独有的群体规范，进而影响到群体的绩效规范。

根据群体的具体运行模式，还可以细分为命令型、任务型、利益型、友谊型群体。其中，命令型和任务型群体多见于正式群体，而利益型和友谊型群体属于非正式群体。

命令型群体（Command Group）由组织结构规定，群体由直接向某个主管人员报告工作的下属组成。典型的命令型群体是军队中的班组。比如，连续剧《兄弟连》所描写的美军 101 空降师 506 团 E 连就是一个直接向连长温特斯报告的命令型群体；在这个群体中，又会嵌套着排长、班长等命令链接关系，实现群体成员之间的协调。

任务型群体（Task Group）也是由组织结构决定，是指为完成一项工作任务而在一起工作的人。但任务型群体的界限并不仅仅局限于直接的上下级关系，还可能跨越直接的命令关系。例如，如果一个在校大学生违犯了校规，那么就需要在教务主任、学生处处长、保卫处处长、学生辅导员之间进行协调和沟通。这些人员就组成了一个任务型群体。应该指出，所有的命令型群体都是任务型群体，但由于任务型群体可以由来自组织各个部门、各个层次的人组成，因此任务型群体不一定是命令型群体。

电影《拯救大兵瑞恩》中性格迥异的 8 人小分队就是一个典型的任务型、命令型的群体：队长米勒上尉、忠实的豪沃斯军士、胆小的翻译官厄本下士、敬业的军医迈克和韦德、调皮的鲁宾军士、善良的卡帕佐军士、冷峻的狙击手杰克逊。为了完成深入敌后拯救瑞恩的艰巨任务，原本属于不同单位的他们团结在米勒队长周围，组成了一个任务型群体。

那些属于或不属于前两种群体的人，都可能加入利益型群体（Interest Group）。在利益型群体中，大家是为了某个共同关心的特定利益目标而走到一起，形成实质性的互动。比如，在大型国有企业中，同一年进入企业的员工会形成共同利益群体，同一部门、同一工种的员工也会形成共同利益群体。

群体往往是由于其成员具有某些共同特点而形成的，我们把这种基于成员共同特点而形成的群体称为友谊型群体(Friendship Group)。这种群体往往是在工作情境之外形成的,他们所赖以形成的共同特点可能是年龄相近、同一所大学毕业、政治观点相同等。例如,大学里的兴趣社团、各地的天文爱好者协会、棋牌协会等。再如,有些公司内的桥牌协会。

非正式群体通过满足其成员的社会需要而发挥重要的作用。由于工作场地和任务联系密切而导致交往比较频繁,我们可以看到员工们一起打球、一起开车上下班、一起吃午餐、一起在茶水间度过休息时间。应该认识到,即使员工之间的这种相互作用是非正式的,也会形成明显的群体规范,进而影响到群体的工作行为。

6.1.2 团队的特征

1. 团队和群体

大多数人有过团队经历,在一个团队中承担过相应的角色。运动队是典型的团队,比如足球队、篮球队及羽毛球、乒乓球的双打组合。为了完成宏大、更复杂的目标,几个人会组合在一起,发挥自己的专长,同时又不失灵活性地完成小组任务。此时,群体有了区别于普通群体的特征。研究者用团队这个名词界定这种组织现象。

> **概念**
>
> **团队(Team)**:是由两个或两个以上的人组成的一个共同体。该共同体合理利用每一个成员的知识和技能协同工作、解决问题,以达成共同的目标。

对于什么是团队,研究者给出了不下十种定义。用组织行为学的概念综合起来,团队可以理解成一种类型的群体。团队首先具有群体的基本特征,是人数不多的群体。团队中的人应当相互认识、相互作用,并把每个人看作团队的一个单元,具有身份认同。团队中每一个人拥有自己的专长,对于实现小组目标具有整合作用。

在上一节中,我们把群体定义为:两个或两个以上相互作用和相互依赖的个体,为了实现某个特定目标而结合在一起。在群体中,成员通过相互作用来共享信息,做出决策,帮助每个成员更好地承担起自己的责任。工作群体中的成员不一定要参与到需要共同努力的集体工作中,他们也不一定有机会这样做。因此,工作群体的绩效,仅仅是每个群体成员个人贡献的总和。在工作群体中,不存在一种积极的协同作用,群体的总体绩效水平就不能大于个人绩效之和。

团队则不同,它通过其成员的共同努力产生积极协同作用,其成员努力的结果使团队的绩效水平远大于个体成员绩效的总和,团队也可以做成单个个体无法完成的事情。

> **案例** 马云和蔡崇信

阿里巴巴能有如今的成就,绝对离不开蔡崇信。蔡崇信,为人与做事都很低调,几乎不接受媒体的采访,极少公开露面,但他对阿里巴巴的付出是不可忽视的。蔡崇信是耶鲁大学经济学学士及耶鲁法学院法学博士。1999年加入阿里巴巴,并于当年作为先遣部队成立阿里巴巴集团香港总部。

蔡崇信和马云除了都生于1964年,两人从家世、学历、生活环境到个性,几乎截然不同。1999年,蔡崇信在一家瑞典投资公司担任亚洲区高管,主要负责该公司亚洲私募股本业务,年薪70万美元。当蔡崇信对马云说要加入阿里巴巴时,马云是不敢相信的。蔡崇信对马云说:"你要成立公司,要融资,我懂财务和法律,我可以加入公司帮你做。"马云直言:"你再想一想,我付不起你那么高的薪水,我这里一个月只有500元人民币的工资。"

在阿里的合伙人制度中,有两个人是永久合伙人,一个是马云,另一个就是蔡崇信。毫无疑问,蔡崇信对阿里起着绝对重要的作用。来到阿里后,蔡崇信担任CFO,公司里每一轮的融资、法务、财务的事情都由他来运作。蔡崇信和马云一直是分开办公,他在香港,马云在杭州,每天通电话,但自始至终马云都非常信任蔡崇信。

蔡崇信表示:"我与马云合作得很好,马云对于任何东西都没有占为己有的感觉。他也很愿意承认自己的弱点,很多强势企业家都会说我擅长一切。从第一天开始,我们就团结在一起。这些年来,我觉得真正行之有效的一点,就是我们能够彼此分享的坦诚态度。我可以批评他,他可以批评我。当然,我们不会伤害彼此的感情。这点至关重要。"此外,蔡崇信还补充道,马云不只信任我,他还信任很多以前从来没有见过的人,这是他心地善良的地方,他愿意把很多事情交出去。

在蔡崇信的主导下,1999年8月,高盛领衔一众机构向阿里注资500万美元,其中就包括蔡崇信的老东家瑞典Investor AB公司。第一笔"天使基金"帮助阿里度过了创业初期的寒冬,也得到了投行巨头高盛的背书。1999年秋,孙正义来中国部署"中国软银基金",蔡崇信安排马云和众多IT大佬们一起去见面。随后,孙正义决定向阿里注资4 000万美元,占股49%。马云觉得就这样了,但在一旁沉默的蔡崇信在关键时刻对孙正义勇敢说"不"。经过蔡崇信和马云两人"完美搭档",最后这笔交易落地为2 000万美元,保障了阿里在日后的发展中不会过多受到软银方面的制约。资金到位后没多久,互联网泡沫破灭,网络公司血流成河,唯独阿里有惊无险。2005年,蔡崇信又主导阿里与雅虎合作:阿里收购雅虎中国全部资产,同时获雅虎10亿美元投资,并享有雅虎品牌及技术在中国的独家使用权;雅虎获阿里巴巴40%的经济权益和35%的投票权。

一路走来,蔡崇信操盘的最大难度就是必须在"引进市场资金"和"掌握主导权"之间,充分拿捏好尺度。蔡崇信说:"作为创业者不要怕竞争,最怕的是一路绿灯,最后碰到困难不堪一击。"

资料来源:https://finance.sina.com.cn/stock/relnews/us/2019-08-24/doc-ihytcern3278970.shtml?source=cj&dv=2

思考题:
1. 查阅马云的资料,比较他与蔡崇信的区别。
2. 蔡崇信对于实现阿里巴巴总体目标的作用是什么?
3. 回顾几家企业,有哪些企业存在这种形式的"搭档"?他们如何开展合作?

在上面案例中,马云和蔡崇信实现了团队搭档的"和而不同"。他们各自有专长的领域,对于阿里巴巴业务目标的实现都有不可缺少的贡献。他们在一起的合作最终能够做成他们单个人不能完成的工作。他们的搭档超越了普通群体,实现了能力的整合。

为了区别团队和群体,我们可以用图 6-3 四个要点的比较说明二者之间的关系。① 目标:团队建立的基础是团队成员有集体所追求的目标。人们为了同一个共同目标在一起工作,他们对目标的承诺很高,相互之间彼此信任。这种共同目标会产生集体责任感,促使小组对集体责任的承诺。② 责任:团队成员在追求共同目标时,会有集体承担目标责任的承诺,而不是"各家自扫门前雪"的各自负责模式,会调动所有资源促使集体目标的达成。③ 协同:为了改善合作模式,成员之间会相互积极地促进、配合,而不是为了各自局部利益的协调。④ 技能:团队成员拥有各自的技能专长,成员之间相互了解彼此的角色、特长、重要性,在完成同一项工作任务时,员工之间对于完成同一项工作任务具有技能互补性。

图 6-3　群体与团队的分别

2. 团队的类别

根据团队存在的目的,可以对它们进行分类,任务的目的使得团队类型的组织形式多种多样。在组织中,有三种类型的团队比较常见:问题解决型团队、自我管理型团队、任务型团队。

(1) 问题解决型团队(Problem Solving Team)。在团队刚刚盛行的时候,大多数团队的形式是很相似的。这些团队一般由 5—12 个人组成,他们每周用几个小时的时间碰头,讨论如何提高产品质量、生产效率和改善工作环境,形成关于这些方面的改进建议。我们把这种团队称为问题解决型团队。

在问题解决型团队里,成员就如何改进工作程序和工作方法互相交换看法或提供建议。但是,这些团队几乎没有权力根据这些建议单方面采取行动。问题解决团队通常以协调小组、工作小组的形式存在,主要的职能在于沟通信息、形成建议。

(2) 自我管理型团队(Self-management Team)。问题解决型团队的做法行之有效,但在调动员工参与决策过程的积极性方面,尚显不足。这种欠缺导致企业努力建立一种新型的团队——自我管理型团队。这种新型团队实现了真正的独立自主,它们不但注意问题的解决,而且执行解决问题的方案,并对工作结果承担全部责任。

自我管理型团队通常由 10—15 人组成,他们分担了以前自己上司所承担的一些责任。一般来说,他们的责任范围包括控制工作节奏、决定工作任务的分配、安排工间休息等。彻底的自我管理型团队甚至可以挑选自己的成员,并让成员相互进行绩效评估。这样,主管人员的重要性就下降了,甚至可以被取消,团队的自主性得到很大提高。

自我管理型团队模式起源于 20 世纪 50 年代的英国和瑞典。比如,20 世纪瑞典的沃尔沃武德瓦拉的生产基地,采用过完全由自我管理型团队进行整辆轿车的装配。随后在美国,金佰利、宝洁等少数几家具前瞻意识的公司在 20 世纪 60 年代初,开始采用自我管理型团队模式,并取得了良好的效果。在此之后,日本引入并发展成为强调质量、安全和生产率的质量圈运动,摩托罗拉采用的六西格玛质量改进等也把自我管理型团队的运行方式提到重要的位置。

(3) 任务型团队(Task Team)。团队由来自同一层级、不同工作领域的员工组成,他们聚到一起的目的是完成一项任务。许多组织采用跨越横向部门界线的团队形式已有多年。任务型团队是一种有效的方式,它能使组织内(甚至组织之间)不同领域员工相互交换信息,激发出新的观点,解决面临的问题,协调复杂的项目。

在任务型团队中,团队要解决任务是最为核心的特征,资源调配、工作协调都是围绕着任务开展的。当然,任务型团队在形成的早期阶段往往要消耗大量时间来磨合。由于不同团队成员的知识背景不一样,对任务目标达成共识也需要一个沟通协调的过程。另外,团队成员之间的信任至关重要,在成员之间,尤其是那些背景不同、经历和观点不同的成员之间,建立起信任并能真正地合作也需要一定时间。

案例　　　　　　　　　　携程四君子

1999 年,携程网创立之时,四位创始人依据各自的经历大体定下了人事架构。沈南鹏出任 CFO,他此前是德意志银行亚太总裁。季琦和梁建章相继出任 CEO,季此前创办上海协成科技,擅长市场和销售,主外;而梁此前是甲骨文中国区咨询总监,擅长 IT 和架构管理,主内。最后加入的范敏,此前是上海旅行社总经理和新亚酒店管理公司副总经理,出任执行副总裁,打理具体旅游业务,而后逐步升任 COO 及 CEO。

从性格方面来讲,季琦有激情、锐意开拓;沈南鹏风风火火,一股老练的投资家做派;梁建章偏理性,用数字说话,眼光长远;范敏善于经营,方方面面的关系处理得体。四人特长各异,各掌一端,在公司内部有相当的共识。

范敏曾用一个比喻形容四个创始人的定位:"我们要盖楼,季琦有激情、能疏通关系,他就是去拿批文、搞来土地的人;沈南鹏精于融资,他是去找钱的人;梁建章懂 IT,能发掘业务模式,他就去打桩,定出整体框架;而我来自旅游业,善于搅拌水泥和黄沙,制成混凝土去填充这个框架。楼就是这样造出来的。"

思考题:
1. 创办之初,如何描述携程的业务目标模式?
2. 为了搭建携程网的旅游服务平台,需要哪些资源和能力?
3. 携程四君子分别扮演了哪些角色?
4. 谁是这个团队的领导者?
5. 查阅携程网 CEO 的更迭历程,想一想携程领导团队的任务目标有哪些变化。

3. 高绩效团队的特点

团队是现代企业极力推行的组织手段,也是适应现代组织环境急速变化的弹性人力资源组织模式。除了团队成员都对目标有着高度的承诺、共同的理想,高绩效团队一般具有以下三方面的特点。

(1) 合适的团队规模。合适的工作团队规模一般比较小。如果团队成员多于12人,他们就很难顺利开展工作。他们在相互交流时会遇到许多障碍,也很难在讨论问题时达成一致。一般来说,如果团队成员过多,就会损害到团队的凝聚力、忠诚感和相互信赖感,而这些是高绩效团队不可缺少的。所以,管理人员要塑造有成效的团队,就应该把团队成员数控制在12人之内。如果一个自然工作单位本身较大,而又希望达到团队的效果,那么可以考虑把工作群体分化成几个小的工作团队。至于为什么团队的规模会影响团队绩效,我们将在本章的后续部分进行解释。

(2) 成员的技能搭配合适。要想有效地运作,一个团队至少需要三种不同技能类型的人。第一种是具有技术专长的成员;第二种是具有解决问题和制定决策技能的人,即能够发现问题、提出解决问题的建议并权衡这些建议,然后做出有效选择的成员;第三种是具有善于聆听、提供反馈、解决冲突及其他人际关系技能的成员。

如果一个团队缺少具有这些技能的人,团队的效能就会受到影响。对具备不同技能的人进行合理搭配是极其重要的。在团队规模一定的情况下,一种类型的人过多,另两种类型的人自然就少了,团队绩效可能会降低。但在团队形成之初,并不需要全部具备三种技能类型的成员。在必要时,个别成员也有可能具备多方面的技能。

(3) 团队角色的合理分配。人们的个性特征各有不同,如果员工的工作性质与个性特征一致,个人的绩效水平就容易提高。团队内的位置分配也是如此。根据团队的不同需求,团队领导在挑选团队成员时,应该以员工的个性特征和个人偏好为基础,综合考虑。高绩效团队能够结合员工个性特征,分配发展合适于他自己的角色。

如果强迫人们去扮演团队中的各种角色,大多数人能够扮演任何一种角色,但人们非常愿意承担的通常只有两三种。领导者有必要了解能够给团队带来贡献的个性特征,根据这一原则选择团队成员,并使工作任务分配与团队成员偏好的风格相一致。通过把个人的偏好与团队的角色要求进行适当的匹配,可能会促使团队成员和睦共处。许多时候,团队不成功的原因常常在于具有不同个性的人搭配不当。

案例　　　　　　　　　《西游记》的团队

《西游记》中的师徒四人在各方面差异巨大,可这四人竟能相处得很融洽,而且完成西天取经这样的超级任务,非常难得。如果缺少他们中的任何一个角色,可能都完不成西天取经的任务。因为他们四人的结合实现了优势互补、团结协作。

唐僧是这个团队的最高领导,他毫无武功,别说妖魔鬼怪,就连最普通的山贼都抵抗不了。但他对西天取经有着坚定的信念,同时做人低调亲和,能够把大家团结在一起,当然更主要的是有一位能力更强的观世音愿意让他当领导。他运用自己的强硬管理方式和制度(念紧箍咒)来管理团队,并且通过"软权力"和"硬权力"的结合来调动整个团队。虽然唐僧性格有时优柔寡断,偶尔不明是非,但从根本上讲,几个徒弟很佩服他。

孙悟空本领高强,而且此人社会资源极其丰富,性格本身有点"猴急",个人素质上非常优秀,通常能高效率完成唐僧布置的任务,能力出众,是这四人中本领最强的一个,一路上降妖除魔立功不小。但悟空也有很明显的缺点:个人英雄主义严重,无视组织的纪律和制度,很难受管制等。所以,本领更高的观世音为他设了紧箍咒,保证了猴子能够服从并协助整个团队最后成功。

猪八戒有本领但比不上孙悟空,而且七情六欲旺盛,偶尔还办错事。但在整个团队中,他起了不小的作用。八戒在整个团队中除活跃气氛外,同时肩负调节内部矛盾的作用。在唐僧与孙悟空几次闹矛盾,孙悟空一气之下回花果山时,唐僧作为最高领导拉不下脸亲自请徒弟回来。在这种时候就需要猪八戒屡屡说好话,希望唐僧原谅大师兄,然后又前往花果山请回孙悟空。除了协调众人之间关系的作用,八戒本人幽默、滑稽,还充当着润滑剂的角色,功不可没。没有八戒的团队是残缺的。组织中侧重沟通、协调关系的角色都类似于他,是极其重要的。

沙僧则朴实无华,工作踏实。他兢兢业业、克己本分,是劳动的模范。他虽然没有悟空的卓越能力,也没有协调关系者的润滑本领,但是他所做的工作是最基础的,也是不可缺少的,他肩负着团队的日常性任务,踏实而努力地工作。

这四个人在团队中分别扮演了不同的角色。唐僧起着凝聚和完善的作用,孙悟空起着创新和推进的作用,猪八戒起着信息和协调的作用,沙和尚起着实干和监督的作用。这个由不同角色组建的团队,虽然有分歧、矛盾,但是他们有着共同的目标和信念,那就是去西天取经。在关键时候,他们总能相互理解、团结一致,最后形成一个有力量的团队。

思考题:
1. 西游记与携程网的团队有哪些共同点和不同点?
2. 你所在的组织更类似哪个团队?为什么?
3. 请讨论梳理唐僧所具备的优秀领导品质。

马云在台北演讲时,问台下的听众:"如果是你挑选团队,你会要《西游记》中像个动物园的'唐僧团队',还是《三国演义》中骁勇善战的'刘关张'团队?"出乎台下职业经理人的意料,马云最崇拜的是大杂烩一般的"唐僧团队"。马云说,一个理想的团队要有德者、能者、智者、劳者,一个企业不可能都是孙悟空,也不能都是猪八戒,更不能全是沙悟净。"要是阿里巴巴的员工都像我光说不干活,会非常可怕。我不懂电脑,销售也不行,但公司里有人懂就行了。"①

这些表述说明了高绩效团队人数限制、技能互补、个性互补的一些特点。团队的有效

---

① 引自马云在 2007 年 11 月 5 日在中国台北信义区的演讲。

性是组织管理研究的热点之一,大量组织行为学领域的团队研究对于局部的影响关系已经有了解释,即使这些研究还没有形成系统性的共同认识,对团队管理也存在一定的借鉴意义。

6.1.3 群体规模效应

群体规模是指群体人数的多少。在团队管理中,团队规模对于组织效率有着重要影响。在前面的论述中,我们对团队的规模和效率的联系做了界定与讨论,但实际上,规模与群体效率的关系并不是简单线性的,而会受到多个限制性条件的影响。

群体规模的增大意味着团队可以整合的资源会增加。中国有一句俗话"人多力量大",规模增大以后,不论是信息资源、物理资源、社会关系资源等都会有所增加,也就意味着可以做成单个人不能做成的事情。

但是,规模增大也意味着会带来很多协调成本。虽然群体资源增加了,但这些资源并不一定是有用的;群体成员不同点也增多了,群体成员各自的特长难以发挥;群体人数增多了,成员参加活动和得到奖励机会减少;需要做更大量的组织工作,以协调成员的活动;群体成员之间的冲突也会增多;成员之间彼此了解的程度会降低。这些因素都会形成群体的过程损失。

德利(1998)提出了如图 6-4 所示的模型。群体绩效的关系描述了团队的人数对群体绩效、平均绩效的影响关系。群体的潜在绩效(Potential Performance)随着规模的扩大而提高。因为小组有更多的资源,成员的技术、能力、经验都可以增大小组潜在绩效提升的可能性,如果这些资源得到理想的发挥,就可以极大地提高潜能。但是,人数也增加了协调成本、过程损耗等,这种过程损耗(Process Losses)会由于规模的增大而急剧提升。两者叠加的结果是实际绩效并没有潜在绩效增长那么快,而人员的平均绩效是随着人数的增加而下降的。

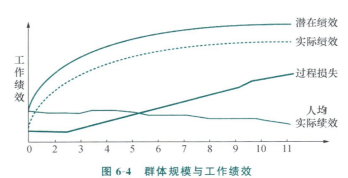

图 6-4 群体规模与工作绩效

资料来源:〔美〕罗伯特·德利.组织行为学[M].陈国权译.清华大学出版社,1998。

在某些情况下,人数的增加会使群体效率急剧下降。群体规模的增大不仅仅带来了协作成本的升高,群体规范还会影响群体绩效,甚至有可能出现社会闲散现象,会严重地破坏团队的工作绩效。

案例　　　　　三　三　制

三三制是解放军创造性的战术组织形式,起源于抗日战争期间,成熟于解放战争时期,大量运用于抗美援朝战争,是我军步兵训练大纲中的一种步兵"班组突击"战术。解放军一个班内划分为三个战斗小组,每个战斗小组三人。三人战斗小组呈三角进攻队形,每名士兵分工明确,进攻—掩护—支援。班长、副班长、组长各带一个战斗小组行动。战斗小组进攻时,两名士兵在前,组长在后,呈三角阵型;三个战斗小组组成一个战斗班,三个战斗班组成一个战斗群,进攻时呈"散兵线"队形展开。相比于一个班九人的战斗指挥体系,三人小组更灵活,能更好地适应战场环境的变化。在组长的带领下,两名士兵的任务更明确,也更容易配合。三个小组统一归班长指挥,减少了指挥幅度,增加了响应速度。士兵也在组长的岗位上得到了更多的锻炼,更容易成长为副班长、班长。三三制在抗日战争、解放战争、抗美援朝战争中得到了发展成熟,成为解放军克敌制胜的重要战术组织形式。

思考题:
1. 三人小组为什么能够比九人小组更好地适应战场环境?
2. 步兵的作战任务与三三制如何匹配?
3. 查阅三三制相关资料,讨论小组规模对团队效率的影响。

6.1.4　社会闲散

社会闲散效应与群体规模有关的重要发现表明,这个现象的探讨起源于社会心理学。当管理者去组织群体开展工作时,他们有一个基本的前提假设:群体作为一个整体的生产力,至少等于群体成员个体生产力的总和。然而,事实情况并非如此。

概念

社会闲散(Social Loafing): 是指群体成员在从事具有群体共同目标的活动时,他们的努力程度、平均工作效率会随着群体规模的增大而下降的现象。

1. 协调过程损耗

德利所提到的过程损失概念,其实早在1920年左右,德国心理学家瑞格尔曼就做了拉绳实验,比较了个人绩效和群体绩效。他事先推测,群体绩效会等于个人绩效的总和。也就是说,3个人一起拉绳的拉力是1个人单独拉绳时的3倍,8个人一起拉绳的拉力是1个人单独拉绳时的8倍。但是,研究结果没有证实他的期望。3人群体产生的拉力只是1个人拉力的2.5倍,8人群体产生的拉力还不到1个人拉力的4倍。实验结果表明,2人组的拉力只是单独拉绳时2个人拉力总和的95%;3人组的拉力只是单独拉绳时3个人拉力总和的85%;8人组的拉力则降到单独拉绳时8个人拉力总和的49%。

其他一些研究者采用类似的任务重复瑞格尔曼实验,结果基本上支持了瑞格尔曼的发现。这说明群体的协调过程损耗产生了,随着群体规模的扩大,群体成员个体的平均绩效降低了。由于其他群体成员在场,致使个体绩效水平下降,这是群体协调过程损耗的具体表现。

2. 社会闲散效应

早在科学管理时代,泰罗就发现了工人们的工作效率没有得到充分的发挥,他称之为"磨洋工"。根据这些效率下降是否是员工有意的行为,分为"有意的磨洋工"和"无意的磨洋工",德利与瑞格尔曼所研究的群体过程损耗更大程度地体现了无意的损耗,或者说是"无意的磨洋工"。但对于群体效率损害更大的是有意识地降低个人的努力。

案例　　　　　三个和尚没水喝

传说古时候有一个活泼伶俐的小和尚住在山上一座小庙里。他勤快地到山下挑水,自己喝够了,就往菩萨手中的净瓶里灌水,净瓶里的柳枝活了。他夜里不让老鼠来偷东西,生活过得安稳自在。

不久,来了个长和尚。他一到庙里,就把半缸水喝光了。小和尚叫他去挑水,长和尚心想一个人去挑水太吃亏了,便要小和尚和他一起去抬水。两个人只能抬一只水桶,而且水桶必须放在扁担的中央,两人才心安理得。这样总算还有水喝。

再后来,又来了个胖和尚。他也想喝水,但缸里没有水。小和尚和长和尚叫他自己去挑,胖和尚挑来一担水,立刻独自喝光了。从此谁也不挑水,三个和尚就没水喝。大家各念各的经,各敲各的木鱼,观音菩萨面前的净水瓶也没人添水,柳枝枯萎了。夜里老鼠出来偷东西,谁也不管。结果老鼠猖獗,寺院破败不堪。

这就是:一个和尚挑水喝,两个和尚抬水喝,三个和尚没水喝。

思考题:
1. 为什么三个和尚后来都不挑水、不打理寺庙了?
2. 在你游历过的寺庙中,一座庙有超过三个以上和尚吗?他们有水喝吗?
3. 哪些措施可以消除"三个和尚没水喝"的现象。

"三个和尚没水喝"的现象主要缘于有意识的工作动机下降了,导致群体成员对于共同目标付出的努力程度不够,甚至刻意回避对群体目标的投入。在群体中,这种有意识地减少对群体目标的投入,主要有三个方面的主要因素:

(1)责任分散。群体状态下,人们的工作努力程度会有所下降,其中一个重要原因是责任分散。因为在群体工作状态下,群体绩效不能归结为具体某个人的作用,个人投入与群体产出之间的关系就很模糊了。因为每个成员都感受到自己与群体绩效之间的关系并不直接,单个成员也不需要对团队的最终绩效负担所有责任,所以每个成员都会降低自身的努力程度。

(2)搭便车。搭便车(Free-Rider)又称"偷懒",是指成员面对群体工作任务时,期待从团队其他成员的工作努力中获利,有意降低自己的工作努力程度的现象。团队业绩无法通过明确的标准切分为每一个人的贡献,所以单个人的贡献都会产生相应的边界模糊性,每个成员都有减少自己的投入而坐享他人劳动成果的机会主义倾向。当成员意识到这种可能性以后,就会有搭便车的倾向。

(3) 从众现象。群体中人们的行为会相互影响,这种现象就是从众。人们的行为会因其他人的在场而改变,一旦旁人在场,人们就会根据他人的行为倾向调整自己的行为方向。这也就是从众对人们的影响机制。从众是因为社会规范影响了人们的行为选择,而群体规范存在于每一个人的头脑中,成员意识到其他成员会采取什么样的行动,进而会影响自己的行为选择。

通常在群体场景中,首先采取行动的成员会冒一定风险。因为,在群体场景中,其他人并没有采取行动,此时事实上已经形成一种默认的群体规范,而先行者需要打破这种规范。在工作群体中,成员如果知觉到其他成员在处理工作时没有那么努力,此时,他的努力程度就会受到这种默认的群体规范的影响。在本章后面的讨论中,对于从众行为还将做出更进一步的解读。

案例   重庆公交车坠江

2018年10月28日10时08分,重庆市万州区一辆22路公交车在万州长江二桥桥面与一辆红色小轿车发生碰撞后坠入江中。事后,重庆公交车坠江事件真相大白。让大家万万没有想到的是,造成15个鲜活的生命永远地离开我们的元凶,却只是乘客与司机的争执。

车内黑匣子的视频显示,从9点40分起,乘客刘某就因为坐过站,起身走到司机冉某右后侧,开始指责、谩骂司机。两人的口头攻击逐渐升级为殴打,在肢体冲突中,10点08分,司机用右手往左侧急打方向(车辆时速为51公里),导致车辆失控,越过中心实线,导致悲剧的发生。

但是,曝光视频显著,从9点40分女乘客因错过站责骂司机,持续到10点08分殴打司机及坠江,这长达20多分钟的时间里,车上其余13名乘客作为旁观者,没有一个人站出来制止或者劝说。

如果说乘客刘某和司机是需要承担这起事故的主要责任的话,这些冷漠的旁观者也付出了冷漠的代价。毕竟,倘若有一个人站出来,喊一句"你们别嚷嚷了,注意行车安全!"悲剧也许就能终止。

思考题:

1. 结合本章节内容,对此事进行讨论。
2. 作为其中一名乘客,该如何应对这些场景?
3. 作为当事司机,如何有效处理这个场景?

6.1.5 构建团队愿景与信任

团队管理的工作基本包括"搭架子"和"沟通协调"两个部分。搭架子是明确任务目标、制订工作计划、确认职责分工等主要工作;沟通协调是团队成员之间通过充分的交流、讨论、整合,构建团队内部的合作信任氛围,支持共同的团队工作愿景。

要避免过程损耗、社会闲散等群体的负面效应,构建团队的愿景与信任至关重要。在社会闲散的讨论中,可以看到保持团队成员的工作动机在合作中至关重要;而在有关激励一章的讨论中,我们从外源性、内源性两个角度讨论过员工的工作激励。组织行为学关于激励研究的基本结论是只有内源性的、对工作有价值的认知才有可能持续地激发员工的工作动力。在激励的外源性因素探讨中,对于公平与否的感知是一个完全的主观变量,每个成员的标准都有所不同。因此,搭架子是消除社会闲散的基础,沟通协调的团队过程,通过交互形成工作意义的认同和内化,才是团队成功的关键。

1. 构建共同的团队愿景

愿景是团队希望共同达成的理想目标,具有极强的意义感。成功团队的愿景还必须得到团队成员的认同。这种愿景是一种远见,比具体目标更宽泛。有效的团队具有一个大家共同追求的、有意义的愿景,它能够为团队成员指引方向、提供推动力,让团队成员愿意为它贡献力量。

构建愿景是一件抽象的、意义性的工作,相比之下,搭架子的目标和职能工作则是具体的、可操作的。目标决定了团队最终要达成的结果。但高绩效团队还需要有效的领导和团队结构为其提供方向与焦点。确定一种大家认同的方式,才可能保证团队在达到目标的过程中团结一致。

职能分工是团队目标在成员身上的具体分解。在团队中,对于谁做什么和怎样保证所有成员承担相同的工作负荷问题,团队成员必须取得一致意见。另外,团队需要决定的问题还有:如何安排工作日程;需要开发什么技能;如何解决冲突;如何做出和修改决策;决定成员具体的工作任务内容,并使工作任务适应团队成员个人的技能水平。所有这些,都需要团队领导和团队结构发挥作用。有时,这些事情可以由管理人员直接来做,也可以由团队成员通过其他角色来完成。

2. 营建团队信任氛围

营建团队信任氛围对于团队成功至关重要。团队工作的责任分散、社会闲散等问题使得团队成员之间感知的公平与信任会极大地影响团队效率。在激励的探讨中,我们看到公平感知是一个完全受到主观因素影响的判断,与团队成员如何知觉团队现象有着密切联系。人与人之间的信任是脆弱的,信任的建立需要很长时间,却很容易被破坏,破坏之后要恢复又很困难。信任氛围会带来信任,而不信任在团队内的破坏效力有可能是灾难性的。营建良好信任氛围的团队通常会用大量的时间和精力来讨论、修改与完善一个在集体层次上及个人层次上都被大家接受的工作目标方案,并且在团队遇到困难的时候表现出强烈的维护与支持意向。

案例　　　　　华为的"狼性"

几十年来,华为取得的业绩是骄人的,在中国企业史上可谓一个独一无二的例子。华为需要依赖一种精神把这样一个巨大而高素质的团队团结起来,使企业充满活力。华为找到的因素就是团队精神——狼性。

华为非常崇尚"狼",而狼有三种特性:其一,有良好的嗅觉;其二,反应敏捷;其三,发现猎物集体攻击。华为认为狼是企业学习的榜样,要向狼学习狼性,狼性永远不会过时。华为的狼性不是天生的。现代社会把员工的团队合作精神问题留给了企业,企业只有解决好才能获得生存和发展的机会。华为对狼性的执着是外人难以理解的。

任正非在《至新员工书》中写道:"华为的企业文化是建立在国家优良传统文化基础上的,这个企业文化黏合全体员工团结合作,走群体奋斗的道路。有了这个平台,你的聪明才智方能很好发挥,并有所成就。没有责任心、不善于合作、不能群体奋斗的人,等于丧失了在华为进步的机会。"华为非常厌恶的是个人英雄主义,主张的是团队作战,"胜则举杯相庆,败则拼死相救"。

"胜则举杯相庆,败则拼死相救"是华为狼性的体现。在华为,对这种狼性的训练是无时无刻不存在的,一向低调的华为时时刻刻把内部员工的神经绷紧。相互信任、相互扶持,"我们提倡学雷锋,但绝不让雷锋吃亏"。华为在团队成员相互支持这一点上,突出了集体精神至上这一特点。

资料来源:中国营销传播网。

思考题:
1. 华为是如何塑造团队共同愿景的?
2. 在团队搭架子方面,华为做了哪些工作?
3. 在营建团队的信任氛围方面,华为做了哪些工作?

3. 团队的心理安全感

心理安全感(Psychological Safety)是近年来在团队研究领域讨论非常热烈的组织行为概念。这个概念源于夏恩(Schein)在讨论组织变革问题时,用心理安全感来定义组织成员相互支持程度的普遍感受,这种感受使得成员愿意承担有风险、创新性的变革任务。卡恩(Kahn)从个体心理层面进行了描述,认为心理安全感高的成员更能够在组织情境中真实表现自我,不用担心自己的行为是否会影响到地位、形象或者职业生涯。埃德蒙德松(Edmondson)首次在团队学习中引入团队层面心理安全的概念,并用这个概念描述团队成员对于承担创新性行为(包含任务性、人际性风险)的安全性感受。也就是,心理安全感高的团队,成员相信其他成员会支持创新性的任务尝试,即使创新任务出现失败团队也会共同承担可能的风险;同时,团队内部在交流意见时,团队不会为难或者惩罚敢于发表真实意见的人。基于这些,我们对心理安全感做如下归纳:

> **概念**
>
> **心理安全感（Psychological Safety）**：是指团队成员相信在尝试创新性任务，或者发表真实意见的时候，其他成员能够给予的支持程度。他们相信团队不会为难、拒绝或者惩罚失败，能够包容尝试带来的风险。

在团队领域，埃德蒙德松（1999）对心理安全感的界定具有开创性，重点描述团队成员愿意主动承担行动所带来的任务风险和人际风险。近期，研究者对心理安全感的具体方面又做了细分刻画，分为自我心理安全感与他人心理安全感两个方面。

心理安全感有助于团队适应快速调整的环境，提高成员工作投入，提高团队学习能力。团队心理安全感允许并鼓励团队成员进行尝试错误、寻求帮助反馈、冒险创新、互相鼓励、提出不同观点，有利于团队的反思与学习。当领导者的前瞻性、组织理性都不能预测团队发展方向的时候，心理安全感有助于成员直接发表意见，发挥他们的专业专长，调整团队的战略方向、工作常规、团队能力，提升团队适应外部复杂环境的能力。同样，心理安全感也有助于员工发挥个人的主动积极性，把更多的精力投入到工作任务中，不必担心人际风险，从而提高团队绩效。

6.2 团队的发展阶段

团队的发展是有阶段性的，在每个不同的阶段，团队层面表现出阶段性的特征。本章节重点介绍关于团队发展的五阶段模型和间断平衡模型。

6.2.1 五阶段模型

20世纪60年代中期，塔克曼（Tuckman，1965）提出，团队的发展要经过五个阶段的标准程序，如图6-5所示，这五个阶段是形成阶段、震荡阶段、规范化阶段、执行任务阶段、终止阶段。

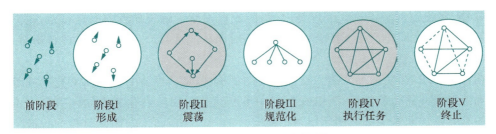

图6-5 团队发展五阶段模型

1. 形成阶段

形成（Forming）阶段，团队刚刚建立，团队的目的、结构、领导者都不确定。团队成员由具有不同动机、需求与特性的人组成。在这个阶段缺乏明确的行为规范，团队成员之间的信任不足,彼此之间充满了谨慎与客套。此时内部不一致之处很多,对同一任务的不同观点很多,工作流程规范也没有明确建立起来。群体成员各自摸索群体可以接受的行为规范,出于警惕,成员们也尽量掩盖自己可能的缺陷。

此时,对于团队领导者而言,是导入团队规范最为重要的时刻。因为团队规范还是一片空白,团队领导者应该尽快导入群体规范。规范不需要完美,只需要尽快让每一个成员步入团队工作的轨道,形成对团队的共同认同。此阶段团队领导者要采取控制主导方式,尽快确立团队目标,不能让成员自己发挥与想象,也应该确定团队的目标、计划、职能、分工等,尽快把团队导入正轨。

此时也是团队领导者争取资源的重要时刻。团队初建,通常也是资源配备很不充分的时候。团队领导者要尽快在其他部门、成员研究确定团队的形象、身份;建立与主要客户、供应方的关系联系;建立团队工作流程,从内外部环境构建上降低团队任务不明确的风险。

2. 震荡阶段

震荡(Storming)阶段是群体规范形成的关键期,团队内部会出现大量冲突。团队成员接受了团队的存在,但对团队加给他们的约束,仍然予以抵制。同时,对于谁可以控制这个群体,还存在争执。领导模式的控制权还在转移当中,开始出现冲突和波折。员工会感受到挫折和焦虑,人际关系紧张,不满意的情绪开始扩散,隐藏的问题开始暴露。团队成员会争权夺利,推诿扯皮,对今后团队的发展方向会产生分歧。此时,团队绩效很有可能比团队开始组建的时候更低,领导者的领导地位也会受到相应的质疑。

此时也是领导者的能力受到考验的重要时期。领导者首先要注意对团队信心的鼓动,坚定地把握团队运行的战略方向;其次要注意与团队成员的沟通交流,要做到开诚布公,让员工参与探讨团队问题,提升认同感;也要提高员工的抗压能力,加强情绪疏导,缓解紧张氛围。这些措施都可以帮助团队度过震荡期。

3. 规范化阶段

规范化(Norming)阶段,团队内部成员开始形成紧密的任务关系,团队认同感日渐提高,团队内部成员之间开始形成亲密的关系,团队表现出一定的凝聚力。经过了前阶段的震荡,团队逐步走上了正轨。经过努力,团队成员逐渐了解领导者的战略思路,建立了共同的愿景,相互之间也产生了配合的默契。这时团队成员会产生强烈的群体身份感,并建立友谊。

在这个阶段,团队领导要努力塑造共同的价值观,形成强有力的团队文化。规范化阶段是规范形成并固化的阶段,团队在试错中不断演化。团队文化的方向性引导对于团队运行的有效形成非常关键。团队能否形成有效的行为规范将决定团队运行的成败。在这个阶段,团队工作流程也在形成模块,还要警惕内部的分化。也就是,一个团队内部出现派系(Faultline)的现象。

4. 执行任务阶段

执行任务(Performing)阶段,团队结构、工作流程、群体规范已经开始充分发挥作用,并已经被团队成员完全接受。团队成员的注意力已经从试图相互认识和理解转移到完成手头的任务上。团队成员开始关注各自的任务,按照既定的沟通、流程开展工作,团队效率也达到高峰期,团队成员信心充分,各自的专长得到发挥,高效率的团队产出也鼓舞了成员的期待。此时,成员对于团队的认同感也是最高的,他们充分体验到团队的价值。

团队的领导者需要注意团队运作过程中可能出现的问题。团队的效率在这个阶段已经是最高,但是并不意味着这种情况会一直维持下去。团队所处的环境有可能变化,团队任务也有可能出现调整,但是,由于这个阶段团队内部的相似性、认同度已经很高,团队很有可能意识不到这些可能的问题,反而会固执地坚持团队原有的发展路径。领导者此时应该意识到,任务环境的挑战要求团队做出战略调整。领导者应该站在一个旁观者的角度思考团队战略问题,为团队谋划不可预测的未来场景。

5. 终止阶段

对于长期性团队,执行任务阶段是最后一个发展阶段。这个阶段表现为调整、修正团队执行模式。在任务执行中,没有能够表现出足够高效率的团队,在这个阶段可能被勒令整顿,通过小组成员的调整,希望重新打造成一个高绩效的团队。然而,对暂时性的委员会、团队、任务小组等工作群体而言,这类群体要完成的任务是有限的,因此还存在一个终止(Adjourning)阶段。项目工作任务总有到期的时候,任务终止也就意味着团队的解散。在这个阶段中,团队开始准备解散,高绩效不再是压倒一切的首要任务,注意力放到了群体的收尾工作。

领导者在这个阶段需要关注变革过程的把握,分析实施团队调整可能遇到的阻力因素,特别是团队规范中与变革方向相违背的部分,思考如何推动团队规范的调整变革。调整变革可能又会回到团队组建的形成阶段。

五阶段模型的许多解释者都带有这样的假设:随着群体从阶段Ⅰ发展到阶段Ⅳ,群体会变得越来越有效。实际上,群体发展变化的有效因素远比这个模型所涉及的因素复杂,实践中团队发展的阶段可能会有反复,也有跳跃,或者也可能出现各个阶段的划分并不明显。所以,群体并不总是明确地从一个阶段发展到下一个阶段。事实上,有时几个阶段同时进行,甚至可能返回到前一个阶段,有时候也有可能跨阶段。

例如,一项关于飞机驾驶员的研究发现,3个陌生机组成员被指定同时驾驶一架飞机时,他们在首次合作的10分钟内就成为高绩效团队。在战场上,被委派执行同一作战任务的士兵可以在首次合作的几分钟内形成有效配合(比如《拯救大兵瑞恩》的事例描述)。促使团队建设高速发展的因素是事先充足的训练准备,这提供了团队完成任务所需的规则、任务定义、信息和资源,不需要五阶段模型预测的那些发展磨合过程。

五阶段模型是组织行为研究中最为广泛接受的团队发展模型。在五个阶段的发展过程中,团队绩效表现出如图6-6所示的变化。团队绩效随着组建发展,会有一个S形的曲线,绩效会因磨合期的矛盾冲突而下滑,随着规范化阶段的到来而上行。

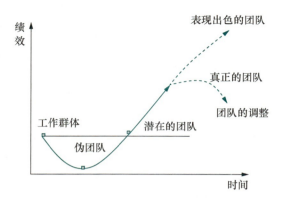

图 6-6　团队绩效的阶段发展曲线

6.2.2　间断平衡模型

间断平衡是对项目团队、任务团队的运营过程而言的。格斯克(Gersick,1988)从观察团队运作的过程中发现,大多数任务团队有任务截止期限。团队成员心目中共同的时间线会引起团队的阶段性变化,特别是团队时间线中间点的转型期会引起团队运作模式的变革与飞跃。格斯克在对多个任务型群体进行现场和实验室研究后发现,团队的发展以及中间转型调整的运作方式在时间阶段上是高度一致的。

在具体发展变化的过程中,团队动力特征有六个阶段性的明显特点:① 团队成员的第一次会议决定团队的发展方向;② 第一阶段的团队活动依惯性进行;③ 在第一阶段结束时,团队发生一次转型、调整,这次团队变革正好发生在团队寿命周期的中间阶段;④ 这个转变会激起团队的重大变革;⑤ 在转变之后,团队的活动又会依惯性进行;⑥ 团队最后一次会议的特点是活动速度明显加快。这些发现如图 6-7 所示。

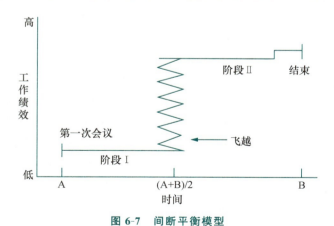

图 6-7　间断平衡模型

在这个过程中,有三个方面关键的时间点特征,也是在团队成员心目中的时间线,对团队的运行产生重要影响。

1. 第一次会议

团队成员的第一次会议决定团队的发展方向。在第一次会议上,团队成员完成项目所要求的行为模式和假设的基本框架得以形成。这种框架甚至在团队组建最初几分钟之内就可能出现。这种框架一旦确定,团队的方向就变成了白纸黑字,而且在团队寿命的前半阶段不太可能重新修订。这一阶段是依惯性进行团队活动的阶段,也就是团队倾向于常规化运行,或者被锁定在一种固定的活动上。即使获得给初始模式和假设带来挑战的新创意、新调整,团队规范模式也不可能在第一阶段实施调整。

2. 中间阶段的变革调整

间断平衡模型的核心发现是团队在中间阶段的变革调整。这次调整是团队运作规范重整的关键。一个更有趣的发现是,每个团队都在其寿命周期的同一时间点上发生转变,正好在团队的第一次会议和正式结束的中间阶段。尽管有些团队完成一个项目只用 3 个小时,而有些群体要用 6 个月。看起来,好像每个团队在其存在期间的中间阶段都要经历危机。这个危机点似乎起着警示作用,促使团队成员认识到"时间是有限的,必须迅速行动,必须调整策略"。

这个转变标志着第一阶段的结束,其特征是集中于迅速的变革,抛弃旧的运行模式,采纳新的观点,突破原有的工作模式。这个飞越阶段对于团队非常重要,它实现了对第二阶段发展方向的变革调整。第二阶段是一个新的平衡阶段,或者说又是一个依惯性运行的阶段。在这个阶段中,团队开始实施在变革时期创造出来的新计划。

我们可以用这种模型来描绘新产品改进(开发)过程。在第一次会议上,基本的时间表就能制定出来。来自研发、生产、销售等不同部门的团队成员相互了解,并一致同意,完成项目的全部时间为 9 周。团队成员对新产品的总体要求进行讨论和辩论。

从这时起,团队成员开始定期相聚,以保证活动的顺利进行。但是,大约在项目进行到第 4 周和第 5 周时,问题出现了。团队开始重视批评意见,讨论变得更加开放,团队重新定位,并采取一些积极的行动,试图进行变革。如果团队进行了正确的变革,那么在接下来的四五周中,团队完成项目的水平肯定是一流的。团队的最后一次会议一般在项目将近结束时召开,会议时间比平时的会议时间都要长。在这次会议上,团队成员就最后的所有遗留问题进行讨论并做出决定。

3. 最后完成阶段

最后完成阶段是团队运作速度大大提升的阶段。最后的任务交货期即将到来,团队进行最后一次会议,讨论采用迅速的活动来完成工作任务。团队的目标演变为一个短期交货目标,任务清晰程度大大提高,团队成员聚焦于手头工作任务,团队运作速度明显提高,直至任务完成。

总之,间断平衡理论的特点是,团队在其长期的依惯性运行过程中,会有一个中间时间点的变革时期。这一时期的到来,主要是由于有团队成员意识到完成任务的时间期限,并且产生紧迫感。使用团队形成的五阶段模型的术语来描述:团队通过其形成和规范化阶段的结合而开始存在,接着经历一个效率较低的执行任务阶段,随后是震荡阶段,然后是一个高绩效阶段,最后来到结束阶段。

6.3 群体角色、规范与动力

中国企业发展过程中,工作团队早期多见于改革开放以后逐渐成长起来的民营企业。这些企业大多是由家庭作坊发展起来的,最初有一个核心的创业团队,成员之间也往往是亲戚朋友关系,在后期企业的成长过程中,用人也会沾亲带故。这是民营企业发展普遍的现象。

从创业团队的运作过程看,民营企业的初创期没有国有企业那么多的制度积累,分工不明确;民营企业拥有的人力资源也不丰富,核心成员经常需要承担多个岗位职能。面对资源丰富的国有企业的竞争,民营企业必须更高效地发挥员工的主动积极性,其团队的运作方式也是形势所迫。

这种做法的好处是团队背后有着社会关系的链接,团队的凝聚力强。湘军统帅曾国藩在湘军中奉行将必亲选、兵必自招的原则,"帅欲立军,拣统领一人,檄募若干营。统领自拣营官,营官拣哨官,以次下之,帅不为制。故一营之中,指臂相连,弁勇视营哨,营哨视统领,统领视大帅,皆如子弟之事父兄焉。"从而形成蜘蛛网式的裙带联系,形成团队的战斗力与凝聚力。这种桃园结义式的"刘关张"式团队有很强的凝聚力,但与现代企业运作的团队仍然有着很大的区别。

现代企业组织形式是专业化团队,团队成员之间会有快速的组合重建与发展。所以,团队工作角色系统是团队建设的重要部分。团队不是一群靠裙带联系在一起的勇夫,工作团队是有结构的,群体结构塑造着群体成员的行为,使管理者有可能解释和预测群体内部大部分的个体行为以及团队绩效,也使得管理者能够培养、组合不同的工作团队。管理者必须注意与群体运作规范相关联的组织行为概念,包括角色、规范、群体内聚力、心理安全感等。

案例　　　　　　　李威的多重角色生活

李威是一所高校的教师和副系主任,同时又是某科技公司的总经理。在工作中,他要扮演多种角色,例如,大学的雇员、大学的中层管理人员、授课教师、所在研究所的负责人、三个研究生的导师、科技公司法人代表,等等。下班后,他要扮演的角色就更多了,有丈夫、父亲、儿子、教师篮球队主力中锋、曲艺俱乐部会员等。

其中的许多角色是相互兼容的,有些则是相互冲突的。例如,李威的教师身份,会不会影响到他作为一个公司法人做出裁减雇员的决策?由于最近科技公司的一项业务发展需要,他不得不调往上海开发新的市场,但家人却非常希望他留在杭州。他的工作角色要求,应该在丈夫和父亲角色要求面前让步吗?

思考题:
1. 角色对李威的行为有什么样的影响?
2. 不同角色会给李威的行为带来压力吗?
3. 李威应该如何实现角色之间的协调?

6.3.1 角色与行为塑造

1. 团队角色的相关概念

莎士比亚说:世界是一个大舞台,所有男人和女人不过是舞台上的演员。使用同样的比喻方法,可以说,所有的群体成员都是演员,每人扮演一种或多种角色。如果我们每个人只选择一种角色,并可以长期一致地扮演这种角色,对角色行为的理解就简单多了。但是很不幸,许多时候,我们要被迫扮演多种角色。应当认识到,我们想要理解一个人的行为,关键得要弄清他现在扮演的是什么角色。

> **概念**
>
> **角色(Role):** 是指人们对在某个社会性单位中占有某个职位的人所预期的一系列行为模式。

应该认识到,不同的群体对个体的角色要求不同。像李威一样,我们每个人都需要扮演多种角色,我们的行为随着我们所扮演角色的不同而不同。李威在星期天早晨去曲艺俱乐部的行为与他同一天下午在高尔夫场上与客户进行非正式交流的行为肯定是不一样的。下面将介绍与角色有关的几个概念。

> **概念**
>
> **角色认同(Role Identity):** 是指个人的态度、行为与当时角色要求的一致性。

认同自己所扮演的角色,可能会给员工带来很强的内部动机,完成自己的工作,提高工作绩效。但是,过强的角色认同感可能会带来冲突,因为组织中不同部门的员工分别扮演着不同的角色,过强的角色认同可能会忽略其他部门的实际情况。

例如,某公司的生产部和维修部经常发生矛盾,因为尽管都在生产线上,不同主管的注意点很不一样。生产部关注产量,希望在有限时间内产出更多合格品;维修部关注机器设备的正常运转;生产部会抱怨维修部影响生产,在忙的时候保养机器;维修部会说生产部的人素质很差,总把机器搞坏,不遵守操作规则。这种例子屡见不鲜。

> **概念**
>
> **角色知觉(Role Perception):** 是指一个人对于自己在某种环境中应该做出什么样的行为反应的认识。

角色认同是由人们对某个角色的认识,以及在社会化的过程中与周围场景互动形成的。人们做出的行为反应是以我们对别人希望我们怎样做的认知为基础的。人们在与组织、社会不断的互动过程中,形成了对自己应该做什么的角色认识。这些认知往往来自我们周围的多种刺激,接触到的事件、朋友、书本、电影等。

例如,每个大一新生都要接受为期一个月的新生始业教育,学习并了解如何从一名高中生转变为大学生。再如,在贸易和专业领域设立学徒制度,目的就是让初学者观察一位专家,从而学会按照别人所期望的方式行动。现代企业中设立的"管理培训生"也是通过职业生涯设计,让培训生不断地适应角色调整,逐步形成合格管理者的行为模式。

概念

角色期待(Role Expectations):是指别人认为你在一个特定的情境中应该做出什么样的行为反应。

一个人的行为方式在很大程度上由个体做出行为反应的文化背景所决定。比如说,我们会认为社会名流地位优越、举止高贵;足球队的教练则富有进取精神、灵活机动,善于激励自己的球员。在同样的文化背景中,如果我们听说一名大学教授在酒吧兼职做服务生,我们肯定会很惊讶,因为我们对大学教授和酒吧服务生的角色期待差别太大了。当角色期待集中在一般的角色类别上时,就成为角色定式或刻板印象了。

概念

角色冲突(Role Conflict):是指当一个人扮演一种或多种角色时,由于角色期待差异或不能同时满足多种角色要求时发生的角色内或角色间的矛盾、冲突。

当员工面临多种角色期待时,可能会产生角色冲突。在极端情况下,可能包含这样的情境:个体所面临的两个或更多的角色期待是相互矛盾的。

前面讨论的李威所扮演的多种角色中,就有一些是相互冲突的。李威必须调和作为丈夫和父亲的角色期待与作为公司主管的角色期待之间的矛盾。一方面强调家庭稳定,关心妻子和孩子,希望留在当地的愿望很强烈;另一方面,他所担任的公司主管的角色要求他到上海。这样,他作为丈夫和父亲的角色期待与他作为公司主管的角色期待就发生了矛盾。

所有的人都经历过而且还要继续经历角色冲突。从组织的角度看,更值得关注的问题是组织内部不同的角色期待带来的角色冲突怎样影响组织行为。

角色冲突会增强个体内部的紧张感和挫折感。在面对角色冲突时,个体可以做出多种行为反应。例如,个体可以采取一种正规的、官僚式反应,这样角色冲突就可以依靠能够调节组织活动的规章制度来解决。例如,一个员工面临公司办公室主任和工厂厂长给予他的多种角色期待之间的冲突,他决定按顶头上司的要求做事。此外,个体还可以采取其他行为反应,例如退却、拖延、谈判,或者重新定义事实或情况,使它们趋于一致。

> **概念**
>
> **心理契约(Psychological Contract)**:是指组织中每一个成员和不同的管理者及其他人之间存在的、没有明文规定的、对岗位行为的期望。

在工作场合,心理契约这个概念,有助于我们更好地理解角色期待。心理契约是美国著名管理心理学家施恩(Schein)在20世纪60年代提出的术语。在施恩看来,心理契约包括两部分内容:一是员工个人目标与组织目标的契合关系;二是员工在经过一系列投入、回报循环之后,与组织形成的情感上的契合关系,体现在员工对组织的依赖感和忠诚度上。简言之,企业能清楚员工的发展期望,并尽量提供条件满足这种期望;而每一个员工相信企业能实现他们的期望,并为企业的发展全力奉献。

事实上,正是这种心理契约规定了对每个角色的行为期待。一般来说,雇员期待雇主公正地对待自己,给他们提供可以接受的工作条件,清楚地表达工作任务,对员工的工作表现给予反馈。雇主期待雇员工作态度认真,听从指挥,忠于企业。如果是雇主没能满足雇员的角色期待,雇员的绩效和工作满意度就会受到消极影响。如果是雇员没能满足雇主的角色期待,结果可能是受到某种形式的纪律处罚,甚至被解雇。心理契约甚至可以被看作组织行为的权威决定者,其中蕴含的角色期待十分重要。

资料

津巴多的斯坦福监狱实验

20世纪70年代,斯坦福大学心理学家菲利普·津巴多(Philip Zimbardo)和他的研究助手们进行了著名的斯坦福监狱实验,展示了角色对于人们行为至关重要的影响。

他们在斯坦福大学的心理学系办公大楼地下室里建立了一所"监狱",以每天15美元的价格雇用了24名学生来参加实验。这些学生情绪稳定、身体健康、遵纪守法,在普通人格测验中,结果属于正常水平。实验者对这些学生随机地进行角色分配,一部分人为"看守",另一部分人为"罪犯",并制定了一些基本规则。然后,实验者就躲在幕后,看事情会怎样发展。

办公楼的地下室事先进行了一些改造,模仿得和真实监狱类似。囚犯被试被关在监狱后就不能自由行动,3个人住在一个小房间里,只能在走廊放风,每个人没有姓名只有编号,不能随意离开房间。充当看守的被试,没有受到培训应该如何做狱警,只是被告知可以做任何维持监狱秩序和法律的事情。看守们分成3个班次进行轮班,每班8个小时,维持监狱的秩序。

两个礼拜的模拟实验刚刚开始时,被分配做"看守"的学生与被分配做"罪犯"的学生没有多大差别,而且做"看守"的人也没有受过专门训练如何做监狱看守员。实验者只告诉他们"维持监狱法律和秩序",不要把"罪犯"的胡言乱语(如"罪犯"说,禁止使用暴力)当回事。为了更真实地模拟监狱生活,"罪犯"可以像真正监狱中的罪犯一样,接受亲戚和朋友的探视。模拟看守8小时换一次班,而模拟罪犯除了吃饭、锻炼、去厕所、办些必要的其他事情出来,要日日夜夜地待在牢房里。

"罪犯"没用多长时间,就承认了"看守"的权威地位,或者说,"看守"调整自己,进入了新的权威角色之中。特别是在实验的第二天"看守"粉碎了"罪犯"的反抗企图之后,"罪犯"们的反应就更加消极了。不管"看守"吩咐什么,"罪犯"都唯命是从。事实上,"罪犯"们开始相信,正如"看守"经常对他们说的,他们真的低人一等、无法改变现状;而且每一名"看守"在模拟实验过程中,都做出过虐待"罪犯"的事情。例如,一名"看守"说:"我觉得自己不可思议⋯⋯我让他们互相喊对方的名字,还让他们用手擦洗厕所。我真的把'罪犯'看作牲畜,而且我一直在想,我必须看住他们,以免他们做坏事。"另一位"看守"补充说:"我一到'罪犯'所在的牢房就烦,他们穿着破衣服,牢房里满是难闻的气味。在我们的命令面前,他们相对而泣。他们没有把这些只当作一次实验,一切好像是真的,尽管他们还在尽力保持自己原来的身份,但我们总是向他们表明我们才是上司,这使他们的努力收效甚微。"

这次模拟实验相当成功地证明了个体学习一种新角色是多么迅速。由于参加实验的学生在实验中表现出病态反应,在实验进行了6天之后,研究人员就不得不终止了实验。应该注意,参加这次实验的人都是经过严格挑选的神智正常、情感稳定的人。但是,实验进行了6天以后,所有人都被深深卷入自己所扮演的角色无法自拔,不管是虐待者还是受虐者,甚至主持实验的教授也被卷入其中,成了维持那个监狱秩序的法官。

2015年7月由阿瓦尔兹(Alvarez)导演、米勒和瑟尔比等人出演的影片《斯坦福监狱实验》正式上映。影片基本还原了发生在20世纪70年代初的斯坦福大学的整个实验过程。"斯坦福监狱"实验和后来的米尔格拉姆"电击实验"一样,是社会心理学有史以来最富有争议的实验,详细资料可以查阅实验介绍的网站:https://www.prisonexp.org。

思考题:
1. 哪些现场因素促使参加实验的学生角色行为快速出现分化?
2. 观看影片《斯坦福监狱实验》,查阅相应网站资料,讨论角色预期对行为的影响。
3. 思考如何通过设置场景、冠名角色等手段影响团队成员的行为。

从这个监狱模拟实验中得出什么结论呢?参加这次实验的学生,就像我们大多数人一样,是通过大众传播媒介和自己的亲身经历,如在家庭(父母与孩子)、学校(老师和学生),以及其他包含有权和无权关系的场合,学习到关于罪犯和看守的角色内容。在这个基础上,这些学生就能够不费力地、迅速地进入到与他们原来的身份迥然不同的假设角色中。在这个例子中,我们可以看到,人格正常、没经过训练的人,只要在组织互动的环境中有了足够的角色预期,就可以迅速进入角色,表现出与角色预期一致的行为。斯坦福监狱

实验说明了人们可以通过观察学习到对于角色行为的期望,也可以通过互动迅速适应角色要求,即角色预期可以迅速地改造一个人。

2. 贝尔宾的团队角色理论

英国教授贝尔宾(Belbin)结合角色在团队中的应用,开发了贝尔宾团队角色理论,认为一支结构合理的团队应该由八种角色组成,后来修订为九种角色。他认为,没有完美的个人,只有完美的团队。有人能在团队中扮演不同角色,团队的职能就可以做到相对合理。这九种角色如下:

(1) 资源收集者(Resource Investigator),也被翻译成"外交家",这种类型成员的典型特征是性格外向、开朗、热情、好奇心强、联系广泛、消息灵通,是信息敏感者。他们的积极特性是:有广泛联系人的能力,不断探索新的事物,勇于迎接新的挑战。他们能够被容忍的弱点有:事过境迁、见异思迁、兴趣马上转移。在团队中,他们提出建议,并引入外部信息。一个很好的比喻是,资源收集者就是团队的天线,就是用来接受外界信号的,通过他可以接触持有其他观点的个体或群体。资源收集者擅长参加磋商性质的活动。资源收集者与外部的思想、发展及资源之间的联系对团队是很有用的。

(2) 团队工作者(Team Worker),这种类型成员的典型特征是擅长人际交往,也被翻译成"凝聚者"。他们温和、善解人意、乐于助人,是人际关系敏感者。团队工作者的积极特性是:具备适应周围环境及人的能力,能促进团队的合作,倾听能力最强。他们能够被容忍的弱点是:在危急时刻往往优柔寡断,一般是中庸的人。在团队中,他们会给予他人支持并帮助别人,打破讨论中的沉默,采取行动扭转或克服团队中的分歧。承担这种角色的人促使团队以和谐的方式运作,给有缺点的团队成员以支持,同时培养团队的士气和精神。

(3) 协调者(Coordinator),是最容易相处的团队成员。他们的典型特征为沉着、自信、可信赖、有控制局面的能力。协调者的积极特性是:能对各种有价值的意见不带偏见地兼容并蓄,看问题比较客观。但他们在智力及创造力方面并非超常。在团队中的作用有:时刻想着团队的大目标,明确团队的目标和方向;选择需要决策的问题,并明确它们的先后顺序;帮助确定团队中的角色分工、责任和工作界限;总结团队的感受和成就,综合团队的建议。协调者要确保团队资源得到最佳利用。

(4) 创新者(Plant),也被翻译成"智多星"。他们的典型特征是有个性、思想深刻、不拘一格。积极特性是才华横溢、富有创造力和想象力、智慧、知识面广、善于打破常规、解决困难问题。创新者也有这样一些缺陷,如高高在上、不重细节、不拘礼仪。在团队中的作用是,提供建议、提出批评并有助于引出相反意见。扮演这种角色的人能为团队面临的主要问题带来新的突破性的思想和见解。

(5) 监督者(Monitor/Evaluator),也被翻译成"审议者"。他们的典型特征是清醒、理智、谨慎。积极特性是:讲求实际、冷静、有战略眼光、有判断力、看事情全面、善于做出判断。监督者能被容忍的弱点是:缺乏鼓动和激发他人的能力,自己也不容易被别人鼓动和激发,缺乏想象力和热情。在团队中,他们主要会分析问题和情境;对繁杂的材料予以简化,并澄清模糊不清的问题;对他人的判断和作用做出评价。基本上监督者就是那种特别喜欢给别人泼冷水的人。监督者依靠其强大的分析判断能力,敢于直言不讳地提出和坚持异议。但监督者对于一个成功的团队是非常必要的,因为监督者就是团队的守门员,而没有守门员的球队没法赢得比赛。这是分析者角色,承担这种角色的人分析问题和评估解决方案,从而确保决策制定的均衡。

(6) 专家(Specialist),是团队中专注于自身专业技能的成员,他们对团队其他成员的工作并不关心。他们首要专注于维持自己的专业度以及对专业知识的不断探究。然而,由于他们将绝大多数注意力集中在自己的领域,对其他领域的问题知道的可能并不多。

这种类型也是贝尔宾在后来才加入的团队角色类型。在早期的贝尔宾理论版本中,因为他们团队工作参与少而没有列入。专家给团队带来特殊的宝贵技能,他们负责把专业知识贡献出来。一般来说,这些人不会兼任团队的其他角色。

(7) 塑造者(Shaper),也被翻译成"鞭策者"。他们的典型特征是思维敏捷、坦荡、主动探索。塑造者的积极特性是:积极、主动、有干劲;随时准备向传统、低效率、自满自足挑战;有紧迫感、视成功为目标、追求高效率。他们能被容忍的弱点为:好激起争端、爱冲动、易急躁,容易给别人压力;说话太直接,虽然塑造者总是就事论事,却经常伤人不伤己。在团队中的作用是:寻找和发现团队讨论中可能的方案;使团队内的任务和目标成形;推动团队达成一致意见,并朝向决策行动。塑造者一旦找到自己认为好的方案或模式,就会希望团队都采纳这一方案或模式,因此他们会强力向团队成员推销自己认为好的方案或模式。塑造者经常自觉不自觉地在团队中扮演第二领导者的角色,虽然他们可能不是名义上的领导者(一般协调者是领导),但塑造者却常常给人二老板的感觉。承担这种角色的人设立目标,确定事务的轻重缓急,从而保证团队的目标清晰、方向准确。

(8) 实干者(Company Worker,或 Implementer)。实干者的典型特征是保守、顺从,把想法变为行动,务实可靠。实干者的积极特性是:有组织能力、实践经验、工作勤奋、有自我约束力。他能够被容忍的弱点是:缺乏灵活性,应变能力弱;对没有把握的主意不感兴趣,有些固执。在团队中的作用是:把讨论和建议转换为实际步骤;考虑什么是行得通的,什么是行不通的;整理建议,使之与已经取得一致意见的计划和已有的系统相配合。实干者就是好的执行者,能够可靠地执行既定计划,但未必擅长制订新的计划。这种角色有利于工作的开展,承担这种角色的人接收概念并将之转为实际的步骤,制订计划并执行。

(9) 完善者(Finisher)的典型特征是勤奋有序、认真、有紧迫感、吃苦耐劳、尽职尽责、严肃、善于发现错误、守时。完善者的积极特性是:具有理想主义者、追求完美、持之以恒。完善者能够被容忍的弱点是:常常拘泥于细节、不洒脱,有时过度忧虑,不愿授权他人。在团队中的作用是:强调任务的目标要求和活动日程表;在方案中寻找并指出错误、遗漏和被忽视的内容;刺激其他人参加活动,并促使团队成员产生时间紧迫感。这种角色注重细节,承担这种角色的人确保所有工作都按计划完成。

贝尔宾的团队角色理论经开发产生个人测评问卷,含自评(SPI)和他评(OA)两部分,可以结合生成贝尔宾团队角色报告,用于进行自我诊断,也可以进行团队重整。可以说,贝尔宾团队角色并不是侧重于解释团队现象背后规律的基础理论,而是侧重于应用开发、解释预测的应用型团队诊断模型工具。关于最新的模型进展,可以查阅贝尔宾的网站 https://www.belbin.com。

6.3.2 群体规范

1. 规范

规范让成员知道自己在一定的环境条件下,应该做什么,不应该做什么。从个体的角度看,群体规范意味着在某种情境下群体对个体的行为方式的期望。群体规范被群体成员认可并接受之后,就可以用很少的外部控制影响群体成员行为。不同的群体、社区的规范不同,但不管怎样,所有的群体都有自己的规范。群体的正式规范是写入组织手册的,规定着员工应遵循的规则和程序。然而,组织中大部分规范是非正式的。

> **概念**
>
> **规范(Norms)**:是指群体成员共同接受的行为标准,包括团队规章所规定的准则,也包括群体成员默认的行为方式。

例如,不用别人告诉你就知道,在老板来视察时,不能跳起来扔纸飞机,也不能无休止地和同事闲聊。同样,我们都明白,在参加求职面试时,谈到自己对以前那份工作不满意的地方时,有些事情不应该谈(比如在工作中难以与同事、上司处好关系),但有些事情谈起来就比较合适(比如缺乏发展的机会、工作不重要或者没有多大意义)。事实证明,即使是没有工作经验的学生也知道,在这种面试中,有些答案比其他答案更符合社会期望。

2. 禁令性规范与描述性规范

禁令性规范(Injunctive Norms)是指明确规定指示人们在面对相应问题场景时应该如何做、不该做什么的行为准则。

例如,不能随地乱扔垃圾的行为就是最常见的禁令性规范。禁令性规范对人们行为的影响程度取决于人们脑海中对这项规范的印象深刻程度。看到一个"不能随地乱扔垃圾"的标语会加深人们对这一准则的认识,形成深刻印象;看到有人在监督执行"垃圾分类",也会加深人们对准则的认识,形成行为规范的印象。

描述性规范(Descriptive Norms)是指人们认识到在面对相应问题场景时,普遍的其他人是如何做的行为准则。也就是,当前的情境下哪种行为是最普遍的。

例如,在一个已经垃圾遍地的场景中,人们普遍感觉到,在这个地方扔垃圾是一种普遍行为,这里的行为规范是允许大家扔垃圾的。实际上,大家也已经把垃圾扔得遍地都是。

不论哪种规范都可以对群体成员产生影响。但是,如果当禁令性规范和描述性规范有矛盾的时候,通常是描述性规范的影响要大大强于禁令性规范。例如,在一个垃圾遍地的环境中,尽管在墙上刷着"禁止乱扔垃圾",人们还是会倾向于跟随实际垃圾遍地的情况,就地乱扔垃圾。这也是著名的破窗效应所描述的现象:在一个脏、乱、差的环境中,人们更容易有犯罪倾向;在整洁、干净、规范的环境中,人们更容易遵守法律规范的规定。当一个问题出现并成为不良现象表现在组织环境中时,会传递"描述性规范"信息。这会导致不良现象无限扩展,会影响其他人"去打烂更多的窗户玻璃",坏行为会迅速蔓延,形成"千里之堤,溃于蚁穴"的全面崩溃。

3. 群体规范的内容

一个工作群体的规范就像一个人的指纹,每一个都是独一无二的,具有独特性,并且包含丰富的行为信息。我们可以把群体规范的内容归纳为三个主要的方面:

(1)绩效规范。第一类群体规范大多与群体绩效方面的活动有关。群体通常会明确地告诉成员:他们应该更努力地工作,应该怎样去完成自己的工作任务,应该达到什么样的产出水平,应该怎样与别人沟通,等等。这类规范对员工个人的绩效有巨大的影响,能够在很大程度上调整仅根据员工的能力和动机水平所做出的绩效预测。在霍桑实验中,小组之间的绩效规范相差很大。

(2)形象规范。第二类群体规范是群体成员形象、外显工作行为方面的,包括如何着装,对群体或组织的忠诚度如何,何时应该忙碌、何时可以聊聊天。有些组织制定了正规的着装制度,有些则没有,但即使没有这类制度的组织,组织成员对于上班时该如何着装也有心照不宣的标准。个人表现出对群体或组织的忠诚感是很重要的。例如,在许多组织中,尤其是对专业技术人员和高层经营管理人员,不正式的着装和不遵守纪律都被认为是不合适的。

(3)社交规范。第三类群体规范为潜在的社交约定。这类规范来自行为互动过程中的默契,主要用来约束群体成员的相互作用。例如,上下级应该如何安排座位,与同事交谈应该约定在哪些内容范围,群体成员应该与谁一起吃午饭,上班时和下班时应该与谁交友等,都受这些潜在规范的约束。

4. 规范的形成

规范形成于群体成员的互动过程中,既可以形成于群体的规定、条文,也可以形成于群体之间的交往。群体中的一些关键事件、关键措施可能会缩短这个过程,并能迅速强化新规范。大多数群体规范是通过下列方式形成的:

(1)群体成员所做的明确的陈述。群体可以对行为进行约定并形成公示性的文本,或者公开进行陈述。做出陈述的群体成员通常是群体的主管或某个有影响力的人物。例如,群体领导可能具体地强调,在上班时不得打私人电话,不得聚集在一起喝咖啡,休息的时间不得超过15分钟,等等。

(2)群体历史上的关键事件。这种事件通常是群体制定某个规范的起因,经历了一起关键事件,会让群体形成新的惯例。比如,清华大学的学生已经形成加强体育锻炼的惯例,这与清华的历史事件有着关联。晚清清华建校,那时候虽然没有体育正课,也强制学生运动。每日下午四时后,学校将全校各处寝室、自修室、图书馆、食品部等处的大门一律关锁,让全体学生到户外运动场运动,直到体育成为学生正式课程,这个惯例也保留了下来。

5. 内部互动过程的积累

群体内部出现的第一个行为模式,常常就为群体成员的期望定下了基调。例如,学生中的友谊群体成员在第一次上课时,就会坐在一起。如果以后上课时,有人坐了"他们"的位子,他们就会感到自己的领地被侵犯了。

6. 新成员过去经历中的保留行为

其他群体的成员在进入一个新群体时,会带来原群体中的某些行为期望。新成员的加入会带来新规范,加入新鲜的血液,会使得团队原有规范发生变化。但同时,工作群体在添加新成员时,喜欢吸收那些背景和经验与现在群体相近的成员。因为这种新成员带来的行为期望,与现有群体中已存在的行为期望比较一致。

案例 "挪窝工程"改变群体规范

我18年前来到这个有三十多年历史的国有企业,面临500多个工龄平均20年以上的职工。绝大部分员工从进入企业后便没有换过岗位,新的徒弟一进车间,为首的"群众领袖"便教他们如何遵守他们的规则,即不能多干,保持一定的工时水平。当时民营企业已蓬勃发展,对国有企业形成了极大的威胁,如果仍沿用计时工资制,生产效率就得不到提高,企业会面临生存的危险。

经营班子经讨论决定在"金加工车间"试推行计件工资制,结果遭到为时多天的罢工和怠工。经过反复讨论和思考,感到对这种群体行为的处理必须分析其根源并采取有效的措施,不从根本上解决问题是不会有任何效果的。于是宣布暂缓在现有车间推行计件工资制,以免影响甚至引起整个企业的连锁反应;然后实施"挪窝工程",即在厂区内建立一个同样的车间,以几个骨干管理人员及生产骨干为基础,充实新的员工,营造一个良好的氛围,同时实施计件工资制。

三个月过后,新的机械加工车间建立起来了,在两个车间主管的培训下,15名技校毕业生掌握了车工技能,车间也按公司的意图推行了计件工资制,员工的积极性得到了极大的发挥,新的车间已经完全可以生产与原车间相同的产品,效率几乎提高了一倍,员工的收入绝对值增加了,相对而言产出增长比率更高了。

此时,公司开始调整计划。原车间的员工要么接受公司新的管理制度,要么逐步抽调员工去新的车间适应新车间管理制度,否则将减少原车间的工作量让新车间完成。结果在一部分原车间员工调往新车间的同时,原车间也接受了新的管理制度。在工作效率增长一倍的同时,员工的观念发生了变化,对接受新的管理规定有了充分的思想准备,同时对规章制度的遵守也大于对群体潜规则的服从。

思考题:
1. 开始"挪窝工程"之前,如何描述工人们原有的群体规范?
2. 原有规范下,对工人的角色预期有哪些?
3. 管理者通过哪些手段逐步改变了群体规范?

6.3.3 从众与权威

1. 从众行为

作为群体的一个成员,人们希望被群体接受。此时,群体规范就会对人们行为产生影响，人们会倾向于按照群体的规范做事。描述性规范形成了人们对所在的社会环境、行为现实的认识，人们会遵循描述性规范行事。甚至人们即使并不认同群体规范，也会感受到群体规范的压力。研究表明，群体能够给其成员施加巨大压力，使他们改变自己的态度和行为，与群体标准保持一致。

> **概念**
>
> **从众（Conformity）**：是指个人因群体规范的影响，甚至迫于群体压力，改变初衷而采取与多数人一致的意见和行为。

与盲从不同，从众者不一定认为别人的意见或行为正确。它的产生原因很复杂，有对事物本身的认识模糊、群体人数多、内聚力强、个体在群体中的地位与能力低等情境方面的原因，也有智力低、情绪不稳定、缺乏自信、害怕权威等个性方面的原因。

人们的组织生活中有多个群体，而不同群体的规范是不相同的，有时还互相矛盾。人们会有针对性地选择具参照性的群体，遵从自己认为重要的群体规范，这些群体可能是他们现在已经参与的，也可能是他们希望以后能够参与的。在同一情景下处理同样问题的其他人，总会成为最重要的参照性群体。

> **概念**
>
> **参照性群体（Reference Group）**：是指个人用来作为评价自身、别人或社会事件的标准的群体。

参照性群体具有这样的特点：个体了解这个群体中的其他人；个体认为自己是这个群体的一员或者渴望成为这个群体的一员；个体感到这个群体中的成员对自己很重要。从参照性群体的定义也可以看出，不是所有的群体都能给予其成员相同的从众压力。

资料

阿希实验

群体对其成员的从众压力，以及对群体成员个人的判断和态度的影响，在阿希（Asch）的经典实验中得到了充分证明。阿希把六到八个被试组成一个小群体，让他们都坐在教室里，要求他们比较实验者手中的两张卡片，并告诉实验者实验的目的是检查人的视觉情况。如图6-8所示，一张卡片上有1条直线，另一张卡片上有3条直线，3条直线的长度不同。这3条直线中有1条线和第一张卡片上的直线长度相同。线段的长度差异是非常明显的,被试者只要大声说出第一张卡片上的那条直线与另一张卡片上3条直线中的哪一条长度相同就可以了。

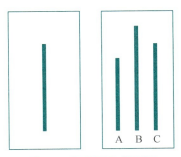

图6-8　阿希实验用图例

通常条件下,被试判断错误的概率小于1%。但是,如果群体成员开始时的回答就是错误的,会发生什么情况呢?群体施加的从众压力,会不会导致不知情的被试改变自己的答案,以求与群体其他成员一致呢?阿希想知道的就是这一点。为此,他做了这样的安排:让群体其他成员都做错误回答,而不知情的被试是不知道这一点的;而且在安排座位时,有意让不知情的被试坐在最后,最后做出回答。

实验开始后,先做了几套类似练习。在这些练习中,所有被试都做出了正确回答。但在做第三套练习时,第一个被试做出了明显错误的回答。例如,回答为:图6-8中的A线段与目标线段一样长。下一个被试者也做出同样错误的回答,再下面的人都是如此,直到不知情被试为止。不知情被试知道,C与目标长度相同,但别人都说是A,他面临的选择形势是:① 公开说出与群体中其他成员不同的答案;② 为了与群体中其他成员的反应保持一致,做出一个自己认为是错误的答案。

阿希获得的结果是:在多次实验中,大约有37%的被试选择了与群体中其他成员的回答保持一致。在多次判断任务中,有76%的人至少会选择一次与群体判断一致的答案。也就是说,他们知道自己的答案是错误的,但这个错误答案与群体其他成员的回答是一致的。一般情况下会认为女性的从众倾向高于男性,但是在阿希实验中发现两者没有明显差别。

思考题:
1. 如果你是被试,你会做出从众的判断吗?
2. 你和哪些人在一起的时候更会从众?
3. 哪些特征的人更容易受到外部影响而从众?

阿希实验的结果表明,群体规范会给群体成员形成压力,迫使他们的反应趋向一致。因为我们都渴望成为群体的一员,不愿意与众不同。我们可以把这个结论进一步展开:如果个体对某件事情的看法与群体中其他人的看法很不一致,他就会感到压力,驱使他与其他人保持一致。人们采取从众行为的原因是多方面的,有情境因素、群体因素和个人因素等方面。

（1）情境模糊不清。这是非常关键的因素，决定着人们在多大程度上会以别人作为信息来源。当不确定什么是正确的反应、适合的行为和正确的观点时，你会最容易受到他人的影响。你越是不确定，就会越依赖他人。

（2）时间紧急、信息缺乏。紧急是另一个促使人们以别人作为信息来源的因素，而且常常与模糊情境同时发生。在危急时刻，我们通常没有时间停下来思考应该采取什么行动，但我们又必须立即行动，因此我们就很自然地去观察别人的反应，然后照着做。

（3）当跟从的对象是权威。一个人在他人眼里越有权威，面临矛盾选择的其他人就更有可能跟从他。例如，一名乘客看到飞机引擎正在冒烟，他可能会去观察飞机乘务员的反应，而不是身边乘客的反应。研究者做过实验，当一个西装革履的人在马路上带头闯红灯的时候，他能够带动更多的人跟着闯红灯；相比之下，一个穿工装的人的影响力要小很多。

（4）凝聚力强的群体。从群体特征来看，当群体凝聚力强、群体经常保持一致意见时，容易产生从众行为。凝聚力强的群体更加同质，也会形成更加强烈的规范。

（5）自信心低的个体。从个人因素来看，如果一个人智力低、缺乏自信心，就很容易产生从众行为。这种成员不敢发表自己的意见，宁愿相信别人也不相信自己。

2. 权威与服从

对权威的服从也是群体中行为的重要影响机制。与从众行为不一样，对权威的服从是指面对某个权威人物或者面对某些权威的指令，人们放弃自己原本的观点，屈从于权威的要求。权威在组织生活中非常多见，上下级的组织权力距离使得对权威的服从成为常态。特别是在军队组织中，上下级的权力距离非常明显。研究者曾经探讨，战争中执行命令的士兵（比如，第二次世界大战中的纳粹），为什么会不顾社会道德的要求行事而丝毫没有感受到罪恶？社会心理学家米尔格拉姆（Milgram）对这个问题非常关注，于是他做了著名的"电击实验"，研究当权威人士下达与道德和个人原则相违背的命令时，人们会如何选择。人们会遵从自己道德的指引还是遵从权威的力量？结果令人大为惊讶。事后，他把实验过程、结果等系统整理，写成经典著作《对权威的服从》(Obedience to Authority)，也拍摄了纪录片《服从》(Obedience)。

资料

米尔格拉姆电击实验

米尔格拉姆1974年在耶鲁大学当地的报纸上发布了一则广告，招募一项"记忆实验"的被试。实验地点选在耶鲁大学老校区中的一间地下室，地下室有两个以墙壁隔开的房间。广告上说明实验将进行一个小时，报酬是4.50美元。招募到的被试年龄从20岁至50岁不等，包括男性、女性；各种教育背景，从小学至博士各种教育层次。

研究者告诉被试，这是一项关于"体罚对于学习记忆的效用"的实验，并告诉参与者他将扮演"老师"的角色，以教导隔壁房间的另一位被试——"学生"。研究者告诉参与者，他被随机挑选为担任"老师"，并拿到了一张"答案卷"。研究者向他说明隔壁被挑选为"学生"的参与者也拿到了一张"题目卷"。

事实上，隔壁房间"学生"由实验助手假扮，所有的被试都担任"老师"角色。"老师"和"学生"分处不同房间，他们不能看到对方，但能听到隔着墙壁的声音。"学生"被绑在椅子上，手臂上用电线连着按钮。如果"学生"回答错误了，"老师"（即）被试就给对方实施电击。

"老师"被给予一个从45伏起跳的电击控制器，控制器连接一台发电机，并被告知这台控制器能使隔壁的"学生"受到电击。电击按钮从45伏开始依次增大，共有30个，最高电压有450伏。当然，实际上是没有电流通过的，研究助手扮演的"学生"会根据电压大小做出各种痛苦的表演，但是扮演"老师"的被试并不知情。

开始实验之前，为了让被试了解感受，被试先接受一次45伏的电击。之后，"学生"在记忆任务中每出一次错误，都被要求对他实施一次电击，而且每次电击都要升一级。"学生"根据电压大小，受到电击以后都会发出痛苦的喊叫。一开始，他只是喊一声"啊"；当电压达到120伏时，他会大喊"痛死了"；当电压达到150伏时，他会大喊"到此为止吧！让我出去，我心脏不好，我的心脏受不了。求求你放了我吧，我不要继续了"。研究者会指示继续往上加电压，如果你服从命令继续加电压，学生会不断重复，并惨叫"让我出去！让我出去！我心脏不行了，让我出去"。研究者此时不会理会被试的恳求，继续要求"老师"加电压，加到300伏以后，曾经连连惨叫的"学生"会像死一样的安静。研究者会漠视这些，继续要求被试实施8次后续的电击，一直加到450伏。

这些都是研究者事先与"学生"排练好的程序。隔壁房间里，由实验助手假冒的"学生"打开录音机，录音机会搭配着发电机的动作而播放预先录制的尖叫声。这些排练是为了让被试相信，"学生"每次作答错误会真的遭到电击。

米尔格拉姆在开始实验之前，曾经请顶级医院的40个精神病医生预测结果，他们的一致意见是"不到4%的被试会加到150伏以上，只有0.01%的被试会坚持到底"。结果在第一次实验中，65%的参与者都达到了最大的450伏惩罚。尽管他们都表现出不太舒服，每个人都在电压加到一定程度时暂停并质疑实验，一些人甚至说他们想退回实验报酬，但没有被试在300伏之前坚持退出实验（见图6-9）。

后来，实验进行了很多条件设计，整个系列包括19个独立小实验，参与人员超过1 000人，年龄层次为20—50岁，并且涵盖了各种职业人员。事后的元分析（Meta-analysis）结果发现，无论实验的时间和地点，每次实验都有61%—66%的被试会把电压一直加到450伏。

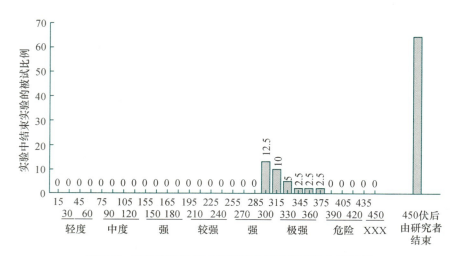

图 6-9　米尔格拉姆第一次实验中请求终止的人数比例

资料来源：〔美〕罗伯特·B.西奥迪尼，《西奥迪尼社会心理学》，北京联合出版公司，2018。

思考题：

1. 组织情境中，权威的影响有哪些表现？
2. 军队和企业的权威影响机制有哪些区别？
3. 现代互联网企业的权威和从众运行机制有哪些新特点？

---

3. 地位

地位（Status）是影响群体结构的另一个因素。无论是大群体还是小群体内部都有地位层次的划分，并且在群体中地位会影响群体成员的行为。比如在某些群体中，地位高的群体成员有权制定群体规范，地位低的群体成员迫于群体压力，即使有些规范不太符合自身的利益也会遵守规范。

群体中的地位可以分为非正式地位和正式地位。非正式地位的获得是基于群体成员在教育程度、年龄、技能、经验等方面的差异。如果一个成员教育程度高、年龄较长、经验丰富，就有很大的可能赢得其他群体成员的尊重和信赖，在群体发言或提出自己的想法时也容易获得大家的赞同。

正式地位是通过正式的方式授予的。比如，组织具体指定群体的领导成员，并赋予其相应的权力。因为群体中地位高的人享受某些特权，可能会获得与个人相关性更高的经济利益，因此一般认为，群体成员都希望并尽力争取群体内更高的地位。从这一角度来讲，群体中的地位对群体成员有潜在激励作用，群体成员渴望通过高绩效获得地位的提升。

但是需要注意的是，群体成员个人感知到的地位等级与组织授予的地位象征之间应该是符合的。如果一个地位高的领导者的办公室、薪酬都不如地位低的人，那么这时对地位的感知与组织授予的地位象征就是不符合的。不符合或者说不等价的地位象征，不仅会使地位高的领导者的权威受到挑战,还会失去地位的激励作用。

6.3.4 群体凝聚力

凝聚力是群体动力的重要因素,是指群体对于每个成员的吸引力和向心力,也可以说明群体成员之间相互依存、相互协调、相互团结的程度和力量。通常,这个指标用成员之间的相互选择、忠诚、荣誉感等因素来测量,也可以用成员之间的关系融洽、合作、归属认同等积极态度来评估。

莫里诺(Moreno)曾经提出采用成员之间相互选择的方式来测量、评估群体内部成员之间的相互动态状况。道伊奇(Deutsch)进一步提出,可以用群体成员之间相互选择的数量来评估群体凝聚力,具体公式为:

$$群体凝聚力 = \frac{群体成员之间相互选择的数量}{群体成员之间可能相互选择的总数量}$$

结合组织研究中最近流行的轮转法(Round Robin Method)和数据分析技术,道伊奇的公式可以提供对群体层面的凝聚力评估思路。凝聚力高的群体能够提高群体内部的沟通水平,降低群体成员之间的协调损耗。这对于群体的绩效表现非常重要。研究表明,群体凝聚力并不总是促进团队绩效的。

资料

凝聚力与生产效率实验

社会心理学家沙赫特(Schachter)等人对群体凝聚力和生产效率的关系进行了模拟实验研究。他们招募被试,随机分派为五个小组,以生产棋盘为任务,开展生产模拟任务。

实验以群体凝聚力和积极/消极诱导为自变量,生产效率为因变量,设置五个小组。实验一共分为两个阶段:开始的16分钟是生产任务的练习熟悉阶段;16分钟以后,分别给予不同条件的生产引导:① 积极诱导,要求生产小组积极"提高生产量";② 消极诱导,要求生产小组"不要工作太快";③ 控制小组,不进行正面与负面的引导。

结果发现,在前16分钟内五个小组的生产率几乎没有差异,生产练习的成绩随着练习过程会提高并稳定在一定的水平;但是,16分钟以后,受到不同引导语的影响,五个小组的效率会发生变化。

对于高凝聚力的群体,得到正面诱导时,生产效率会提高很多(A组);得到消极诱导时,生产效率会下降很多(B组)。对于低凝聚力的群体,得到正面诱导时,生产效率会提高(C组);得到消极诱导时,生产效率会下降(D组)。但是,低凝聚力组生产效率的提高和下降的幅度都不如高凝聚力群体。控制小组(E组)的生产效率稳定在原来水平,并没有出现很大变化(见图6-10)。

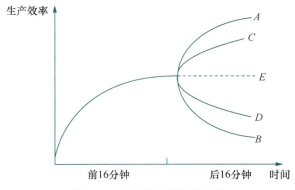

图 6-10　生产棋盘的效率变化

思考题：

1. 如何用变量关系图示凝聚力、诱导、生产效率的关系？
2. 作为管理者，应该如何处理凝聚力与生产效率的关系？
3. 如何帮助一个"坏群体"纠正不良的生产效率？

影响群体凝聚力的因素有很多，比如群体成员相处的时间、进入群体的难度、群体规模的大小、群体中的性别构成、是否面临外部威胁和历史因素等。一般来说，群体相处时间越长、进入群体的难度越大、群体规模越小，受到外部威胁时，群体凝聚力越强。此外，有研究证据表明，成员全是男性的群体比全是女性的群体或者男女混合群体的凝聚力低。

❑ 本章名词

群体（Group）　　　　　　　　　　团队（Team）
社会闲散（Social Loafing）　　　　　信任（Trust）
心理安全感（Psychological Safety）　五阶段模型（5 Stage Model）
间断平衡模型（Punctuated Equilibrium Model）
角色（Role）　　　　　　　　　　　角色认同（Role Identity）
角色知觉（Role Perception）　　　　角色期待（Role Expectation）
心理契约（Psychological Contract）　角色冲突（Role Perception）
贝尔宾理论（Belbin's Theory）　　　规范（Norms）
禁令性规范（Injunctive Norms）　　　描述性规范（Descriptive Norms）
从众（Conformity）　　　　　　　　服从（Obedience）
群体凝聚力（Group Cohesion）　　　参照性群体（Reference Group）

❑ 本章小结

1. 群体是有直接任务互动的个体组合，非正式群体的存在会干扰正常的管理。团队是有共同目标、分工协作、技能互补的群体，对于完成任务目标具有整合效应。
2. 群体效率受到规模的影响。成员的行为会因群体场景而调整，社会闲散效应是对群体效率的重要威胁。
3. 团队心理安全感与成员之间的信任是构建有效团队的必要条件。
4. 群体会产生规范、角色等行为预期影响成员的行为。人们的行为容易受到角色、规范、从众、权威等群体动力因素的影响。

❑ 讨论思考

走进空气稀薄地带

珠穆朗玛峰是每一个登山者的圣地。1996年春天，珠穆朗玛峰上发生了让人印象深刻的成就与灾难。98人成功登上了珠穆朗玛峰顶峰，但令人悲痛的是，有15人在珠峰丧命。1996年5月10日，23人到达了峰顶，包括霍尔（Hall）和费雪（Fischer）这两位当时世界上最优秀的登山者，但霍尔、费雪和其他三人在下山途中遇暴风雪身亡，其他人在黑暗与冰天雪地中徘徊近10个小时后幸存返回。

事后，随团的登山记者克拉霍尔（Krakauer）撰写了一部纪实书籍《走进空气稀薄地带》（*Into Thin Air*）。阿里云创始人王坚在中央电视台《朗读者》节目中朗读过其中部分章节的开篇语节选。但是，登山队员博卡耶夫（Boukreev）反驳了克拉霍尔的回忆，撰写了另一部书籍《攀登》（*The Climb*）。1997年，该书被改拍成同名电影《走进空气稀薄地带》（*Into Thin Air*）。2015年，这起事件再次被翻拍成新版电影《绝命海拔》（*Everest*）。

这起事件成为哈佛商学院（HBS）关于团队领导力讨论的经典案例。人们的记忆并不完全，事后去回忆一起事件的发生过程，总是会有各种各样的偏差。请阅读这些材料，尽量拼凑起对这起事件的认识全貌。

思考题：
1. 为什么会发生这个悲剧？这次灾难的根本原因是什么？
2. 在珠穆朗玛峰这样的地方，发生这类悲剧是不是不可避免？
3. 你如何评价费雪和霍尔的团队领导？
4. 经理人员从这个案例中可以得到什么启示？

❑ 案例分析

优步城市"铁三角"

优步公司(Uber)在一个城市启动市场,只有一个三人小组,被称为"铁三角"。"铁三角"中的每一个人,都需要既做战略看方向,又做战术规划,还做执行上战场打仗,互有分工、互相配合,是一个高效的小团队。

三个人的数量不多不少。三角形的结构是最有利于分权的结构,三人制结构让决策权最大限度地下放到各个层级。如果是四个人,沟通的简单顺畅程度就会大打折扣;如果是两个人,功能分工又会不完整,人手也不够用;三个人的团队是正好的规模。在团队内部的协作上,三个人可以做到最大限度的灵活。

虽然各有分工,但是"铁三角"中每个人的职责边界并不是那么严格。任何一个人牵头的事情,都可以把其他两个人当作下属去调遣,一旦团队遇到困难,可以随时调遣一人去补足。所以,每个人其实都做过供给端、需求端、市场,也做过支持。

在团队之间的合作上,每个"铁三角"成员都有各自擅长的领域,在城市间配合的时候能够做到各有侧重、优势互补,在竞争激烈的时候能够做到在快速反应的同时,各个击破、协同作战。具体的情况很难形容,但在其中打过仗就能体会出这个组织结构的妙处。

资料来源:http://www.sohu.com/a/109747216_115035

1. 查阅优步"铁三角"的相应做法,回顾其他的三人小组。
2. 三人制团队适应的工作任务有哪些特点?
3. 如何组建三人制小组才能有效应对复杂任务?

❑ 实践练习

迷失丛林任务

形式:先以个人形式,之后再以5人小组形式完成

类型:团队建设

时间:30分钟

材料及场地:迷失丛林工作表及专家意见表,教室及会议室

活动目的:通过具体活动说明,团队的智慧高于个人智慧的平均组合,只要学会运用团队工作方法就可以达到更好的效果。

事前准备:将下表内容打印给学员

	您的排列	小组排列	专家排列	您的差值	小组差值
药箱					
手提收音机					
打火机					
三支高尔夫球杆					
七个大绿色垃圾袋					
指南针					
蜡烛					
手枪					
一瓶驱虫剂					
大砍刀					
蛇咬药箱					
一盒轻便食物					
一张防水毛毯					
一个空热水瓶					
总计					

游戏程序:

1. 培训师把"迷失丛林"工作表发给每一位学员,然后讲述下面一段故事:

你是一名飞行员,但你驾驶的飞机在飞越非洲丛林上空时突然失事,这时你必须跳伞。与你们一起落在非洲丛林中有14样物品,这时你们必须为生存做出一些决定。

2. 在14样物品中,先以个人形式把14样物品按重要性顺序排列出来,把答案写在第2列。

3. 当大家都完成之后,培训师把全班学员分为5人一组,让他们开始讨论,以小组形式把14样物品重新按重要性顺序再排列,把答案写在工作表的第3列,讨论时间为20分钟。

4. 当小组完成之后,培训师把专家意见表发给每个小组,小组成员把专家意见填入第4列。

5. 用第4列减第2列,取绝对值得出第5列,用第4列减第3列得出第6列,把第5列累加起来得出个人得分,把第6列累加起来得出小组得分。

6. 培训师用下面的表格把每个小组的分数情况记录在白板上,用于分析:

小组	全组个人得分	团队得分	平均分
1			
2			
3			
4			

7. 培训师在分析时主要掌握两个关键的地方。

(1) 找出团队得分低于平均分的小组进行分析,说明团队工作的效果(1+1＞2)。

(2) 找出个人得分最接近团队得分的小组及个人,说明这个人的意见对小组的影响力。

有关讨论：

1. 你对团队工作方法是否有更进一步的认识？
2. 你的小组是否出现过意见垄断的现象,为什么？
3. 你所在的小组是运用什么方法达成共识的？

计算：

个人得分(第4步总和)

团队得分(第5步总和)

统计小组中最低个人得分

个人得分低于团队得分的总和

个人得分的平均数

专家选择的顺序：

药箱 6	手提收音机 13	打火机 2	三支高尔夫球杆 11
七个大绿色垃圾袋 7	指南针(罗盘)14	蜡烛 3	手枪 12
一瓶驱虫剂 5	大砍刀 1	蛇咬药箱 10	一盒轻便食物 8
一张防水毛毯 4	一个空热水瓶 9		

21世纪经济与管理规划教材
工商管理系列

第 7 章

冲突与协商

【学习目标】

(1) 了解冲突的基本概念
(2) 分辨认知冲突与情绪冲突
(3) 运用冲突管理的基本策略
(4) 分辨分配式与整合式谈判
(5) 初步练习整合式谈判要点

开篇案例

万通六君子

  1991年9月13日,海南农业高技术联合开发投资公司(简称"农高投")在海南正式成立。1993年1月18日,农高投增资扩股,改制为有限责任公司形式的企业集团,即万通集团,主要股东除冯仑、王功权、刘军、王启富、易小迪,还有后来加入的潘石屹,以及中国华诚财务公司、海南证券公司等法人股东,由冯仑担任董事长和法人代表。

  当时,普通大众还不知道"公司"为何物。冯仑在《野蛮生长》一书中写道:"没法说最初的钱哪些算股本,后来算股份的时候也没有办法分清楚。别说没法算,那时我们连懂都不懂,又没有《公司法》,大家说事连个依据都没有。所以说,我们这些合伙人一开始合作的基础不是钱,而是大家共同的理想、信念和追求。"冯仑提出:按照历史的过程来看,缺了谁都不行。于是,万通六君子在确定股权时采取平均分配的办法,大家说话的权利是一样的。万通成立了常务董事会,重大决策都是六个人来定。

  1995年之前,六兄弟配合得很好。当时,六个人以海南为中心,分散在广西、广东等附近省份,经常见面。1995年起,万通的业务开始分布到北京、上海、长春等地,六兄弟分布在不同省份,负责各地的业务。虽然资源和结构发生了变化,但六个人仍然保持个人收益上的平均主义。当时他们确定了三条土规则:第一,不许有第二经济来源;第二,不转移资产,不办外国身份;第三,凡是在公司生意上拿到的灰色收入统统交回公司,六个人共同控制这笔钱。

  大家对生意的看法和理解出现了分歧。首先是资源分配的问题,同样做房地产,有的人说深圳好,有的人说西安好,有的人说北京好,但资源是有限的。开常务董事会时,大家会互相认为对方的项目不好,由于实行的是一票否决制,大家很难达成统一。当时潘石屹在北京担任万通实业总经理,北京的资源配置最多,慢慢地,各地开始绕过常务董事会,直接向潘石屹借钱,导致万通集团公司几乎成了一个虚设的总部,主要的业务和个人都在外地,谁拿到各地的具体项目,谁就是老板。同时,六个人对公司的发展战略也产生了分歧。有的人比较激进,主张进行多元化;有的人比较保守,认为应该做好核心业务;有的人不愿意做金融;有的人不愿意做商贸。有的项目在某几个人强力主导下,一旦不顺利就会导致怨言。

  由于当时沟通不便,造成信息不对称。六个人性格不同,地域和管理企业的情况不同,在一些事情上形成了分歧,相互之间越来越不容易协调。在农高投成立之初,人员并不多,除了王功权、冯仑等六个"高层",只有两个员工,一个是王功权的老婆,一个是王启富的哥哥,大家一起干活、一起吃饭,谁也没把自己当"干部"。完成原始积累后,公司开始招聘新人,这才有了真正意义上的上下级关系。由于王功权、冯仑等人的座次排得很模糊,导致六人权力均等,因而下面的员工自觉不自觉地会"站队",形成各式各样的派系,导致组织运行效率低下。出现了这些问题,六个人都很痛苦,都处于挣扎的状态。冯仑写道:"那时我住在保利大厦1401房间,潘石屹住在楼下,我们很痛苦地讨论着、等待着,就像一家人哪个孩子都不敢先说分家,谁先说谁就大逆不道。"

  两个事件使得问题出现转化。一是1995年,王功权去了美国管理分公司,在美国吸收了很多商务、财务安排的方法。二是在1992年前后,张维迎把张欣介绍给了冯仑。通过冯仑,张欣又认识了潘石屹,两人开始谈恋爱。张欣对问题的看法完全是西式的,她把西方商业社会成熟的合伙人之间处理纠纷的商业规则带给了万通。

冯仑开始不同意西方做法,但后来去了一趟美国,见到了周其仁,两人聊得很投机,冯仑讲了困扰的问题,周其仁讲了"退出机制"和"出价原则",给了冯仑很大启发。回国后,冯仑提出"以江湖方式进入,以商人方式退出"。虽然是商人方式,但冯仑等人只是对资产进行了大致分割,并没有锱铢必较,还是保留了兄弟情义。1995年3月,六兄弟第一次分手,王启富、潘石屹和易小迪选择离开;1998年,刘军选择离开;2003年,王功权选择离开。至此,万通完成了从六个人到冯仑一个人的股权转变。

思考题:
1. 万通六君子冲突是什么原因引起的?
2. 为什么在冲突中,六个人都不肯让步,但是又不愿提出分家?
3. 处在当时万通公司员工的位置,你会如何处理董事之间的矛盾?
4. 如果你是六君子之一,你会如何与其他人协商退出问题?
5. 最后的解决方案给了你什么启示?

7.1 认识冲突

冲突是组织中不可避免的现象,每个人对业务都有不同看法,组织存在分工最终导致分歧。万通六君子的分家事件前前后后经历了近八年时间,不仅是商业判断的不一致,在矛盾冲突的过程中,还夹杂着当事人的情绪情感波动。我们看一看冲突的一些基本特点。

7.1.1 冲突

什么是冲突?冲突的基本特点是其中的一方认为另一方影响了自身利益,或影响到他希望达到的目标,从而使双方产生认识与情感上的矛盾。组织是一个多元系统,组织内的很多方面都能引起冲突,比如目标不一致、对事情的认识不同、消极感情、价值观和人生观不同,以及资源共享引发的争端等。

> **概念**
> **冲突(Conflict):** 是指两个人或多个人之间的意见分歧,进而形成的矛盾。

由于资源缺乏、互相依赖性、不同目标和协调需要,组织中的冲突不可避免,也不可能完全消除。但是如果处理不当,它会严重影响组织运作,导致敌意、合作缺乏、暴力、关系破坏,甚至组织解散等不良后果。但是冲突也有许多有益的方面。它能激发创造性,带来革新和变化,甚至可以改善关系。假如组织内完全没有冲突,它就会缺乏活力和积极性,不易适应外界变化。控制冲突的综合技能包括制造冲突和解决冲突,并利用冲突实现管理目标。

在一个组织当中,冲突的产生有以下一些特点:

(1) 冲突的产生是一个过程,包含酝酿和发展阶段。

(2) 冲突是双方或多方之间的一种相互依赖,如果其间不存在相互依赖关系,就不可能发生冲突。

(3) 冲突必须是双方感知到的。如果冲突没有被人们意识到,它并不会影响人们的行为。

(4) 冲突双方必须发生相互作用,冲突一方的行动必然引起另一方的反应。

案例　　倪柳之争

1984年,柳传志将倪光南请到联想公司。倪光南出任总工程师,对联想的技术做出了重要贡献,两人建立了深厚的友谊。联想定位于高科技企业,于是联想公司大力宣传倪光南。柳传志说过,"只要老倪说的都对"。柳传志想给倪光南营造一种科学的氛围,能够让他心无杂念地做研究。为了塑造高科技企业形象,柳传志在公司中不断提升倪光南的地位。

1993开始,联想研发中心让柳传志头疼。研发中心沉浸在技术至上的气氛中,花掉的钱超过利润的40%,可是成果很少能够变成产品,即使做成产品也很难成功。作为企业经营者,柳传志必须更现实地考虑问题,不能单纯为了"技术"而危及企业生存。对于倪光南多开发项目的做法,柳传志很不满。但是,他将这种不满压在心里,没有和倪光南交流,说出自己的想法,为倪柳之争埋下了隐患。

1994年前后,汉卡产品在市场上逐渐江河日下,倪光南决心创造新技术制高点,试图寻求芯片技术突破。熟知市场的柳传志则反对过多地投入,希望在电脑组装生产线上"赌一把"。联想在突围方向上发出了两个声音,面临重大的战略选择时,创业公司必须明确核心人物,做出战略。

倪柳关系迅速恶化,联想的每一次工作会议都成了两人的争吵会。柳传志认为倪光南是在"胡搅蛮缠";倪光南则说,"我永远和你没完"。他开始向上级控告柳传志作风霸道,进而控告他有严重的经济问题。这场让所有联想员工都难堪痛苦的旷日持久的"战争"持续了1994年整个下半年,将联想推向了动荡的岔路口。最终,中科院工作组调查认为,"没有材料证明柳传志同志存在个人经济问题"。

1995年6月30日上午,200名联想干部被召至联想大楼六层会议室,时任中科院高新技术企业局局长、联想董事的李致洁主持会议。据说,会议室主席台仅摆了一张桌子、两把椅子,柳传志和倪光南分别坐在第一排的两边。时任中科院计算所所长、联想董事长曾茂朝宣布了艰难的决定,倪光南被免去总工程师的职务,并表示"这是出于不得已的一种取舍。这样的取舍对联想集团今后的顺利发展,无疑是唯一正确的选择"。

思考题:

1. 柳传志、倪光南的组合对于联想的早期发展有什么作用?

2. 柳传志、倪光南为什么会在发展战略方向上产生分歧？
3. 1994年后，柳传志、倪光南的矛盾对联想的发展有什么作用？

7.1.2 冲突水平与组织绩效

在大多数人的印象中，冲突都会对组织绩效产生负面的影响，但事实并不是这样。实际上，"冲突"（Conflict）一词也可以被翻译成"争论、分歧"，这些不一致有可能是双方的知识背景不一致造成的。正如我们在前面章节中所探讨的，知识技能的不一致也是形成团队的基本条件，技能的互补可以促进团队优势的发挥。组织中的这些不一致之处，也是班子成员搭档存在的基础。在"倪柳之争"案例中，柳传志的组织经营能力与倪光南的技术专长可以形成互补搭配，他们一开始存在的"争论、分歧"成为组织所需要的多种思维基础，对企业的发展起到促进作用。

研究者对冲突与组织绩效的关系进行了考察，发现在冲突水平与组织效率有一定的关系：冲突水平太低，组织革新和变化困难，组织难以适应环境，其行为受阻；而冲突水平太高，则导致各种混乱，危及组织的生存。冲突与组织绩效之间并不是简单的线性关系，他们之间的影响呈倒U形，两者的关系如图7-1所示。

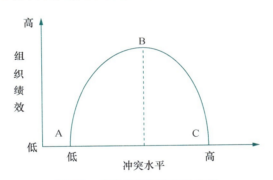

图7-1 冲突与组织绩效的关系

当组织中的冲突水平过高或过低时，冲突都将起破坏性作用，组织的绩效水平都不高；而只有当冲突水平适中时，它才能起到积极的作用，这一情况也可以用表7-1来表示。布朗（Brown）认为，管理人员与其花费大量的精力来防止或解决组织内的各种不协调行为，不如在组织中维持一个适度的冲突水平。

表7-1 冲突与组织绩效的关系

情况	冲突水平	冲突类型	组织内活动的性质	工作绩效
A	很低或没有	破坏性	冷漠、停滞不前、对改革没有反应、缺乏创意	低
B	适量	功能性	生活化、能自我批评、能革新	高
C	高	破坏性	破坏性、无秩序、不合作	低

尽管保持适度的冲突可以提高组织绩效，但是对于大部分人来说，组织中的不同意见

并不是受欢迎的事情,也是很少受到鼓励的。所以,在前面的两个案例中,无论是"万通六君子"还是"柳传志",都采取了克制自己,不将冲突明显化、外部化的策略。

当领导班子出现严重冲突的时候,比如"每次开会都成了吵架会",组织绩效就会受到严重的负面影响。领导班子出现严重的矛盾冲突,会给员工带来极大的困惑,辨认不清组织的目标导向,甚至拉帮结派、相互争斗,组织会出现严重的内耗。

7.1.3 认知冲突与情绪冲突

认知冲突是一种与任务有关的冲突,由决策的不同意见或者分歧造成。决策过程中,由于人们所处的位置和所思考的角度不一样,认知差异不可避免。在组织的管理团队中,认知冲突经常发生。

在管理实践中,高层管理团队的认知冲突在很多情况下可以提高战略决策的质量。通过团队成员之间的持续争论和广泛交流,管理者可以更加全面深刻地认识决策任务,形成创造性的解决方案。正如前面案例中的联想、万通等公司的高管团队,双方意见的不一致使得双方都可以加深对问题的认识,形成更有效的决策机制。

> **概念**
>
> **认知冲突(Cognitive Conflict)**:是指不同的人由于信息、知识、角度的不一致,从而引起的矛盾。

认知冲突也经常会转化为情绪冲突。情绪冲突是针对人的冲突认知,由于个性与人际关系的摩擦、工作中的误解,引起对另外工作者的主观意见认知。任务冲突仅仅发生在工作中,表现为对工作任务的决策和实施在认知上的不一致;情绪冲突则表现出对冲突对方的不喜欢、负面情绪,甚至憎恶。

> **概念**
>
> **情绪冲突(Emotional Conflict)**:是指由于个性、人际关系等摩擦,形成对冲突对方的负面情绪,从而引起的矛盾冲突。

认知冲突与情绪冲突总是相伴而生、相互转化的。在冲突发生的时候,如果处理不当,认知冲突马上会转化为情绪冲突。比如,因工作关系而形成不同观点的争论应当是认知冲突,一旦其中一方认为另一方在表达对自己的歧视,或者对方故意在反驳自己观点时,情绪冲突随即产生,而这种情绪冲突也会伴随着相互作用而升级。

比如在柳传志、倪光南的例子中,双方一开始因为工作内容不一样,对研发方向、研发投入产生分歧,此时的冲突是认知冲突。但是经过几次争吵以后,双方对争吵对方意图、动机乃至个人品质产生了质疑,上升为带有明显的情绪卷入的冲突。

情绪冲突一旦形成,要转化为纯粹的认知冲突却非常不容易。情绪冲突往往是在长久的交往中,通过人际互动、社会影响等复杂的社会活动中形成的,通常是隐蔽复杂的。这种个人之间的恩怨矛盾很难转化为单纯的认知冲突。

7.2 冲突解决的策略

7.2.1 冲突解决策略的类型

面对冲突,人们会有不同的解决策略。托马斯(Thomas)提出了一种两维模式,用于分析冲突的可能解决方案和结果(见图 7-2)。托马斯认为,冲突发生以后,冲突参与者有两个主要的反应维度:坚持性(Assertiveness)和合作性(Cooperativeness)。其中,坚持性表示在追求个人利益过程中坚持己见的程度,合作性表示在追求个人利益过程中与他人合作的程度。于是,就出现了五种不同的处理人际冲突的策略,这五种策略代表了合作性与坚持性之间的五种不同组合。

图 7-2 托马斯的人际冲突处理模式

1. 回避策略

回避策略(Avoiding)是指既不合作又不坚持的策略,通常表现为"有话不说",克制意见,漠视差异。这时,人们将自己置身于冲突之外,忽视了双方之间的差异,或保持中立态度。这种策略是指当事人不关心事态的发展,对自己的利益和他人的利益均无兴趣,回避各种紧张和挫折的局面。回避策略可以避免问题扩大化,但常常会因为忽略了某种重要的看法、忽视对方的真正需求而将矛盾隐藏。

概念

冲突回避(Conflict Avoidance):是指人们会有意地回避认为可能出现冲突的场景,特别是组织内部的冲突,以争取表面的一致与和谐。

实际上,矛盾通常并不会因隐藏而得到解决。避而不谈冲突,有可能会使得矛盾虽然被暂时压制,但长期可能发展到不可收拾的程度。这种对"直面冲突"的回避在中国组织中很常见,而且人们会回避自己想象"可能产生冲突"的场景。在前面例子中的"万通六君子"和柳传志都是如此。在第五章中,我们列举的"为什么没人反对?"例子,就是冲突回避导致问题隐藏到不可收拾的典型。

如果没有合适的方式解开双方的矛盾冲突,冲突回避完全有可能使得问题隐藏拖延,进而使得问题发酵,一直到不可能用沟通的方式加以解决。一直以来,西方的研究文献认为,公开而坦率的沟通能够有效地处理冲突。这是因为通过充分的讨论与沟通,冲突中的各方更可能将彼此的偏好与利益结合到解决方案中。

2. 竞争策略

竞争策略(Competing)是指高度坚持、不合作的策略。它表示人们在冲突情境中,更加关注自己的立场,试图说服他人接受自己的观点和方案,代表了一种"赢—输"的结果,即为了自己的利益牺牲他人的利益。一般来说,此时一方在冲突中具有占绝对优势的权力和地位。于是,该方会认为自己的胜利是必然的,相应地,另一方必然会以失败而告终。竞争策略通常会使人们只追求达到自己的目的,如果缺乏成熟的沟通技巧,容易产生认知冲突引发的情绪冲突,容易使得双方的利益都受到损害。

3. 迁就策略

迁就策略(Accommodating)也称顺从策略,代表着一种高度合作而坚持程度较低的策略。当事人牺牲自己的利益而满足他人的要求。通常,迁就策略是为了从长远角度出发换取对方的合作,从而暂时屈服于对手的意愿。因此,迁就策略是最受对手欢迎的,但容易被对手认为是过于软弱或屈服的标志。另外,屈从而不发表自己的意见会降低团队决策的质量,鼓吹对方的盲目信心,加大团队决策的偏差。

迁就策略通常出现在冲突对方有着强大权力的时候。比方说,在中国文化背景下,上下级之间有着很大的权力距离,当下级与上级产生意见不一致的时候,下级通常会采用迁就策略。但这对上级来说,并不是好事。另外,在中国文化背景下,容易产生对"集体利益高于一切""道德高于一切"的迁就,这种迁就也会使得有质量的意见不能被采纳,团队成员表现出顺从克己。

4. 整合策略

整合策略(Collaborating)是在高度的合作和坚持的情况下采取的策略。它代表了冲突解决的双赢局面,即最大限度地扩大合作利益,既考虑了自己的利益,又考虑了他人的利益。一般来说,持整合态度解决冲突问题的管理者有这样一些特点:认为冲突是一种客观的、有益的现象,处理得恰当会解决一些建设性问题;相信冲突双方在地位上是平等的,并认为每个人的观点都有其合理性;突破固有的思维框架,整合双方利益,创造性地解决冲突问题。

5. 折中策略

折中策略(Compromising)也称"妥协策略"。在折中策略下,合作性和坚持程度均处于中间状态,它建立在"有予必有取"的基础之上,这种策略通常需要一系列的谈判和让步才能形成。与整合策略相比,折中策略只求部分地满足双方的要求。折中策略是最常用也是最为人们广泛接受的一种冲突管理策略。

在中国人"中庸思想"的影响下,折中策略尤其被人们青睐。折中策略主要有以下优点:尽管它部分地阻碍了对手的行为,但仍然表示出合作的姿势;它反映了处理冲突问题的实用主义态度;它有助于保持双方之间的良好关系。一项研究表明,人们之所以欢迎折中策略,是因为它的确提供了一个能够解决管理的两难问题的方法。

7.2.2 策略的采纳

相比不成功的管理者、低效率的组织,成功的管理者及高效率的组织,更多地采取整合策略处理冲突问题,因为整合策略的有效运用能够使冲突双方都产生满足感。而其他的策略都会使冲突一方的要求不能得到满足而产生挫折感,进而为下一次冲突埋下伏笔。伯克在1970年曾对以上五种策略的有效程度进行过调查,发现使用整合策略最能有效地解决冲突问题;竞争策略和折中策略的效果不是很好;回避策略和迁就策略一般很少使用,使用时效果都不好。根据他的统计,各项策略的具体使用效果如表7-2所示。

表7-2 解决冲突问题的各种策略的有效性 单位:%

方式	有效果	没有效果
回避	0.0	9.4
迁就	0.0	1.9
折中	11.3	5.7
竞争	24.5	79.2
整合	58.5	0.0
其他	5.7	3.8

华人雇员和海外雇员在冲突管理的策略上存在比较大的差异,表7-3列出了各类雇员处理冲突的策略。中国文化认为,和谐的人际关系是一个非常重要的因素,人们不愿意惹是生非,宁可自己吃亏也不愿与对手对抗。因此,折中的策略是中国人最为常用的,而海外雇员更追求理想的情况,期望冲突能以整合的方式得到解决。

表7-3 中外雇员的冲突处理手法

使用频率	公营部门		私人机构
	海外雇员	华人雇员	华人雇员
高 ↓ 低	整合 竞争 折中 回避 迁就	折中 回避 整合 竞争 迁就	折中 回避 整合 竞争 迁就

案例 日军的投降仪式

打仗难,评功亦难。1945年8月15日,日本天皇颁布诏书,宣布无条件投降,太平洋战争以同盟国的彻底胜利而告结束。时任美国总统杜鲁门发布命令,任命陆军五星上将麦克阿瑟为远东盟军最高总司令,并指示他安排受降仪式。命令一出,顿时引起一场轩然大波。

反应最敏捷、最强烈的是美军太平洋舰队总司令、海军五星上将尼米兹。当他得知这一消息后,大为恼火,情绪激动至几近失控,这是在战争最危难的时候都不曾出现的情况。他毫不掩饰对总统这一决定的不满:"是谁打赢了太平洋战争?是海军!从瓜达尔卡纳尔岛到冲绳岛,洒遍了美国海军将士的鲜血。"他与太平洋舰队一同从日军偷袭后的珍珠港艰难起步,一步步地向前挺进。他亲眼看见他的普通士兵、中级军官、高层将领在空袭中被炸死,在海水中被淹死,在烈火中被烧死。他部属的鲜血使得太平洋为之色变。如今,战争结束了,而他们所做的一切难道连起码的尊重都不能换来吗?尼米兹坚定地认为,一个不能为下属付出的代价争得荣誉的将军不是好将军。他明确而又强硬地表达出这样的信息:如果在日军投降仪式上不能充分体现海军的功劳,他将不参加受降仪式。

然而,总统的决定也并非没有道理。麦克阿瑟领导下的陆军在收复岛屿作战中同样有足以令人肃然起敬的战绩。在疯狂的日本军国主义武士"七生报国""以死效忠天皇"的自杀性攻击面前,他们表现出的勇敢与顽强丝毫不逊色于海军。仅在收复菲律宾的战役中,就有近6万名士兵血洒雨林,战况之惨烈足以令最坚强的人为之动容。这一点尼米兹也不能否认。

就在朝野上下为此大伤脑筋之时,美国海军部长福雷斯特想出了一个"绝妙"的解决办法:日军投降仪式仍由陆军将领主持,但仪式的地点却选在海军"密苏里"号军舰上,让麦克阿瑟代表盟国方面签字,而尼米兹代表美国政府签字。杜鲁门总统欣然批准了这个陆军、海军都能接受的提案。

于是,在举行签字仪式那天的"密苏里"号战舰上,并排飘扬着一红一蓝两面将旗:红色将旗代表麦克阿瑟将军,蓝色将旗代表尼米兹将军。在一艘战舰上同时悬挂两面将旗,这在世界海军史上也是仅有的一次。

就在两位上将高兴地在签字仪式上分享各自荣耀的时候,有一个人远在万里之遥的美国白宫内正得意地笑着。他就是杜鲁门——这场荣誉之战最大的赢家。能使两位上将都高兴地参加这个仪式本身就是一个赢点,然而还有一个更大的赢点是大家未必注意到而又确实存在的,那就是在受降仪式镜头中占版面最大的部分——"密苏里"号军舰。它既不是太平洋舰队的旗舰,也不是太平洋战争的功勋舰,却成为此次受降仪式的焦点。原来,"密苏里"是杜鲁门总统家乡的州名,"密苏里"号战舰则是由杜鲁门总统的女儿出面命名的。

思考题:
1. 在这个受降仪式中,双方冲突的焦点是什么?
2. 双方为什么都不肯让步,双方关注的问题是什么?
3. 为什么双方都能够接受海军部长的方案?
4. 用托马斯模型分析冲突解决的方案。

7.3 冲突发展的五阶段模式

路易斯·R.庞迪(Louis R. Pondy)提出了著名的"五阶段模式",认为冲突的发展会经历五个可辨认的阶段。冲突并不总是一种客观的、有形的现象,它最初只存在于人的意识之中,只有冲突的各种表现形式(如争吵、斗争等)才是可见的。

1. 第一阶段:潜在的冲突

在这一阶段,冲突处于潜伏状态,主要以能引起冲突发生的一些条件的形式存在,但是这些条件并未达到足够引起冲突发生的程度。可以说,只要人们彼此间具有相互依赖关系,而且存在各种各样的差异性,潜在的冲突随时都存在。例如,企业中的工人与所有者就是一种相互依赖关系,他们之间就存在多种可能引发冲突的因素:有形因素,如报酬和资源;无形因素,如地位和权力等。当两个人彼此之间不发生相互作用时,他们之间便很少有机会发生冲突。

在组织内部,诱发冲突的主要因素被理论研究者称为混合动机的相互作用。这意味着,冲突双方既有动机进行合作,又有动机进行竞争。即使是雇员和雇主之间,也存在合作的动机。当然,不排除在讨论某些具体细节问题时,双方会发生争执,而正是这种合作的动机导致劳资双方的冲突通常以问题解决的方式得到处理。一般来说,彼此间的差异越大,促使冲突表面化的可能性就越大,冲突的潜伏期就越短。

2. 第二阶段:对冲突的察觉

当冲突双方相信他们的处境具有相互依赖和互不相容的特征时,这一阶段就会出现。它的出现有多种形式。有时,可能是外部人员明确地告诉雇员,他的利益与雇主的利益是互不相容的;但更多的时候,这种积蓄已久的知觉是由某一特定事件引发的。

潜在冲突和认知冲突有一定的联系,但两者并不存在严格的前后顺序。有时候,可能出现没有潜在冲突的认知冲突,如两个小兄弟争夺一块冰淇淋,而事实上,那块冰淇淋大到两个人一起都不可能吃完;也有可能出现没有认知冲突却有潜在冲突的情形,即只存在冲突潜势,而没有真正出现冲突。

3. 第三阶段:感觉到冲突情绪

与知觉冲突不同,在感觉到冲突情绪阶段,冲突双方开始完全划分"我们与他们"的界限。他们开始定义冲突问题,确定自己的策略及各种可能的冲突处理方式。在感觉的冲突阶段,冲突者可能会表现出愤愤不平,开始把前一阶段的各种挫折感及其他感受表露出来。同时,冲突者还会对冲突进行一定的基本分析,如到底发生了何种冲突、为什么会发生冲突、现有的冲突问题是否只是一种虚假冲突等。但冲突者分析得最多的可能是,自身具有哪些可以处理冲突的资源,这些资源通常包括实力、地位、信息、技能等无形资源和资金、人员等有形资源两大类。

在面临感觉的冲突时,冲突双方都不得不在公开面对和回避冲突两种策略之间进行选择。这一选择受到许多因素的影响,如双方的基本定位、当事人与可能被卷入冲突中的其他方的关系等。所以,冲突者的不同反应会导致冲突向不同方向发展。

公开面对冲突是一种十分危险的选择，它通常会使感觉的冲突升级，迅速地转化为公开显现的冲突，进入到冲突的下一个阶段。当公开面对冲突的风险大于潜在收益时，应该考虑回避冲突。尽管回避冲突于事无补，但是至少对其中一方而言，结果总比继续冲突更好。

4. 第四阶段：行为冲突

有时候，冲突的潜在双方都愿意接受现有的局面，不愿意把事情公开化、扩大化，这时，冲突就不会真正出现。当一方想或双方都想公开地表达自己感觉到冲突的时候，那么显现的冲突就出现了。如果处理不当，冲突就容易升级。行为阶段是冲突显现于行动的阶段，其中一方的行为会引起另外一方的反应。

冲突行为是互动的，冲突双方各自试图实现自己的意愿，完全按照一方意愿来解决冲突是不可能的，但是双方的行为都有可能因对方而偏离原有的方向。冲突的升级和行为偏离通常表现出三种形式：

（1）问题的扩大化。当冲突事件发生后，冲突双方讨论的往往是与双方立即发生作用有关的问题。有时，问题的性质导致双方必须考虑其他方面，但是从根本上来说，还是着眼于基本问题。只要双方一直关注中心问题，并从全新的、不同的角度看待这些问题，必然会发现解决问题的创造性方法。一旦双方讨论的问题扩大到其他方面，冲突就必然会升级。

（2）面子问题。当冲突逐渐包含了参与者的自尊或自我形象以及冲突方的面子时，冲突会产生升级。这时的问题已经不仅是实质性问题，还是有关个人的情绪性问题，这时情绪和各种象征性占据了主导地位。

（3）利益比较。一旦冲突发生后，双方很容易根据对手的行为做出自己的判断。冲突者往往根据自己的冲突情形做出自己的反应，每一方都认为对手会与自己做同样的反应，即自己友好，则认为对手也很友好。但随着冲突的进一步发展，双方更多的是根据对方的所作所为来确定自己的策略。在这样的一些比较中，判断的标准已经不再是事实本身，而是对手的所作所为，双方都已经偏离理性。

虽然冲突的升级特点有一定的差异，但是不理性的冲突还是存在一定的共同点。首先是对对方的行为和立场不敏感，以自身判断作为行动的主要依据；其次是行动已经偏离计划初衷，和初始想法已经有了很大偏差。

资料

<h2 style="text-align:center">冲突升级的线索</h2>

（1）参与者激动地为得到自己期望的结果而争论，而不是平静地解释自己的观点以及如何实现这一结果。

（2）参与者往往使用个人或与联盟相关的人称代词，如"我想，我们想"，而不是与团体或组织有关的词汇。

（3）参与者花更多的时间和精力于某一主题本身，而不是主题重要性的正当理由，如他们可能一开始就问自己："它为什么如此重要？"但是无法找到合适的理由。

（4）参与者无法记住最初讨论的问题，或者最初讨论的问题与当前讨论问题之间的联系。

（5）参与者发现自己考虑更多的是人、立场和策略，而不是问题以及如何解决。

5. 第五阶段：冲突的结果

经过一系列的发展、变化，冲突会产生一定的后果，双方可能是成功、失败或取得妥协，但所有的冲突后果都可以归为三种形式：胜—胜、胜—负和负—负。当然，冲突的后果并不意味着冲突的终结。

一场冲突结束以后，由于面对的结果不同，双方可能会出现不同的反应。因为只有少数冲突可以通过问题解决的方式取得双方满意的结局，大多数情况下，特别是当后两种形式的结果出现时，总有一方的利益没有得到满足，这样的冲突解决也只是暂时的，失败的一方随时在准备下一次的进攻，这又为下一轮冲突的产生提供了条件。但下一轮冲突是否一定会发生，往往取决于双方对冲突的反应。

一般来说，有两种标准可以用来评价冲突的短期效果：最终决策的质量和冲突对双方关系的影响。如果一个明智的决策能够同时满足双方的需要，那么对冲突双方的短期影响就是积极的。但这种情况往往比较少，一般是难以实现双方一致的情形。双方对冲突处理方式越不满，将来产生冲突的可能性就越大，从而导致冲突的管理越复杂。冲突对工作关系产生的长远影响导致许多组织使用正式程序或改变组织结构，以保证冲突的负面影响最小。但是，从某种意义上来说，工作中的相互依赖关系是无法消除的，当彼此之间的依赖度降低时，彼此进行合作的动力也随之降低。

冲突的发展一般要经历以上五个阶段，但必须认识到冲突过程是千变万化的，并不都是按照以上五个阶段的固定模式发展的。如有些冲突仅仅停留在潜伏期，因为发生冲突的动因消失了，冲突也就不可能表面化；而有些冲突似乎是一开始就进入了表面化阶段，这不足为怪。所以，我们应该把冲突看作一个动态的发展过程。

7.4 协商与谈判

冲突在人们的世界里无所不在，谈判是解决这一问题的有效方法之一。"谈判"（Negotiation）一词又可以被翻译成"协商"，是指两方或多方交换商品或服务，并就交换比率取得一致意见的过程，是一种通过与他人讨论和讨价还价实现自己目标的艺术。

说起谈判，大家很容易联想到电影里常有的情境：谈判双方十几个人围坐在长方形的谈判桌前，烟雾缭绕，还有表情严肃、目光冷峻的首席代表，激烈的言辞交锋，紧张而精彩的辩驳对抗……其实，在日常生活中，谈判无处不在。谈判大体分为分配性谈判和整合性谈判。了解它们的区别并知道在何时适用是很重要的。

7.4.1 分配性谈判

先来看分配性谈判。设想一个二手房买卖的过程：你在报纸上看到有关出售二手房信息，于是你到中介那里看房，觉得很满意，想买下来。房东的出价比你的出价高，于是你们开始谈判价格，这种谈判便是分配性谈判。

> **概念**
>
> **分配性谈判（Distributive Negotiation）**：是指在零和条件下进行的协商，即双方认为既得利益总和是固定的，我得到的就是你付出的，反之亦然。

卖主每降价一元，你就节省一元；相反，他涨价一元，你就多花费一元。分配性谈判的实质就如同两人分一张固定大小的饼，通过协商决定由谁取得哪一部分。

图 7-3 描述了分配性谈判的策略。A 和 B 分别代表谈判双方，每方都有一个目标点，代表各自要实现的目标。每方还各有一个抵制点，标志各自所能接受的最差结果。低于这个点，谈判者不愿接受而宁可终止谈判。两个抵制点之间为谈判结果的范围。两者的意愿范围有重叠之处，能够同时满足双方的交易期望。分配性谈判的主要策略是努力使对方同意你的观点，向你的要求点让步。

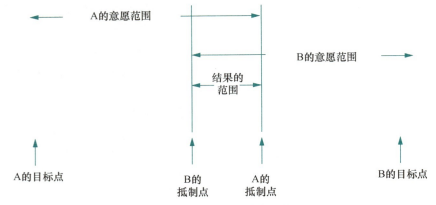

图 7-3　分配性谈判的区域

通常，谈判双方的目标点不会重合。在大多数情况下，卖方总是希望从他所提供的产品或服务中获得比买方愿意付出的更多的利益。但通常的情况是，谈判双方的保留点有所重合，达成最后的协议对双方都有好处。谈判的意义就在于如何达成一个使双方都满意而不会让步太多的协议。谈判区域代表双方的保留点之间的区域。我们可以很肯定地预见，谈判的最终结果会落在卖方保留点之上、买方保留点之下。

> **概念**
>
> **谈判区域（Bargaining Zone）**：两个谈判者盈余加起来就等于谈判区域，也就是可以达成协议的范围。

在讨论谈判区域时，为了简明起见，我们采用了一个买卖的例子（见图 7-4）。由于谈判双方的出价范围不一样，谈判的区域也会出现一些差异，在进行谈判的时候，谈判者首先应该明白一个基本的准则，即这个谈判区域是一个积极的谈判区域还是一个消极的谈判区域（见图 7-4A 和 7-4B）。

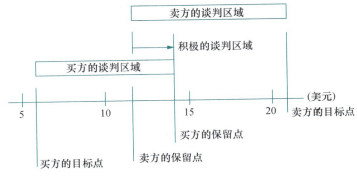

图 7-4A　积极的谈判区域

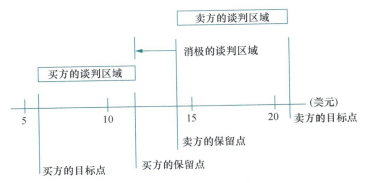

图 7-4B　消极的谈判区域

在积极的谈判区域中，谈判双方的保留点有所重合。例如，考虑图 7-4A 中的谈判区域，卖方的保留点是 11 元，买方的保留点是 14 元，买方愿意付出的最高价格比卖方愿意接受的最低价格还要高 3 元。这里的谈判区域就处于 11—14 元，如果谈判双方达成协议，那么最后结果就会落在 11—14 元。

在一些情况下，谈判区域可能不存在。考虑图 7-4B 中的谈判区域。卖方的保留点是 14 元，而买方的保留点是 12 元。买方愿意付出的最高价格比卖方愿意接受的最低价格还要低 2 元。这就是一个消极的谈判区域，双方的保留点没有重合的部分。

案例 付出 300 万美元上还是收入 250 美元

1912 年的美国总统竞选活动已接近尾声,西奥多·罗斯福计划进行最后进行一次短暂的竞选旅行。罗斯福准备在旅行的每一站都向选民发放一本精美的小册子,以此争取选票。这本小册子封面印有他神情坚定的照片,内部印有振奋人心的"信仰声明"。大约 300 万份小册子已经印好,这时一位工作人员发现照片底下都有这么一行小字"芝加哥莫菲特摄影室"。这样问题就来了:因为莫菲特拥有版权,而未经授权在宣传册上擅自使用照片,竞选委员会可能要向莫菲特支付 1 美元/册。可是当时已经没有时间重新印刷宣传册了。竞选委员会该怎么办呢?将印好的宣传册弃置不用,这将会影响罗斯福的竞选前景。但是,如果继续使用,容易导致竞选丑闻,竞选委员会也很可能要因此而赔偿一笔高昂的费用。竞选委员会的工作人员很快意识到,必须立刻和莫菲特谈判。

更糟糕的是,芝加哥私人侦探的调查提供了一则坏消息:作为一名摄影师,尽管莫菲特在其职业生涯前期被公认为在新兴艺术领域极具潜力,但现在却没什么名气;而且现在的莫菲特正面临财务困境,一心想多搞点钱后再退休。

沮丧的工作人员找到竞选委员会的总经理乔治·珀金斯(J.P 摩根的前合伙人),请示如何解决这一问题。珀金斯二话没说,立即招来他的速记员,给莫菲特摄影室发了如下这封电报:"我们计划散发几百万份封面印有罗斯福先生照片的小册子,这将给提供照片的摄影室带来巨大的宣传效果。如果我们使用你们的照片,你们愿意付给我们多少钱?请速回电。"不久,莫菲特摄影室回复:"以前我们从来没有做过这种交易,但是在目前的情况下我们愿意支付 250 美元。"珀金斯立即接受了这个价格,巧妙地扭转了总统竞选委员会被动的谈判地位。

思考题:
1. 双方关注的矛盾焦点是什么?
2. 竞选委员会掌握的信息与莫菲特摄影室有什么不一样?
3. 珀金斯的思考角度与工作人员有什么区别?
4. 珀金斯为什么能够成功地把原本预亏的 300 万美元反转为盈利 250 美元?

7.4.2 整合性谈判

与分配性谈判相比,整合性谈判的一个重要的特点是能够达成共赢,兼顾各方的利益,使得双方的需求都得到满足。

概念

整合性谈判(Integrative Negotiation): 是指双方能够找到一个兼顾各方利益、突破原有问题解决框架、达到共赢的解决办法。

普遍认为,整合性谈判优于分配性谈判。因为整合性谈判能建立起长期的关系,并促进将来的合作。它使得双方有所联结,并且在谈判完毕时都有胜利的感觉,都会感觉到自己的利益扩大了,能够在谈判中获得好处。在分配性谈判中,由于利益是相互矛盾的,总有一方是输家,或者双方都认为得出的结果对自己是没有好处的,自己的利益受到对方的影响,因此分配性谈判容易造成双方对立,不利于长期交易关系的发展。

为什么整合性谈判很稀有,不容易在组织谈判中产生呢?因为整合性谈判成功有一定的前提条件,严重的对立意识往往会成为整合性谈判的障碍。整合性谈判产生的前提条件包括很多方面,重要的是双方是在共同解决一个问题,而不是压制对方的利益以获取成功。整合性谈判的重要条件还包括双方信息公开、真诚相待、理解对方需求、互相信任、灵活处理冲突等方面。因为很多组织文化和人际关系都不具备公开、信任和灵活的特点,所以在谈判中会不惜任何代价、为追求己方的成功而压制对方,从而造成双方的损失也就不足为奇了。

案例　　西奈半岛争端

1978年,埃及和以色列在戴维营达成了草拟和平条约,这显示出双方立场背后的利益都是极为重要的。自1976年6月战争以来,以色列就占领了埃及的西奈半岛。1978年,以埃两国在谈判和平条约时,双方的主张几乎是完全对立的。以色列坚持维持西奈半岛的部分地区的现状,但埃及主张西奈半岛应全部归还埃及,并且表示决不让步。为了分割西奈半岛,双方多次重绘地图。埃及并不能接受在领土上做妥协,但是维持1976年以前的战前局面,以色列也不会接受。

然而,把眼光注视于双方立场的背后而非双方的立场就使谈判出现了转机。以色列最关心的是国家安全,不希望埃及的战车总是在国界上虎视眈眈,随时会产生威胁。

埃及最关心的则是主权问题。自法老王朝起,西奈半岛就是埃及的一部分,可是却先后被希腊、罗马帝国、土耳其、法国占领了数个世纪,好不容易才完全取回主权,埃及当然不会把领土让给新的征服者。

埃及总统萨达特和以色列总理比金在戴维营会谈的结果是:以色列同意将西奈半岛全部归还给埃及,但是要求埃及将该地区列为非军事区,以确保以色列的安全。这意味着,在西奈半岛到处可见埃及国旗,但埃及的战车不得接近以色列的领土。

思考题:
1. 双方的争端是什么原因引起的?
2. 为什么双方一开始都不肯让步?
3. 如果你是其中一方,您认为对方不肯让步的原因是什么?
4. 最后的解决方案给你什么启示?双方的目的都达到了吗?

这是历史上一个著名的整合性谈判实例,在美国的斡旋下,埃及和以色列都阶段性地达成了各自的目的。这个解决方案显然比双方进一步对抗不休、不断发动战争争夺西奈半岛的控制权有更多收益。双方的实质性需求有着差异,以色列希望安全,埃及要保证领土的完整,在戴维营协议框架下,双方都将满足各自的利益。

在现实世界中,两个有着历史仇恨的国家达成整合性协议的可能性是微乎其微的,原因在于对抗双方都会有很强的对抗心态,从而失去辨别双方核心利益的能力。

1. 虚假冲突错觉

如果达成双赢协议是大多数谈判者的目的,那么是什么原因阻碍了这种目标的实现呢?下面将探讨的就是谈判者经常遇到的限制整合性谈判的虚假错觉。

概念

虚假冲突(Illusory Conflict):当人们认为谈判对方利益与自己的利益发生冲突,但实际情况并非如此的时候,虚假冲突就产生了。

研究者发现,谈判中很容易出现双方都受损失的结果,即双输效应。

研究者事先虚拟了一种谈判情境,在该情境下谈判双方有一些利益重合部分,也就是双方如果合作,会在一些方面达成共同的利益团体。然后让谈判的参与者开始与对方进行谈判,结果谈判者的表现并不尽如人意。相当多的谈判者不但没有意识到对方与自己有着部分相容的利益,反而把对方看作与自己完全对立的团体,结果最后达成的协议还不如信手拈来的一个好。汤普森和赫里别克对5 000多人进行32个不同谈判情境的模拟研究后发现,大约有50%的谈判者没有考虑过相容问题,20%的谈判结果承受双输效应带来的后果。这些结果往往是由于谈判者事先存在对方利益冲突的假设而产生的,他们往往认为对方的提议总是对自己不利。

应该采取什么措施避免双输效应呢?首先,谈判者应当提防固定馅饼错觉,不要习惯性地认为自己的利益总是与对方利益直接对立;其次,谈判者的让步应该是理性的,因为这会成为影响对方判断的重要因素。精确详细地了解对方,应该是避免双输效应的最为重要的途径,避免受到某些信息的误导是很重要的。

2. 固定馅饼错觉

大多数未经训练的人都对谈判对方有一定的成见,认为谈判的任务就是分配馅饼。他们认定双方的利益是不相容的,双方谈判仅仅是一个讨价还价的过程,如果双方不能够对自己的利益让步就没有办法达成一致,很有可能造成僵局。他们往往会认为谈判是对每个问题的权衡,而不是突破性地解决利益冲突问题,他们并没有意识到很有可能存在一个可以照顾到各方面利益整体的解决方案。大多数谈判者会认为对方的利益与自己的完全相反。事实上,谈判者完全可以达成利益均等和相容的分享关系。一句话,持固定馅饼错觉的谈判者实际上错过了盈利的好机会。

固定馅饼错觉（Fixed Pie Illusion）：是指谈判者会错误地认为自己的利益与对方的利益完全相反，因而反对对方提出的所有建议。

大量的谈判者会由于固定馅饼的假设而错过解决谈判问题的好时机，保守估计，这个比例起码有 2/3。达成一体化协议的最大阻碍就是我们所做的关于对手和谈判形势的错误估计。谈判者最先应有这样一个观点，谈判并不完全是双方的竞争。实际上，大多数谈判具有多重动机，谈判各方的利益并不是完全相关的，一方的获利并不等于另一方的损失。事实上，较少有冲突谈判的结果是那种非输即赢型的。在大多数复合动机的谈判中，各方都会在某种程度上意识到，面对对方时他们有两种动机——合作与竞争，但是普通的谈判者往往把这种关系看作一种简单的竞争关系。

了解分配性谈判和整合性谈判之间的区别，并明确它们在何时适用非常重要，表 7-4 列出了两者的区别。

表 7-4　分配性谈判与整合性谈判

谈判的特征	分配性谈判	整合性谈判
可利用的资源	分配固定量的资源	分配不定量的资源
主要的动机	我赢，你输	我赢，你也赢
主要的利益	双方对立	双方相似或相同
对关系的关注	短期	长期

资源来源：Lewicki and Literer, *Negotiation*. Homewood, IL: Irwin, 1985.

7.5　中国人谈判的文化特征

通常在人们的印象中，中国人着装保守、重礼节，而事实上中国人的谈判方式受到很多中国文化因素的影响。除了古代哲学理念影响中国人的思想与行为，中国人表现最为明显的文化特征包括集体主义（Collectivism）和整体式思维（Holistic Thinking），与西方文化差异的核心特点是对自我的界定（Definition of Self），至少还有六种重要的文化维度影响着现代中国背景下的谈判。

1. 关系

中国人对于陌生人与熟人之间的差异非常敏感。由于中国社会是低信任度的联结，人与人之间的信任往往建立在人际关系上。中国人把人际关系或社会资本叫作"关系"。这里的"关系"已经不是西方人之间的关系，而是个体之间的特殊连接，在这种关系中，一方往往可以对另一方提出无限的要求。在中国，谈判者比谈判本身更重要，甚至有时候一位中国经理是在为正确的人工作而不是正确的合同。正如一名西方经理所说："在中国，所有的事都是以人为主的。很多人比我们更有才华,但他们没有机会。因为获得机会的关键是:在这个组织中,他的关系与朋友是哪些人。"

"关系"对于商业结果的影响非常大。如果好几家公司同时竞争某个中国企业的合同,那么关系最好的人将会赢得这份合约。"关系"如此重要,以至于中国社会学家认为中国社会是一个网状社会。对于两个没有中介人的陌生人,要与中国人开展贸易仍然是不太可能的,尤其是在一些商业化程度比较低的地区。

2. 社会等级

孔子定义了三种主要的关系:君臣、父子、夫妻。所有这些关系都是以等级确定的:臣子必须遵守君王的命令,儿子必须遵照父亲的规矩,妻子必须遵守丈夫的规矩。中国在很多方面是一个严格的等级社会。美国人往往难以理解中国人的等级。西方是一种崇尚平等的文化。在美国企业,一个总经理会要求下属直接叫名字;这在中国企业中几乎是不可能的,高级经理总是用头衔来称呼。由于中国组织的这种严格等级制度,霍夫斯蒂德认为中国是"高权力距离"的文化。高层管理者在团队中必须作为决策者,即使他并不参与谈判。每一次讨论结束后,团队都要向决策者汇报,并等待其最终决策。

在中国谈判通常会有一个控制全局的决策者,很多情况下往往是一个决策者而不是一个团队做出决策;而西方的谈判团队往往是每一个人负责谈判的一个方面,每个方面都解决以后再由团队做出决策。所以有管理者建议,"在中国谈判,从一开始你就必须明白你是在和谁谈判。这个人是不是有权作决定?他是不是这个组织的新人?他需要什么?"一个谈判小组中一定有一个代理人,代表组织做出决策。

3. 家长式领导

中国的家长式领导与决策风格沿袭了中国社会的阶级本质。在大多数中国组织中,决策者往往就是个体领导者。而在西方企业,不同的管理者各自需要对谈判的不同方面负责,最终决策是通过达成一致实现的。这是导致西方谈判团队慢速决策的原因之一。但在中国,一旦一个主要的决策者做出决定的反应可能是相当迅速的。

由于这种家长式的领导,谈判团队非常强调内部纪律和小组一致性。在团队讨论中可能存在分歧,但与对手谈判时,团队领导将掌握全局并代表团队发言,其他人在谈判中是不允许发言的。与儒家思想相符,领导者被认为是必须服从的"大家长"。家长的权威是不容许挑战的,没有人可以与其发生直接冲突,管理建议只能间接地提出,并且要注意方式。

4. "面子"问题

中国文化中,一个人的声誉和社会地位取决于"面子",这是与美国的尊严与声誉非常相近的一个概念。"面子"被定义为一个人在社会关系网中的地位,是社会价值最重要的衡量指标。根据研究,中国文化中六种重要的"面子"类型是:给自己脸上贴金,给他人脸上贴金,让某人丢脸,伤害他人的颜面,给自己留"面子",补偿。在描述与修改谈判建议时考虑"面子"问题是非常关键的。对于多数中国人,在下属面前表现软弱意味着丢脸。中国的很多谈判是否妥协通常由团队领导决定,而要从中获得让步关键在于给领导留"面子"。

5. 全局观念

中国的道家观点强调所有的事物都是相关的。Graham et al.(2003)提出,中国人的思维是全局性的,美国人是有序思考或者简单化思维方式。在谈判开始时,中方团队倾向于在讨论具体问题之前就普遍原则达成一致,以避免或延缓直接冲突的发生。这与希望直接谈具体细节的西方式谈判建议相矛盾。

全局观念同样能解释个性特征与社会情感带来的谈判成功或失败。与倾向于逻辑和"理性思维"的西方人相比,中国人更倾向于情绪导向。对于中国的谈判者而言,谈判是双方关系的开始,签订一份合同只是表明双方开始一段生意上的相互交往;而对于西方人而言,签订合同就意味着这笔生意做好了,一段生意交往结束了。

一名管理者的话更好地道出了其中的差别:"谈判中,西方人和亚洲人关注的是话题的不同方面。亚洲人根据情感或长期关系来判断,以闲聊的形式讲话……例如'他们曾经给我们很大的优惠'。而西方人更有逻辑性。他们的判断基于数据,非常实际和现实……生意就是生意。即使发生了非常激烈的正面冲突,谈判结束时他们都将忘记这种分歧。"

6. 高情境文化

与很多亚洲国家一样,中国被认为属于高情境文化。非语言行为被密切关注,正式、书面文件下的社会背景(人际关系与归属)比文件本身更重要。这与道家的辩证概念紧密相关。在谈判中,相对于诸如沟通清晰等过程变量,情境因素更可能是决定谈判结果的重要因素。中国人的合同可能非常简单概括,而不像西方合约那么具体烦琐,因此后续行为就非常重要。长期关系与总体目标在协商具体条约、责任与时间进度方面都极其重要。

❏ 本章名词

冲突(Conflict)
竞争策略(Competing)
整合策略(Collaborating)
冲突回避(Conflict Avoidance)
情绪冲突(Emotional Conflict)
分配性谈判(Distributive Negotiation)
整合性谈判(Integrative Negotiation)
固定馅饼错觉(Fixed Pie Illusion)

回避策略(Avoiding)
迁就策略(Accommodating)
折中策略(Compromising)
认知冲突(Cognitive Conflict)
谈判(Negotiation)
谈判区域(Negotiation Zone)
虚假冲突(Conflict Illusion)

❏ 本章小结

1. 冲突是两方或者多方之间的意见分歧进而造成的矛盾。适度的意见分歧可以加深团队对问题的认识,过度的矛盾冲突会对组织绩效产生极大的负面影响。

2. 冲突类型包括认知冲突与情绪冲突,两者有着高度的相关性。情绪冲突更容易对组织造成负面影响。

3. 冲突解决的策略根据坚持性、合作性分为竞争、迁就、整合、回避和折中五种。冲突回避不能够有效地解决冲突,反而有可能耽误问题的解决。

4. 冲突有发展的不同阶段,存在潜伏、觉察、感觉到情绪冲突、行为冲突、结果五个不同阶段。

5. 谈判是解决冲突的重要途径,包括分配式谈判和整合式谈判。由于虚假冲突错觉与固定馅饼错觉的存在,达成整合性的谈判协议并不容易。

6. 受到集体主义文化和整体式思维特征的影响,中国人的谈判有注重关系、强调等级、服从领导、关心面子、注重场景、关心全局等特点。

讨论思考

最漫长的劫持

1996年12月17日晚,日本驻秘鲁大使馆内正在举办明仁天皇的63岁寿辰庆祝宴会。14名"图帕克·阿马鲁革命运动"(MRTA)组织成员在内斯托·塞尔帕(Néstor Cerpa)的指挥下,化装成服务员,将大批武器及弹药隐藏在蛋糕内,骗过使馆外围警察的检查,混入使馆。20时30分,恐怖分子取出武器,与使馆内的警察和保安人员短暂交火后,迅速控制了使馆两层楼的所有出口,将馆内540余人扣为人质。事件发生后,秘鲁政府立刻出动大批军警,对日本大使馆进行严密封控。秘鲁政府在滕森总统的指挥下,开始了长达4个多月的谈判与解救行动。以下是事件的总体时间表:

1996年12月17日:MRTA成员挟持了日本驻秘鲁大使官邸的540多名人质。他们很快释放近一半的人质。

12月20日(第3天):另外38名人质被释放。

12月21日(第4天):藤森宣称不会谈判。

12月22日(第5天):255名人质被释放。

12月26日(第9天):听到爆炸声。警方说,一个动物引爆地雷。

12月28日(第11天):20名人质被释放。

12月31日(第14天):一群记者被允许进入官邸。

1月21日(第35天):警察和MRTA成员交火。

3月2日(第75天):MRTA成员拒绝流亡古巴和多米尼加共和国。

4月22日(第126天):秘鲁特种部队袭击官邸。1名人质、2名突击队员和所有14名MRTA成员在行动中丧生。

注:中央电视台《档案》节目在2014年7月31日对这个事件进行了详细回顾。

思考题：
1. 查找并阅读关于这一事件的相关资料，梳理事件脉络。
2. 分析在这一事件中，秘鲁政府采取了哪些冲突解决策略，并列出行为策略。
3. 分析秘鲁政府的总体解决方针以及辅助性的策略。
4. 分析信息如何在谈判对抗中起到作用？

❑ 案例分析

巴拿马运河的谈判

巴拿马运河是世界建筑史上的奇迹，它将大西洋和太平洋连接在一起，开辟了新的海上运输和旅行通道，为发展世界贸易做出了贡献。

1880年1月1日，法国的"全球巴拿马洋际运河公司"宣布正式开工挖凿巴拿马运河。然而，因流行病的发生、蔓延以及财政上的重重困难，挖凿工程在1889年停顿。为此，法国公司打算卖掉运河公司——专门为修建运河而成立的公司。美国方面得知这一情况后暗喜，决定购买运河公司，拿到巴拿马运河的修建权。美国当初就有开凿巴拿马运河的意图，只因法国下手太快而作罢。法国公司的开价为1亿美元。尽管美国早就对运河公司有兴趣，但表面上显得不热情。在罗斯福总统的授意下，美国海峡运河委员会向法国公司提供了一份虚假的调查报告，证明美国可以在尼加拉瓜开运河，而且比继续开发巴拿马运河更省钱。法国公司信以为真，只好降价出售。结果，美国以4 000万美元的价格买下了运河公司，节省了6 000万美元。

买下公司后，美国方面再次以在尼加拉瓜开运河为要挟，要求以低廉的价格"租借"巴拿马运河。果然，巴拿马当时所属的哥伦比亚政府担心美国人不修建运河给自己造成损失，马上指使其驻美大使和美国政府签订了一份协议：同意以1 000万美元的代价将运河两岸各4.8公里的地区长期租给美国，美国每年另付给哥伦比亚10万美元。这项"租借"协议后来给美国带来了巨大的经济利益。自运河通航至1977年，美国共从运河通行费与相关劳务中获利500多亿美元，而巴拿马仅收到11亿美元的租金。

1977年，经过巴拿马人民的不断抗争，巴美两国签署了《巴拿马运河条约》，同时废除了1903年的不平等条约。

思考题：
1. 回顾整个过程，讨论尼加拉瓜运河在谈判中起到了什么作用？
2. 如果你是谈判者，当对手抛出"尼加拉瓜运河"的选择后，你应该如何应对？
3. 讨论掌握信息在谈判中的作用。

❑ 实践练习

二手房买卖是房东、购房者之间的谈判,双方的经纪人、中介公司也努力促成买卖。房东需要考虑价格、付款速度、按揭比例等因素,购房者需要考虑房子的价格、付款要求、位置、楼层、结构、朝向等多种因素。找一家附近的房产经纪公司,结合自己的实际情况,询问交易的过程与要求,综合整理一份购房人的购房攻略。

21世纪经济与管理规划教材
工商管理系列

第 8 章

领 导 行 为

【学习目标】

(1) 理解领导行为基本概念
(2) 学习掌握领导特质理论
(3) 学习掌握领导行为理论
(4) 辨别领导行为权变因素
(5) 运用家长式领导理论分析现象

开篇案例

史蒂夫·乔布斯

史蒂夫·乔布斯(1955—2011),伟大的发明家、企业家,是美国苹果公司联合创办人、前 CEO。1976 年乔布斯与朋友沃兹尼亚克成立苹果电脑公司,先后领导和推出了苹果个人电脑、麦金塔计算机、iMac、iPod、iPhone 等风靡全球亿万人的电子产品,深刻改变了现代通信、娱乐乃至人们生活的方式。1997 年,乔布斯成为《时代周刊》的封面人物,同年被评为最成功 CEO;2007 年和 2009 年分别被《财富》杂志评为年度最有影响力的商人和这十年美国最佳 CEO;2009 年又当选《时代周刊》年度风云人物之一。2011 年 10 月 5 日因病逝世,享年 56 岁。

乔布斯是改变世界的天才。他凭借敏锐的触觉和过人的智慧,勇于变革、不断创新,引领全球资讯科技和电子产品的潮流。他自信、执着、善于沟通、追求简单和完美,并且精力充沛、激情四射、富有创造力。透过他在早期生活和职业生涯中流露的个人特点,我们可以看出其超凡的领导魅力和影响力。

自信。乔布斯很小就很有主见和自信,他拒绝去读高中,强迫父母搬家,并且成功说服父母让他去一个收费超过家庭负担的大学读书,读了一年以后却主动退学。在工作中,他也经常自信地提出在别人看来很"古怪"的想法。比如,他提出界面的按钮颜色可以模拟红绿灯:红色代表关闭窗口,黄色代表缩小窗口,而绿色代表放大窗口。开始时开发人员都觉得这种想法莫名其妙、不可理喻,做完后才发现乔布斯是对的。他认为,要勇敢地追随自己的心灵和直觉,全心全意地寻找自己的梦想,不要被教条和他人的观念束缚。

执着。乔布斯的成功是几十年在商业生涯中屡败屡战,经过无数的尝试和失败后的成功,在职业生涯中几经坎坷。乔布斯短短十年内将苹果公司从自家车库里的小作坊,发展为雇员超过 4 000 人、价值超过 20 亿美元的大公司,却在 1985 年事业顶峰时期被迫离开自己创建的公司。但是凭借一份执着、刚强和对事业的挚爱,12 年之后,乔布斯重新主宰苹果公司,并且力挽狂澜,使苹果公司在绝境中逢生。

创新。乔布斯本身是创新科技研发的核心人物,把创新科技当作自己的人生,不断研发和创造新的产品。他认为创造力就是将事物连接起来的能力,并且一辈子都在探索看似不相关的新事物,像书法艺术、印度教的沉思冥想、奔驰轿车的精细做工等,这也是他能够不断产生创新构想的一个重要原因。

鼓动和说服。这与乔布斯良好的沟通和演讲能力是分不开的。他的演讲才情奔放,具有传播力的语句信手拈来、脱口而出,极富亲和力和感染力。他能够游刃有余地驾驭场面,调动人们的情绪和虏获人心。"乔布斯能通过扭曲现实让别人相信几乎任何事情",虽然这会给员工带来很大挑战,但是也会使他们共同成就非凡。

追求完美。他不仅对人对事有很强的控制欲,对做产品也有着常人无法理解的激情,对产品的每个细节都苛求完美。比如对机箱内部的电路板,别人无法看到的地方,他也会要求员工反复修正,理由是电路板线路布局不够美观。

然而,乔布斯的缺陷也很明显。乔布斯情绪波动很大、粗暴待人、没有耐心,对于他认为没有价值的人会无情地挖苦和打击。乔布斯是一个精明的商人,狡猾而没有同情心,不考虑其他伙伴的感受。乔布斯有强烈的控制欲,会不留情面地打击他不喜欢的人,很多人觉得他对待认为不合格的员工甚至是残忍的。

思考题:

1. 请阅读《乔布斯传》(中信出版社,2011),对乔布斯个人特点描述的章节进行补充阅读。
2. 乔布斯是一个优秀的领导者吗?他有什么特点?
3. 有了这些特点的人都是优秀的领导者吗?
4. 一个优秀领导者的核心特征是什么?

8.1 领导概述

提及领导,你会想到什么?国家高层领导人、政府领导、企业董事长、CEO、校长还是军队的指挥官?首先我们需要在概念上区分一下领导和领导者。在英语中,领导者(Leader)和领导的区别是很明显的,领导者是能够对他人产生影响的人,而领导是领导者影响他人,带领他人实现目标的过程或行为。但是在汉语中,我们却没有把他们区分开,通常把领导人也简称为"领导"。

概念

> **领导(Leadership):** 是指具有影响力的个人或者团队,通过向组织成员施加影响,产生工作行为,实现组织目标的过程。

领导是一个社会群体现象。领导者和领导普遍存在于社会生活中,不仅仅局限于军队、政府机关、学校行政机构或企业等正式组织当中。在不经意间我们就可能成为某个群体在某项活动中的领导者或被领导者。最近领导研究的讨论越来越倾向于把领导者与追随者结合在一起考虑,领导力领域著名的研究者本尼斯(Bennis)认为,如果没有员工完全的包容、主动性及合作的话,有效的领导是不可能存在的。也就是,没有能够支持领导的追随者,也就没有伟大的领导者。领导这一现象存在于群体层面,是对群体行为现象的描述。

领导活动自人类社会产生之后就出现了,在人类社会发展的历史长河中,领导贯穿于人类社会的各个形态和各个方面。从20世纪30年代开始,学者们就开始对领导进行广泛和深入的研究,研究领域包含经济学、社会学、心理学和政治学等。但是,对领导的定义、研究角度可谓百花齐放,众说纷纭。

领导的本质是影响力,职权和个人特征是领导者施加影响的基础。职权是领导者因自己的地位获得的权力,是正式的权力;领导者的个人特征(知识、品格、才能、处事风格和感情等)能够让其他人员(下属)心甘情愿接受自己的领导,被自己影响,是一种非正式权力。在本章开篇案例中,乔布斯"扭曲现实"的能力就是这种影响力的现实表现。

8.2 经典的领导理论

组织中的有效领导非常重要。有效的领导能够大幅度提升组织的经营绩效和组织利润，带领组织成员共同实现组织的短期目标和长期目标。领导理论就是关于领导有效性的研究。长期以来，学者对领导有效性的研究主要集中在三个方面：特质理论、行为理论、下属和组织情境等权变因素的组合。与此相对应，领导理论的发展经过了领导特质理论、领导行为理论和领导权变理论。

8.2.1 领导特质理论

20世纪30年代，众多学者开始研究领导者的特质。他们认为领导的有效性主要取决于个人特质，成功领导者的特质肯定存在某些共同点。以此为理论出发点，产生了领导特质理论(Leadership Trait Theory)。领导特质理论试图找到领导者和非领导者在特质上的差异，认为只要找出成功领导者应具备的素质，以此考察组织中的领导者是否具备这些素质就能知道此人是不是优秀的领导者。

领导特质理论可以分为传统领导特质理论和现代领导特质理论。传统领导特质理论认为领导者的特质是天生的，后天的改变微乎其微，即一个人能否成为优秀的领导者来自遗传因素。后来的研究发展否认了这一观点，现代领导特质理论认为领导者的个人特质是在后天的不断实践中形成的，并且可以通过后天的培训形成领导者应具备的特质。

在中国，对领导者特质的关注历史悠久，孔子提出的儒家思想就是最系统的领导素质理论。他提出以"仁爱"为中心的素质内容，认为作为领导主体的统治者只有具备了这些素质才可能真正奉行仁政。老子的"无为而治"和庄子的"无欲无为"也曾一度成为后世领导者推崇的领导素质，并在具体实践中产生了较好的效果。

但是，综合来看以往对领导者特质的研究，可以发现，不同学者列举的有效领导者应具备的特质千差万别，一致性很低；而且，人们观察到的很多领导者有着明显的缺陷，比如本章开篇案例提到的乔布斯，尽管他有很多优点，但是他的缺陷也非常明显。

鉴于这些问题，特质理论很难解释领导，而且对特质理论的研究没有形成一套能够完全区分领导者和非领导者的特质体系，不同学者之间的分歧较大，争议很多。所以，近期研究更加偏向于从领导者与追随者的互动角度考察领导行为。

8.2.2 领导行为理论

在对领导理论的不断研究和发展中，学者们纷纷认定，只考察领导者特质并不能判定领导的有效性。具备了某些特质只是具备了成为成功领导者的可能性，并没有一种特质能够保证一定能成功。正因为特质理论存在这样或那样的缺陷，从20世纪40年代末开始，有关领导者的研究开始转向领导者偏好的行为风格上。

领导行为理论(Leadership Behavior Theory)强调领导的具体行为方式，认为领导者的具体领导行为是领导能否有效的决定因素。他们试图寻找成功的领导者或者有效的领导者与失败的领导者在行为方式上的差异。在行为理论方面典型的研究有俄亥俄州立大学的研究、密歇根大学的研究及管理方格理论。

1. 俄亥俄州立大学的研究

20 世纪 40 年代,俄亥俄州立大学为了确定能够促进组织和群体达成目标的领导行为,收集了 1 000 多种刻画领导行为的因素,并最终将这些因素归结为关怀维度和主动结构维度。

(1) 关怀维度(Consideration)以人为重,注重人际关系建设,强调领导者和被领导者之间的交流沟通。领导者关心下属需要,尊重下属意见,努力在两者之间建立相互信任、相互尊重、温暖和谐的关系。高关怀度的领导者平易近人,特别重视群体关系的和谐和与下属心理上的亲近。

(2) 主动结构维度(Initiating Structure)以工作为重,在完成工作目标的过程中,领导者倾向于设置明确组织结构,明确职责权利和相互关系,确定工作目标,设立意见交流渠道和工作程序,确立工作方法和制度等,进而引导和控制下属的工作行为。高主动结构维度的领导者对工作任务的关心程度远远高于对人际关系和谐的关心程度,通常会对员工的工作方式加以设定,要求员工保持一定的绩效标准,并为工作设定最后的完成期限。从这两个维度出发,可以得到四种领导风格,如图 8-1 所示。

低主动结构 高关怀	高主动结构 高关怀
低主动结构 低关怀	高主动结构 低关怀

图 8-1　俄亥俄州立大学的领导行为风格

以这个结构框架为基础的研究发现,高关怀和高主动结构的领导风格比其他三种领导风格更能使下属产生高绩效和高工作满意感,但是双高风格并不总是产生更好的领导效果。例如,有研究表明,领导者的高关怀特点与直接上级对他本人的绩效评估成绩负相关。俄亥俄州立大学的研究是从两个维度首次尝试领导行为研究,为以后的领导行为研究提供了新的范式。

2. 密歇根大学的研究

与俄亥俄州立大学进行研究的同时,密歇根大学也进行了相似的研究,同样旨在研究领导者的行为特点与工作绩效的关系。不同之处是,密歇根大学没有试图描述工作情境下的多种领导行为,只关注对有效团队做出贡献的领导行为。同样,密歇根大学也将领导行为划分为两个维度:工作中心维度和员工中心维度。

(1) 以工作为中心(Job-centered)。领导者更重视工作任务的完成情况,关心工作任务是否按计划进行,关心任务事项,把员工看作达成任务目标的工具。工作中心维度类似于俄亥俄州立大学界定的高主动结构维度。

(2) 以员工为中心(Employee-centered)。领导者注重人际关系建设,关心员工需求,并承认人与人之间的个体差异。这类似于俄亥俄州立大学的关怀维度。

但是与俄亥俄州立大学的研究不同,密歇根大学的研究认为,以员工为中心的领导风格与以工作为中心的领导风格完全对立,一个领导者不可能同时兼具两方面的特征。也就是只界定了以员工为中心和以工作为中心两种领导风格,支持以员工为导向的领导者,这种领导风格可以获得更高的员工生产率和员工满意度。

3. 管理方格理论

为了探讨四分图理论在具体实践中的应用,美国得克萨斯州立大学的心理学教授布莱克(Blake)和默顿(Mouton)提出了管理方格理论。管理方格理论包含两个维度"关心人"和"关心生产",是对俄亥俄州立大学和密歇根大学两维度研究的再讨论。它以对生产的关心程度为横坐标,对人的关心程度为纵坐标,对每个维度各进行九等分,形成 81 个方格,每个方格代表领导者对人的关心程度和对生产的关心程度的不同组合方式,具体如图 8-2 所示。

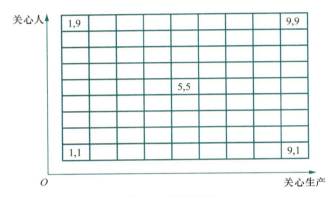

图 8-2 管理方格

(1,1 型)为贫乏型管理:对生产和人的关心程度都很低。这种类型的领导者只对必需的工作和为了维持恰当的组织成员关系付出最低限度的努力。一般而言,这是不称职和失败的管理。

(1,9 型)为乡村俱乐部型管理:对人的关心程度很高,对生产的关心程度很低。这种类型的领导者注重为员工创造友好、舒适的工作环境和组织氛围,对人关怀备至,忽视工作绩效。这是一种轻松的领导方式,领导者认为高的工作满意度可以带来高的工作绩效。

(9,1 型)为任务型管理:对生产的关心程度很高,对人的关心程度很低。这种类型的领导者高度关心生产任务,在具体安排工作任务时,力图使人的因素的干扰程度降到最低,追求高效率地完成工作。

(5,5 型)为中庸型管理:对生产和人都有适度的关心,在必须完成的工作和维持一定的员工士气之间寻求平衡。这种类型的管理者既能保持一定的效率,又能维持一定的士气,但是两方面做得都不出色,只是还过得去。

(9,9 型)为团队型管理:表现出对人和对生产两方面的高度关心,努力促成工作的任务安排与员工和谐、舒适的工作氛围相结合,是一种协调式的管理。在这种领导风格中,工作的完成来自员工的自觉奉献,因组织目标的"共同利益"而形成相互依赖关系,从而创造信任和尊重的关系。

在管理方格理论框架下,研究者得出结论,团队型管理是最有效的管理形式。然而,很多研究者认为,管理方格理论更多的是为领导风格的概念化提供了框架,提供了对于领导行为的诊断性模型，并没有充分的实证证据表明团队型管理在所有的组织情境下都是有效的。

8.2.3 领导权变理论

随着对领导特质理论和行为理论研究的深入，越来越多的研究者开始怀疑，是否真的存在一种一成不变、普遍适用的、在任何情境下都有效的领导风格？因此，研究者在继续探讨领导行为时，开始把情境因素考虑进来，探讨在不同的环境条件下，应该采取什么样的领导行为，根据不同的任务结构、人员风格采取不同的管理思路。领导者应该善于根据情境条件，权变调整领导策略，这就是领导权变理论的基本观点。

案例　　　　　　　　　　任正非的铁腕柔情

任正非一向以作风强硬著称。华为人最怕的就是自己的工作出问题，因为一旦发现，便会遭到任正非的"痛骂"。即便是表扬也像是在"批评"。一位财务总监，在华为刚刚进行财务管理改革的时候因业务尚未熟练而遭到任正非的痛贬。后来，随着个人能力逐步增强，任正非开始"表扬"他了："你最近长进很大，从'特别差'变成'比较差'了。"

任正非的强势作风还体现在管理干部队伍上的铁腕。1995年年末，由于成功研发出程控交换机，华为市场部开始松散和懈怠。因此，任正非决定运用经济学原理中的"鲶鱼效应"来发难：市场部的所有正职干部，都要马上提交两份报告，一份述职报告，一份辞职报告。为了激发市场部人员的活力，华为采取竞聘的方式，根据阶段性表现、个人发展潜力及企业发展的特殊需求等，展开高手之间的随机对决。历经一番龙争虎斗，大约有30%的干部被"炒"了。有人质疑此举太没有人情味了，而任正非则表示："华为在初期的发展是靠企业家的行为，抓住机会，奋力牵引；而进入发展阶段，就必须依靠规范的管理和懂得管理的人才……烧不死的鸟才是凤凰。"

在任正非强势的外表下，还有着"柔情"的一面。在公司里，虽然高层主管办错了事情会遭到他劈头盖脸的痛批，但是在基层员工面前，他给大家留下的最深刻印象则是和蔼、亲民。虽然他对高层领导有着过于苛刻的要求，如在李杰去往俄罗斯的时候要他立下"军令状"，不打通那里的市场，李杰就是跳楼他也"无动于衷"。可是，那些远征四方的将士一旦遭遇阻碍，他会怒意全消，对他们的辛苦和不易表现出发自内心的理解。早在1998年的北非阿拉伯，一名叫吕晓峰的员工遭遇了突尼斯的一起空难，幸而只是在空难中烧化了一身衣服，没有生命危险。任正非听说后，不顾炮火连天的危险，去当地医院看望吕晓峰，还亲自陪他挑选衣服，这件事后来被登载在公司内部刊物《华为人》上。对此，华为上下，不论是主管还是员工，无不为之动容。

思考题：
1. 任正非的领导风格在不同场合有什么变化？
2. 领导者为什么会在不同场合调整自己的行为？
3. 领导风格的调整会带来哪些领导效果？

从案例中我们可以看出，组织实践中领导的有效性不仅受领导者本身特质和行为的影响，还受到外界环境和被领导者的影响。领导者应当根据组织场景、任务结构、人员特点调整自己的领导风格。这就是领导权变理论所持有的观点。

权变观点认为，没有一种一成不变、普遍适用的领导行为和风格，应根据组织具体的情境灵活应对。就像前面提到的，权变理论在研究领导者行为时，加入了情境因素，认为领导的有效性，受到领导者、被领导者和环境因素的影响。换句话说，领导的有效性是领导者、被领导者和所处情境的函数，可表示为：

$$领导的有效性 = f(领导者，被领导者，环境)$$

权变观点认为，我们在选择最有效的领导方式时，应该综合考虑上述三方面的因素。领导权变理论有很多，主要的理论模型有菲德勒的领导权变模型（Fiedler's LPC Contingency Model）、领导行为的路径目标理论（Path Goal Theory of Leadership；House，1971）、领导行为替代理论（Leadership Substitutes Theory；Kerr & Jermier，1978）等。这些理论从不同角度考察领导方式的适用条件，一般是根据领导者的个性特征、下属特征，领导者与下属的关系，以及工作任务特征界定最有效率的领导方式。在本书中，我们主要介绍最早提出权变思想的菲德勒模型，后期在权变基础上，菲德勒还提出了认知资源理论，作为对权变理论的补充。

1. 菲德勒模型

1964年，美国华盛顿大学教授菲德勒（Fiedler）提出的领导权变模型。该模型受到研究界广泛重视，因为他提出了用权变思路考察领导效能的途径，对组织行为学等其他方面的理论构建产生了深刻影响。

菲德勒权变理论是第一个综合的领导权变模型，主要考察两个因素——与下属相互作用的领导风格和情境因素，认为只有实现两者的相互匹配才能产生高绩效。该理论的前提假设是：在不同类型的情境中，总有一种领导风格合适。因此，在实践中运用该理论的关键：首先是确定领导者的领导风格和外部情境，然后实现两者的最佳匹配。

菲德勒把领导风格分为关系取向型和任务取向型，并用LPC（Least Preferred Coworker，即最难共事者）问卷具体测量领导者属于哪种领导风格。

该问卷包含16组对照性的描述性词语，比如快乐—不快乐，友善—不友善等。每组词语包含1—8个等级让作答者评分，8代表积极的一端，1代表消极的一端，让作答者在认为能够最准确描述最难共事者的等级上画圈（具体的LPC问卷见本章练习题）。

菲德勒认为，LPC问卷虽然是对最难共事者的评价，但答案是反映答题者最基本的领导风格。得分高，说明领导者倾向于用积极性词汇描述工作上的最难合作者，体现出领导者的宽容和对人际关系的重视，表明该领导者的领导风格是关系取向型；相反，得分低，说明该领导者受任务目标驱动，很看重与任务完成有关的工作行为，只有当任务完成得很好并且没有严重问题时，与下属建立良好关系的动机才变得更重要，表明领导者的领导风格是任务取向型的。

确定了领导风格之后，接下来需要考虑工作群体所处的情境。具体地，菲德勒用三个维度衡量情景变量。

上下级关系：指领导者和下属之间的人际关系是和谐、信任的还是紧张、猜疑的。在和谐的人际关系中，领导者得到下属尊敬、信赖、支持和追随的程度高，领导者的权力和影响力也大。上下级关系可以分为好、坏两种状况。

任务结构：指分配给员工的任务的结构化程度，即工作任务的明晰化程度。工作任务的结构化程度高时，员工的工作质量容易被控制。

职位权力：指领导者因自己所在职位而获得的正式权力。领导者拥有的职位权力越大，越容易得到下属的尊敬和追随。

此外，菲德勒认为这三个维度的重要程度是不一样的，上下级关系维度是最重要的，其次是任务结构维度，最后才是职位权力维度。通过对三个维度不同状况的组合，菲德勒界定了八种群体工作的情境，并且通过对很多团队的调查研究，得出在各种不同情况下使领导有效的领导方式。结果显示：在有利和不利的条件下，任务取向型的领导风格最有效；而在条件适中的情境中，需要一个关系取向型的领导者。详细结果如图 8-3 所示。

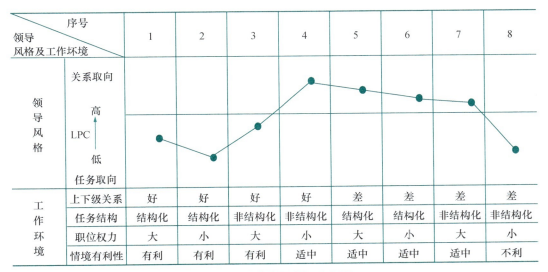

图 8-3　菲德勒领导权变模型

值得注意的是，菲德勒认为一个人的领导风格是稳定不变的。因此，如果要提高领导的有效性，实际上只有两种途径。选择合适的领导者以适应情境达到领导风格和情境的匹配。例如，在条件适中的环境下，领导者又是任务取向型的，可以通过替换为关系取向型的领导者来提高群体工作绩效；或者，改变情境以适应领导者，这可以通过改变情境的三维度来实现，比如重新构建任务结构。

2. 认知资源理论

认知资源理论（Cognitive Resource Theory）由菲德勒在 1986 年提出。这个理论探讨的主要因变量是领导的效果，在模型中被称为决策质量。菲德勒同样采用权变思想讨论影响领导者决策质量的因素，考虑领导场景中影响决策质量的两方面因素：

（1）**认知资源**：指领导者所具备的智力和经验水平。智力和经验是领导者认知资源的两个方面。智力要在领导者拥有充分的时间、精力考虑问题时发挥作用；经验是领导者形成的习惯性反应模式，在紧急状况下也会对领导者的决策起到有效帮助。

（2）社会压力：指组织环境给领导带来的决策紧迫感。领导者的社会压力来自两个方面：一方面是领导者面临的社会压力，来源会有很多种，比如领导与下属的关系是紧张还是宽松；另一方面是外界的压力，比如时间紧迫、外界影响等。

菲德勒的研究发现，不同社会压力状态下，领导者做决策受到的影响程度是不一样的。简单说，一个智力水平很高的领导者，在社会压力不高的时候，他的决策质量可以做到很高。原因是智力高的领导者虽然可能缺乏经验，但可以通过智力运算来分辨决策情境，选择合适的决策选择。在社会压力高的时候，领导者决策质量的影响因素就不会依赖于智力，领导者的经验在此时会起到主要的影响作用。智力因素需要足够的时间运算，领导者才能做出更高质量的决策；在时间压力紧迫的情况下，有足够经验的领导者反而能做出更好的决策。

认知资源理论在权变思想的基础上，区分了认知资源、社会压力两种影响决策质量的因素，用权变模型界定了智力因素、经验因素在压力高低组织情境下对决策质量的影响效果。该模型在实际领导者的选拔、配备中具有很实用的指导意义。

8.3 领导的现代理论进展

8.3.1 交易型与变革型领导

早在1978年，交易型领导和变革型领导的概念就被提出来了。当时伯恩斯（Burns）在对政治领域中的领导人进行分类时，指出领导活动可以分为交易型和变革型两种领导行为。后来，巴斯（Bass）正式提出交易型领导行为理论和变革型领导行为理论。

> **概念**
>
> **交易型领导（Transactional Leadership）**：是指领导者以一系列的社会交换和隐含的契约为基础，实施领导活动。
>
> **变革型领导（Transformational Leadership）**：是指强调领导的象征作用，能够引导和鼓舞员工追求超越自身利益之外的组织利益，追求组织使命和目标。

1. 交易型领导

在交易型领导下，领导者和下属之间的关系是建立在交换的基础之上的，领导者用对工作成果的奖励（如薪酬提升、会议表扬等）换取下属的努力工作，或者说下属通过努力工作赢得领导者的器重和表扬。

交易型领导主要关注具体事务，也关注下属需要，但同时指出，下属如果想满足自己的需要就要按领导者的指示去做。具体来说，巴斯给出了交易型领导的三个维度：

(1) 基于绩效的奖励：体现出领导者与追随者之间的交换关系。领导者承诺为员工良好的工作绩效提供奖励，双方在工作绩效、奖惩方法等方面达成一致，最终根据下属的具体完成情况给予奖励。

(2) 例外管理：包括例外的积极性差错管理和消极性差错管理。前者指领导者对标准和准则加以说明，并主动寻找对准则或标准的背离，并且在发生错误之前进行修正；后者指领导者在错误发生之后才说明准则，并采取措施惩罚或批评下属。

(3) 放任：领导者回避责任，避免做出决策。

总的来说，交易型领导强调相应的工作换取相应的报酬，具体到实践中，领导者倾向于采用胡萝卜的方法确定目标绩效，但也不排除大棒。

2. 变革型领导

变革型领导强调领导的象征作用。变革型领导者主要通过向下属灌输一系列的思想和价值观，激发和鼓舞员工积极地努力工作。变革型领导者能够鼓舞员工把组织利益放在超越自身利益的位置，深入地投入到组织工作中，在追求组织使命与目标的同时，努力实现组织利益和个人利益的双赢。

变革型领导者也关注具体事务，但是他们首先关注的是领导"软"的一面，关注文化和价值观的改造或创造。变革型领导与魅力型领导理论基本上是在同一时期提出的，因此两者之间有一定的重叠，比如变革型领导者需要具有魅力。对于具体的区别之处，学者还没有达成共识。但是，有一点可以肯定，变革型领导越来越受欢迎。总结变革型领导者的特点，主要有以下几个方面：

(1) 具有个人魅力，能够鼓舞人心。成功的变革型领导者能够创建一个与众不同的共享愿景和一套核心价值观。清晰明确和伟大的愿景会对下属产生强大的吸引力，赢得下属的信赖，从而心甘情愿地追随自己。此外，个人魅力或者鼓舞人心的气质，还可以通过坚强的意志力体现。

(2) 心智激发（Intellectual Stimulation）。变革型领导者能够改变下属头脑中固有的一些旧想法和旧观念，促使下属用新的视角和新的方法解决问题，鼓励下属质疑现有事物，促进创新。

(3) 对员工的个人关怀。变革型领导者关心员工个人需要，针对员工的不同需要提供个性化的帮助和关怀。

(4) 目标设置。变革型领导者会根据目标设置理论为员工设置明确、具体、同时又有一定困难但通过员工个人努力可以实现的目标。这样的目标具有很好的激励作用，能够激发员工的内部积极性，发挥员工最大的潜能实现目标。我们来看一个典型的变革型领导的案例。

需要注意的是，交易型领导和变革型领导不是完全相反的领导方式，变革型领导者是在交易型领导的基础上提出来的。但是，很多研究，包括国外的研究和国内的研究都已证明，变革型领导确实比交易型领导更具优势。变革型领导者更容易带来下属的信任和满意，带来更高的工作绩效，也更容易得到上层领导者的赏识和青睐。

案例　柳传志：变革型领导者

熟悉柳传志的人都知道，他是一位出色的企业战略家和指挥家，曾任联想控股有限公司董事长、联想集团有限公司董事局主席。在联想集团，柳传志的威望甚高，不仅因为他创建了联想，还与他在领导联想集团时表现出的个人价值观、行为风格和处事方式有关。

将企业利益放在第一位

柳传志认为自己最大的优点就是能把企业利益放在第一位，他称自己是"为企业而生的人"。他不仅对自己这样要求，也要求其他一把手"把企业当成自己的命根子"，因为"总裁没有私心，制度才能贯彻实施"。在写给杨元庆的一封信中，柳传志写道："那么在我心目中，年轻的领导核心应该是什么样子呢？一是要有德。这个德包括几部分内容：首先是要忠诚于联想的事业，也就是说个人利益完全服从于联想的利益。"柳传志的这种价值观一方面能够使联想的各个利益相关者愿意充分相信自己，另一方面又促使联想的各级员工在做任何企业决策时，都不会从个人利益出发，从而保证联想在组织目标上的高度一致性。

有理想但不理想化

柳传志是一个具有远大抱负的人。从早年上军校、40岁下海办企业、决策放弃代理国外品牌计算机而创立联想自有品牌，到后来决策并购IBM个人电脑部门，都反映出其远大的理想抱负。一位联想员工曾这样评价柳传志，"柳传志先生心气很高，永远有更高的目标"。

但是，柳传志有理想却不理想化，是个被理想激励而又脚踏实地的人。柳传志说，"没钱赚的事情不能做；有钱赚但是投不起钱的事情不能做；有钱赚也投得起钱但是没有合适的人去做，这样的事情也不能做。"心比天高，却永远站在坚实的土地上，一步一个脚印地往前走。

制定战略

柳传志在北大国际MBA高级经理班有关怎样当一个好总裁的演讲中提到，制定战略的实质是确定目标，然后是怎样达到这个目标，怎么分解它，并就此提出制定战略的五个步骤：确定公司愿景，确定中远期发展的战略目标，制定发展战略的总体路线，确定当年的战略目标和检查调整，达到目标。2009年在对柳传志的一次专访中，当被问到"作为领导，最重要的素质是什么"，他答道："首先要懂得树立目标。我说的是非常明确的目标。我觉得只有描绘出蓝图，才能引领公司上下一同向前走……人很大的兴趣就是感觉一步一步地往自己设定的目标方向去努力。"由此可见，柳传志非常重视领导者合理设置目标的素质。

"平淡有奇"的说教艺术

通过适当的说教来阐述思想和表达意图，既可以为企业发展指明方向，又能对在发展过程中出现的问题"拨乱反正"，是现代企业领导者必备的能力素质之一。柳传志经典的"柳氏说教"，明显带有我国传统文化中儒家思想的神韵。像"有5%的希望，就要付出100%的努力""偏执也就是对目标的执着""每个人都面临挫折和失败的可能，这是我们每个人人生经历的一部分""小公司做事，大公司做人"等，都对公司员工和其他人产生了重大影响。

重视人才培养和员工个人利益

他曾说过"人才是利润最高的商品,能够经营好人才的企业才是最终的大赢家"。作为企业家,柳传志说自己最希望得到人才培养奖,因为"利润好像金蛋,没有优秀的员工就没有会下金蛋的母鸡,一切都是空谈"。柳传志也自认为在培养人才方面比别人做得好,因为他非常重视这一点。他认为,联想能够成长为世界级企业,第一个原动力就是重视人才。在人才培养方面,柳传志说:"提供发挥能力的舞台最重要。之后,明确业务范围、责任和权力以及最后能够获得的利益,剩下的就是他们的事情了。让他们自己去想如何能做到更好。我们把这种做法称为'发动机文化',干部是大发动机,其他员工应成为与大发动机同步运转的小发动机,这样动力才会更大。下面的员工不能只成为发动机的传动装置。"

另外,柳传志在追求企业利益至上的过程中,还尊重员工的个人利益。他认为有个人利益是很正常的,一个企业要使员工认同跟随并努力为之贡献,必须满足人的需要,实现人的价值。

知人善任,用人不疑

当被问起"为何退出联想的经营阵线"时,柳传志回答:"IT是年轻人干的事业。短跑年轻人做得更好。对于我们来说,高尔夫球和长跑似乎更好。一年大概去联想美国总公司三次。联想决定重要问题时,我只是作为董事提出意见。我不参与具体的经营。当然我会随时听取有关经营的报告。"这种授权式管理,没有对下属员工的充分信任是很难做到的。比如,柳传志在公开场合点评杨元庆时,始终是赞赏与激励。

30年弹指一挥间,岁月无情地将当年意气风发的柳传志变成一个年近七旬的长者,他用毕生功力积累起来的领导艺术,引领着联想经历风风雨雨一路走来,并慢慢将联想塑造成今天的"性格"。岁月的洗礼洗不掉柳传志对联想的贡献,洗不掉留给21世纪领导者的宝贵领导财富。

思考题:

1. 如何理解柳传志的"有理想但不理想化"?
2. 查阅柳传志关于联想"定战略、搭班子、带队伍"的说法,讨论这些与公司业务、员工管理似乎没有直接联系的"柳氏说教"。
3. 查阅联想的发展过程,讨论柳传志对于联想公司发展过程的领导作用。

8.3.2 魅力型领导

魅力型领导(Charismatic Leadership)被描述为具有绝对人格力量:能够对下属产生深远影响的人,他们热情而充满自信,能够影响下属以某种特定的方式活动。魅力型领导者并不是具有完全相同的个人特质的一群人,每个领导者都有自己独特的个性。当然,魅力型领导者还是有一些共同的特质。总结以往对魅力型领导者个人特质的研究,他们一般都具有以下特点:

(1) 具有一个令人意想不到的、引人入胜的伟大愿景。这一愿景能够使下属对领导者产生崇拜的感觉,认为领导者具有个人魅力,并且心甘情愿地跟随领导者的步伐去实现愿景。

(2) 领导者具有清晰描述愿景的能力。仅仅只是拥有一个伟大的愿景是不够的,领导者还要能够清晰地向他人描述自己的愿景,感染并鼓舞他人。

(3) 能够提出实现愿景的办法。领导者必须能够提出实现愿景的具体方法和路径,只有理想会被人视为"纸上谈兵"或者异想天开。

(4) 要有不惧困难、勇于献身、坚守目标的精神。美好理想的实现不是一蹴而就的,何况是伟大的愿景。只有领导者以自己坚持不懈的努力感染他人,才会得到追随者更多的信任和崇拜,从而展现出强大的领导魅力。

(5) 拥有强烈的自信。富有魅力的领导者最明显的特征就是拥有强烈的自信心,他们对自己的判断和能力充满信心。只有自己对自己有信心,才能赢得别人的信任。

(6) 对环境的限制和下属的需要很敏感。富有魅力的领导者能够敏锐地察觉到环境变化,做出相应的反应;而且关注下属的需要,为他们提供帮助和支持,也能促使员工对自己产生信赖。

强烈的自信、超乎寻常的说服能力,这是魅力型领导者的共同特征。在本章开篇案例中提到的乔布斯用了强大的"扭曲现实的能力",在第六章中探讨"马云和蔡崇信"的案例时,也可以看到马云对蔡崇信的强大影响,在旁人看来是不可思议的事情,蔡崇信可以放弃 500 万元的年薪加入阿里巴巴的创业。这些都是领导者个人魅力的体现。

现在已有很多证据表明魅力型领导和员工的工作绩效及满意度成正相关关系。但是,也有很多实证研究表明魅力型领导不仅具有积极的正面作用,还会产生消极作用。事实上,魅力型领导的消极作用在实际生活中已经很深刻地显露出来,许多企业或组织都面临这种困境。例如,魅力型领导的冒险决策产生的重大项目常常遭遇失败的命运;由于对领导者的过分崇拜和依赖,阻碍了下属提出好的建设性意见的可能性,使他们产生领导者永远都是正确的错觉等。

8.4 东方文化背景下的领导理论

领导行为具有很强的文化差异性,文化背景不同,领导的内涵和效果也会发生变化。领导者对领导方式的选择在很大程度上受其文化背景的影响,而非完全由个人意志决定。前面介绍的领导理论基本上是在西方文化背景下发展起来,介绍的是西方文化背景中的含义。这一节主要介绍东方文化背景下的领导理论。它或者是在东方文化背景下发展起来的,像家长式理论;或者是起源西方,但是应用到东方文化背景下时,会表现出明显的文化差异性,像领导—成员交换理论。

8.4.1 家长式领导

家长式领导的文化根基是以"家"为核心的中华文化,有学者认为家长式领导首先存在于中国的香港、台湾和内地的华人组织当中。最先对家长式领导方式进行研究并提出"家长式领导"概念的是西方学者。

家长式领导的研究始于台湾。西林(Silin,1976)总结了20世纪60年代台湾企业的领导行为,发现这些企业的老板和经理人的领导行为具有与西方迥然不同且清晰可辨的特色,西林将其总结为教诲式领导、德行领导、中央集权、上下保持距离、领导意图及控制。西林的研究促使了家长式领导概念的萌芽。

雷丁(Redding)经过深入研究,认为华人社会的经济文化具有不同于西方的特质,他认为父权家族主义是华人企业的一个重要特征。雷丁指出,家长式领导具有以下特征:在心态上,下属必须依赖领导者;偏私性的忠诚使得下属愿意服从;领导者会明察下属的观点,据以修正自己的专断;当权威被大家认定时,不能视而不见或置之不理;层级分明,社会权力距离大;没有清晰的权威或严格的制度,领导者并不明确表达意图;领导者是楷模与良师。

案例 宗庆后:东方文化中的领导者

宗庆后,杭州娃哈哈集团公司创始人,他将一个只有三个人的小学校办企业发展成为中国最大、全球第四的饮料企业,跻身中国企业500强。在中国民营企业500强中,娃哈哈营业收入居第12位、利润居第8位,纳税居第5位。其创建的"娃哈哈"品牌享誉国内外,被业界称为市场网络的"编织大师"。

娃哈哈多年来一直是高度集权制的组织结构。这个营业收入达678亿元,拥有生产基地近60个、分公司150多家、工厂遍布全国各地、员工3万余人的庞大企业,至今只设一个董事长和一个总经理,都由宗庆后一人担任,没有董事会。这源于宗庆后一直奉行的家长式领导风格,在公司一直保持控制力。

在外界看来,宗庆后是个霸气十足的企业家。他认为"专制而开明"最适合中国现状的领导力风格。宗庆后常常说,给他影响最大的就是毛泽东。宗庆后认为:"你去看看中国现在成功的大企业,都是一个强势的领导,大权独揽,而且是专制的。我认为在中国现阶段要搞好企业,你必须专制而且开明。"娃哈哈集团直到现在也不设副总经理,生产、销售等各个领域的管理则是由各个部长担任。业内盛传"买一把扫帚都要宗庆后签字"。

宗庆后的办公桌上没有电脑。至今,他仍喜欢用"朱批"的文件下达命令,有时亲自撰写每月的销售通报,并在考察市场时直接用电话指示下属迅速行动。有人见到其下属经理的一份报告,开头第一句话是:"根据您的指示……"

宗庆后在不同的场合也对自己的家长式领导风格做出解释。

在2009年的一次记者访问中,宗庆后这样说过:"'团队比个人重要'我认可,'授权比命令重要',这不一定。以我做企业的经验,企业在正常的流程中,不需要我去下命令;但在关键的、发现有问题的时候,则要下命令,令行禁止。至于平等和权威,我认为权威更重要。对于企业领导者来说,没人听你的是一件很可怕的事情,企业要协调统一步伐,一盘散沙怎么搞?没有绝对权威怎么办?企业只有一个权威的好处在于不会出现小团体。小团体对企业的负面影响是致命的。一旦企业出现两个或两个以上的小团体,就会偏离方向。我下面的人没有小团体,因为最高权威只有我一个人。如果最高层有两个人,就会产生小团体,因为小团体必须有后台,没有后台形不成小团体。"

2011年在接受浙江当地媒体采访时，宗庆后对自己的家长式领导风格再次做出解释。"这么多年，人家说我亲力亲为，因为这样我才能及时发现问题所在。只有对业务比较熟悉，决策起来才比较快。外面说我事无巨细都要自己管，其实也不对。在企业创办的早期，需要节约成本，你可能管的东西多了。现在企业大了，需要制度完善才能高效运作。我们早在全国各地建起了信息化系统。"

正是这个"事无巨细独揽大权"的宗庆后，带领娃哈哈走过了二十多年的发展历程。娃哈哈集团现已成为目前中国最大、效益最好、最具发展潜力的食品饮料企业。

资料来源：http://www.jobcn.com/hr/News_content.jsp? ID=157401

思考题：
1. 宗庆后的领导风格有什么特点？
2. 宗庆后的领导风格与中国儒家文化有什么关系？
3. 娃哈哈所处饮料行业的组织有什么特点？
4. 宗庆后的领导方式对于90后的"新生代"适用吗？

宗庆后的领导风格带有典型的中国文化特点，台湾研究者郑伯埙对这种家长式领导行为进行了研究。从20世纪80年代末开始，郑伯埙和他的同事采用个案分析和实证检验的方法对台湾地区家族企业主与经理人的领导风格进行了一系列的研究，发现台湾企业的领导方式与西林和雷丁描述的家长式领导非常相似。现在被广泛接受的有关华人领导的理论是郑伯埙提出的家长式领导三元理论。最初，郑伯埙提出的是二元领导理论，认为家长式领导包含立威和施恩两方面行为类型，后来又增加了德行维度。

1. 立威行为

在中国传统儒家文化的影响下，父亲在家庭中的权威远远大于家庭其他成员，是家庭的核心，拥有绝对权力。从"君要臣死，臣不得不死；父要子亡，子不得不亡"中可见一斑。法家的"依法治国"思想对君主权威的强调也对权威领导起到推波助澜的作用。领导者的立威正是以这种文化为基础的。

立威指领导者强调个人权威以及支配下属两种行为，具体包括四个方面：① 专权作风。领导者大权在握，掌握所有资源、信息、奖惩及决策权，并对下属实行严密的控制，例如上述案例中，宗庆后对公司的支出会严格控制，并且说一不二，做出的决定不容置疑。② 贬损下属能力。领导者会有意地漠视下属的建议和贡献，当工作达成时，领导者会认为是自己的功劳；当工作失败时，领导者会认为是下属的能力或努力程度不足。③ 形象整饰。领导者会操控对自己有利的信息，表现出能力超凡，刻意塑造神圣不可侵犯的权威形象。④ 教诲行为。领导者会强调绩效的重要性，如果下属没有达到既定的绩效标准，领导者会严厉地加以斥责，同时启发他们如何才能有效地完成任务。例如在华为，"员工的工作一旦出了问题，任正非便会直接'开骂'"即是教诲行为的一种体现。相对于威权领导的这四种表现形式，下属则被期待表现顺从行为、服从行为、敬畏行为及羞愧行为。

2. 施恩仁慈

儒家对理想社会的人际关系的设想是：君仁臣忠、父慈子孝、兄友弟恭、夫义妻柔、姑慈妇听。儒家文化强调上下级之间的道德文化责任,即上对下要仁慈,下要报答和顺从上。施恩、仁慈是以这种文化观点为基础的。

仁慈领导指领导者对下属表现出个别、全面、长久的关怀,包含两种施恩行为:① 个别照顾。领导者会将下属视为家人,为他们的工作提供保障,并且在下属急难时给予帮助。例如,前文案例中任正非不顾炮火的危险去医院看望受伤的员工并为其挑选衣服,体现出一种家长对孩子的关怀。② 维护面子。当下属犯下重大失误时,领导者会顾及下属的颜面,为其留有余地,避免公开责罚或直接诉诸法律,同时又会谆谆告诫,以免下属的工作陷入更大的危机。对于领导者的施恩行为,下属则会表现出感恩和图报。

在仁慈方面,家长式领导会表现出个别照顾与维护面子,下属则相应表现出感恩与图报行为。郑伯埙认为,仁慈与西方文献所强调的体恤和支持是不同的领导行为。体恤是指领导者表现友善和支持下属,体现为关怀下属以及重视下属的福利;而支持是指领导者接受和关心下属的需要和感受。看起来,施恩、仁慈好像与这两种领导行为有点相似,但其实它们是有差别的:第一,施恩并不仅限于工作上的宽大为怀,也会扩及下属的私人问题;第二,施恩是长期取向的;第三,施恩可能表现在宽容与保护方面;第四,体恤通常发生在平等对待下属和上下平权的氛围中,施恩则发生在领导者享有权威和上下级权力距离大的状况下。在这种状况下,领导者不会让下属忘记谁才是上司。

3. 德行领导

但是仍有一些研究认为,仅有权威和仁慈对于一位具有家长式领导风格的领导者来说还是不够的,品德也是非常重要的一个方面。我国学者凌文铨等对中国领导行为进行了大量研究,提出 CPM 的理论观点:C 为个人品德因素,P 为工作绩效因素,M 为团体维持因素,其中 C 因素可以解释 80% 的领导行为。

郑伯埙等人认为,家长式领导除了立威与施恩两个维度,还应该包括德行维度,并提出家长式领导三元理论。中国传统上是个人治社会,没有法律的约束,人们就提高了对官员的道德期望。中华文化的基石儒家文化非常强调个人的道德修养,正所谓"修身、养性、齐家、治国、平天下",加强自身道德修炼是对中国人的基本要求,德行以此为基础。

德行是指领导者展现高度的个人操守和道德品质,并用以教化与影响下属,所呈现的一种具有高度道德廉洁性的领导方式。具体表现为三个方面:① 以身作则。指领导者在要求下属之前先会要求自己,作为下属在工作或生活中的表率。例如案例中任正非的质朴低调,对员工来说就是一种胜于言教的身教;海底捞的李静也通过实际行动以身作则,让员工看到什么是时刻以客户为中心。② 公私分明。指领导者不会滥用权力假公济私,在管理中不徇私、不偏袒,公正不阿。例如张勇为了海底捞的发展,不惜辞退自己的妻子、弟弟、好友,不徇私偏袒。③ 诚信不欺。指领导者为人诚实守信,表里合一。对于领导者的三种树德行为,下属则被期待表现出认同和效法,即认同领导者的价值与目标并内化为自己的准则,从而模仿领导者的道德行为。

根据郑伯埙的家长式领导三元理论,家长式领导包含权威、仁慈和德行三个维度,权威和仁慈与二元理论中的立威与施恩基本一致,德行则是一个新的维度。不同学者对领导者应具备的品德观点不同,但综合来看,家长式领导者应该具备的道德品质主要体现在公私分明和以身作则两个方面。根据家长式领导三元理论,可以把家长式领导作如下定义:

> **概念**
> **家长式领导(Paternalistic Leadership)**：是指在人治的氛围下体现严明的纪律与权威、父亲般的仁慈以及道德廉洁性的领导方式。领导者的行为方式就像这个组织的大家长。

家长式领导具有浓厚的人治色彩，领导者对下属并不是一视同仁，而是按照差序格局将下属区分为自己人和外人。分类标准有三个：① 关系，即下属与领导者之间是否存在某种社会关系，比如亲戚、同乡、同学等；② 忠诚，即下属服从甚至愿意为领导者牺牲个人利益的程度；③ 才能，即下属完成组织或领导者所下达任务的胜任能力与动机。

忠诚是分类的核心，其次是才能，最后是关系，关系仅仅是分类的基础而已。根据这三个标准可以把下属细分为八种类型，下属一旦被归入某一类型就很难改变。家长式领导者对自己人较少采取权威领导方式，较多采取仁慈领导方式，对外人则相反。

家长式领导的权威领导、仁慈领导和德行领导行为分别对应于下属的敬畏顺从、感恩图报和认同效法的反应，具体如图 8-4 所示。

8.4.2 领导—成员交换理论

领导—成员交换理论(Leader-member Exchange Theory)是 20 世纪 70 年代嘉能(Graen)在日本丰田公司经过多年的跟踪研究后提出的，吸引了众多的研究者对其进行理论探讨和实证研究。领导—成员交换理论主要是在领导者和下属的关系研究方面进行了充分的阐述与探究。该理论认为在组织情境中，领导过程是在领导者和下属的不断互动中展开的，高质量的上下级关系可以促进员工的工作绩效和满意度。由于时间和精力有限，领导者不可能与每个下属都建立起良好的上下级关系，因此领导者应该在工作中区分不同的下属，采用不同的领导风格。

领导—成员交换现象出现之后，不同学者采用不同的理论分别给予说明。最早对这一现象进行解释的是角色扮演观点，但是社会交换观点正逐渐成为主流。

1. 角色扮演观点

该观点认为员工在社会化过程中，会经过角色获得、角色承担和角色习惯化三个阶段。在第一阶段，领导者主要检验和评估下属的动机和潜能。在第二阶段，领导者一般会给下属提供机会尝试一些松散的任务，下属完成任务的过程包含与领导者关系的建立。如果下属能够很好地把握住机会并且出色地完成任务，就很有可能与领导者建立起高质量的上下级关系。第三阶段主要是上下级关系的稳定过程。相反，如果下属在这三阶段表现不好，就可能与上级发展成低质量的关系，领导者有可能把下属排除核心圈子。

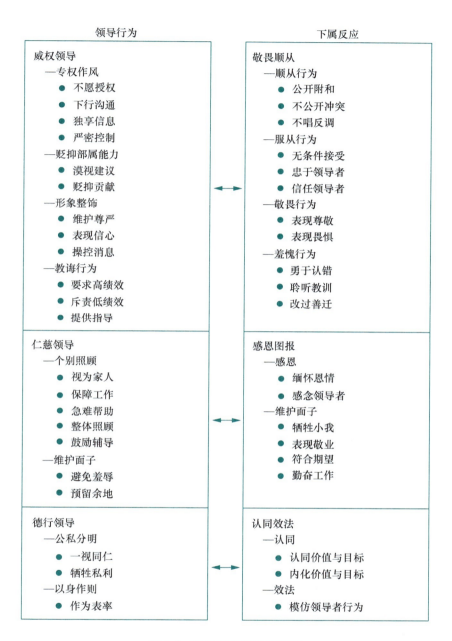

图 8-4 郑伯壎的家长式领导

资料来源:樊景立、郑伯壎,"华人组织的家长式领导:一项文化观点的分析",《本土心理学研究》,2000 年第 13 期。

2. 社会交换观点

1964 年,布劳(Blau)把社会交换观点引入对领导—成员交换理论的解释。他认为:"只有社会交换才能形成人与人之间的义务感、互惠感和信任;单纯的经济交换做不到这一点。"按照布劳的观点,经济交换和社会交换是两种不同的交换状态。后来,林登(Liden)和嘉能认为,在领导—下属交换关系中呈现经济层面交换和社会层面交换两种截然不同的状态。经济层面交换发生在领导和下属之间、不超出雇佣合同要求范围内的经济或合同交换。社会水平交换超出雇佣合同要求范围的交换,它建立在领导与下属相互信任、忠诚与责任的基础之上。

不论是哪一种观点,学者都认为领导者与下属会形成两种不同的关系:一种是高质量关系,一种是低质量关系。针对不同质量的关系,领导者会对下属采用不同的领导风格。

3. 圈内人与圈外人

在领导者区分不同的下属以采用不同的领导风格的过程中,会出现"圈内人"(Ingroup Member)和"圈外人"(Out-group Member)。"圈内"的下属与领导者建立了特殊关系,得到领导者更多的关心、支持和照顾,甚至可能会享受工作上的某些特权,比如更多的升迁机会和薪酬等;同样,领导者也得到"圈内"下属更多的尊敬、爱戴、信任和追随。"圈外"的下属与领导的关系局限在正式的工作关系范围,得到领导者较少的关心和照顾。从某种意义上来说,领导者与"圈内人"建立的是社会层面的交换,与"圈外人"建立的是经济层面的交换(见图 8-5)。

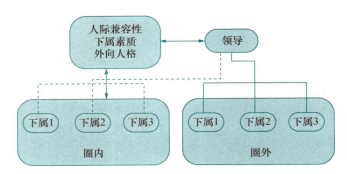

图 8-5 领导—成员交换理论

社会层面交换是高质量的交换。研究证实,高水平的领导—成员交换关系中的下属,会得到领导者更多的关心、信任和支持,员工也会表现出更高水平的工作绩效、组织承诺和组织公民行为。高水平的领导—成员交换关系除了能够提高组织绩效,还与员工的满意度、薪酬和晋升有正的相关关系,与缺勤和辞职有负的相关关系。

国内的一些学者也对领导—成员交换关系对下属绩效的影响做了很多研究,如王辉和刘雪峰认为,高水平的领导—成员交换关系会带来下属工作绩效的提高。他们认为,高水平的领导—成员交换关系会向更高层次发展,双方会更加信任和尊重彼此,由此使得员工的义务感增强;另外,高水平的领导—成员交换关系中,领导者和下属交流频繁,员工会得到更多与工作有关的信息,这两方面都能促进绩效的提高。要想发展高质量的上下级关系,下属首先必须成为"圈内人"。

很多研究证明,下属的绩效是下属成为"圈内人"的最重要的指标。下属工作越努力,个人工作绩效越高,越容易得到领导者的器重和关怀,从而成为"圈内人"。当然,领导与下属之间的相互喜欢或相互好感也能促进上下级关系,"投缘"的人容易交流,容易相互欣赏，但是这种因素更多发生在领导与下属的早期接触过程中。随着交往的深入，下属的绩效情况会变得越来越重要。

在中国的组织环境下，领导者与成员之间的关系比在西方环境下复杂得多，它不仅包含层级关系和职务关系，还夹杂着亲戚、老乡、同学等人际关系。许多学者认为，中国的文化本质上是"关系取向"的，在领导和下属的交往过程中同样会涉及"关系"的问题。比如，如果下属是领导者的亲戚、老同学或者其他与领导者有特殊关系的人，那么领导者可能会对该下属特殊照顾，自然而然地把其归为"圈内人"。这一现象在个别企业尤其是国有企业中确实时有发生。

虽然"关系"有利于领导者和下属发展成高水平的交换关系，但是明智的领导者仍然应该以绩效为标准判断谁是"圈内人"、谁是"圈外人"。因为领导者重视什么，下属就会表现什么。如果领导者根据"关系"划定"圈内人"，可能会促使组织内部的员工千方百计地与领导者拉"关系"，以求被认定为"圈内人"获得职位的晋升、加薪等特殊照顾，而不是努力实现组织目标。这样的组织文化和风气会严重损害组织绩效。

应当看到，有些下属并不希望成为领导者的"圈内人"。因为当下属和领导者存在高水平的交换的时候，下属就必须承担更多的额外工作，不仅要完成领导者交代的工作任务，还要做很多没有规定的工作。或者，有些下属对于领导者的工作作风、工作方式并不认同，他们会主动与领导者保持一定的距离，不愿意成为领导者的"圈内人"。

❏ 本章名词

领导（Leadership）
领导特质理论（Leadership Trait Theory）
领导行为理论（Leadership Behavior Theory）
领导权变理论（Leadership Contingency Model）
魅力型领导（Charismatic Leadership）
交易型领导（Transactional Leadership）
变革型领导（Transformational Leadership）
家长式领导（Paternalistic Leadership）
领导—成员交换（Leader-member Exchange Theory）

❏ 本章小结

1. 领导是具有影响力的个人或者团队影响组织成员实现共同目标的过程。领导研究从特质、行为、权变等多个角度对领导行为进行解读。

2. 领导特质理论从先天遗传和后天习得两个方面讨论领导的固有特质；领导行为理论从几个行为维度探讨领导行为风格的特点。

3. 领导权变理论从领导风格、任务结构、下属特点等多个情境条件讨论这些条件的限制对领导有效性的影响。菲德勒模型是其中一个有影响力的模型。

4. 交易型领导、变革型领导及魅力型领导行为，都是近年来对领导行为特征的理论发展，对于组织扁平化情境下的领导行为具有重要意义。

5. 东西方文化对领导行为有重要影响。家长式领导、领导—成员交换理论对东方文化背景下的领导价值理念、人际关系进行了诠释。

❏ 实践练习

菲德勒模型中的最难共事者(LPC)

回想一下与自己共事过的人，从中选出一个在工作上最难合作的(不一定是自己最不喜欢的，只是在工作上合作比较困难，有可能在生活上比较谈得来)，他/她可以是自己现在或以前的同事。用表8-1中的16组形容词描述他/她，在你认为最准确描述他/她的等级上画圈。不要空下任何一组形容词。

表 8-1　LPC 问卷

快乐——	8	7	6	5	4	3	2	1	——不快乐
友善——	8	7	6	5	4	3	2	1	——不友善
拒绝——	1	2	3	4	5	6	7	8	——接纳
有益——	8	7	6	5	4	3	2	1	——无益
不热情——	1	2	3	4	5	6	7	8	——热情
紧张——	1	2	3	4	5	6	7	8	——轻松
疏远——	1	2	3	4	5	6	7	8	——亲密
冷漠——	1	2	3	4	5	6	7	8	——热心
合作——	8	7	6	5	4	3	2	1	——不合作
助人——	8	7	6	5	4	3	2	1	——敌意
无聊——	1	2	3	4	5	6	7	8	——有趣
好争——	1	2	3	4	5	6	7	8	——融洽
自信——	8	7	6	5	4	3	2	1	——犹豫
高效——	8	7	6	5	4	3	2	1	——低效
郁闷——	1	2	3	4	5	6	7	8	——开朗
开放——	8	7	6	5	4	3	2	1	——防备

把你的得分相加，检测自己的领导风格，分析是否与自我印象相符合。结合菲德勒理论，分析任务结构、职位权力等因素在领导行为中的作用。

LPC 分数是菲德勒理论用于测量、评估领导者的个人风格是偏向于任务取向还是人际关系取向的。LPC 分数的测量采用了典型的投射测验方法，用评估"最难共事者"测量反映评估者本身的倾向。

测量分数的划分结果说明：(1) 64 分以上是人际关系取向的领导者；(2) 57 分以下是任务取向的领导者；(3) 58—63 分是中间类型的领导者。

案例分析(1)

马云在教师节卸任

2019年9月10日是阿里巴巴公司20岁的生日,也是阿里巴巴公司董事局主席马云卸任的日子。马云在晚会上发表了演讲:"阿里巴巴公司只是我很多梦想中的一个,我还很年轻,很多事情,如教育、公益、环保,这些我一直在做,但我可以做得更好,花更多的时间。"在阿里巴巴公司二十周年年会庆典上,马云表示,不当阿里巴巴公司董事长,不等于退休,自己还是不会停下来的,"我自己觉得我还很年轻,我自己觉得有很多地方我都想去玩玩,还想去折腾。"

在他看来,今天不是他的退休,而是一个制度传承的开始;今天不是一个人的选择,而是一个制度的成功。"过去20年的努力,阿里巴巴公司拥有了最好的人才、最好的技术、最多的资源,但这不是我们可以炫耀的资产,这是社会对我们巨大的信任。"马云希望,未来20年阿里巴巴公司能用好这些资源、人才和技术。

在马云卸任阿里巴巴公司董事局主席之际,阿里巴巴公司也升级了使命、愿景、价值观,发布"新六脉神剑"。相较于过去的"客户第一、团队合作、拥抱变化、激情、诚信、敬业"这六点,"新六脉神剑"由更加接地气的六句"土话"组成:客户第一,员工第二,股东第三;因为信任,所以简单;唯一不变的是变化;今天最好的表现是明天最低的要求;此时此刻,非我莫属;认真生活,快乐工作。

据悉,"新六脉神剑"出炉历时14个月,前后修改过二十多稿,每一句话背后都有一个阿里巴巴公司发展史上的小故事。阿里巴巴公司表示:"无论环境如何改变,阿里巴巴公司对使命的坚持不会变,对愿景的坚信不会变,对价值观的坚守不会变。"

早在2001年,互联网泡沫破灭,北上广的互联网企业一片萧条,悲观的情绪在圈内蔓延。虽然账上只有6—7个月的现金可以支撑,阿里巴巴公司的几个核心人员,包括马云、蔡崇信、关明生、金建杭、彭蕾等,在公司讨论了三个月,做出了首套价值观"独孤九剑"。为了让价值观落到实处,规定每个员工季度考核的50%来自业绩、50%来自对价值观的坚持程度。2004年,"独孤九剑"被浓缩,从九条变成六条"客户第一、团队合作、拥抱变化、激情、诚信、敬业",也被称为"六脉神剑"。2019年,"新六脉神剑"再次刷新了阿里巴巴公司的价值观。

思考题:

1. 查阅马云在2019年9月10日的演讲。作为领导者,他的个人特征与领导行为有什么特点?
2. 用领导理论解释领导者强调价值观的作用。
3. 价值观在领导行为中有什么作用?查阅相关研究论证价值型领导行为。

案例分析(2)

新加坡的大家长

新加坡总理李光耀,是深受华人儒家传统熏陶的领袖,利用大家庭的团结精神凝聚子民,将一个人口与资源有限的小国家治理成为人均GDP超过5万美元的富国。李光耀在整个新加坡国家建设上扮演着家长角色,如父如母,个人的影响力很大,处处留有他个人决策、设计、构思的痕迹。李光耀深受儒家"上下有序,长幼有别"思想的影响,认为大家长必须强势坚定,才能为大家庭谋求最大福祉。

李光耀认为,要赢得和保有政权,必须要有人才;行使权力,必须有强劲的经济,控制枪杆子(军队),并影响舆论(媒体)。他领导的人民行动党自新加坡1965年独立以来一直执政,积累了政治资源,掌握了新加坡经济命脉,并通过政府和各种群众性组织贯彻执行其意志,深入到社会各个角落。反对党的政治空间受到限制,尽管参与五年一次的竞选,但力量都很弱。李光耀将一党优势的政治体制作为"亚洲式民主"运作机制,认为这种机制能达到既民主又稳定的目标。他认为,一国之内不要有太多的反对党。太多了,会造成内部意见分歧,人员精力耗费在批评互斗上,国家社会要花大量时间用来沟通、协调和谈判,徒增困扰又增加社会成本。

李光耀注重经济发展所需要的稳定和秩序,反对照搬西方民主模式。李光耀认为,新加坡成功的要素,首先在于拥有稳定的政局,因为政治稳定是国家发展和推动现代化的前提条件,宁可牺牲个人的权利来维持政治稳定,而不能因为追求个人权利而伤害国家整体利益。他没有盲目地追随大受鼓吹的"民主是经济发展的先决条件"的观点,不迎合美国和西方宣扬的民主化政治潮流。李光耀说,一个国家必须先有经济发展,民主才能随之而来。民主并没有导致经济发展,是因为政府并没有建立经济发展所需的稳定与纪律。又说,除了几个例外,民主并未为新的发展中国家带来好政府。什么是好政府?这要视人民的价值观而定,西方人重视的是个人自由,亚洲人重视的是稳定和秩序。李光耀认为,民主必须服从政治稳定,民主政治的运作要以秩序、纪律为前提。他说,多党制"非民主制度之必需",西方民主不适合每个国家,"只靠选举不能产生民主制度"。比较好的做法是:先致力于教育、解放妇女和创造经济机会,接着专注于执法,强化法庭的独立性,建立民主社会所需要的公民社会组织。只有这样,自由选举才能带来较好的民主秩序。

李光耀的领导方式还包括严格掌控新闻媒体。在新加坡,新闻媒体只能享有"有节制的权力和有约束的自由""言论自由和新闻自由必须服从于新加坡的国家整体和民选政府的首要目标",禁止和严惩一切攻击执政党以及鼓吹西方民主自由和生活方式的言论报道,禁止不利于国家安全和有可能导致种族和宗教对立的言论报道。所有媒体都必须接受新加坡报业控股集团和广播局的管理、监督和控制。

新加坡的社会环境安静有序,"民可使由之,不可使知之"的政治传统起着重要的作用。权力掌握在官僚精英手里,而非一人一票的民主思维。追求整个社会的繁荣富强,大我先于小我,作为大家庭一分子的人民必须服从国家精英的领导。李光耀一再强调:"儒家相信社会为先,如果人必须被牺牲,那实在没办法。可是,美国人把个人利益放在社会之上,那就无法解决一些问题。"

资料来源:郑伯壎,《华人领导的十堂必修课》,五南图书出版公司,2016;邰良,"李光耀的实用主义、亚洲式民主理念",《领导科学》,2009 年第 15 期。

思考题:

1. 结合家长式领导理论的内容,评价李光耀的领导风格。
2. 李光耀的风格与他的成长环境、文化背景、自身经历有哪些联系?
3. 李光耀的领导风格是否适用于现在的阿里巴巴公司?为什么?

21世纪经济与管理规划教材
工商管理系列

第 9 章

组织结构与组织变革

【学习目标】

(1) 掌握组织结构的概念要素
(2) 理解组织结构与战略的联系
(3) 分析组织变革的动力和阻力
(4) 分析提出组织变革的策略

开篇案例

华为公司的组织结构

1987年9月,华为以"民间科技企业"身份经深圳市工商局批准获得注册,员工14人,主要业务为代理中资控股的香港康力投资有限公司的HAX小型模拟交换机。华为公司成立早期主要是代理小型程控交换机,它在通信设备核心技术方面的第一次突破,是1994年推出的C&C08大型程控交换机。之后逐渐占据国内固定交换及接入网等通信设备市场,市场份额逐渐扩大,至90年代末期已经在国内市场上与其他少数竞争对手共同占有大部分市场份额。至2007年,华为在光传输网络、移动及固定交换网络、数据通信网络几大领域内拥有较强实力,并在全球电信市场与爱立信、阿尔卡特、思科等老牌通信公司展开激烈竞争。

华为技术有限公司分为六大体系,分别是销售与服务、产品与解决方案、财会、市场策略、运作与交付、人力资源。其中销售与服务体系在全球设有七大区,分别是中国区(国内市场部,下设中国国内27个代表处)、亚太区、拉美区、欧美区、南部非洲区、俄罗斯区和中东北非区,各区还下设代表处驻扎在各国,在代表处工作的员工同时受所在代表处及所属体系部门双重领导。华为公司还拥有一些子公司,包括海思半导体有限公司、终端公司、华为数字技术有限公司、华为软件技术公司、安捷信电气有限公司、深圳慧通商务有限公司、华为大学、华为赛门铁克科技有限公司、华为海洋网络有限公司等。

华为公司的组织架构由上至下分别是董事会(BOD)—经营管理团队(EMT)—产品投资评审委员会(IRB)—六大体系的办公会议。华为董事会由持股员工代表会选举产生,并经股东会表决通过。董事缺位时,由候补董事依次递补。华为EMT成立于2004年,由董事长、总裁和6位分管不同领域的副总裁组成。华为EMT构成群体决策的民主机构,推行轮值主席制,由不同副总裁轮流执政。EMT在华为具有最高决策权,成员每个月定期商讨公司决策。EMT轮值制由8位EMT成员轮流执政,每人半年。华为在全球设立了包括印度、美国、瑞典、欧洲(德意法等)、俄罗斯以及中国的北京、上海、南京、成都、西安、杭州等多个研究所,截至2016年年底,华为拥有超过17万员工。

思考题:
1. 查阅华为公司相应的历史材料,讨论公司组织结构的变化阶段。
2. 思考华为公司组织结构如何为业务运营起到支撑作用?
3. 不同规模、不同种类、不同地区的业务对公司组织结构带来什么特点?

9.1 无处不在的组织

9.1.1 组织

提起组织,我们最先想到的可能是每天身处的公司、学校等。其实有时,组织可以是无形的。我们可以看到诸如一幢办公楼、一个团队或者一个熟悉的雇员,但是整个组织可能是模糊和抽象的,并且可能分布在不同的地域。我们能感受到组织的存在是因为我们无时无刻不在和各种组织打交道,但是我们却很少去细致观察它们:出生时的医院组织,出生后登记的政府相关部门,曾经就读的幼儿园、小学、中学和大学,工作所在的单位或公司,还有提供各种粮食的农场、食品加工厂,发生大洪水、冰冻灾害等天灾时伸出援手的各类救援组织和军队,等等。现在回头想想,这些组织是否都具有一些共同的特点?

概念

组织(Organization):是指人们为了实现某一既定目标,指定职位、明确责任、分工合作、协调行动的社会实体,它有精心设计的组织结构和协调系统,并与外部环境相联系。

组织是具有既定目标和正式结构的社会实体,由两个或两个以上的人组成的;"既定目标"指组织是为获得预期成果设计的;"正式结构"表示组织任务是由组织成员分工负责并完成的。组织是一个开放的社会系统,是一个与社会环境互相作用与影响的投入—产出系统,与外部环境有着紧密的联系。组织是由人及其相互关系有机组合而成的,当人们彼此作用并发挥基本作用以达到目标时,一个组织就存在了。

资料

组织的重要性

组合所有的资源以达到期望的目标和结果;

有效地生产商品和服务;

为创新提供条件;

运用以计算机为基础的现代制造技术;

适应并影响变化的环境;

为所有者、顾客和雇员创造价值;

适应多样化、伦理、职业形态以及雇员的激励与协调等进一步的挑战。

资料来源:R.L. Daft Richard,《组织理论与设计精要》,李维安译,机械工业出版社,2003。

9.1.2 组织的三种古典视角

每种视角都体现了关于人类本性、组织的意义、不同成员的相对权利以及如何搜集和分析资料的某些假定。每种视角都产生于自身的系列研究和模型。这些视角反映了多年来人们对组织的研究、观察和参与,也突出了每种视角的重要特征。通过以下的描述,读者可以试着从身边的组织入手,用这些视角分析自己周围组织的特点。

1. 策略视角

组织是为完成任务而存在的,战略决定结构是组织设计的根本原则。这个视角关注人物流和信息流是怎样被设计的,人们是怎样被分配进角色的,这些角色是怎样关联的,组织是怎样被合理地优化以达到目标的。经理们透彻理解组织设计的基本原则,让组织设计与组织策略密切配合,保证策略和设计适合组织环境,从而使组织获得成功。最终看来,除了组织和管理的能力,企业可能并不存在其他任何长期的能够支撑的优势。

2. 政治视角

组织利益表现出多种利益的协调,权力是利益协调的基础。采用这种视角的人研究权力和利益是怎样被行使并分配及产生影响的,多样利益相关者是怎样表现其不同偏好的、怎样介入(或被排斥)决策的,冲突是怎样解决的。

3. 文化视角

不同组织有不同的做事方式,组织塑造了不同的人。这种视角关注历史是怎样塑造不同的人,某些时间是怎样被赋予特别意义且变成仪式的,故事和其他文章是怎样塑造一个组织的感知的。

9.2 组织结构要素

9.2.1 组织结构

组织结构维持组织存在,若无一定形式的结构,组织本身也就不复存在。建立组织结构的目的是使组织成员协调地开展工作,共同为组织目标的实现而奋斗。

> **概念**
>
> **组织结构(Organizational Structure)**:是指对工作任务如何进行分工、分组和协调合作的人员工作关系的结构支撑。

组织结构定义的三个关键要素是:① 组织结构决定了正式的报告关系,包括层级数和管理者的管理跨度;② 如何由个体组成部门,再由部门到组织,这也是由组织结构确定的;③ 组织结构包含一套系统,以保证跨部门的有效沟通、合作与整合。

组织结构的这三个要素包含于组织过程的纵横两个方面:前两个要素是组织结构性框架,属于组织纵向层级内容;第三个要素是关于组织成员之间的相互作用类型的横向层级内容。一个理想的组织结构应该鼓励其成员在必要的时候提供横向信息,进行横向协调。

资料

组织结构的类型

不同的组织结构之间存在一定的共性,我们可以根据这些性质将不同的组织按照一定的标准归结为不同的类型。以下是最常见的几种类型:

1. 直线型组织

这种结构的特点是组织的各级行政单位从上到下垂直领导,各级主管对所属单位的所有事务负责。在这样的组织中,指挥权集中,决策迅速,容易贯彻到底。但是这种结构往往比较脆弱,经不起打击,当组织规模扩大、管理任务繁重复杂时,就容易出现混乱状态。

2. 直线职能型组织

采用这种结构的组织一般有两大类:一类是执行管理层次职能的部门,如生产部门,它属于直线领导体系上起承上启下作用的中间环节;另一类是执行参谋职能的部门,如计划部门,这类部门并不属于直线领导体系上的环节,而是执行某层级领导者授予的某些专门领域的职能职权。相应地,组织中的管理人员也分为两类:直线经理与执行参谋。直线经理拥有对下级机构实行指挥和命令的权力,并对某一层级以下或组织整体的工作承担责任;执行参谋只能对下级机构进行业务指导,只有上级直线经理授权,才能对他们直接指挥和命令。

3. 职能型组织

这种结构采用按职能分工实行专业化的管理办法来代替直线型的全能管理,各职能机构在自己业务范围内可以向下级下达命令和指示,直接指挥下属。优点有:① 管理工作分工较细;② 由于吸收专家参加管理,减轻了上层管理者的负担,使他们有可能集中注意力执行自己的职责。缺点有:① 由于实行多头领导,妨碍了组织的统一指挥,容易出现管理混乱,不利于明确划分职责与职权;② 各职能机构往往从本单位的业务出发考虑工作,横向联系较弱;③ 对于环境发展变化的适应性差,不够灵活;④ 强调专业化,使管理者忽略了本专业以外的知识,不利于培养上层管理者。

4. 事业部组织

以某个产品、地区或顾客为依据,将相关的研究开发、采购、生产、销售等部门结合成一个相对独立单位的组织结构形式。它表现为,在总公司领导下设立多个事业部,各事业部有各自独立的产品或市场,在经营管理上有很强的自主性,实行独立核算,是一种分权式管理结构。事业部制又称 M 形组织结构,即多单位企业。集中政策、分散经营,独立经营、单独核算是事业部制的特点。这种组织结构最早由通用电气公司创设,大型或跨国企业多采用这种结构。

5. 矩阵结构组织

这种结构既有按职能划分的垂直领导系统,又有按项目划分的横向领导系统。优点有:① 灵活性、适应性强;② 集思广益,有利于把组织垂直联系与横向联系更好地组合起来,加强各职能部门之间的协作。缺点有:① 小组是临时性的,稳定性较差;② 小组成员要接受双重领导,当两方意见不一致时,会使他们的工作无所适从。

9.2.2 分工

很多时候,我们会遇到一些困惑:为什么有的部门无事可做?这些部门到底该不该设立?为什么总有些事情无人处理,根本不知道该由哪个部门管?为什么有些部门总是事情多得做不完?是应该分拆、增加人员,还是有其他方法可以解决?等等。

我们可以系统地思考一下:究竟应该如何设定一个公司的组织架构以及界定岗位职责?对工作进行分组的基础是什么?把工作分解成各自独立的工作应细化到什么程度?需要设立多少个部门?每个部门分别有些什么职能?每个具体岗位的工作职责是什么?组织纵向的层级应该如何划分?员工个人和工作群体向谁汇报工作?等等。

分工(Differentiation):是指决定在组织中怎样划分工作、明确岗位职责的过程。

分工保证了所有必要的组织任务都分配到一个或一个以上的职务中,且任务受到了应有的重视。组织中的分工需要考虑多个维度。在一项研究中,劳伦斯(Lawrence)和洛尔施(Lorsch)发现了分工的四种维度:管理人员的目标导向、时间导向、人际关系导向、组织结构的正式程度。分工有三种形式:横向分工、纵向分工和地域分工。分工回答了设计组织要考虑到的前两个问题:把工作分解成各自独立的工作应细化到什么程度?对工作进行分组的基础是什么?

1. 工作专业化

分工主要表现为工作专业化和部门化。当我们走进一些工厂,很容易就会发现,在生产流水线上,每位员工都被分配了特定的、重复性的工作任务。例如,在生产彩电的流水线上,我们会看见一些员工用非常熟练的动作拿起显示管,安装在通过的每一个组件的固定位置上;也会看到一些员工从上班到下班只做一件事情,就是给面前流水线上的组件的某个部位上一个螺丝!通过将工作分解成较小的、标准化的任务,员工就能高效率地重复同一项操作。就像18世纪70年代亚当·斯密在他的《国富论》中论述的那样:当人们在组织中将工作任务划分成若干步骤并由特定的人来完成时,他们的生产效率就会提高。这就是工作专业化,其中最重要的一点就是,每个人并不是独自完成一项工作的全部,而是完成某个步骤,完成整个工作的一部分。

管理者认为,工作专业化是有效利用员工技能的方式。例如,某员工能够完成技能要求较高的工作步骤,但是如果让他将一些技能要求较低的步骤也一同完成,势必会影响他的效率,因为他必须将部分时间花费在完成低技能工作上,这是对人力资源的一种浪费。管理者还认为,通过重复性的工作,员工的技能会有所提高,他们在工作上所耗费的时间也会相应减少。从组织角度来说,这种工作的专业化可以提高整个组织的培训效率,挑选并训练从事具体、重复性工作的员工比较容易,成本也较低。

当前,越来越多的证据表明,在某些工作领域里,工作专业化产生的非经济性因素的影响(表现为厌烦情绪、疲劳感、压力感、低生产率、低质量、缺勤率上升、流动率上升等)超过了其他经济性因素影响的优势(Robbins,2000)。也就是说,随着工作专业化程度的升高,它的负面效应也随之而来。我们看到,最初工作专业化导致了生产率的提高,但是当专业化程度增加到某个程度,其负面影响就很明显了,从而又降低了生产率(见图9-1)。

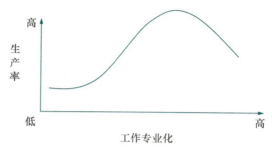

图 9-1　工作专业化与生产率的关系

(1) 横向分工。两名所属不同院系的讲授特定课程的大学教授之间就存在横向分工。横向分工基于员工特定的知识、教育或培训背景,会随着专业化和部门化程度的增加而增加。

专业化。由个人执行的一系列特定活动。组织中的专业化和劳动分工的程度表明了培训的需求量是多少、工作范围有多大、从业人员需要什么样的个人性格等。专业化也导致了专业词汇及其他行为规范的发展。通常来说,组织中的工作越专业化,其内部的部门就会越多(部门化程度更高)。部门化可以采取职能、产品、服务、客户、地理位置、流程或这些因素的某种组合的形式。一个大的组织,可能在不同层次使用这些形式中的全部或大部分对其结构进行部门化。

(2) 纵向分工。CEO和维修主管之间就存在纵向分工。层级结构的组织纵向分工较多,扁平结构的组织纵向分工较少。纵向分工程度和管理幅度也会影响组织结构的高度。管理幅度确定了一名管理人员可以或应当管辖的下属人数。由此,我们可以比较以下两种组织结构:

层级式的组织结构。管理幅度较小,大多以严格的监督和紧密的控制为特点。另外,由于指令和信息必须通过更多的层级进行传达沟通,便成为一个负担。银行业一般采用层级式的组织结构。

扁平的组织结构。管理幅度较大,沟通渠道更简单。与此同时,管理层的减少也导致提升机会的减少。

纵向分工程度影响组织效率,但尚无一致的发现能够表明,扁平结构或层级结构孰优孰劣。决定组织效率时,组织规模、工作种类、员工技能、个人特点及自由程度等因素都应考虑在内。

(3) 地域分工。这是指一个国家或地区按某一优势的社会物质生产部门实行专业化生产,是社会分工的空间形式。例如,建立在各种优势上的不同类型的工业基地、农业生产区域专门化等,它们都拥有较高的商品率。劳动地域分工的特点与各地区发展生产的条件紧密联系。自然条件的地区差异是地域分工的自然基础,同时还有社会经济条件的地区差异等。

2. 部门化

当人们将任务细分形成工作专业化之后,就需要按照这种分工进行工作上的协调,工作分类的基础是部门化。部门化有多种形式,可以根据工作活动、产品类型、地区类型、顾客类型进行部门划分。

根据工作活动的部门化:对工作活动进行分类主要是根据活动的职能。例如,某工厂经理将工厂划分成财会部、人事部、采购部等,将实施同样职能的人和物划分到共同的部门。根据职能划分部门的做法几乎适用于所有的组织,而职能的变化可以向人们反映组织的目标和活动。

根据产品类型的部门化:工作任务可以根据组织生产的产品类型进行部门化。例如典型的、比较正规的会计师事务所,每个部门都会有主管经理,人们按照审计部、管理咨询部、税务部等向顾客提供专业且集中的服务项目。

根据地区类型的部门化:例如,某公司将自己的部门按照他们所对应的销售区域进行分类,如东北、华北、华南、西北、西南等。

根据顾客类型的部门化:例如,一家销售办公用品的公司可以按照不同的销售对象设置,如零售部、批发部、政府部门服务部等,配置相关人力和物力,满足不同顾客的需求。

一般在较大型的组织中,人们划分部门会综合应用以上各种方法,以求取得更理想的效果。

(1) 矩阵结构(Matrix Structure)。近年来,从职能划分的角度分析,矩阵结构的出现是企业管理水平的一次飞跃。当环境一方面要求专业技术知识,另一方面又要求每个产品线能快速做出应变时,就需要矩阵结构的管理。前面我们讲过,职能结构强调纵向的信息沟通,而事业部结构强调横向的信息流动,矩阵结构就是将这两种信息流动在企业内部同时实现。

实质上,矩阵结构是对职能部门化和产品部门化的融合。职能部门化的主要优势在于把同类专家组织在一起,使所需人员降到最少,使生产不同产品时可以实现特殊资源共享。其主要不足在于要协调好各环节之间的关系,否则在资金预算方面会出现问题。相反,产品部门化的优势是有利于专家的协调,在预算范围内及时完成工作,为各种活动规定了清晰的职责。因此,矩阵结构把产品部门化和职能部门化结合在同一个组织结构中,可以扬长补短。

提供咨询服务的公司被认为是最适合采用矩阵结构的组织之一。例如,中型规模的咨询公司,这样的公司规模在几十人至上百人,咨询顾问可以根据业务专业划分为不同的职能团队,如财务咨询、生产与工程咨询、管理咨询等小组。

矩阵结构的优点是:① 加强了横向联系,专业设备和人员得到了充分利用;② 具有较大的机动性;③ 促进各种专业人员互相帮助,互相激发,相得益彰;④ 为职能和生产技能改进提供了机会。矩阵结构的缺点是:① 成员位置不固定,有临时观念,有时责任心不够强;② 人员受双重领导,有时不易分清责任;③ 耗费时间,如召开经常性会议和解决冲突矛盾;④ 需要承担来自环境的双重压力以维持权力平衡。

矩阵结构组织的优点是:① 集权分权实现了有效的结合,有利于加强各部门间的配合和信息交流；② 便于集中各种专业的知识和技能，加速完成某一特定项目；③ 可避免各部门的重复劳动，加强组织的整体性。这些优点使得矩阵结构适用于创新任务较多、生产经营复杂多变的组织，例如马自达研发中心便属于这一类型的组织，其矩阵结构组织的实施获得了成功。

改用准中心结构后，矩阵结构的常见缺点依然存在，使矩阵结构的优点大为削弱。由于马自达公司按照产品价位而非技术平台划分，造成实施过程中产生大量的技术交叉，反而加重了重复劳动，知识和技能的集中、部门间的配合都受到消极影响，效率和效益的降低成为必然结果。

（2）层级。法国著名管理学家法约尔曾经在他的著作中提出适用于一切组织管理的五大职能和有效管理的 14 个原则。其中有一个原则是等级层次，表现为从最高权力机构直至低层管理人员的领导系列，上下层级之间和横向部门之间应保持灵敏的信息沟通。在纵向层级关系的组织结构中，人们用纵向联系的方法来协调公司上层和下层间的活动：较低层级的雇员依据上层目标开展工作，上层管理者应该了解下层的工作活动和工作完成情况。

在组织设计中，人们要考虑到的问题还包括：成员个人和工作群体向谁汇报工作、对谁负责？一名管理者可以有效控制多少成员？在纵向的层级划分中，人们得处理好这两个问题。事实上，组织结构定义中的一个关键要素是：组织结构决定了正式的报告关系，包括层级数和管理者的管理跨度。这里包括两个关键因素：命令链和控制跨度。

概念

命令链（Chain of Command）：是指不间断的权力路线，从组织最高层扩展到最基层，传递命令。能够界定谁向谁报告工作、遇到问题时找谁、对谁负责等问题。

在讨论命令链时，不得不涉及两个概念：权威和命令统一性。权威是指管理职位所固有的发布命令并期望命令被执行的权力。为了促进协作，每个管理职位在命令链中都有自己的位置，每位管理者为完成自己的职责任务，都要被赋予一定的权威。命令统一性原则有助于保持权威链条的连续性。它意味着，一个人应该且只能对某一位主管直接负责。如果命令链的统一性遭到破坏，一个下属可能不得不穷于对付多个主管不同命令之间的冲突或优先次序选择。

然而，在信息化发展的同时，组织中的人和人进行交流也许已经不需要通过正式的渠道，所以权威的概念和命令链的维持越来越无关紧要。过去只能由管理层做出的决策，现在可以授权给操作员工自己做决策。随着自我管理团队、多功能团队和包含多个上司的新型组织设计思想的盛行，命令统一性的概念越来越不重要了。当然，有的组织仍然认为强化命令链可以提高组织的生产率，但今天这种组织已经越来越少。

概念

控制跨度（Span of Control）：主要指一个主管可以有效地指导多少下属。

很大程度上，控制跨度决定着组织要设置多少层级、配备多少管理人员。在其他条件相同时，控制跨度越宽，组织效率越高。例如，假设有两个组织，基层操作人员都是 4 096 人，如果控制跨度分别为 4 和 8，那么控制跨度宽的组织比控制跨度窄的组织在管理层级上少两层，可以少配备 800 人左右的管理人员。显然，在成本方面，控制跨度宽的组织效率更高。但是，在某些方面，宽跨度可能会降低组织的有效性。也就是说，如果控制跨度过宽，主管人员没有足够的时间为下属提供必要的领导和支持，员工的绩效会受到不良影响（见图 9-2）。

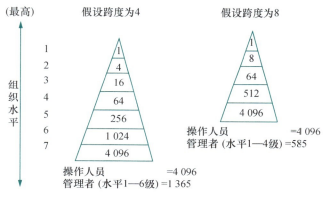

图 9-2　控制跨度

控制跨度窄也有好处，把控制跨度保持在 5—6 人，管理者就可以对员工实行严密的管理。而缺点主要有三方面：第一，管理层级会因此而增多，管理成本会大大增加；第二，组织的垂直沟通更加复杂，决策速度减慢；第三，容易导致对下属监督过严，妨碍下属的自主性。

案例　　军队的管理层级与跨度

军队各级各类建制单位的机构设置、人员、武器装备编配的具体规定，由最高军事领导机关或其授权机关制定，以编制表形式颁发，是军队编成的法规，也是军队建制单位设置、控制定额、配备干部、补充兵员、配发武器装备的准则和依据。科学合理的编制，对于实现人和武器装备的有机结合，实现各级各类建制单位的合理编组，使军队成为精干、高效、充满活力、能完成各项任务的严密组织实体，具有极其重要的作用。军队编制随着军队的出现而出现、发展而发展，经历了由简单到复杂、由低级到高级的发展过程。

军、师、旅、团、营、连、排、班，军队里的层级一般是这样一级一级排下来的。如果一个班由 15 人组成，那么班长的控制跨度就是 15。

某军组织结构采用三三制，即一个排三个班，一个连三个排，一个营三个连，以此类推。

由于可能出现军人数众多造成机构臃肿,官多兵少,效率低下。那么,如果对这种三三制做出一些改变,具体为营以下五五制,营以上四四制。对比如图9-3所示。

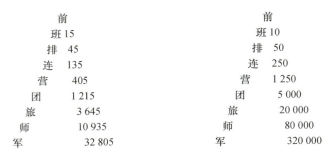

前	前
班 15	班 10
排 45	排 50
连 135	连 250
营 405	营 1 250
团 1 215	团 5 000
旅 3 645	旅 20 000
师 10 935	师 80 000
军 32 805	军 320 000

图 9-3 控制跨度调整

师一级则从现在的1万人变为8万人!对于师一级的指挥员来说,这就给了他更大的舞台,有了更大的发挥空间。军以上的机构可以采取灵活的建制,2—5个军为集团军,6个军以上,可以考虑组建方面军,如6个军可编为2—3个集团军,由方面军统一指挥。这时方面军人数已达到48万人以上,完全可以在战争中独立地展开行动。

思考题:
1. 对比第六章的"三三制"与上文的讨论,谈谈跨度变化的管理特点。
2. 对比第五章的"韩信带兵",谈谈不同时代的军队组织体系变化。
3. 当作战任务、形式有所调整,组织结构应该如何调整应对?

9.3 组织结构的影响因素

9.3.1 组织设计

19世纪60年代,钱德勒(Chandler)深入研究了美国100多家公司的发展情况,收集了大量详尽的史料和案例后,出版了《战略与结构》一书,提出了环境决定战略、组织结构适配战略的思想,开创了企业战略与组织结构关系的研究。此后,组织理论界一大批学者不断地丰富和发展了钱德勒的理论,并使其系统化、规范化。组织设计也成为管理中考虑的重点问题。

> **概念**
>
> **组织设计(Organization Design):** 组织结构的整体设计包括三个方面,即确定的工作活动、报告关系及部门组合。

组织设计需要考虑以下三个方面的核心问题:① 确定的工作活动——部门的设立是

为了集聚人力、财力、物力来共同完成某个任务。组织设计就是把对实现组织目标有价值的事务划分为确定的任务,分配给各个部门。② 报告关系,也就是命令链,是一条连续的权力线,连接组织中的成员,表明谁应对谁负责。③ 部门组合,方法有很多,如职能组合、事业部组合、区域组合和多重组合。这是影响员工行为、绩效的重要因素之一,因为这将决定他的上级是谁、可以利用的资源、绩效标准和相互合作沟通的对象。

在前面的章节中,我们认识了许多组织设计的方案,其中有高度标准化的官僚组织、富有弹性的矩阵组织等,各有各的特色。

之后,我们还介绍了组织结构与组织战略的配合。但是,实际环境更加复杂,如何设计使得自己的组织更有效,还要考虑许多其他因素。系统的思考,可以帮助管理者做出明智的选择。图 9-4 示意了组织设计主要考虑的维度。

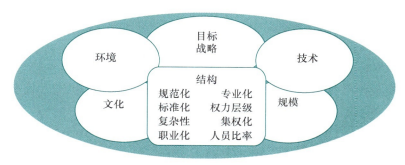

图 9-4　组织设计的维度

9.3.2　组织结构与战略

战略与组织结构的有效结合是企业生存和发展的关键因素。一个企业取得成功的关键就在于制定适当的战略以达到目标,同时建立适当的组织结构以贯彻战略。

但是,在目前实际的经营管理中,战略与组织结构的不协调仍然是限制许多企业发展的重要因素。企业虽然也很重视战略的制定和组织结构的设计,但往往忽略战略与组织结构的协调配合,使经营陷入困境。

1. 组织结构类型

(1) 机械结构(Mechanic Structure),与官僚结构大致是同义词。其特点是僵化的部门制,导读正规化,有限的信息网络(主要指自上而下的明确的命令链),基层人员参与决策的机会很少(即集权化)。

(2) 有机结构(Organic Structure),看起来像无边界组织。其结构扁平,工作多运用多功能、跨等级的团队进行,组织正规化程度较低,信息自由流通(不仅有横向的,还有纵向的双向沟通),人员参与决策程度较高(即分权化)。

通常来说,机械结构和有机结构是组织结构的两个极端化,现实中,组织普遍表现为这两种结构的不同程度的组合。当按照自身的战略设计组织结构时,人们会灵活运用并结合这两种结构(见图 9-5)。

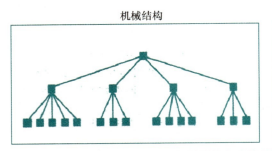

图 9-5 机械结构和有机结构

2. 组织结构与战略类型

(1) 创新战略是指一个组织在很大程度上提供的主要新产品和服务方式。它不是简单的、表面上的战略变化,而是注重有意义的、独特创新的战略形式。显然,并非所有的组织都追求创新。实行创新战略的组织往往采用有机结构,因为松散的结构、工作专门化程度低、趋于分权的特点对一个追求创新的组织来说比较有利。其中,组织能够利用结构的松散让信息自由流通,这对集思广益有着重要的意义;工作专门化程度低,有利于不同知识背景的人员为同一个目标一起工作,取长补短,让组织中人力资源的价值有所提升;分权化,有利于新想法的顺利实施,这也是创新的保证。

(2) 成本最小化战略是指组织对成本加以严格的控制,限制不必要的发明创新和营销费用,压低产品的基本销售价格。许多快速消费品销售公司都使用这种战略。在这种战略下,组织一般趋向于采用机械组织,因为其控制严密、工作专门化程度高、正规化程度高、高度集权化的特点有利于严格组织目标的实现。其中,工作专门化程度高有利于工作效率的提高,节省成本;高度集权化有利于高层决策得以顺利、及时、严格地执行。

(3) 模仿战略是指组织试图充分利用上述两种战略的优势,追求风险最小化、利润最大化。在开发一种新产品成为新市场的潜力被企业证明以后,他们才进行大胆的投资。采纳革新者的成功思想并模仿。那些剽窃时装设计师风格进行时装规模生产的厂家奉行的正是这种战略。他们基本上跟随那些富有创新精神的竞争者的脚步,当竞争对手证明了市场存在以后,他们便以优质的产品争夺市场。模仿战略采用有机—机械结构,汲取有机结构的灵活性与机械结构的效率和稳定性的优点,运用机械结构实现严密的成本控制,同时设立有机结构单位便于组织进行创新活动。组织结构与战略类型如表9-1所示。

表 9-1 组织结构与战略类型

战略类型	组织结构
创新战略	有机结构:结构松散,工作专门化程度低,分权化
成本最小化战略	机械结构:控制严密,工作专门化程度高,正规化程度高,高度集权化
模仿战略	有机—机械结构:松紧搭配,对于目前的活动控制较严,对创新活动控制较松

因此,战略与组织结构的关系是:组织战略决定了企业的组织结构,当企业制定了战略后,企业各部门就要按照战略构建实现这个战略所需的组织结构。这种构建是自觉的,

是在实现战略目标的过程中形成的,没有一个有效的组织结构,就无法有效地实现组织的战略,达到既定的战略目标。

战略能指明企业经营的方向,战略的制定决定了企业以何种形式来发展。如果组织结构与组织战略不协调,企业的发展就会受到抑制;如果组织战略不发生本质的变化,组织结构也不可能有重大的改变。

案例　　　　　加盟店的组织结构——友临便利店

杭州友临便民连锁有限公司是杭城首家股份制的连锁有限公司,以"友临"为注册商标,企业理念是"友临,伴千家",企业宗旨是便民利民,主要经营食品、副食品及日常用品。

友临便利店的前身是杭城第一家平价食品店——铁林综合商店,成立于1995年7月3日,因定位准确、目标明确、服务优良,很快被杭城居民认可,运作10个月便发展门店数家,1996年5月3日"杭州平安食品有限公司"成立。作为一家民营企业,这是很不容易的。然而公司的管理层并未为此而自满,结合杭城商情,加快连锁门店开拓步伐。1997年10月,与"协乐""家家满"等公司、商店连锁组合,成立了"友临便民连锁有限公司",注册了"友临"的商标,开创了杭州市连锁企业先河,当时门店总数已突破20家,在杭城位居榜首。

到1999年,友临公司在较为成功地自主经营了两年后已经在杭州市民中树立了良好的形象,但也开始面临越来越严峻的考验。一方面,随着大型超市如"好又多"在杭州的登陆,部分消费群体被转移;另一方面,出现一些类似的竞争对手,主要是上海"可的"等类似的便利店。

面对越来越多的竞争者,公司管理层感到重重危机,认为如果不再进一步扩大市场占有率,加快对顾客的争夺,就会被市场淘汰。因此,在经营两年并已经将"友临"品牌打出去后,公司在1999年决定开始经营品牌,输出品牌,接受加盟店,加快发展的步伐,迅速占领市场,以期在竞争中处于有利地位。

至此,公司无论是在组织上还是在经营模式上都有了质的变化。由于公司既有自主经营管理的自营店,又有加盟店,因此出现了很多新的管理问题:公司对加盟者的加盟有什么条件?公司如何对加盟店进行管理?公司总部与加盟店在权力、责任、利益上如何分配?这些问题的解决是公司改革的必要前提。

吸引加盟店主要是为了以最快的速度拓展市场,因此为加盟者提供尽可能多的优惠条件,甚至做出一定的让步也是值得考虑的。在制定加盟条件及公司与加盟者的权力关系分配的问题上,公司确实比较为难。一方面,为了吸引加盟者,公司必须提供相当优惠的条件与相对宽松的约束规定;另一方面,这些宽松的规定有可能会触及公司利益,有可能影响到公司已经树立起的良好形象,从而给整个公司造成损失。

在经过一段时间的痛苦抉择后,公司管理层的决策天平最终向前者倾斜了。具体来说就是为加盟者提供最大的便利,以下是我们收集到的加盟宣传广告:

"100%店老板:经营属于自己的事业,当真正的店老板。"

"100%技术秘密:开店、商品、营业等全套经营技术提供。"

"100%连锁效益:联合性的促销活动,强劲的广告支持。"
"100%经营指导:资深管理人员亲临指导,神秘顾客频频光临监督。"
"100%情报服务:提供相关情报及一系列教育培训。"
"双方共同投资,加盟者风险极低。"

从这些广告词中,公司对加盟者的态度可见一斑,公司大体持这样的原则:在当前的外部环境下,公司的首要目标是先把市场做大,在占有主导地位的基础上再进一步规范与加强对加盟店的管理。在这些原则的指导下,公司采取了如下措施:

(1) 成立公关开发部,专门负责与加盟者的联系,同时对他们所选的店址加以评估,对其获利能力加以预测,给加盟者开设店铺以信心与勇气,并以此吸引加盟者。

(2) 对于已经开店的店主,给他们以充分的自主权,加盟店可以自主选择雇用员工,员工工资由店主负责。

(3) 公司总部设立加盟店督导员,定期到各加盟店,为店主就便利店的管理提出各种有益的建议。

(4) 店主及员工均可参加公司组织的集中培训,得到经营店面的基本知识与能力。

(5) 店主可以根据邻近竞争对手的情况,在不超过规定的最高价格范围内以特价的形式灵活确定商品价格,以提高竞争力。

(6) 加盟店财务与公司总部分开,独立核算。除了每月上交公司总部固定的费用,一切利润均由加盟店店主支配。

(7) 通过公关财务部与加盟店主建立良好的关系,当加盟店主想要中途撤资时,公司将回收店中的一切固定资产,解除店主的后顾之忧。

思考题:
1. 在公司推出特许加盟前后,部门设计发生了哪些变化?
2. 这些变化有什么好处?
3. 在本案例中,公司政策与公司组织结构设计的关系是如何体现的?
4. 为解决公司发展过程中带来的问题,应当如何进一步出台新的管理政策调整组织结构设计?

在此案例中,友临认识到竞争者争夺市场的危机,决定加快市场拓展步伐。与提高市场占有率的政策相对应的,就是组织结构设计的转变——从自营店变成自营与加盟相结合,通过加盟者的特许经营实现公司战略。

在推出特许加盟前,友临是一家自主经营管理的公司;推出特许加盟后,开始经营品牌,输出品牌,成为自营店和加盟店相结合的部门设计模式。这种经营模式的转变使得友临能够更快地拓展市场,迅速地扩大市场占有率。

为了规范加盟店的发展,维护公司已经建立的形象,公司应该重视公司文化在加盟店的传递,可以举办一些活动以加强双方对共同品牌的认知。在组织结构上,总公司要确保总体战略的顺利实施,在具体方案上给予加盟店较多的自由选择。

9.3.3 社会技术系统的影响

除了前文提到的目标战略，在组织设计的过程中，从社会技术系统的角度考虑，还可以从外部环境、技术、组织文化和组织规模几个方面分析其对组织结构的影响。

1. 外部环境

这里的环境并不是广义的组织外的任何事物。在进行组织设计时，我们要分析的是那些组织非常敏感并且必须做出反应的外部环境。对于一个组织，其环境涉及产业、原材料、人力资源、财务资源、市场、技术、经济环境、社会文化、政府、国际环境等。每个组织需要根据自身特色，分析自己所处环境。

事实表明，环境的不确定性会对组织结构产生较大影响。因此，研究人员制作了如图9-6所示的框架图，帮助我们判断企业所处环境的不确定性，并依此进行组织设计以适应环境。

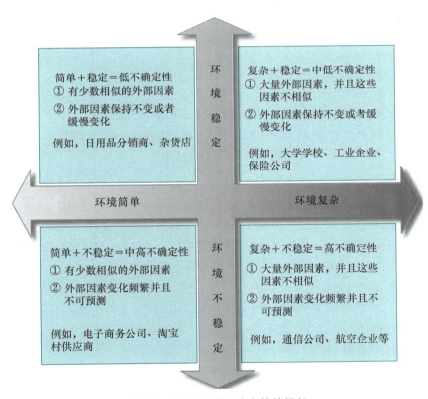

图 9-6 评价环境不确定性的框架

2. 技术

技术是指组织把投入转化为产品、服务的工具和手段。同时，在组织中每个部门也有各自的投入和产出，也就是其含有独特技术组成的生产过程，称为部门技术。因此，技术对组织设计的影响表现在：一方面如何使得组织中的部门顺畅链接，以形成组织的核心技术；另一方面，人员技能水平、控制跨度、沟通与协调机制、是否规范化、集权化等组织设计因素都要依赖于部门技术。通信技术对工作方式、部门组织也产生巨大影响。

案例　　　　移动通信影响工作效率

有人说,微信"正在像鸦片一样侵蚀员工的专注力",最终导致工作效率低下。微信时代,大家都在说"加个微信吧"。微信朋友越多的人,他的时间被碎片化就越强烈。对我们来说,每一天的信息量是巨大的,有的人一天要看20次左右的微信。个人微信俨然成为工作者主要的工作工具,7×24小时的待机状态下,员工精神疲惫不堪。

阿里巴巴推出了办公专用的"钉钉",宣称使用钉钉之后可以更加专注于工作,在工作日的工作时间里集中精力、高效处理一些棘手的活,事半功倍。需要各部门沟通协作的时候,急需确定的消息会通过钉钉发出的"DING消息"以免费电话或短信的方式通知到对方,并且让对方即刻做出回应。钉钉还具有显示对方的"已读未读"消息功能,对于催办相关部门跟进事项甚至催促上级抓紧时间审批都大大便利。作为一种"新工作方式",钉钉具备五个在线特点:组织在线、沟通在线、协同在线、业务在线、生态在线。现代企业的组织管理架构扁平互相可见、组织关系在线化,是实现新工作方式的基础。公司内部管理透明化,直接传递着公司上下级公平、平等的理念。

资料来源:http://baijiahao.baidu.com/s?id=1604302329588284475&wfr=spider&for=pc

思考题:
1. 微信、钉钉等移动通信工具对于工作协调方式有什么影响?
2. 互联网公司的组织模式、工作模式有什么特点?
3. 这些方式在你所在的组织是否行得通?为什么?

在部门之间,依存性是技术影响组织结构设计的一个特点。依存度是指受到部门技术的影响,部门间为了获得完成任务所需的资源和材料而彼此相互依赖的不同程度。例如,麦当劳快餐店的运作就是依存度较低的一种组织形式,处于不同地段的麦当劳并不需要很强的沟通和联系,其每个部门都是一个相对独立的单元,并为组织的共同利益服务。而有些组织中部门间的依存度较高,比如汽车制造厂家,配件部门的产出将会成为装配部门的投入,这决定了组织需要更多、更规范的协调。此外,还会存在相互依存的部门,比如一项新产品开发时的设计、工程、市场等部门,这就需要更灵活、更有效的管理结构和沟通机制,以保证组织的有效运行。

除了依存度,技术对组织设计的影响还体现在部门技术的不同上。查尔斯·佩龙(Charles Perrow)提出一个对理解部门技术具有重大影响的框架,他的模型适用范围很广,并且可以成为我们进行深入研究的理想方法。佩龙从两个维度划分部门活动,如图9-7所示,根据多样性和可分析性两个维度,把部门技术分为例行性、技艺性、工程性和非例行性四类。只要认定了部门技术的性质,就可以选择适当的组织结构。

3. 文化与规模

(1)组织文化。《财富》杂志的一项调查中显示,最能代表企业卓越性指标的是吸引、激励和保留优秀人才的能力。那些CEO纷纷表示,组织文化是他们提高这种能力的重要

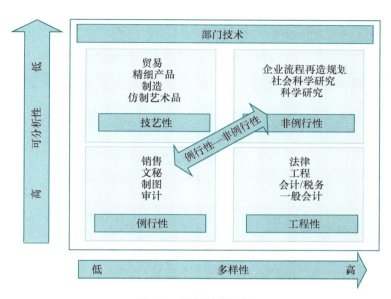

图 9-7　部门技术框架

资料来源：Daft，《组织理论与设计精要》，机械工业出版社，2003。

机制。与前两项因素不同，文化不是影响组织设计的因素。考虑文化，是指我们在设计组织结构时，要考虑到设计方案对组织文化的影响。在组织文化一章中，我们将对文化进行详细阐述。

（2）组织规模。在组织理论领域中，组织规模被视为影响组织结构设计和控制方法的一个重要变量。如图 9-8 所示，大规模企业和小规模企业拥有不同的特征，各有其生存环境。

图 9-8　组织规模："大"还是"小"

对于一些行业和企业来说，大量资源和规模经济具有重要的战略意义。例如在我国，只有"大飞机"这样的公司才拥有制造大型客机的实力；只有华为这样的大公司才有可能在全球布局研究所。在美国，只有像 Alaska 那样的大型公司才能建设输油管道；在日本，索尼这样的大型企业每年可以在新产品研发上投资数千亿日元。大规模公司的组织结构往往是标准化的且具有复杂性。在这样的组织里，管理者可以参与到公司决策中，会得到类似美国 20 世纪五六十年代"组织人"的职业生涯，组织可以为其提供持久提薪和升迁的机会。

也有人认为，小规模的组织更美好。因为在现在瞬息万变的全球化经济中，成功的关键是对市场变化的快速应对能力和灵活性。在中国，中小型企业的队伍最为庞大、活跃，它们迅速成长，发现机会，填补各个特殊领域，服务于目标市场。其组织结构简单、扁平，对市场和客户需求的变化有极强的反应能力。

互联网时代诞生了千千万万的自由职业，劳动者自己安排工作时间，自己决定劳动选择。比如，网约车司机、快递员、送餐员等工作都表现出很高的自主选择程度。基于一个大平台的小团队、小组织成为互联网时代的重要标签，组织规模是一个影响组织形态的重要因素。

9.4 组织变革

当今，越来越多的组织处于一个动态的、不断变化、又为生存而必须去适应的环境当中。现实世界告诉我们：市场环境不会总是静态不变的，技术和员工的能力总是在不断地更新，未来不会是今天的重复。所以，组织及其成员要立于这动荡环境中，就必须实施组织变革。本节中，我们将拆解组织变革中的作用，分别认识组织变革的方式，掌握组织变革过程中的技术方法。

9.4.1 组织变革力场分析

在这个环境"连续变化"的时代中，有一些力量推动着企业变革，但同时也存在一些障碍，抵制变革的实施。变革的倡导者，无论是管理者、专家顾问还是组织中的普通员工，都需要了解这些力量甚至这些力量的根源，从而掌控组织变革实施，使其能够达到预期效果（见图9-9）。

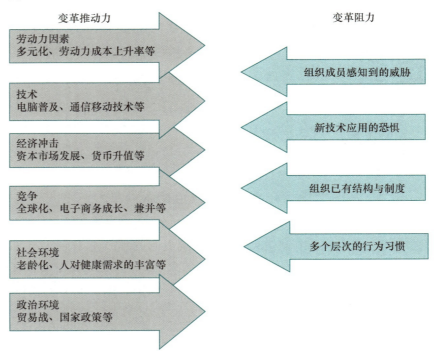

图9-9 拆解组织变革的力场作用

1. 变革推动力

首先,我们来看变革的推动力。这往往是促成组织重新设计、实施改革的力量。这股力量可能来自外部对企业的需求,也可能来自领导者对组织更高要求的追求,比如战略目标升华、企业文化塑造、企业规模扩大、产业链调整、技术更新等。

每个组织面对的环境不一样,所处的阶段不一样,推动实施组织变革的力量也不同。例如,在信息技术迭代的时代,ERP 的思想应运而生并传入中国,于是在各个企业中掀起了一阵使用管理信息系统的热潮,大型企业纷纷上线 ERP 系统。特别值得注意的是,当组织战略目标提升时,其组织结构也要进行相应的变革,这部分内容我们会在后面做详细的阐述。

其次,对于组织变革来说,总是会有阻碍力。抵制变革对人们来讲是很自然的,从某种意义上来讲抵制还具有一定的积极性,在一定范围内,它激发的良性冲突会对组织变革的实施具有功能性的意义。例如,一个生产企业在对生产线进行方案改革,员工的抵制可能会引起一场关于改革利弊的激烈讨论,从而产生更为完美的方案。当然,抵制更大程度上会对变革产生负面的影响,阻碍其顺利实施。

阻碍力量可能会是公开的、及时的,或是隐蔽的、滞后的。例如,当提议实施变革时,可能会遭到公开的反对,比如员工上书,甚至示威罢工;或是以一种无声的方式表达抵制情绪,比如偷工减料、"病事假"增多、缺勤率上升等。各个方面的抵制力虽微小但致命,也许只是小小的一个疏忽,微小的力量也会像蝴蝶效应一样慢慢爆发,影响组织变革进程。

2. 变革阻力

为了便于分析组织变革阻力的根源,研究者将阻力划分为个体和组织两个层面。

(1) 来自个体的阻力。个体对于变革的抵触源于人的本性。行为研究者将人们对于变革的抵触本性的原因概括为以下五个方面:① 经济因素。担心个人的收入会受到影响是员工抵制变革的原因之一。当组织进行革新、引入新的报酬机制时,员工担心他们无法按以前的标准完成新的工作量,新的薪酬机制会引起员工对经济问题的担忧。② 安全。组织变革会引起员工的抵制还因为变革会让人恐慌,让人感到缺乏安全感。无论是决定引入大批管理培训生,还是战略转型导致的整个部门员工裁减,都会导致员工对自身工作不保的危机感。③ 对未知的恐惧。变革往往是用未知、不确定的东西替代我们已经习以为常的东西。一些企业在启动 ERP 系统时,传统的文件、报表、数据统统要开始使用系统操作,而一些从未接触过电脑的员工,也许就会担心自己能否使用新的技术,这个系统是否会给自己的工作带来很多新的不能完成的要求。因此,如果要求他们必须用系统操作代替之前的工作方式,他们就可能对这种变革产生消极的态度,甚至在行为上不予配合。④ 选择性信息加工。通过前面的学习,我们已经知道个体会通过感知建立自己的世界观。世界观一旦建立起来,他们就会拒绝轻易改变。这个时候,我们会对听到的、看到的信息按照自己的世界观进行加工、理解;我们更愿意听我们想听到的,而尽量忽略那些挑战我们世界观的信息。所以,在实践中,在老板或变革的实施者介绍变革、新技术的适用性抑或新的组织结构将会给组织带来的好处或收益时,有些员工就会充耳不闻。⑤ 习惯。如果经常去自习,你是不是总会去找一个新的教室或新的地方呢?还是像大多数人一样,经过几次比较,你会选定一个相对适合自己的地方,然后依照习惯,每次都去同一个地方呢?本质上,我们都是有惯性的。在复杂的生活中,每天要面对上百个选择,我们喜欢将问题简单化,依赖于习惯或固定的模式。但是,当变革来临,它对我们的习惯提出挑战。这也就成为个体抵制变革的一个原因。由于变革,我们的很多习惯可能要改变,我们不得不面临一个陌生的领域,改用新的方式方法去协调工作、开展工作等。

(2)来自组织的阻力。本质上,组织也是保守的,具有抵制变革的天性。实践经验告诉我们,来自组织的阻力通常可能基于以下几个方面的原因:① 对专业知识、权力关系和资源分配的威胁。当组织模式改变的时候,部分群体的专业知识、权利、资源都会发生变化,对于组织来讲这种威胁往往是造成阻力的原因。比如,在企业推行自治管理过程中,常常会对基层、中层管理者的权力造成威胁。② 结构惯性。组织由其内部固有的机制保持稳定性。组织凭借正规化的流程挑选、培训组织成员,制定规范的制度和工作说明,强化组织成员的角色要求和技能。当组织发生变革的时候,这种结构造成的惯性将会对变革实施产生反向作用。③ 有限变革点。组织是由内部相互依赖的子系统所组成的。在变革实施的过程中,组织不可能保证对某一个子系统实施改变而不影响到其他的子系统。例如,如果一个组织只改变某个环节的服务流程而不改变相应的组织关系和制度,这种改进很有可能是不会被接受的。因此,在实施子系统的有限变革时,应当考虑到相关子系统的调整,以减小变革阻力。④ 群体惯性。即使某个个体想改变其行为,群体规范也会成为约束力。人们在行动过程中会不自觉地寻求群体认同。例如,尽管一个人相信组织变革会带来更大收益,但如果看到周围的人都对变革实施抵制行为,他就可能保持沉默,成为抵制队伍中的一员,甚至怀疑自己认同变革的想法。

为了应对这一系列的变革阻碍,在实践中,变革者往往会针对不同情况采用沟通、参与、提供支持、奖励接受变革的积极分子、创造学习型组织等策略方法。

案例　成功的汉武帝 VS 失败的汉景帝

当我们打开历史的大门,从21世纪回到金戈铁马的汉唐时代,发现"削藩"早已被帝王们运用得纯熟而富于艺术性。历史上最有名的"削藩"案例就出自汉朝。

在中国古代,夏商周朝基本上属于联盟组织,类似于现在的代理商制度。秦始皇统一六国后,正式建立了秦国集团,下设事业部、分公司及办事处(郡县制)。只有集团有法人资格,其他机构没有,财权、人权全部收归到总公司,实现高度集权化。

汉朝初期,集团CEO刘邦苦思冥想,决定采取一朝两制:对总部附近(即京畿地区)的势力范围按照子公司的模式运行(它不同于秦国集团的分公司制),而偏远地方采取代理商制度,让其他人去开拓,给足优惠政策。这些子公司掌握着属地地方赋税和官员的任免权,有法人资格,被称为"藩国"。"藩"就是篱笆,藩篱意思就是说这些子公司像篱笆一样,在京师周围保卫中央总部。这些子公司老总都称为"藩王",刘邦规定必须是刘姓子弟才能当子公司老总。当这些子公司老总势力坐大、不听总公司话的时候,就需要抑制他们,即"削藩"。为何叫"削"呢?就是慢慢来,今天切一点,明天再切一点,一点点把他的势力切小,这就叫"削藩"。如果变成了"砍藩",挥起大刀猛砍,那就有可能被子公司反噬,两败俱伤。

汉景帝就是因为听信了智囊晁错的建议而"砍藩",引发了八位子公司老总的造反,差点连 CEO 的宝座都坐不稳。

汉景帝削藩因何失败

汉朝集团由刘邦创立,后被其妻吕氏夺取大权,任用自己娘家人搞得总公司鸡飞狗跳,最后被主管销售的高级副总裁、元老周勃拨乱反正,迎接刘氏后人刘恒重掌大权,史称汉文帝。当刘家、吕家内讧的时候,各子公司的发展却蓬勃向上。当汉文帝坐上 CEO 的宝座后,基本上形成了"弱总部强地方"的格局。虽然不少朝臣不断建议削藩,但汉文帝深知时候未到,多次驳回此类条陈。

等到汉景帝继位,总部的势力开始有所恢复,但仍不具备削藩的实力。

这时,晁错出现了。此人学贯儒法,知识渊博,时任 CEO 高级助理。他做了一番市场调查后,向汉景帝提交了一份调查报告《削藩策》,建议马上削藩。这分报告,名为削藩,实为砍藩,加之汉景帝对大势的把握较差,他就糊里糊涂地接受了这个建议,并任用晁错为项目负责人。

上面要削藩,下面的子公司老总肯定不愿意。在子公司里,这些老总就是"皇帝",说一不二。作为既得利益者,谁会愿意把自己的权力白白交上去?于是有了冲突和矛盾。

可这时候,作为削藩项目负责人的晁错就认一个死理:不削藩国家就会乱,这些人势力大了迟早要反。可他却没有想到万一:如果这些人真的造反了,他们该怎么办?不幸的是,当子公司老总纷纷发难的时候,项目负责人晁错就只能作为替罪羊,被汉景帝骗到刑场处死,将矛盾暂时缓解下来。

宋朝的苏东坡写了一篇《晁错论》,指出了这次削藩的失败原因。他认为,削藩这件事情是正确的,否则非常不利于整体的长治久安。但是,汉景帝的削藩犯了三个错误:一是选错了削藩的时间;二是选错了削藩的人;三是选错了削藩的方法。他认为要想此事成功,必须"前知其当然,事至不惧,而徐为之图"。

汉武帝的削藩因何成功

自己的父亲因削藩郁郁而终,汉武帝刘彻牢记这个教训。

当 16 岁的刘彻坐上 CEO 宝座的时候,经过文景之治的汉朝集团已经步入良性发展轨道,社会安定、人心思安。但子公司日益做大,总部对地方的控制力越来越弱,总部的高管们还醉心于表面太平盛世,奢华腐败。面对这样的局势,刘彻充分吸取了父亲削藩的失败经验,在集聚了足够的民心和人才后,开始了破局的第一步——推出推恩令。

当时的藩国,藩王去世后,嫡长子作为继承人继承他父亲的所有领土和权势,其他孩子是得不到任何好处的。汉武帝的高级助理主父偃提出一项新政策,内容是经过报请皇帝同意,诸侯王可以把自己封地的领土,划分为若干部分,封立他的子弟为侯。这些侯国的名分要由中央确定,而侯国的领土则来自原来的藩国。这些侯国一旦确立,就不再隶属于原来的藩国所有,而转属附近的郡,也就是改属中央直辖领导。起名为推恩令,就是把皇帝的恩泽推广开来。在这样一个好听的名义下,各藩王名义上没有任何损失,却使他们的绝对领土很快由大变小,从根本上解决了一股独大的问题。

随着第一步的顺利实施,刘彻又逐步颁发了左官律、附益法、阿党法等新的规定,进一步收回了地方权力。所谓阿党法,是指"诸侯王有罪,傅、相不举奏,为阿党"。阿党是重罪,由中央朝廷委派的在诸侯王国出任傅和相的高级官员,如果诸侯王有任何的不轨行为没有事先发现,或没有向中央朝廷举报,就要按照阿党之罪被处置。

通过推恩令分化各子公司内部势力;然后通过阿党法让下面的高管彼此监督,使他们面对"囚徒困境"不得不选择抢先告发;最后将子公司的财权和人事权归置中央,把子公司变成分公司,甚至有些子公司改为办事处。不知不觉中,削藩的最终目的达成了。

资料来源:易侠原,"历史上的削藩技巧",《管理@人》,2006年第4期。

思考题:
1. 在这些变革的过程中,变革的动力和阻力各是什么?
2. 在动力和阻力的对抗过程中,决定变革成败的因素是什么?
3. 管理者应该如何平衡管理变革过程中各个方面的力量?

9.4.2 组织变革的实施

组织变革实施的理论方法与模型有很多,这里我们介绍三种常用方法,并穿插介绍变革实施的管理技巧。

1. 勒温的变革模型

20世纪50年代,勒温(Lewin)提出成功的组织变革应遵循三个步骤:解冻现状、移动到新状态、冻结新状态使其能长久维持(见图9-10)。

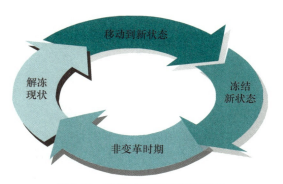

图9-10　勒温对变革过程的描述

现状一般被视为一种平衡状态,因此实施变革首先要打破这种平衡状态,即先进行解冻步骤。解冻的步骤通常可以通过以下三种方式中的一种来完成:① 增加动力,引导组织成员脱离现状的力量;② 减少阻力,削弱阻碍脱离现有平衡状态的力量,如前面介绍的个体和组织的阻力;③ 结合动力和阻力。

解冻完成后,变革步骤就可以实施了。然而,单纯地引入变革还不够,新形成的状态需要被冻结,才能够稳定并维持下去。所以,对最后一步——冻结给予特别的关注极为重要,否则变革很有可能夭折,而组织成员很可能回到变革之前的平衡状态。

2. 行动研究

行动研究的突出特点是为推行变革计划提供了科学的方法论。行动研究包括五个阶段:诊断、分析、反馈、行动和评价。

在行动研究中,变革的推动者往往是企业外部的专家、顾问。他们用科学理论武装自己,进入组织收集变革所需的信息,他们与组织成员面谈、翻阅企业的相关历史记录、倾听相关方面的声音。他们像医生一样望闻问切,对企业的现状和变革问题做出诊断。接下来是分析和反馈。依据诊断信息,变革推动者分析组织的问题所在,并要征得组织成员各方面的反馈意见,让成员广泛参与进来,以完善方案并对实施过程中的问题做出预判断。行动就是变革的实施。事后评价是指在一定时期后,以原始资料为标杆,对比、评价变革前后的绩效,做好总结。

> **概念**
> **行动研究(Action Research)**:是指一种先系统收集信息,然后在信息分析和反馈的基础上选定变革方案、进行变革管理的过程。

这种方法的好处在于:第一,它关注的是问题,变革的类型和内容来自变革推动者发现的现实问题。也许,你认为变革本理应如此,但实际上,很多组织的变革来自新方法而不是针对问题。比如,一些组织追随着管理界的潮流,试图实施诸如全面质量管理、建立团队工作概念的变革,依照这些方法,再在企业内部寻找需要变革的部分。第二,有大量的员工参与,就如前面我们谈到的,这会在一定程度上减弱组织变革的阻力。

3. 组织发展

相比行动研究,从内容上来说,组织发展的方式更多的是倾向于组织中人和文化的一面。从实施过程上看,与行动研究的"医生—病人诊断模式"相比,组织发展可以称为"过程咨询模式"。在这种模式下,与"医生—病人诊断模式"相似的是咨询顾问和领导及组织成员一起共事,诊断组织的优势和劣势,识别问题和机会;而不同的是,咨询顾问会帮助组织检验和提高自身解决问题及决策和行动的能力。

> **概念**
> **组织发展(Organization Development)**:是指有计划的变革的总和,是自上而下管理的努力,旨在增强组织运行的有效性和健康性。

(1) 理想组织。为了理解组织发展的目标,有必要设想一个"理想中"的有效、健康的组织的模样。这一领域的研究者和实践者提出了不少看法,虽然细节阐述各有不同,但本质内容却达到了惊人的一致。

他们认为,一个健康、有效的组织应该是这样的:组织中的各个部门及个人会有目的、有计划地为完成组织目标而开展工作;形式服从功能,即问题、任务、项目等因素决定人力资源的组织方式;决策是基于信息做出的;奖励制度是从生产绩效、组织成员的发展与成长、创造一个成功的团队这几点出发制定的;横向和纵向的沟通顺畅;所有组织成员、部门在面对冲突情境时都保持寻求解决方法的态度,很少出现内部损耗;组织是一个"开放的系统",各个部分可以充分交流、相互作用;在管理战略的支持下,组织成员有一个共享的价值观,组织中的每一个人、每一个部门的完整性和独立性都可以在一个相互依存的环境中得以维持;建立反馈机制,使得组织成员和群体可以从经验中学习。

(2) 干预技术。有了美好的蓝图,组织使用哪些发展技术或干预措施来实施这种变革呢?下面我们来看看常用的六种方式:① 敏感性训练。这是一种通过小组的相互作用来改变行为和方法的方式。在训练中,参与者处于一个自由开放的环境中,讨论相互交往的过程,并且在这过程中有专业的行为科学家给予引导。这种方法的目的是提高参与者的倾听能力,使他们的沟通更坦率真诚。② 调研反馈。这是一种评估成员所持有的态度、识别成员间的认知差异以及消除这些差异的一种工具。③ 过程咨询。在任务导向的条件下,通常是聘请外部顾问作为指导和教练的角色,与组织的管理者"共同工作",在过程中帮助其提高。④ 团队建设。这是利用高度互动的群体活动提高成员之间的信任和真诚。⑤ 群体间关系开发。这是组织发展的一个重要领域——调节部门间的功能失调和冲突。解决这个问题,最常用的是"问题解决问题"的方法,即让有冲突或功能失调的部门各自列出包括对自己认识、对其他群体认识以及自己认为其他群体如何看待自己的内容清单;然后各个群体共享这些信息,讨论其中的分歧与一致之处,并寻找分歧产生的原因。⑥ 价值探索。摒弃寻找并解决问题的思路,取而代之的是寻找组织的独特品质和独特力量。也就是说,它关注的焦点是组织的成功,常常用于组织对新愿景的规划过程。

❏ 本章名词

组织(Organization)　　　　　　　　组织结构(Organization Structure)
横向分工(Differentiation among Departments)
纵向分工(Differentiation among Levels)　命令链(Chain of Command)
地域分工(Differentiation among Areas)　组织设计(Organization Design)
控制跨度(Span of Control)　　　　　有机结构(Organic Structure)
组织文化(Organization Culture)　　　组织发展(Organization Development)
机械结构(Mechanic Structure)

❏ 本章小结

1. 组织是人们协作工作的实体,它有组织结构和协调系统,与外部环境相联系。组织通过内部的分工、分层实现单元之间的相互协调。

2. 组织结构服务于组织战略,通过对工作任务进行分工、分组和协调合作以提供结构支撑。外部环境、技术因素、组织规模等都会对组织结构产生影响。

3. 组织变革有推动力量与阻力因素。克服变革的阻力是管理者推动变革时需要认真考虑的内容。

4. 勒温的组织变革三阶段模型解释了变革过程的动力变化。行动研究、组织发展都是有效进行组织变革的系统方法。

案例分析(1)

宅急送安抚"藩王"靠情感

2003年的一个清晨,宅急送华东区办公地址的院子里聚集了许多员工,远没到上班时间的速递员、服务人员都表情凝重。华东区总经理郭义鹏伤感地走到院子中央,一辆辆地抚摸着运输车,他要离开了……

"上海、广州、北京三地公司新老总经理的交接仪式,我都全程参加了。面对送别的场面,三次落泪。"陈平回想起来感慨良久,"为了公司的长远发展,我不得不这样做。"

地方威胁显现

1994年,从日本留学归来的陈平用30万元买了3辆车,招了几个司机开始创业。1998年,宅急送以北京、广州、上海三地为基地,以武汉为交汇中心,开始了辐射整个中国东半部的24小时全国"门对门"快运服务。1999年建了6家子公司,2000年有20家分公司,2001年有30家分公司,2002年新增40家,以此为基础,营业收入每年都保持约80%的增长。

"在快速发展过程中,我除了给各地子公司经理一块'宅急送'的牌子,提供给他们的就只有极大的自主权,让他们自己去闯天下。"陈平说。经营上自负盈亏的做法,极大地激发了宅急送第一批分公司经理们的创业热情。10年后,宅急送拥有员工18 000名、车辆1500台、总资产超过2亿元。到2003年,上海、北京、广州三地的营业额占"宅急送"总营业额的80%。

然而,渐渐地,羽翼丰满的各地分公司成了诸侯,往往阳奉阴违总部的命令,许多新的战略和管理制度很难推行下去。由于管理不统一,各地分公司在收费、服务等方面良莠不齐,消费者的疑虑更让陈平忧心。

靠感情调整"藩王"

面对地方势力的强大和宅急送总体的快速发展,陈平不得不考虑"中央对地方"的控制问题了。陈平决定加强总部管理职能,把雄踞一方的创业型子公司经理互调或调到总公司任职。这样可以从制度上保证,即使分公司在地方非常强大,总公司也没有失去控制的危险。

在这种政策的支配下,2001年,上海公司总经理调到北京总公司。2002年,调动的是广州公司总经理。2003年,北京公司总经理也和前两位一样调到总公司任副总裁。同时陈平也认识到,这些地方的创业经理们是宅急送的功臣,也是财富资源。是功臣,就不能伤了他们的心;是财富资源,就要继续让他们为企业贡献力量。为此,陈平做了很多准备。

在决定调上海、北京、广州这三大分公司总经理之前的半年,陈平就向他们吹风:"总公司需要人,你们的岗位需要锻炼新人。"同时,陈平还保证了他们的利益和再创造价值的机会。北京、上海、广州三地的分公司总经理调到总公司，担任的是副总裁；薪水也普遍在原有的基础上加码，并配备福利。良好的沟通和设身处地站在分公司经理角度上处理问题的方式，让陈平的削藩路途颇为流畅。

"在这样的调动中，70%—80%是靠情感来完成的。"陈平十分感谢、体谅他的经理们，"此外，宅急送深厚企业文化发挥的作用是最大的。关注、呵护、监控相结合是我们管理工作的方针，长期以来形成的这种文化让我们的员工和管理层都知道，不管公司人员如何调整，都是为了更好地发展。我们的员工都把宅急送当作自己的家，只要是有利于家庭共同发展的事情都能够得到一致认同。"

流程重塑

在打造强势总部的过程中，陈平并没有大幅度调整组织架构，只是把之前松散的母公司和子公司体系转变为目前相对科学的母公司与分公司的关系。"各个区域分公司都没有变，只是把应该属于总部的财物、人员配置、战略等权利上交了。"陈平说。

组织架构没有大调整，为陈平省却了许多可能由此引发的流程再造问题，主要的矛盾集中在如何把新型的总部与分部的权利与义务形成有形的制度在公司内部贯彻下去。

目前，宅急送共设有总裁办公室、计划财务部、营销部、人力资源部、运营部、客服部、信息部、监察部8个部门。为了更有效地控制，实施了"飞行播报"制度。8个部门就如同8架飞机，在月初还没有飞向一个新高度之前，就要向总裁办公室报告本月要做多少事情、由谁来做、什么时间完成。总裁办公室相当于飞机指挥塔，在飞机飞行的过程中不断提醒飞机升高、下降或者提醒已经偏离轨道多远。每个月，各个部门需要完成的所有目标和协调方案都要形成固定表格，贴在告示牌上，让其他部门一目了然。月底，总裁办公室公布飞行任务完成的结果。"即使是在睡觉，我也很清楚我的飞机正在飞过哪些高地。"陈平说。

资料来源：张一君，"安抚藩王靠情感"，《管理@人》2006年第4期。

思考题：

1. 创始人陈平为什么在宅急送发展到一定水平的时候决定启用管理队伍的轮换制度？
2. 在这样一场变革中，动力和阻力各是什么？用图示表示它们的相互关系。
3. 为了推动这场变革，管理层做了哪些准备工作去化解阻力、推动变革？

❑ 案例分析(2)

海尔转型

2004年，海尔营业额突破1000亿元，成为中国首个千亿级规模的世界品牌，可谓气势如虹。当时人们才刚开始视频聊天，网民数量不到现在的六分之一，但海尔已感受到互联网的机遇与挑战，开始探索转型。

海尔集团董事局主席兼首席执行官张瑞敏说，企业组织架构一般是"金字塔"，用户需求层层汇报，再自上而下执行高层决策，不能及时响应市场变化。互联网时代的显著特征是用户个性化、市场碎片化，"金字塔"式的组织架构一定会被颠覆。因此，海尔决意"去"中间管理层，推倒企业与用户之间的"隔热墙"，将企业解构成扁平化结构。

过去 10 年，海尔集中做了一件事：去掉 2 万名中间管理层，把过去三十多年辛辛苦苦打造的"航母"解构成一支并联"舰队"。现在海尔只有三种人：创客、创业小微的负责人（小微主）、服务于创客的平台主。在从家电制造企业向创业孵化平台转型的过程中，海尔开启了创业加速平台的探索。平台负责人孙中元介绍，这个平台下设创客学院、创客工厂、创客服务、创客金融和创客基地五个子平台，实现创新与创业、线上与线下、孵化与投资相结合，为创业小微提供低成本、便利化和全要素的开放式综合创业服务。

其中，创客学院通过创客公开课、创业训练营、创客联盟和创客模式输出等多种形式提升创客能力；创客工厂为创客提供全流程产品解决方案，包括产品设计、模具开发、3D 打印、测试验证和生产组装等服务。在创客服务方面，海尔开放自身资源，提供人力、技术支持、培训、财务、商务和法律咨询、市场渠道、供应链和物流等专业服务。"创业小微可以无偿或者以很低的价格享受到海尔这种大集团所享有的各种企业服务。"孙中元说。海尔创业加速平台上的创客金融是一个管理千亿元资产的"投资＋孵化"平台，投资管理 1 只母基金和 7 只子基金，基于金融工具建立了 9 大金融创业平台，布局智能硬件、家装、物流和医疗等领域。

反转是要彻底调整安排结构，由"正三角"先变为"倒三角"，再变为渠道型安排；反转后安排的"主角"也随之转化，不再是办理者，也不是一般意义的一线职工，而是具有经营能力、创业精神的"小微主"。连接是推倒安排边界的"墙"，内引外联，形成内外绵密的沟通与协作网络，促进价值共创，海尔成了开放的、无边界的网络安排，并有望成为一个有生机的生态系统。激活是要激起小微们的动力，增强其能力，是海尔能否成功的关键。海尔有五大激活机制：人单酬机制、股权机制、官兵互选机制、市场契约机制、小微间兼并重组。

思考题：
1. 查阅有关海尔转型的背景，图示转型前后的组织结构差异。
2. 在变革中，动力和阻力各是什么？用图示表示它们的相互关系。
3. 根据转型的进程资料，海尔的转型可以划分为哪几个阶段？讨论转型的阶段性特点。

❑ 实践练习

著名的管理学家明茨伯格在他的著作《卓有成效的组织》（*Structure in Fives：Designing Effective Organizations*）中用 5 这个数字来概括组织特征，并使用组织结构图示组织。请参阅明兹伯格的图示，观察一家国有银行，查阅该组织的相关资料，用自己的图示符号表示组织关系。

21世纪经济与管理规划教材
工商管理系列

第 10 章

组 织 文 化

【学习目标】

(1) 掌握组织文化的概念内涵
(2) 分析组织文化的各种表现
(3) 认识组织文化的形成过程
(4) 思考组织文化塑造的策略

开篇案例

强 生 信 条

强生集团精心经营的百年间,一直坚持一些原则与信念,始终提倡的企业信条更是深入人心。

在强生总公司和所有分公司的最醒目位置悬挂的,从来都不是公司的经营目标或工作任务,也不是营运周期或盈利数据,而始终是仅有360个英文词的《我们的信条》。公司上下都有目共睹,强生信条切实地深入到每一位强生人的心中,其精髓俨然已成为强生大家庭所有成员坚守的核心价值和一直努力的动力源泉。在过去的七十多年间,它已被翻译成36种语言,传遍世界,广为借鉴。

七十多年前,罗伯特·伍德·强生(Robert Wood Johnson)将军提出了著名的"四个负责"信条,并以其指导强生公司一路发展成为一家信誉卓著的全球性公司。今天,这些信条仍深深地影响着每一位员工:

我们相信,我们首先要对医生、护士和病人负责,对于母亲们和所有使用我们的产品及服务的其他人负责。为了满足他们的需要,我们做的每件事都必须是高质量的。我们必须不懈地为降低成本而奋斗,因为只有这样才能使我们的价格保持合理的水平。顾客的订货必须迅速、准确地交付。我们的供应商和销售代理商应当有机会赚取相当的利润。

我们对自己的职工负有责任,对在世界各地为我们工作的男性和女性负有责任。他们当中的每一个人都应当被看作独立的个人。我们必须尊重他们的人格,认识到他们的长处和价值。他们理应得到某种程度的职业保障和安全感。工资和福利必须公允、充分,工作场所必须清洁、整齐和安全。全体雇员应能自由提出建议和批评。凡是合格的人选在就业、个人发展和提高及升迁方面都应享有完全平等的机会。我们必须有称职的管理人员,他们的行为必须公正和有道德。

我们对我们生活和工作于其中的社会负有责任,也对世界大家庭负有责任。我们必须成为守法的好公民,支持善行和承担我们应尽的赋税义务。我们应当为改进国民健康、教育和文化水平而尽力。我们必须把我们有权使用的公私财产管理得井井有条,并且注意保护环境和自然资源。

最后,我们还要对股东负有责任。我们的经营业务必须有合理的、可观的利润。我们必须试验新的思想,进行科学研究,开展革新活动,从错误中吸取教训并更好地前进。我们必须不断更新设备,改造和新建厂房设施,向市场提供更新的产品。我们必须留有一定储备供可能出现的困难时期使用。当我们按照上述各项原则经营本公司时,股东们应能获得相当可观的投资收益。

"对客户负责、对员工负责、对社会负责、对股东负责",这不仅是一句口号,更是强生公司行动力的真实展现。公司发展过程中始终将此作为核心价值观,公司始终将荣誉和诚信放在首位,所有的决策都力求显示信条所赋予的可靠、尊重、责任、公平、关爱和做好公民等六个核心伦理价值观,并在实践中一点点体现出来:

"对客户负责"——提供高品质产品和服务,帮助基层医护人员获得医学继续教育;"对员工负责"——创造尊重关爱的工作环境,提供完善的员工培训与发展计划,设立爱心互助基金,加强对员工心理的关爱,开展年终家属答谢会和奥林匹克家庭日等活动;"对社会负责"——成为奥委会合作伙伴,协助中华骨髓库建设,支持保护文物,开展大众健康教育,资助贫困山区儿童;"对股东负责"——通过对客户、员工和社会的负责,促成品牌的健康成长及业务的长足发展,以实现对股东的合理回报。

每年,强生公司还积极开展全球子公司信条调研,举办信条日活动……所有这些深入开展的实践活动,都是强生公司重视企业信条和企业文化的最好印证。

思考题:
1. 为什么强生公司如此重视信条在公司内部的推广与实践?
2. 信条对强生公司有什么样的作用?
3. 强生员工是如何学习信条的?信条怎样影响他们的工作行为?
4. 强生信条的成功,对于你有怎样的启示?

大家对于这几个问题的答案可能并不完全统一,但是我们可以想一想:类似"强生信条"这样的企业文化对公司的发展到底起到什么样的作用,这些口号对公司员工的影响机制如何,其他类似形式的规范还起到什么样的影响作用。前面章节我们谈到了规范,群体的规范会对群体成员的行为产生多种影响,在组织层面,这种规范也起到同样作用。

我们知道,每一个人都具有独一无二的个性,它由一套相对持久和稳定的特质构成。我们的个性影响我们开展行动以及与人交往的方式。当我们说一个人热情、富有创新精神、轻松活泼或保守时,就是在描述他的个性。

同样,一个组织也有自己的个性和特征,强生信条便是强生公司个性的鲜明写照,从一个侧面反映了公司的主要特色。强生信条作为所有员工的指导准则,不同程度地影响着每一个人对周围世界的看法和反应,而使他们在处理公司问题时最终呈现出相似的判断和行动。麦肯锡前总裁就以"我们这里的做事方式"描述公司的这种规范,而《大转变:企业构建工程的七项原则》一书作者詹姆斯·迈天则把这种规范诠释为"一种组织内的整体交流模式"。文化的形成受制于组织所处的历史环境、资源基础、劳动组织模式等。近期的《科学》(Science)杂志就劳动模式对社会文化的影响进行了探讨。

案例　　　　　　　　小麦与水稻文化

2014年5月,《科学》(Science)杂志发表了一篇论文,美国弗吉尼亚大学研究者托尔赫姆(Talhelm)认为,人们的文化差异来自他们的劳动组织方式,历史上一个地区种植小麦或种植水稻会影响文化价值观念。

水稻是一种挑剔的农作物。稻田里需要保持有水,需要复杂的灌溉系统,每年都要修筑和疏浚。一个农民的用水会影响到邻近稻田的产量,同地区、同村落的稻农需要以高度整合的方式进行合作。稻农们必须共同协作地构建生产队的灌溉系统,到了农忙季节,常常需要农民们互相帮助。这就形成了要求"协作与共同利益并存"的集体主义模式。

麦农则不必如此。小麦只需要降雨,不需要灌溉。靠雨水基本可以满足生长需水量。种植和收获小麦只需要水稻一半的劳动量,所需要的协调与合作也要少很多。农民就不需要团结起来,大家各干各的就能满足需要,这使得独立性工作模式得以形成。

受此影响,水稻种植地区的人比小麦种植地区的人考虑问题更全面,更有合作精神。欧洲历史上是小麦种植区,中国南方长期以来都是水稻种植区。托尔赫姆发现,即使只是长江两岸两个相邻县,只要耕种的农作物不一样,他们的思维方式就会不同。他感叹道:"我从没发现有任何理论,能解释这种相邻县人们的思维差异。"

思考题:
1. 举例说明类似"一方水土养一方人"的现象。
2. 评论托尔赫姆的观点能否解释这种现象。
3. 比较国家文化与组织文化的差异和联系。

10.1 组 织 文 化

10.1.1 组织文化概述

什么是组织文化?我们把组织的这种个性特征称为组织文化。一件非常有趣的事情是,你会发现不同组织中的人会有不同特征,不仅包括他们的衣着、言行、等级,同样包括他们的组织所在的建筑、标识等外显的东西。对于组织文化,一位管理者曾经这样界定:"我没办法告诉你它是什么,但是当你看见它的时候就会明白这是文化的一个部分。"组织文化是潜在的,依附于组织的。当我们在做组织行为研究时,我们更多的是指针对某个特定公司、特定企业的文化。

> **概念**
>
> **组织文化(Organization Culture):** 是指某一组织在发展过程中形成的组织成员的共同价值观、行为准则及其规章制度、行为方式和物质设施的外在表现,可以表现为可见的标识,也可以表现为不可见的行为准则与假设。

相对于国家文化、民族文化、社会文化,组织文化是一种微观文化。社会上存在的任何一个由人组成的、具有特定目标和结构的集合体,都有自己的组织文化。政府有机关文化,学校有校园文化,企业则有企业文化。在管理学中,企业文化是组织文化的一个主要表现领域,也是人们普遍关注和广泛研究的一个课题。

还有一种广义的说法,认为组织文化是指组织在建设和发展中形成的物质文明和精神文明的总和,包括组织管理中的硬件和软件(也可以说外显文化和隐形文化,或者表层文化和深层文化)两部分。这种看法的依据是相当一部分组织文化是与物质生产过程和物质成果联系在一起的,即组织文化不仅包括非物质文化,还包括物质文化。

组织文化是指组织在长期的生存和发展中形成的,为本组织所特有的,组织多数成员共同遵循的最高目标、价值标准、基本信念和行为规范等的总和及其在组织活动中的反映。组织文化以观念的形态,从非计划、非理性的因素出发调控组织成员的行为,补充和强化组织管理过程,维系组织内部人与人之间的关系,团结组织成员为实现组织目标而努力工作。

通常来说,一个组织的文化是由成千上万的具体细节组成的行为系统。在企业中,员工们相信自己在企业里的生存是建立在"了解公司拥护什么"或"按正确的方式做事"等类似的行为规则上的。这些行为规则中的大部分没有人记下,并且很多时候它们是隐性的;而只有被打破时,我们才知道它们的存在。

10.1.2　组织文化的冰山模型

美国麻省理工学院(MIT)管理学教授夏恩(Schein)对组织文化进行了深入的研究。在夏恩看来,组织文化是特定组织在处理适应外部环境和内部整合过程中出现的种种问题时所发明、发现或发展起来的基本假设的规范,这些规范运行良好,会起到很好的效果,被用来教导新成员如何正确地观察、思考和理解有关问题。

这些规范绝大多数是不可见的,夏恩提出,组织文化其实就像一座冰山,组织的外来者只能看见冰山露出水面的一小部分,而冰山以下的绝大部分是没有人能够完全知晓的。只有当你碰到水下冰山的一角时,你才知道这部分文化特征的存在。

露出水面的是文化中比较显性的一部分,而深层次的内容是不能够被观察到的。组织文化的冰山模型形象地描述了组织文化不同表现形式的划分:故事、礼仪等如同冰山一角,是显性的、可观察的文化特征;员工的观念、价值都是隐形的,在"海平面"以下,它是组织内部的共享价值观念,是组织文化的核心;意识和信念则是以上两层的共同假设,影响着故事、礼仪等表面文化特征以及组织共享价值观念的形成和塑造(见图10-1)。

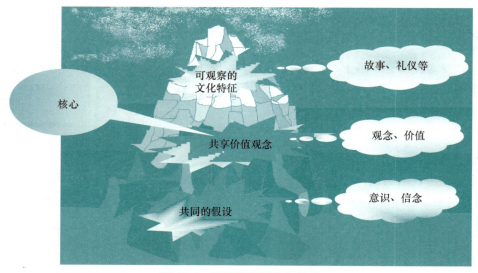

图10-1　组织文化的冰山模型

案例　　　　　　　　　　　　**李汉生谈方正企业文化**

李汉生,香港大学计算机技术与应用数学专业学士,现任和勤软件技术有限公司董事长兼 CEO,曾任惠普中国区副总裁和方正数码公司总裁。

他说:"企业文化首先应该是企业有形或无形的规范,是员工和管理者行为与决策方式的表现。企业文化不是自然产生的,而是管理者的主观意识与企业发展要求相结合的产物。价值观是企业文化的核心。随着时代的发展,企业文化的核心应该是不变的。你不能说我的价值观今天是这样的,明天是那样的。一个新的管理者甫任就更换新的管理文化,那就麻烦了。正因为如此,我觉得企业文化不是一个人拍脑袋想出来的,而是公司大部分管理人员和员工在探讨公司的发展后认定的价值观,它必须与公司的发展息息相关。

我们现在要做的企业文化,是有东方文化特色、有方正特点、能够推进企业发展的文化。方正原来的企业文化中有些好的方面发挥得并不是很好,比如和气,和气当然是好事,但应该把它变成促进公司前进的积极因素,而不是消极地回避冲突,把问题放在桌子下面,表面和气,暗里争斗。"

思考题:
1. 从"有形或无形的规范"两个方面谈谈企业文化的基本方面。
2. 领导者在企业文化建设中起到什么作用?
3. 和气表现了方正企业文化哪些方面特点?
4. 领导者期望的文化与企业实际的表现有哪些区别和联系?

10.1.3　组织文化的表现形式

组织文化需要借助一定的形式来表现,需要人们基于可观察的物象来推断,需要通过一定的表现形态以及渠道与途径传递给员工和外界,以利于解释、识别和学习。组织文化有以下的主要表现:

1. 故事

故事是指在组织内曾经发生的、能体现组织的价值观、反映组织情境、经过演化和加工而流传下来的叙述性事件。这些故事有的是加进一些虚构细节的历史事件和传奇故事,有的则是有事实根据、经过艺术加工的神话。故事的内容大多与组织创建者从乞丐到富翁的发迹史、组织制度形成、员工赏罚、裁员或员工重新安置、过往错误反省以及组织应急事件等有关。故事借古喻今,使公司价值观保持长久活力,为全体员工提供一种共享的理念,还可以为组织政策提供具体的解释。

案例　　　　　　　　　　　　**李嘉诚的小故事**

李嘉诚有一次在回办公室的路途中,发现一枚金属硬币从眼前闪过,滚到车子下面。李嘉诚下了车,要去捡那枚硬币。在他弯腰捡拾的过程中,一个门卫提前把那枚硬币捡了起来,并交给李嘉诚。李嘉诚拿过硬币,从口袋里拿出 100 元钞票奖励这个门卫。人们感到很奇怪，别人只是帮他捡1元钱，他却给100元，为什么？李嘉诚说，这一枚硬币，如果不把它捡起来，它可能掉到水沟里，这个社会财富就会流失，而我们不能让人们已经创造出来的财富和价值流失，那个门卫不仅知道珍惜财富，还懂得帮助别人，应该奖励。

思考题：

1. 这个故事是真的还是假的？为什么会流传？
2. 这个故事传递了哪些价值观念？
3. 结合前面章节中关于"故事说服"的内容，想想如何编写一个故事才有说服力。

2. 仪式

礼仪和仪式是组织已经成为习惯的日常的一系列文化活动的总称。这些文化活动体现了组织对员工的期望和要求，它们以生动的形象化形式，向员工灌输组织的价值观。礼仪和仪式，实际上是培养人们一定价值观念与行为方式的手段和载体，它使本来抽象的价值观念变成具体的、有形的东西，成为组织文化不可缺少的一部分。它能够促进员工向新的社会角色转化，使员工产生更强的社会认同感，有助于改善组织绩效，使员工之间产生共同的纽带和良好的情感，增强员工对组织的认同。可以说，没有礼仪和仪式，就没有组织文化。礼仪和仪式的形式多种多样，包括各种表彰和奖励活动，也包括各种聚会和娱乐活动，还包括升旗和背诵誓词等。

玫琳凯化妆品公司为销售代表举办的年会是比较典型的公司仪式。在年会上，所有的与会者互相交流销售经验和心得，互相促进。同时，此项盛会的另一个重要作用就是公开表彰销售业绩卓越的员工以激发他们的积极性。这种年度仪式在树立员工的行为期望方面起到了重要作用，这就是组织文化应该起到的效果。

案例　　　　　　　　　　许三多的入连仪式

看过电视剧《士兵突击》的人都会对"钢七连"的入连仪式有深刻的印象，我们思考这样的问题，这样的仪式会怎样影响"钢七连"的每一个战士？为什么在七连解散以后，原七连的士兵仍然以"老七连"这样一个标准去区分不同的士兵？这个仪式强化了士兵们的哪些意识？我们来回顾当时班长史今、副班长伍六一和列兵许三多之间的一段对话。

列兵许三多！

到！

你必须记住，你是第4 956名"钢七连"的士兵！

列兵许三多！

到！

有的连因为某位战斗英雄而骄傲，有的连因为出了将军而骄傲，"钢七连"的骄傲是军人中最神圣的一种！"钢七连"因为上百次战役中战死沙场的英烈而骄傲！

列兵许三多！

到！"钢七连"的士兵必须记住那些在五十一年连史中牺牲的前辈，你也应该用最有力的方式，要求"钢七连"的任何一员记住我们的先辈！

列兵许三多!

到!

抗美援朝时"钢七连"几乎全连阵亡被取消番号,被全连人掩护的三名列兵却九死一生地归来。他们带回一百零七名烈士的遗愿,在这三个平均年龄十七岁的年轻人身上重建"钢七连"!从此"钢七连"就能永远和他们的烈士活在一起了!列兵许三多,从这个意义上来说,我们是活在烈士的希望与荣誉之间的!

列兵许三多!

到!

我们是记载着前辈功绩的年轻部队,我们也是战斗的部队!

列兵许三多!

到!

下面跟我们一起朗诵"钢七连"的连歌。最早会唱这首歌的人已经在一次阵地战中全部阵亡,我们从血与火中间只找到歌词的手抄本,但是我们希望,你能够听到四千九百五十六个兵吼出的歌声!

一声霹雳一把剑,一群猛虎钢七连;

钢铁的意志钢铁汉,铁血卫国保家园。

杀声吓破敌人胆,百战百胜美名传。

攻必克,守必坚,踏敌尸骨唱凯旋。

思考题:

1. 看一看电视剧后面的红五连的仪式,比较入连仪式的异同。
2. 入连仪式对许三多产生了什么影响?对后来的士兵产生了什么影响?
3. 讨论如何塑造组织自己的仪式。

3. 物质象征

物质象征是组织文化的物质形态和外在表现,也称有形信条。这些物质象征包括公司的外观(如公司的名称、象征物、内外空间设计、装修色调等)、劳动环境(如音乐、员工休息室、餐厅、教室、图书室、文化娱乐环境等),还包括给高层管理人员提供的办公室环境、生活津贴,以及为员工提供的工作制服、交通配置福利等。

案例　　　　　　　　　玫琳凯的粉色

玫琳凯(Mary Kay)公司自20世纪70年代推出一项奖励计划——为表现优秀的销售员配备粉红色凯迪拉克轿车,粉红色凯迪拉克轿车就一直被认为是事业成功的显著标志。在玫琳凯,它是流动的奖牌,是荣誉和优秀的象征,粉红色是公司花费26亿美元买断的专利颜色,只有玫琳凯公司最优秀的精英才可以获此殊奖。

1969年，公司创始人玫琳凯决定以自己的粉红色凯迪拉克为原型，推出"粉红色轿车计划"，激励和帮助销售队伍以优雅职业的形象为顾客提供贴心周到的服务。当美容顾问的销售业绩达到一定的高标准时，就可以获得公司赠送的粉红色凯迪拉克轿车作为激励。粉红色轿车也是一种荣耀，被称为"飞驰的奖牌"。慢慢地，人们只要看到粉红色凯迪拉克，就知道车主是玫琳凯的优秀员工。这种激励方式也延伸到全世界各地的玫琳凯分公司。

　　在美国，凯迪拉克和玫琳凯的合作关系十分密切，甚至在凯迪拉克新车型上市的时候，都会有专门的"玫琳凯版"车型发布活动。不过在中国，画风就不是很相同了，玫琳凯先后与雪佛兰、荣威、别克、大众、奔驰等品牌合作生产适用于玫琳凯中国分公司奖励员工的"粉红色汽车"。当然，也有凯迪拉克轿车，不过要根据职级和奖励等级赠送。在中国的大街小巷，已经有超过1 600名玫琳凯员工驾驶着粉红色轿车，为高端顾客服务。

　　资料来源：http://www.zhixiao100.com/?p=27599

思考题：

1. "粉红色轿车"如何成了玫琳凯公司的标志？
2. 玫琳凯公司为何选择粉红色？有什么样的效果？
3. 中国的车型出现变化，这会带来哪些观念的改变？

4. 语言表述

　　语言是指在组织中特有的、常用的，体现组织行业特点、工作性质和专业方向的专用术语。例如，公司的惯用语、口号、隐喻或其他形式的语言，这些语言能够识别和解释组织文化或亚文化，并成为组织文化的重要组成部分。组织成员学会这种语言，有利于他们理解和接受组织文化。比如，下面案例所说的称呼就是典型的语言因素。

案例　　　　　对人的称呼

　　我在第一家企业，中美合资的企业，与美国人说话就直呼其名。不过，与中国人说话就必须称呼经理。这种转换挺有意思，大家笑笑就过去了。在第二家企业，方正数码，是惠普和方正的合资企业。对来自惠普的领导也是直呼其名，而方正这边，来自校园的影响，管领导叫老师……后来，我到了台资企业，很明显地感受到，工程师的级别、领导的级别、主管的级别、总经理的级别、公司总部的级别有很强的分界线，相互之间的职级感很强。比如，在我们工厂，这边派去的工程师，工人可能会叫他"长官"……台资企业里面，职级的感觉特别强……这可能是一种文化吧！

　　资料来源：张志学、张建君主编，《中国企业的多元解读》，北京大学出版社，2018。

思考题：

1. 概括这种"称呼差异"，用理论概念解释这个现象。
2. 阿里巴巴采用"花名"称呼员工，这对文化有什么影响？
3. 如何用称呼来改变组织文化？

10.2 麦肯锡 7S 企业文化模型

20世纪80年代,彼得斯(Peters)和沃特曼(Waterman)这两位长期服务于著名的麦肯锡管理咨询公司的斯坦福大学管理硕士,访问了美国多家历史悠久、发展多年、在各自行业处于领头地位的大公司,其中包括波音、IBM、惠普、沃特迪士尼、麦当劳、柯达、杜邦等行业的领军企业,深入考察了这些大公司得以持续发展的基础,并总结了这些成功企业的共同特点,写出了《成功之路》(*In Search of Excellence*)一书,以麦肯锡顾问公司研究中心设计的企业组织七要素(简称"7S模型")为研究框架,总结了这些成功企业文化特征,如图10-2所示。

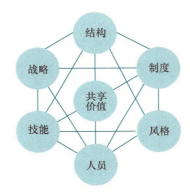

图 10-2 麦肯锡的企业文化 7S 模型
资料来源:《成功之路》,余凯成等译,中国对外翻译出版公司,1985。

7S模型指出企业文化会深刻地渗透到企业管理的方方面面,包括结构(Structure)、制度(Systems)、风格(Style)、人员(Staff)、技能(Skills)、战略(Strategy)六个方面,而企业文化的精髓——共享价值(Shared Values)是影响企业发展的核心。

10.2.1 战略

战略是企业根据外部经营环境及内部资源情况,为求得企业生存和长期稳定发展,对企业发展目标、达到目标的途径和手段的总体计划,也是企业存在价值和业务的核心体现。战略指明了企业的发展方向,对企业的资源配置、业务模式、行业目标等做出界定,是共享价值的具体业务计划的体现。

3M公司的创新战略就是很好的例子。3M公司"积极创新,氛围并不像大企业,反而是由实验室和办公室隔间组成的松散组织,里面有许多热情的发明家和大胆的创业家正在充分发挥想象力"。3M公司不限制每个人的创造力,而是鼓励务实的冒险,支持好的尝试,并且奉行弗莱切·拜伦所说的第九条戒律"务必要有足够的错误次数"。3M闻名于世,不是因为其严苛的公司文化,而是因为其不受拘束的企业精神。

3M公司支持这种创新性行为,彼得·德鲁克说:"每一件事,据我所知,都是由一名承担某种使命的偏执狂患者完成的。"3M公司的产品很多,总共有五万多种产品,每年提供一百多种新产品,业务范围的广泛并没有让3M公司迷失方向,每年总有相当的利润来自近两年推出的新产品,公司的战略目标就是支持新产品和创新。

10.2.2 结构

战略需要健全的组织结构来保证实施。组织结构是企业的组织意义和组织机制赖以生存的基础,是企业组织的构成形式,即企业的目标、人员、职位、相互关系、信息等组织要素的有效排列组合方式。将企业的目标任务分解到职位,再把职位分配到部门,由众多的部门组成垂直的权力系统和水平的分工协作系统的一个有机整体,即为组织结构。组织结构在不同的时代、行业、劳动组织模式下,结构特点完全不一样,结构的调整速度也有一定的差异。

互联网行业由于业务内容创新速度快,组织结构的调整频率也很高。阿里巴巴内部有这样的说法,"阿里每年都会进行组织架构调整,就像过年一样,不调整就没了年味"。近期,阿里巴巴提出"大中台＋小前台"的模式,实现从传统的事业部制向准事业部制的转换。前台就是贴近最终用户/商家的业务部门,包括零售电商、广告业务、云计算、物流等;中台则是强调资源整合、能力沉淀的平台体系,为前台提供底层的技术、数据支持。前台和中台本质上是工作分工的问题。每个团队都需要技术、产品、市场等方面的基础支持,传统互联网公司的每个业务部门都有专属的业务、市场、产品等人员。随着公司的发展壮大,许多业务部门内提供基础支持的工作可能会有很大程度的重复,信息不能共享,导致许多资源被浪费。"大中台＋小前台"的运营模式促使组织管理更加扁平化,使得管理更加高效,组织运作效率提高,业务更加敏捷灵活。

10.2.3 制度

企业的发展和战略实施需要完善的制度作为保证。实际上,各项制度又是企业的共享价值和战略思想的具体体现。在战略实施过程中,应制定与战略思想一致的制度体系,要防止制度与战略的不配套、不协调甚至背离。

在这方面,3M公司灵活的制度就是一个典范。3M公司内部有好几百个由4—10人的团队,负责开发新产品。这些小型团队真正的威力在于极富弹性,在公司内部几乎随处都有新产品团队,没有人担心这些团队是否会破坏原有的组织制度。每个人都可以自愿选择是否参加新产品创新事业的开发工作,当然他在公司里的职位和薪酬也会随着产品的成绩而改变。即使开始只是一个生产一线的工程师,等到产品打入市场,他就可以提升为产品工程师;当产品的年销售额达到五百万美元时,他就可以成为产品线经理。这种制度极大地激发了员工的创新积极性,也促进了企业发展。同时,在工作时间的管理上,3M公司有一个著名的15%法则:一个员工每天有15%的工作时间是他的上司不得过问的,是员工用于创造产品新设想的时间。这种制度同样极大地激励了员工的创新积极性。

10.2.4 风格

研究者发现,杰出企业都呈现既中央集权又地方分权的宽严并济的管理风格,一方面允许生产部门和产品开发部门极端自主，另一方面又"固执"地推行流传久远的核心价值观。这种管理风格是公司核心价值观念的体现，支撑其在公司管理活动中得到实施。

IBM的弗雷德里克·布鲁克斯在讨论发展360系统时，始终强调开放的沟通风格的必要性。他是设计360计算机系统的主要功臣。虽然360系统是个庞大的项目小组，比一般工作小组的范畴更广，但其结构是流动性的。根据布鲁克斯的说法，他们经常进行组织再造，成员之间联系频繁；所有的主要成员每周开会半天，以核对进度并拟定变革计划；在会议结束12个小时内公布会议记录。因此，每个参与者都可以获得所需的信息。譬如，每个程序设计师都可以看到项目团队所有的资料，而不只是扮演顾问的角色。布鲁克斯表示："每个人都有权负责某件事。"360系统团队每年召开"最高法庭"会议，通常要花整整两周。别处无法解决的问题，都可以在这两周内通过密集的讨论顺利克服。我们观察的企业大多无法做到让20名主要干部离开工作岗位两周，或者每周开会半天，也没有广泛地交换信息，或者让所有参与者都有权限负责某件事。

10.2.5 人员

战略实施还需要充分的人力准备，战略实施的成败有时取决于有无适合的人员去实施。实践证明，人力准备是战略实施的关键。

IBM的一个重要原则就是尊重个人，并且花很多时间执行这个原则。公司坚信，员工不论职位高低，都是产生效能的源泉。所以，企业在做好组织设计的同时，应注意配备符合战略思想需要的员工队伍，将他们培训好，分配给他们适当的工作，并加强宣传教育，使企业各层次人员都树立并形成与企业战略相适应的思想观念和工作作风。人力资源的配备和培训是一项庞大、复杂和艰巨的组织工作，但优秀的公司都非常注重这项工作。

10.2.6 技能

在执行公司战略时，要求员工掌握一定的技能，这有赖于严格、系统的培训。这些技能是提供相应产品服务、顾客支持的基础。

松下幸之助认为，每个人都要经过严格的训练，才能成为优秀的人才。譬如在运动场上驰骋、大显身手的健将们，他们惊人的体质和技术绝非凭空而来，而是生理和精神长期严格训练的结果。如果不接受训练，一个人即使有非常好的天赋资质，也可能无从发挥。

沃特迪士尼一直非常重视员工的技能训练。在迪士尼公司，员工首先要到迪士尼大学学习，并且要通过"传统课Ⅰ"的测验。传统课Ⅰ是全天的学习活动，新雇员可以从这里学到公司的经营哲学和管理方法。从副经理到被录用的兼职人员，哪一级都不能免修这门课程。在迪士尼，没有"工人"这类说法，工作出色就会被列入"演员"阵容，谁扮演什么"角色"由公司协调安排。当你做工作时，被称为"登台演出"。培训使得新演员在开始工作之前了解公司的基本情况，以及各个部门是如何与演出相联系的。换句话说，"就是我们大家是如何共同演出的，而你在整个演出中扮演什么角色"。

10.2.7 共享价值

共享价值是引导企业员工共同前进的方向，是制约和引导员工行为的准则。这也是企业价值观被众多优秀企业强调的原因。彼得斯和沃特曼在调研中发现，员工的行为会受到几个不同层次因素的影响。

首先，当一个企业的规模并不是很大的时候，企业中的行为准则是以管理者的监督和言行为基础的，在一个直线管理制的小企业中，管理者有足够的精力和时间关注每一个员工的行为，及时检查并帮助其进行调整。但是当企业达到一定规模以后，管理者已经没有办法去监督每一个人的行为了，这时制度可以代替管理者去制约员工行为；但是员工可能并不理解制度背后的含义是什么，也有可能只是理解行为的表面而不是制度的本意。这时，企业文化建设便显得非常重要。

文化是对企业战略与核心价值的理解，战略是企业发展的指导思想，只有企业所有员工都领会了这种思想并以其指导实际行动，战略才能得到成功的实施。企业成员共同的价值观念具有导向、约束、凝聚、激励及辐射作用，可以激发全体员工的热情，统一企业成员的意志和欲望，使其齐心协力地为实现企业的战略目标而努力。但这需要企业在准备实施战略时，通过各种手段进行宣传，使企业所有成员都能够理解它、掌握它，并用它来指导自己的行动。日本在经济管理方面的一个重要经验就是注重领导层和执行层的思想沟通，使得领导层制定的战略能够顺利且迅速地付诸实施。

在下面的例子中，我们可以看出，公司的核心价值观念充分地体现了企业应该做什么，企业的目标如何得以实现，以及企业运行中的每一个方面应该怎么做。

案例　　阿里巴巴的"六脉神剑"

"六脉神剑"是对阿里巴巴价值观的直接考核。虽然不同的员工对"阿里味儿"的内涵有着不同的理解，但"阿里味儿"最为直观的表现——"六脉神剑"是非常明确的。"六脉神剑"是阿里价值观的正式表述，包括客户第一、团结合作、拥抱变化、诚信、激情、敬业。在日常工作中，员工的每一个行为都要符合"六脉神剑"所表述的基本价值观。在对员工的考核中，"六脉神剑"会被具体细化到行为：在员工自评和主管复评环节，员工和主管应当以具体的事例为基础，描述在过去的一个考核周期内该员工做了哪些事情来体现每一项价值观。在考评结束后，部门领导会找员工进行面对面的绩效谈话，明确员工需要努力的方向。

在阿里巴巴，关于文化价值观的考核与业务绩效的考核并行，二者同等重要。最终，每个员工的绩效考核结果由"业务绩效＋价值观"两部分组成。每个员工的业务绩效得分为3—5分，每0.25分为一档。价值观分为A、B、C三个等级，A等级为"能够在价值观方面起到标杆作用"，B为"基本符合公司价值观要求"，C为"合格但需改进"。"业务绩效＋价值观"这一结果会影响员工的薪酬调整、奖金发放、期权激励、晋升、转岗等。例如，对于有转岗意愿的员工，其绩效结果必须达到"3.5＋B"及以上，如果业务绩效达到3.5分但价值观评价是C等级，也不能进行转岗。又如，"3.5＋A"和"3.5＋B"在薪酬调整方面的待遇也是有差异的。对于价值观等级为C的员工，上级主管会判断他在价值观方面有什么问题，并给出改进意见。如果主管认为员工在价值观方面已经触及公司底线，无法达到C等级的要求，那么即使他的业务绩效很优秀，也一样会被请离。

思考题：
1. 查阅相关资料，阿里巴巴的核心价值观是什么？
2. 阿里巴巴通过绩效考核落实价值观会起到哪些推动作用？
3. 观察企业价值观与现实行为相矛盾的现象，思考哪个会主导员工行为。

10.3　企业核心价值观的落地

10.3.1　企业的核心价值观

除了上面谈到的故事、礼仪等这些有形可见的载体，组织文化还包含观念、价值、意识和信念等隐性的内容。而事实上，这些隐性因素正是组织文化的核心内容，是一个企业对于其活动及有关事物的评价与看法，是企业在追求成功经营过程中所推崇的基本信念和奉行的行为准则，并为企业全体员工所共识和共同拥有。

1. 企业价值观是企业精神文化层的核心

企业经营哲学实质上是企业价值体系中经营价值观的反映。例如，日本电话电信株式会社的经营哲学是"将眼光集中于未来人类的企业"，强调为未来社会人类的新需要服务，它是"企业为顾客而存在"的企业价值观的反映。

2. 企业价值观是企业宗旨的依据和出发点

企业价值观也决定企业伦理道德的产生及基本倾向。例如，IBM公司的推销员奉行以下三条商业道德：① 在任何情况下，都不可以批评竞争对手的产品；② 如果对手已接订单，切勿游说顾客改变主意；③ 推销人员绝对不可以为了订单而贿赂。这三条商业道德正是源于IBM公司的基本价值观——"顾客至上，追求卓越"。

3. 企业价值观是企业中占主导地位的管理意识

企业价值观以潜意识的形式渗透到企业管理的各个领域、生产经营活动的全过程。无论是企业发展战略的制定，还是对企业各部门、各项工作的协调，都是以企业价值观为驱动力的。适合该企业的正确价值观一旦确立，并成为全体成员的共识，就会具有长期的稳定性，甚至会成为几代人共同遵从和奉行的信念，成为企业持久的精神支柱、生存与发展的精神指南。

10.3.2　核心价值观的落地

企业的核心价值观应该是确确实实地被员工和管理人员认同的，而不仅仅是一句简单的宣传口号。研究表明"言行一致"或者口号与实际管理现象的一致，是保证企业核心价值观能够切实有效地有助于提升企业效率的前提。

企业需要做文化落地的工作，把企业的核心价值观融入企业的管理和员工的实际行为中。一些企业把过多的精力放在美化企业的外在形象上，把企业文化建设当作"形象工程""公关工作"，出现"说一套、做一套"的现象。现实中，一些企业往往把过多的注意力放在形式上,如试图用职工联欢、企业刊物等形式建立企业文化。企业文化与日常实际管理工作互不支持,甚至互相拆台,形成管理与文化的"两张皮"现象。

长期看来,企业文化与管理的"两张皮"不但不能提高企业形象,反而把企业管理层塑造成不可信的形象。企业文化是核心价值观在管理现实中的体现,并不是写在纸面上的口号去一味鼓吹的内容,任何实际行为的表现都会形成员工对行为规范的认识。没有文字、宣传口号能够约束员工的实际认识,就像我们在群体一章中所探讨的,"禁令性规范"与"描述性规范"相矛盾的时候,对人们的实际行为选择影响更大的是"描述性规范"。也就是员工会遵循周围人实际是怎么做的,而不是跟随规范中所写的应该怎么做。当员工意识到管理层"言行不一致"时,对企业绩效会产生明显的负面作用。下面案例就说明了这一点。

案例　　　　　员工信任:价值几何?

每个人都知道,领导者应该"言行一致"。倘若某个经理在每个部门都挂上"顾客第一"的牌子,一个月后却裁减客户服务部的人,员工们会做何感想?也许该经理有充足的理由这么做,也许他真的别无选择,但是员工们不管这些,他们对经理的信任开始打折扣,经理将为此付出更大的代价。

到底是什么样的代价呢?我们通常看得到的都是一些难以衡量的表现形式,如员工工作不像以前那样投入,对新观念缺乏兴趣,也不再像从前那样愿意跟着领导冲锋陷阵。让人吃惊的是,长期以来居然没有人测算过经理人言行一致与否对公司财务状况所产生的影响。为此,我和同事朱迪·麦克莱恩·帕克斯(Judi Mclean Parks)开始进行这项工作。

我们提出假设:如果员工觉得他们的领导者言行不一,将会引发一些后果,削弱员工的信任感、责任感和奉献精神。我们推断,这将降低客户满意度,增加员工跳槽的概率,最终影响到企业利润。

接下来,为了在竞争激烈的服务市场上衡量这一连锁反应,我们调查了美国和加拿大76家假日酒店(Holiday Inn Hotels)的6 500多名员工,发放了多种语言的问卷,包括英语、西班牙语、汉语、克里奥耳式法语和越南语等,并对近500名不识字的员工进行了口头调查。我们请员工对诸如"我的经理履行诺言""我的经理对他倡导的东西身体力行"等打分,用5分制来衡量经理言行一致的程度——我们称之为"行为诚实度"(Behavioral Integrity)。我们还请员工对"我会自豪地告诉别人自己是这家酒店的员工""我的同事们竭尽全力地满足客人的特殊需要"等打分,以此评估员工的工作精神和酒店的服务环境。最后,我们将反馈的问卷同酒店的客户满意度调查、人事记录和财务记录结合在一起,进行相关性分析。

在分析中,我们发现了惊人的连锁效应。如果员工深信经理信守诺言、以身作则,那么这个酒店的盈利水平通常比那些经理诚信度得分平平或较低的酒店明显高出很多。经理诚信度与公司经营状况之间的联系是如此紧密,以至于在5分制中平均得分每提高0.125分,公司收入就有望增加2.5%,这相当于参加本次调查的每家酒店每年增加超过25万美元的利润。调查过的种种管理者行为中,还没有哪一种行为对利润的影响如此之大。

资源来源:佚名,"员工信任价值几何",《哈佛商业评论》,2002年第11期。

思考题:

1. 实际的管理行为与宣传口号出现不一致的时候,哪个方面更能代表企业文化的核心?员工更容易相信哪个方面?
2. 这些不一致出现的时候,员工可能会质疑哪些问题?会对管理者其他哪些方面的行为产生怀疑?
3. 这些质疑会导致什么样的结果?

10.3.3 强文化

任何一个组织,由于组织的业务性质、工作规范和工作过程的影响,都会形成一种自身独有的组织文化,每个员工对组织内的工作模式、做事规则都会有自己的认识。人们在工作的过程中已经习惯这些规则,但只有当这些规则被打破或者遭遇变化的时候,人们才会真切地体验到其存在。

企业文化存在的强度是不一样的,很多知名企业有自身的典型工作风格,比如IBM、强生、华为,都有典型的强势文化,每一个在组织外部的人和组织内部的人都会体验到很明显的文化特色。但是并不是每一个企业都有这样强势的文化特点,我们可以看到很多组建不久的中小企业以及大量传统行业的国有企业,其工作风格并不突出,也容易受到其他变化因素的影响。

强文化(Strong Culture)是可见的,可以让组织内部、外部的人都看到这样的风格。一个具有强文化的企业,其企业文化是不容易发生改变的,在管理者希望进行变革时,如果新的文化元素与原有的文化存在不一致、发生冲突,这种"强文化"可能会成为阻碍新规则形成的因素。在一个没有显著文化特色的组织中推行变革,受到的阻碍可能要小得多。

案例 华为公司的奋斗者协议

2010年8月下旬,一份邮件进入华为部分中高层干部邮箱,"公司倡导以奋斗者为本的文化,为使每个员工都有机会申请成为奋斗者,请您与部门员工沟通奋斗者申请的背景与意义,以及具体申请方式。在他们自愿的情况下,可填写奋斗者申请,并提交反馈。"

在华为的部分员工看来,这封邮件所述的"自愿",并没有想象中的那样简单,"我一个IT部朋友已经签了,我们研发部还没动"。华为国内研发部李大巍看着同事们签字时,心怀忐忑。李大巍向《瞭望东方周刊》透露,领导口头传述,无论签字与否都平等对待,只是后期分红、配股会倾向于奋斗者。

奋斗者协议的核心内容是:"自愿放弃带薪年休假、非指令性加班费和陪产假,以此保证自身成绩考核达标和获得相关分红、配股。"一般公司的员工别说签不签的问题了,公司本身就不敢出台这样的协议。但是华为这个协议一出,大家一窝蜂就冲上去签了。公司规定,14级以上的员工才有资格签署,每个想签奋斗者协议的员工要手写一份申请书,字迹要工整。

也有员工担心,签署"奋斗者协议"之后,员工待遇不会有大的改观;如果不签,就会被当成吃大锅饭的人,待遇下跌。大多数员工交了申请书,仍忐忑不安,生怕被公司拒绝,不能成为"奋斗者"。有人还时不时地跑到人力资源部偷偷问 HR:"公司批了吗?我现在是奋斗者了吗?"

资料来源:百度知道;http://www.sohu.com/a/194310645_738318。

思考题:
1. 如果你在华为,会不会感受到来自签协议的压力?
2. 有没有企业没有明显的行为规范?描述一个实例。
3. 描述强文化企业的典型特点。

10.3.4 组织氛围

组织氛围是组织文化与精神的实际表现形式,它直接影响着组织内部成员的行为,规定着组织内部成员的行为方向,是组织内聚力的主要影响因素。形成组织氛围的维度很多,主要有组织内部成员的士气、组织对成员的激励方法、文化背景、领导风格、信息沟通方式等因素。

> **概念**
>
> **组织氛围**(Organizational Climate):是由组织内部成员的各种心理感受和对组织环境的认知情绪的交互影响而形成的一种心理氛围,是部门中实际行为规范的体现。

目前有关组织氛围的研究,大多局限于组织成员对组织环境共享知觉的测量上,组织文化则把触角向内延伸到知觉之下的共享价值、信念系统、意义等深层心理因素;同时,组织文化的假设把组织视为一个开放系统,将触角从组织内部延伸到组织外部环境,不仅仅局限于讨论组织内部现象。一个组织的氛围如何,既可以通过衡量组织内部成员的士气和态度而得出,也可以通过衡量组织内部的凝聚力而达到(见表10-1)。

表 10-1 组织文化和组织氛围的区别与联系

类别	本质	对象	描述
企业文化	共同价值观	企业组织、公司行为、宏观政策、组织结构、正式途径	企业中的多数成员共同拥有的能塑造企业行为方式的目标和关键点,即使企业成员变动也会长期存在
组织氛围	群体表现出的实际行为规范	部门群体、个人行为、具体行为、言行表现、交往处事	群体成员将行为规范传授给新群体成员,同时群体实行强制措施,从而形成共同的普遍行为模式

和谐的组织氛围,是保证组织目标顺利实现的心理环境基础。不和谐的组织氛围会

导致组织内部发生冲突,影响领导行为的有效性。建立良好和谐的组织氛围的关键在于塑造共同的价值观,培育适应时代精神的组织文化,强化行之有效的各种规范与准则,使全体组织成员对组织目标形成共识与高度认同。组织氛围是现代管理的软要素,它对组织发展及其内部成员的影响是潜移默化的。通过建立和谐的组织氛围来规范组织内部成员的行为,是现代化组织管理者的重要职责之一。

案例　　阿里巴巴的工作氛围

2018年9月,我们来到了位于杭州市滨江区的阿里巴巴企业园区参观,并和一些员工做了交流。走进办公区,我们看到的是互联网企业典型的开放式办公区域,在办公区四五位员工会坐在一起,中间仅用很低的挡板隔开。在我们参观的时候,在工位上的员工并不多,员工们时不时来回走动,交流频繁,节奏很快。相比于员工工位,会议室显得更加热闹。有的会议室里大家围坐在一起激烈地讨论,而有的会议室里大家只是坐在一起各自忙碌,偶尔有人提出一个想法或问题,大家便开始畅所欲言,表达自己的观点。

我们能够时不时地听到员工之间的有趣称呼,这就是阿里巴巴著名的"花名"。不只是普通员工之间会相互称花名,下级在与上级的交流中也只会使用花名,而不会称对方为"总裁""总经理"等。在阿里巴巴,我们几乎看不到独立的办公室,所有的区域都是开放的,领导和员工都在一个空间里办公,只是部门领导的工作区域空间可能会稍微大一些。一位业务部门总裁谈道:"阿里巴巴总裁级别的员工可以拥有一间单独的办公室,但其实很多总裁不喜欢这种办公室,包括我自己。我喜欢和我的团队成员坐在一起,因为当大家在做创新的时候,沟通效率非常重要,员工们遇到问题时希望马上能够和领导讨论。"

思考题:
1. 比较阿里巴巴与华为的组织文化异同。
2. "开放空间""花名""总裁不喜欢单独办公室"现象说明了哪些文化实践?
3. 用阿里巴巴的实例说明共享价值观念与组织氛围的关系。

10.4　组织文化建设

10.4.1　企业识别系统

CI系统是指企业识别系统(Corporate Identity System),是企业大规模化经营引发的企业对内、对外管理行为的体现。近年来CI导入已经成为企业越来越关注的企业文化建设内容之一。CI导入的基本思想是将企业文化与共同的价值观念,运用整体传达系统(特别是视觉传达系统)传达给企业内部与大众,并使其对企业产生一致的认同感或价值观,从而形成良好的企业形象和促销产品的设计系统。

CI系统是由理念识别(Mind Identity,MI)、行为识别(Behavior Identity,BI)和视觉识别(Visual Identity,VI)三方面所构成。

1. 理念识别

理念识别确立企业独具特色的经营理念,是企业生产经营过程中设计、科研、生产、营销、服务、管理等经营理念的识别系统,是企业对核心价值的总体规划和界定,主要包括企业精神、企业价值观、企业信条、经营宗旨、经营方针、市场定位、产业构成、组织体制、社会责任和发展规划等,属于企业文化的意识形态范畴。

2. 行为识别

行为识别是企业实际经营理念与创造企业文化的准则,对企业运作方式所做的统一规划而形成的动态识别形态。它是以经营理念为基本出发点,对内建立完善的组织制度、管理规范、职员教育、行为规范和福利制度,对外开拓市场调查、进行产品开发,透过社会公益文化活动、公共关系、营销活动等方式传达企业理念,以此获得社会公众对企业识别认同的形式。

3. 视觉识别

视觉识别是以企业标志、标准字体、标准色彩为核心展开的完整、体系的视觉传达体系,是将企业理念、文化特性、服务内容、企业规范等抽象语意转换为具体符号的概念,塑造出独特的企业形象。

视觉识别系统分为基本要素系统和应用要素系统两方面:① 基本要素系统主要包括企业名称、企业标志、标准字、标准色、象征图案、宣传口语、市场行销报告书等;② 应用要素系统主要包括办公事务用品、生产设备、建筑环境、产品包装、广告媒体、交通工具、衣着制服、旗帜、招牌、标识牌、橱窗、陈列展示等。

视觉识别在 CI 系统中最具传播力和感染力,最容易被社会大众接受,视觉识别系统的效果立竿见影,是企业文化建设中最容易看到表面效果的部分。因此,近年来视觉识别系统为大量企业所重视,但是其工作也容易停留在表面,对企业实质性的管理行为不能产生真正的影响。

10.4.2 员工的社会化过程

夏恩(Schein)描述了如图 10-3 所示的组织文化形成过程。每一个企业的文化都会打上领导者经营哲学的烙印。领导者的哲学通过企业的人力资源政策与管理人员、员工之间双向的选择互动,形成有同质性观念的员工群体。管理人员的言行与员工的互动使得企业文化落地于组织氛围,形成组织文化的实践。

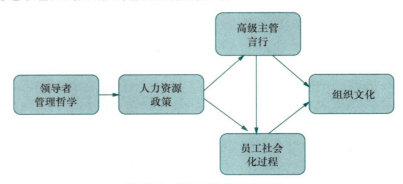

图 10-3 组织文化的动态过程

组织文化源于组织创建者的经营理念,每个强文化组织的核心都是组织经营者经营理念的具体体现。经营者、领导者的经营哲学会影响到管理政策,在甄选新员工时会选拔与之相匹配的人员,这成为人们进入组织的标准,也就意味着进入这个组织的人基本应该与组织文化的标准相匹配。同时,组织现任的高级管理人员的行为为员工行为设定了标准,也设立了榜样。什么样的行为是组织推崇的,什么样的行为是组织不希望的,这在组织管理工作中和具体的人力资源政策中都得到表现。员工在工作中学到、看到这样的一些行为准则,也指导着平时的工作行为,这些都是形成组织文化的基础。

为了建设优良的组织文化,组织主要负责人取得全体员工的认同是一项首要任务。这就要求管理者以身作则,作风正派,办事公正,待人热情,真诚坦率,关心员工,善于沟通,具有民主精神,成为员工靠得住、信得过的"当家人"。员工对组织主要负责人的认同感一旦产生,就会心甘情愿地把他倡导的价值观念、行为规范当作自己的价值观念、行为规范,从而形成组织负责人所期望的组织文化。

人力资源管理是对人能力的培养和对人的管理,而人生存和发展最重要的环境是文化环境,因而文化因素就在人力资源管理中占有举足轻重的地位。在夏恩的模型中,人力资源管理政策是组织文化建设的核心所在。首先企业在培训时将企业文化融入培训全过程,在提高员工能力的同时增强员工对企业文化的认同感,为在人力资源管理中灌输、渗透企业文化奠定基础。其次,根据公司和员工的具体特点,在员工中唤起他们的进取精神和接受挑战的意识,倡导团队精神,强调团队制胜,员工的认同感也由此得到加强。

促进员工的心理认同是企业文化建设的核心工作。心理认同是指个体将自己和另一个对象视为等同、引为同类,彼此间产生密不可分的整体性感觉。初步的认同处于认知层次,较深入的认同进入情绪认同的层次,完全的认同则含有行动认同的成分。个体对他人、群体、组织的认同,使个体与这些对象融为一体、休戚与共。新员工进入企业会有一个适应与社会化过程,不断与组织环境进行互动,学习调整自身的行为习惯,最终选择完全认同组织的核心价值观,或者无法认同组织的核心价值观,并选择离开。

案例 阿里巴巴的年陈文化

与"阿里味儿"相匹配的是阿里的"年陈文化"——"一年香,三年醇,五年陈",其寓意是阿里员工身上的"阿里味儿"会随着他在阿里工作时间的累积而不断沉淀。每年阿里巴巴都会为入职一年、三年、五年的员工举行受戒仪式。选择一年、三年、五年这三个时间点,这里面也是有讲究的。员工刚入职时对新的工作环境充满了新鲜感和热情,而且一开始阿里巴巴对新员工试错的包容性都比较大,因此最开始的半年试月期大多数人都能够坚持下来。但是半年之后,公司对正式员工的要求会更加严格,很多业务上的东西需要他来推动,并要求他不断地有输出。同时,员工一开始的新鲜感已经过去,随着从旁观者变成主角,员工受到的文化冲击会很大。这时员工需要不断地进行自我调适,如果调适失败就会选择离开。因此,并不是每个人都能够成功在阿里巴巴待满一年时间。至于很多人会待到两年半才离开,是因为阿里巴巴的长期股票期权激励的第一次兑现周期是正式入职后的两年,很多人即使无法适应,也会选择待满两年半,拿到这部分奖励后再离开。真正能够在阿里巴巴待满三年的人会更少,能够成功做到的员工,他的适应、调试期基本结束,这时他已经能够在自己的岗位上有不错的产出了。而当员工在阿里待到五年时,他们身上已经真正地有了"阿里味儿",即使这时候离开阿里巴巴,他们身上也一定会带着"阿里味儿"。

思考题:

1. 查阅并比较马云和任正非的背景,讨论这些如何影响两个企业的文化。
2. 如何用新员工社会化过程解读"年陈文化"?
3. "年陈文化"对于建设阿里巴巴的企业文化有什么帮助?

❏ 本章名词

组织文化(Organization Culture)　　　　组织气氛(Organization Climate)
冰山模型(Iceberg Model)　　　　　　　视觉识别(Visual Identity)
核心价值观(Core Value)　　　　　　　　行为识别(Behavioral Identity)
7S 模型(7S Model)　　　　　　　　　　理念识别(Mind Identity)
企业识别系统(Corporate Identity System)　社会化(Socialization)
强文化(Strong Culture)

❏ 本章小结

1. 组织文化是组织在发展过程中形成的共同价值标准、行为规范与外在表现。夏恩的"冰山模型"描述了组织文化的显性与隐形特征。

2. 与组织有关的故事、仪式、物质象征、用语习惯、空间组织等多种信息都是组织文化的外在表现。

3. 麦肯锡的 7S 模型描述了组织共同价值观对组织战略、结构、制度、风格、人员、技能的核心影响。

4. 企业文化宣传口号与实际行为的一致性对企业绩效会产生重要影响。强文化表现为企业有明显、有约束力的行为规范。

5. 企业可以通过企业识别系统构建企业文化,新员工社会化是企业文化形成的重要机制。

案例分析（1）

惠普的故事

在惠普公司，流传着这样一个小故事：

惠普由比尔·休利特（Bill Hewlett）和戴维·帕卡德（Dave Packard）于 1939 年在自家车库创立，从此成为硅谷最成功的一家公司，所以"车库文化"在惠普代表着创新、创新、再创新。惠普最宝贵的基因，就是创办人传承下来的创新精神。

休利特总结过一条有趣的管理公式：

$$博士+汽车库=公司$$

"惠普之道"尊重每一个员工，承认每一个人的成就，认为大家都是公司的"博士"。惠普的产品设计师们不管正在搞什么东西，都可以把东西留在办公桌上，谁都可以过来摆弄一下，并可以无所顾忌地对这些发明评头论足。

惠普存放机械零件的储藏室从不锁门，工程师们不仅可以在工作中随意取用零件，公司还鼓励他们把零件拿回家供个人使用，帕卡德和休利特说，不论他们用这些零件所做的事是否和工作有关，只要他们摆弄这些总能学到东西。一次周末，休利特到工厂想干点儿活，但他发现存放器材的房间已经上锁，于是立即砸开门。星期一早上，人们看到他留下的条子："请勿再锁此门。谢谢，比尔。"

从此，惠普存放机械零件的储藏室不再锁门。

思考题：
1. 这个小故事说明了惠普公司的哪些文化特征？
2. 类似这样的小故事对企业文化建设起到什么作用？
3. "不锁门"的故事是惠普精神的集中体现，为员工所称道。它反映了公司的哪些共同价值观？
4. 检索其他公司中的类似小例子，说明它与组织文化建设的关系。

案例分析（2）

最牛女秘书

瑞贝卡（Rebecca）无论如何也没有想到，她对老板一封指责邮件的回复，会引起如此轩然大波，并使她一夜成名，被网民封为"史上最牛女秘书"。

2006 年 4 月 7 日晚，EMC 大中华区总裁陆纯初回办公室取东西，到门口发现自己忘记带钥匙。而此时他的秘书瑞贝卡已下班。陆试图联系未果，非常恼怒。次日凌晨，陆通过内部电邮系统用英文发了一封措辞严厉的"指责邮件"，告诫她下次要在确保其服务的主管无事后，方能离开，同时将这封邮件抄送给公司的其他几位高管。4 月 8 日凌晨，陆纯初发邮件给瑞贝卡，并抄送给相关高管，内容如下：

Rebecca, I just told you not to assume or take things for granted on Tuesday and you locked me out of my office this evening when all my things are all still in the office because you assume I have my office key on my person. With immediate effect, you do not leave the office until you have checked with all the managers you support-this is for the lunch hour as well as at end of day, OK?（参考译文：瑞贝卡，我告诉过你，想东西、做事情不要想当然！结果今天晚上你就把我锁在门外，我要取的东西都还在办公室里。问题在于你认为我随身带了钥匙。从现在起，无论是午餐时段还是晚上下班后，你要跟你服务的每一名经理都确认无事后才能离开办公室，明白了吗？）

  面对上司的责备，瑞贝卡在两天之后，以中文对陆的邮件做了正式答复。答复反过来指责陆忘记带钥匙而迁怒她是推卸责任，同时认为陆无权干涉和控制其8小时外的私生活。更出乎常规的是，她将答复转给了"EMC（北京）、EMC（成都）、EMC（广州）、EMC（上海）"。

  第一，我做这件事是完全正确的，我锁门是从安全角度上考虑的，北京这里不是没有丢过东西，一旦丢了东西，我无法承担这个责任。第二，你有钥匙，你自己忘了带，还要说别人不对。造成这件事的主要原因是你自己，不要把自己的错转移到别人的身上。第三，你无权干涉和控制我的私人时间，我一天就8小时工作时间，请你记住中午和晚上下班后的时间都是私人的时间。第四，从到EMC的第一天到现在为止，我工作尽职尽责，也加过很多次的班，我没有任何怨言，但是如果你们要求我加班是为了工作以外的事情，我无法做到。第五，虽然咱们是上下级的关系，也请你注重一下你说话的语气，这是做人最基本的礼貌问题。第六，我要在这强调一下，我并没有猜想或者假定什么，因为我没有这个时间也没有这个必要。

  4月11日开始，邮件被疯狂转发，并引起网络争论热潮。流传最广的版本居然署名达1000多个，很多人还在邮件上留下诸如"真牛""解气""骂得好"之类的点评。邮件转发的大致顺序是：EMC→Microsoft→MIC→HP→SAMSUNG→Honeywell→Thomson→Motorola→Nokia→GE……这些大名鼎鼎的外企大多为IT或电子类相关企业。随后，瑞贝卡离开公司，称"这事儿闹得太厉害，我已经找不到工作了"。EMC拒绝回应有关陆纯初离职的传闻。5月9日，几大网站均贴出陆纯初离职的消息。

  随后，网易对网友进行公开调查："你支持谁"。在三万多人中，48%支持秘书，10%支持总裁，42%两者都不支持。另外一个陈述"这并非秘书的错，而是总裁的错。总裁不应把自己的个人意志强加于他人，他缺乏起码的礼貌。其他拒绝这个秘书找工作的公司也不关心他们的员工"，1 119人表示支持，没有人反对。

  思考题：
  1. 把这个故事告诉你的朋友，看看他们支持的可能性。
  2. 比较70、80、90后对女秘书做法的支持比例，看看有没有差异。
  3. 讨论组织文化建设的实施应该如何结合员工的特点。

案例分析（3）

西安杨森的企业文化

西安杨森的领导人认为，西安杨森的成功归因于它有一支高素质的员工队伍。而这支高素质的员工队伍是西安杨森高水平培训、公司人力资源管理与企业文化、中国文化紧密结合的结果。

实践中的大学

西安杨森的培训在医药圈内可谓有口皆碑，也正是依靠规范、系统、高水准的培训，西安杨森造就了一支训练有素的高素质队伍。西安杨森的管理者洞察先机，对培训情有独钟，并把它放在战略高度来考虑和实施。西安杨森前任美籍总裁罗健瑞说："我们从一开始的管理只是管理者的事情、其他人只是执行，发展到现在共同思考、共同迎接挑战，经验是必须加强培训。"

西安杨森的职工说，我们公司就是一所培训学校。确实，年轻的销售人员在这里被培训成为精通产品知识和销售技巧并具有良好职业道德的市场销售骁将；车间的工人成为现代化大生产的技术能手；管理人员经过培训，站在一个更高的起点上，成为具有现代企业管理知识和国际战略眼光的前锋型人才。在西安杨森，市场销售人员成长得非常迅速。从只有书本知识的学生娃、资历浅薄的年轻医生，到通晓市场营销策略的地区销售经理、大区销售经理，有的只用一两年时间。在如此短暂的时间内实现人才类型和人才素质的大跨越，其中一个很重要的因素就是培训。公司每年用于培训的费用比职工工资总额还要高。来自台湾的销售总监蔡敏胜说："西安杨森对培训的重视程度让我吃惊，这不仅在中国很突出，就是在全世界也是名列前茅的。"

甘为他人作嫁衣

西安杨森的人力资源管理是从培训开始的，它将人力资源管理与文化有机结合，实现人与文化和谐的努力也是从培训开始的。

首先，它将企业文化融入培训课程之中。在培训过程中，西安杨森一方面对员工进行业务知识培训，另一方面将这些培训与企业文化融合在一起，或者在课程中穿插企业文化教育，让企业文化植根于每个参加培训的员工心目中。西安杨森人力资源管理部门的想法是：培训不仅要提高员工个人能力，还要增强员工对公司和企业文化的认同，这样才能为公司所用。

其次，它还将培训服务于整个医药行业。西安杨森的企业文化特别重视自己的社会责任，西安杨森总裁罗健瑞说过："承担社会责任，与社会共享我们成功的经验和做法，已成为西安杨森企业文化的组成部分。"西安杨森不仅对自己员工的培训搞得有声有色，还把本企业的培训和经验拓展到企业之外，开展诸多有益于整个医药事业的培训。

鹰击长空

培训只是人力资源开发的重要手段，用人、实现人力资源的有效利用才是目的。在用人过程中,西安杨森也处处注意人力资源管理与中国文化环境和企业文化精神的有机结合。

优厚的待遇是西安杨森吸引和招聘人才的重要手段,而不断丰富工作意义、增加工作的挑战性和成功的机会则是公司善于使用人才的关键所在。西安杨森的工人和中层管理人员是从几家中方合资单位抽调的。起初,由于他们在原单位形成的习惯,思想意识涣散,不适应合资企业严格的生产要求。有鉴于此,一方面,西安杨森在管理上严格遵循本公司的标准,制定了严格的劳动纪律,对员工进行相关培训,使员工逐步适应新的管理模式,培养对企业和社会的责任感。另一方面,西安杨森通过调查研究发现,在中国员工尤其是较高层次的员工中,价值取向表现为对高报酬和工作成功的双重追求。为此,西安杨森专门制定了与此相适应的激励员工的办法。

例如,在创建之初,西安杨森主要依靠销售代表的个人能力,四处撒网,孤军奋战。这时公司从人员—职位—组织的匹配出发,选用的是那些具有冒险精神、勇于探索、争强好胜又认同企业文化的销售代表,主要是医药大学应届毕业生和已有若干年工作经验的医药从业人员。这两类人文化素质较高,能力较强,对高报酬和成就抱有强烈的愿望。此时,西安杨森对员工采用的是个人激励法,大力宣传以鹰为代表的企业文化。他们这样解释道:"鹰是强壮的,鹰是果敢的,鹰是敢于向山巅和天空挑战的,它们总是敢于伸出自己的颈项独立作战。在我们的队伍中,鼓励出头鸟,并且不仅要做出头鸟,还要做搏击长空的雄鹰。作为企业,我们要成为全世界优秀公司中的雄鹰。"通过企业文化使积极进取、勇于接受挑战的鹰的精神深入销售人员心中,不仅打消了他们的顾虑,而且唤起了藏在他们内心喜欢挑战性工作的意识,收到了很好的效果。

雁的启示

但是,企业毕竟是一个整体,特别是逐渐发展壮大后,企业众多业务部门和众多员工的互相协调、相互帮助就显得尤为重要。因而在培养销售雄鹰的同时,西安杨森还特别注重员工队伍的团体精神建设,这主要来自雁的启示。

在1996年年底的销售会议上,员工集中学习并讨论关于"雁的启示":①"当每只雁展翅高飞时,也为后面的队友提供了'向上之风'。V字队形可以增加雁群70%的飞行范围"。启示:分享团队默契的人,能够互相帮助,更轻松地到达目的地,因为他们在彼此信任的基础上,携手前进。②"当某只雁离队时,它会立即感到孤独飞行的困难和阻力。它会立即飞回队伍,善于利用前面同伴提供的'向上之风'继续前进"。启示:我们应该像大雁一样具有团队意识,在队伍中跟着带队者,与团队同奔目的地;我们愿意接受他人的帮助,也愿意帮助别人。

公司还特地解释了"鹰"和"雁"的关系:雄鹰是针对外部而言的,要求企业主要业务人员和管理人员要勇于接受挑战性的工作,为企业的发展贡献自己特有的力量;雁是针对内部而言的,号召大家要拧成一股绳,调动企业所有的资源共同促进企业的发展。

经过大力建设企业文化,员工的素质得到不断提高,对公司产生了深厚的感情,工作开展得更为顺畅。特别明显的是,20世纪80年代后期困扰公司的员工稳定问题得到了很好的解决。当时由于观念的影响,许多人到西安杨森工作是为了获得高收入,当自己的愿望得不到满足时就会产生不满,人员流动率曾连续几年高达60%。如今,员工已深深认同企业文化,喜爱公司的环境和精神,最近三年,公司人员流动率已降至6%—10%。

充满人情味的工作环境

西安杨森的人力资源管理实践充满了浓厚的人情气息。逢年过节,总裁即使在外出差、休假,也不会忘记寄贺年卡,捎给公司员工一份祝福。这不只是一张形式上的、统一完成的纸片,而是一个充满领导个人和公司对员工的关爱的感情载体。员工过生日的时候,总会得到公司领导的问候。员工生病休息,部门负责人甚至总裁会亲自前去看望或写信慰问。员工结婚或生小孩,公司都会把这视为自己家庭的喜事而给予热烈祝贺,公司还举办过集体婚礼。公司有些活动,会邀请员工家属参加,一起分享大家庭的快乐。西安杨森办的内部刊物,名字就叫《我们的家》,以此作为沟通信息、联络感情、互相关怀的桥梁。

思考题:

1. 查阅西安杨森的背景,思考合资企业文化应该如何建设?
2. 什么是鹰和雁的精神?这样描述对企业文化建设有什么益处?
3. 公司宣扬的核心价值如何在具体管理行为中得以体现?
4. 公司管理行为如何支撑着企业文化和核心价值?

参 考 文 献

1. Owens, W. A., & Schoenfeldt L. F. (1979). Toward a classification of persons. *Journal of Applied Psychology*, 64, 569-607.
2. Greenwald, A. G., McGhee, D. E., & Schwartz, J. L. K. (1998). Measuring individual differences in implicit cognition: The Implicit Association Test. *Journal of Personality and Social Psychology*, 74, 1464-1480.
3. Mischel, W., Shoda, Y., & Rodriguez, M. L. (1989). Delay of gratification in children. *Science*, 244(4907), 933-938.
4. Moffitt, T. E., Arseneault, L., Belsky, D., Dickson, N., Hancox, R. J., Harrington, H., Caspi, A. (2011). A gradient of childhood self-control predicts health, wealth, and public safety. *Proceeding of the National Academy of Science*, 108(7), 2693-2698.
5. Csikszentmihalyi, M. (1990). *Flow: The Psychology of Optimal Experience*. HarperCollins: New York.
6. Deci, E. L., & Ryan, R. M. (1985). *Intrinsic Motivation and Self-Determination in Human Behavior*. Plenum Press: New York.
7. Galinsky, A. D., Ku, G., & Wang, C. S. (2005). Perspective-taking and self-other overlap: Fostering social bonds and facilitating social coordination. *Group Processes & Intergroup Relations*, 8(2), 109-124.
8. Edmondson, A. (1999). Psychological safety and learning behavior in work teams. *Administrative Science Quarterly*, 44(2), 350-383.
9. Tuckman, W. B. (1965), Developmental Sequence in Small Groups. *Psychological Bulletin*, 63, 384-399.
10. Gersick G. (1988). Time and Transition in Work Teams: Toward a New Model of Group Development. *Academy of Management Journal*, 31, 9-41.
11. Graham, J. & Lam, N. (2003). The Chinese Negotiation. *Harvard Business Review*. 81, 82-91, 137.
12. 卢盛忠.管理心理学. 杭州:浙江教育出版社,1993.

教辅申请说明

　　北京大学出版社本着"教材优先、学术为本"的出版宗旨，竭诚为广大高等院校师生服务。为更有针对性地提供服务，请您按照以下步骤通过**微信**提交教辅申请，我们会在 1~2 个工作日内将配套教辅资料发送到您的邮箱。

◎扫描下方二维码，或直接微信搜索公众号"北京大学经管书苑"，进行关注；

◎点击菜单栏"在线申请"—"教辅申请"，出现如右下界面：

◎将表格上的信息填写准确、完整后，点击提交；

◎信息核对无误后，教辅资源会及时发送给您；如果填写有问题，工作人员会同您联系。

温馨提示：如果您不使用微信，则可以通过以下联系方式（任选其一），将您的姓名、院校、邮箱及教材使用信息反馈给我们，工作人员会同您进一步联系。

联系方式：

北京大学出版社经济与管理图书事业部
通信地址：北京市海淀区成府路 205 号，100871
电子邮箱：　em@pup.cn
电　　话：010-62767312 /62757146
微　　信：北京大学经管书苑（pupembook）
网　　址：www.pup.cn